〈부산모임〉
제3권

역사의식을 갖고 살다간 장기려

〈부산모임〉
제3권

역사의식을 갖고 살다간 장기려

발행일	2015년 12월 12일
발행인	김재현
저 자	장기려
엮은이	KIATS
편 집	류명균, 최선화, 장민지, 서은혜, 김다미
디자인	박송화
펴낸곳	한국고등신학연구원(KIATS)
주 소	서울시 용산구 한강로 1가 228 한준빌딩 1층
전 화	02-766-2019
팩 스	0505-116-2019
E-mail	kiats2019@gmail.com
ISBN	978-89-93447-80-4 (04230)

- 본 출판물의 저작권은 한국고등신학연구원(KIATS)에 있습니다.
- 사전동의 없이 무단으로 복사 또는 전재하여 사용할 수 없습니다.

이 도서의 국립중앙도서관 출판예정도서목록(CIP)은 서지정보유통지원시스템 홈페이지(http://seoji.nl.go.kr)와 국가자료공동목록시스템(http://www.nl.go.kr/kolisnet)에서 이용하실 수 있습니다. (CIP제어번호: CIP2015032480)

〈부산모임〉
제3권

역사의식을 갖고 살다간 장기려

KIATS

2015

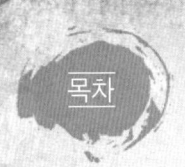

목차

성산 3훈 聖山三訓

〈신앙과 역사의식〉 ◆ 9
신앙고백과 신앙생활
우리 민족의 역사적 사명
역사를 담당하는 사람
역사의 원점
역사창조의 정신
순교자 주기철 목사님
8·15에서 6·25까지의 평양산정현교회
단군전 건립을 반대한다

〈절기〉 ◆ 64
예수를 영접하는 사람
축절 祝節
1973년을 보내고, 1974년을 맞이하면서
1977년 새해의 느낌
1980년을 맞이하면서
1981년 새해의 소감
3·1절(1974년)
3·1절(1980년)
부활신앙
예수님의 고난과 부활
부활절에 즈음하여
부활절 소감과 기원

부활절 소감(1976년)
부활절 소감(1987년)
부활절과 새 창조
부활절
가정의 달
어린이날 소감
6·25와 나
6월[보훈의 달]에 생각한다
8월 15일의 소감(1974년)
8월 15일의 소감(1981년)
8·15와 나
감사절의 느낌
감사절에 드리는 감사
추수감사절의 소감
감사절에 즈음하여
성탄절 소감
크리스마스를 맞이하면서(1972년)
크리스마스를 맞이하면서(1986년)
성탄절을 맞으면서(1973년)
성탄절을 맞으면서(1974년)
성탄절을 맞으면서(1975년)
예수 그리스도의 성탄절에 즈음하여
크리스마스의 나의 소감
송구영신의 성구
송년사
송구영신

목차

〈삶의 회상〉 ◆ 217

예수님의 생애와 나의 회고
나는 이렇게 믿는다
하나님은 사랑이다
나의 생애와 확신
미국을 다녀 온 소감 1 〈로스앤젤레스에서〉
미국을 다녀 온 소감 2 〈뉴욕, 필라델피아에서〉
미국을 다녀 온 소감 3 〈시카고, 세인트루이스에서〉
세 번째 미국 방문
처음으로 참석하여
엑스폴로 74에 다녀와서
라몬 막사이사이 상을 받으면서
교회의 분열을 우려한다

〈부산모임과 복음병원〉 ◆ 348

우리의 주장
여름 모임의 뜻(1970년)
여름 모임의 뜻(1975년)
여름 모임을 마치고
여름 모임 소감
〈부산모임〉지 100호를 내면서
종간사
모든 것을 그만두고 부산으로 돌아왔다
부산 복음병원장직을 물러나면서
복음간호전문대학장직을 떠나면서

〈장기려가 사랑한 사람들〉 ◆ 382
나의 존경하는 후지이 다케시 선생
서울 경희의대로 가신 이인수 선생님에게
여러분들이 사랑으로 주신 글을 읽고
ㅅㅎ선생님에게
사고와 소감
박석헌 선생님의 쾌유를 축하하면서

〈부록-장기려를 사랑한 사람들〉 ◆ 407
내가 아는 장기려 박사 〈함석헌〉
장기려 님을 생각하면서 〈송두용〉
장기려 박사님의 회갑을 축하함 〈손정균〉
편지 1 〈김애은〉
편지 2 〈고봉수〉
편지 3 〈김영옥〉
편지 4 〈임정택〉
편지 5 〈김인빈〉
편지 6 〈김재명〉
편지 7 〈조순명〉

에필로그
연보
〈부산모임〉 전체목차

성산 3훈 聖山三訓

> 1. 사랑의 동기가 아니면 말을 삼가 하라.
> 2. 옳은 것은 옳다 하고 아닌 것은 아니다 하라.
> 3. 문제의 책임은 자신이 져야 한다.

[편집자 풀이]
어떠한 종류의 데모든 간에 사랑의 동기에서 해야 하며, 옳고 그른 것을 분명히 발표해야 하며, 문제의 책임이 타인이 아닌 스스로에 있다는 것 – 먼저 자기 속의 혁명이 있어야 한다는 장기려 박사님의 믿음의 표현이다.
성산聖山은 장기려 박사님의 "호"號이다.

〈신앙과 역사의식〉

만물이 그에게서 창조되되 하늘과 땅에서 보이는 것들과 보이지 않는 것들과 혹은 왕권들이나 주권들이나 통치자들이나 권세들이나 만물이 다 그로 말미암고 그를 위하여 창조되었고 또한 그가 만물보다 먼저 계시고 만물이 그 안에 함께 섰느니라 그는 몸인 교회의 머리시라 그가 근본이시오 죽은 자들 가운데서 먼저 나신 이시니 이는 친히 만물의 으뜸이 되려 하심이요 아버지께서는 모든 충만으로 예수 안에 거하게 하시고

골 1:16-19

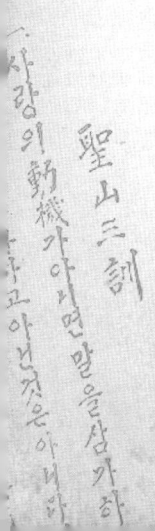

신앙고백과 신앙생활

고 박석현 형을 생각하면서

현 기독교에서는 사도신경을 독경讀經하면서 신앙고백을 한다.
사도 베드로가 신앙고백, 즉 "주는 그리스도시요 살아 계신 하나님의 아들이시니이다"마 16:16라고 고백했을 때, 예수님은 말씀하시기를 "바요나 시몬아 네가 복이 있도다 이를 네게 알게 한 이는 혈육이 아니요 하늘에 계신 내 아버지시니라" 하시고 "너는 베드로라 내가 이 반석 위에 내 교회를 세우리니 음부의 권세가 이기지 못하리라"마 16:17-18고 하셨다.

그러나 얼마 후에 예수 그리스도께서 자기가 예루살렘에 올라가 장로들과 대제사장들과 서기관들에게 많은 고난을 받고 죽임을 당하고, 제3일에 살아나야 할 것을 제자들에게 가르쳐주실 때, 베드로는 예수님을 붙들고 말하기를 "주여 그리 마옵소서 이 일이 결코 주께 미치지 아니하리이다"라고 해서 주님의 마음이 약해지도록 하였다. 이 때에 예수님은 몸을 돌이키시며 베드로에게 "사탄아 내 뒤로 물러 가라 너는 나를 넘어지게 하는 자로다 네가 하나님의 일을 생각하지 아니하고 도리어 사람의 일을 생각하는도다"하시고, "누구든지 나를 따라오려거든 자기를 부인하고 자기 십자가를 지고 나를 따를 것이니라"마 16:22-24고 말씀하셨다.

즉, 시몬 베드로는 신앙고백을 잘해서 베드로라고 하는 칭찬을 들었지만, 하나님의 뜻을 이뤄 드리려고 하는 신앙 생활에서는 사단의 유혹의 말로 선생님을 넘어지게 하려 하였던 것이다. 시몬 베드로는 신앙고백은 확실히 하면서도 신앙 생활에서 자기를 부인하고 자기 십자가를 져야 할 것을 몰랐다.

주님은 십자가를 지심으로 만민의 죄를 대속하시려는 하나님의 뜻을 확인하시고 실천하실 것을 천명하셨다.

요한복음 11장 27절에는 "주는 그리스도시요 세상에 오시는 하나님의 아들이신 줄 내가 믿나이다"라는 마르다의 신앙고백이 나타나 있다. 즉, 세상에 오시는 하나님의 아들은 메시아, 구세주이심을 믿는다고 하는 신앙고백이다. 거의 완전한 신앙고백이라고 할 수 있다.

그러나 실제로 신앙생활 면에서 보면 마지막 부활할 때에 살아날 것을 믿었지, 예수님 자체가 생명이요, 부활이신 것은 처음에는 알지 못했다가 주님이 말씀해 주셔서 믿게 되었다. 즉 신앙생활은 성령의 능력을 힘입어야 올바른 생활이 되는 것이라 생각한다.

그런데 바울의 그리스도에 대한 신앙고백은 "그는 만물 위에 계셔서 세세에 찬양을 받으실 하나님이시니라"롬 9:5라든지 "몸이 하나요 성령도 한 분이시니 이와 같이 너희가 부르심의 한 소망 안에서 부르심을 받았느니라 주도 한 분이시요 믿음도 하나요 세례도 하나요 하나님도 한 분이시니 곧 만유의 아버지시라 만유 위에 계시고 만유를 통일하시고 만유 가운데 계시도다"엡 4:4-6

처럼 좀더 근본적인 것이며, 신앙생활에 더 힘을 주는 것이다.

바울은 그리스도를 만유의 아버지시라고 했고, 또 골로새서 3장 11절에는 "그리스도는 만유시요 만유 안에 계시니라"고 했다.

만유를 좀 더 자세히 설명해서 말하기를 "만물이 그에게서 창조되되 하늘과 땅에서 보이는 것들과 보이지 않는 것들과 혹은 왕권들이나 주권들이나 통치자들이나 권세들이나 만물이 다 그로 말미암고 그를 위하여 창조되었고 또한 그가 만물보다 먼저 계시고 만물이 그 안에 함께 섰느니라 그는 몸인 교회의 머리시라 그가 근본이시요 죽은 자들 가운데서 먼저 나신 이시니 이는 친히 만물의 으뜸이 되려 하심이요 아버지께서는 모든 충만으로 예수 안에 거하게 하시고"골 1:16-19라고 하신 것을 보아 그리스도는 만물의 창조주시요, 창조의 목적이 되시며, 만물보다 앞서 계시고 또한 만물이 그와 함께 계셔서 지배하고 계심을 뜻한다.

즉 하나님의 뜻과 약속은 예수 그리스도를 통하여 다 이루어 주시는 것이다. 그러므로 예수 그리스도는 전체, 만유이며 또 전체 안에 계셔서 주관하시는 분이시다.

박석현 형은 바울의 신앙과 같은 신앙을 고백하면서 모든 것을 초월해서 예수 그리스도만을 위하여 살다가 그 주님께로 가셨다.

〈부산모임〉 1985년 2월호[102:18-1]

우리 민족의 역사적 사명

우리 민족은 아시아 대륙의 동편 가장자리의 가운데 즈음에 귓불 모양으로 드리워져 있는 삼천리 반도에 태어나 살고 있다. 이러한 우리 민족이 어떠한 사명을 가지고, 세계 인류에 공헌할 것인가 하는 질문은 의식이 있는 사람이라면 누구나 간절히 생각하는 문제일 것이다.

어떤 한정된 지계에서 서로 협동하여 사는 민족은 뜻을 합하여 필연적으로 어떠한 사명을 수행하게 되어 있다고 믿는다. 과거의 역사를 다 분석할 필요도 없이 현재의 38선에 의한 분열은 우리 민족의 의사에 의한 것이 아니고, 역사에 의하여 된 것인데, 이를 의심하는 자는 적을 것이다.

그러나 민족은 인격을 가진 사람들의 특수한 단체인만큼 인격적 요소를 갖춘 것이기 때문에 맹목적으로 사업을 수행하는 것에 만족할 수 없다. 역사의 뜻과 법칙, 즉 하나님의 경륜을 알고, 그의 뜻을 이루겠다는 의식으로 운동을 일으켜서 성취해야 한다.

이스라엘 민족은 여호와 하나님의 종교를 온 세계에 전파하는 것이 그 사명이었다. 그리스도 예수께서 그 민족 중에 탄생하셔서 만민의 죄를 대속하시고, 하나님의 의를 선포하시며, 하나님 나라를 이루어 주신 것은 그 민족의 사명성취를 위해서였다. 지금 이스라엘 민족은 예수 그리스도의 진리 선양과 그의 나라를 세계에 선포하는 데에 그들의 사명과 책임이 있다고 믿는다.

우리의 민족과 나라의 분단은 공산 세력과 민주 세력과의 세력 다툼 때문에 생긴 분열이다. 그런데 우리 민족의 인격은 분열되어 있는 것을 시인하지 않고, 하나가 되는 것을 원한다. 인격이 사상을 지도하는 것이지, 사상이 인격을 좌우하는 것이 아니라고 하는 사실은 인격과 사상의 관계를 인식하는 데에 가장 중요한 기초이다.

그런데 우리 민족의 인격은 살았는가? 아니면 죽었는가? 이 질문에 대한 대답을 나는 우리 민족에게 듣고 싶다. 실상은 우리 개인의 인격이 눌려 일어나지 못하는데, 어떻게 민족의 각성을 주장할 수 있겠는가? 민족의 지도자들이라고 하는 종교인, 교사, 정치가, 문인들이 물질과 재물의 종이 되고 있는데, 어떻게 민족의 각성을 기대할 수 있겠는가? 그러면 우리는 낙망해야 하는가? 현실의 껍데기를 보는 자들에게는 낙망이 앞설 것이다.

그러나 역사를 지배하시는 이는 조금도 낙망하지 않으실 뿐 아니라 게으르지도 않으시다. 그분은 "나는 악인이 죽는 것을 기뻐하지 아니하고 악인이 그의 길에서 돌이켜 떠나 사는 것을 기뻐하노라"겔 33:11 그리고 "진리를 알지니 진리가 너희를 자유롭게 하리라"요 8:32고 말씀하셨다.

우리 민족의 인격자들이여, 이 음성을 듣는가? 듣는 자는 다 일어나서, 회개하라. 여러분, 곧 뽑힌 자들에 의해 민족의 사명은 성취되는 것이다. 전체의 자각을 기다릴 필요가 없다. 종교인은 종교인으로서 근본 진리로 돌아가 진리를 실천해야 한다. 진리를 표현하면서 살아야 한다.

교사와 문인들이여, 영감을 얻어 사시오. 사람의 생물학적 본능만이 가장 중요하다고 표현하는 것으로 만족할 수 있는가?

정치가들이여, 모든 탐심, 정욕을 물리쳐라. 마음이 캄캄하면 그 어둠이 얼마나 어둡겠는가? 공의를 일삼고, 가난한 사람에게 인격적 대접을 하여야 한다.

대중들이여, 여러분의 인격이 얼마나 귀한 것인지 다시 한번 생각해 보라. 스스로 중히 여기고, 스스로 사랑하라. 하나님의 자녀인 것을 깨달으라. 여러분이 인격적으로 결정하는 것은 나라와 민족을 살리는 터가 되는 것이다. 여러분이 여러분의 인격을 깨뜨려 버릴 때, 우리민족은 죽는 것이다.

여러분 자신이 하나님의 자녀라는 사실을 믿고 살 때에 우리민족은 살고 사명은 성취된다. 하나님의 자녀의 인격은 자기만 살 뿐 아니라 동포도 살린다. 자기 책임만 완수 할 뿐 아니라 남의 책임까지도 져주는 것이다. 자기 동포만 사랑할 뿐 아니라 원수까지도 사랑해야 한다. 원수를 위하며 목숨을 버리게 된다. 사상과 주의를 올바르게 하는 것은 완전한 인격이다.

인격완성은 그리스도로 말미암아 이루어진다. 진리는 인격을 통해 주의와 사상을 올바르게 하는 능력이 있다. 진리를 통해 이루어진 인격자들은 벌써 통일을 이루고 있는 것이다. 역사는 이러한 인격자들을 통해 민족의 통일과 세계의 평화를 성취케 하는 법이다.

〈부산모임〉 1968년 5월호[4:1-4]

역사를 담당하는 사람

이것은 다카하시 사브로高橋三郎(1920-2010)[1] 씨가 우치무라 간조內村鑑三(1861-1930)[2] 선생의 서거 34년째 기념일에 강연한 것을 초역한 것이다.

"선생이 남긴 싸움의 발자취를 어떻게 담당해가야 할 것인가" 하는 문제가 내 염려를 떠나지 않는다. 우치무라 선생의 《후세에의 최대 유물》이란 책이 내 머리에 떠올랐다.

선생은 자기의 이름을 영원한 역사 중에 남기고 가겠다고 청년시대에 품은 일이 있다. 그런데 후에 그리스도교를 접하여 그 가르침을 받고 있는 중에 웬일인지 염세적인 생각이 일어나 청년시대의 욕망이 점점 사라져 갔다. 이름을 청사에 빛나게 하겠다는 생각은 세상적인 불신앙의 생각이어서 이러한 사상은 안 되겠다고 생각하게 되었다.

---

1. 다카하시 사부로(高橋三郎, 1920-2010): 1920년 충남 강경에서 정미소를 운영하던 아버지로 인해 한국에서 태어났다. 동경제일고등학교와 동경대 공학부를 졸업하고, 독일에서 유학했다. 국제기독교대학에서 오랜 시간 교원으로 역임하다가 1973년부터 모든 교직에서 물러나 복음 전도에 전력하였다. 개인 잡지 〈십자가의 말씀〉을 1965년부터 2009년까지 간행하였다.
2. 우치무라 간조(內村鑑三, 1861-1930): 일본의 개신교 사상가로써, 일본적인 기독교를 찾고자 한 사상가이다. 삿포로농과대학을 졸업하고 친구들과 삿포로독립교회를 통해 일본적 교회를 설립하고자 하였다. 그는 교원으로 활동하면서 많은 저서를 편찬하였으며, 〈성서지〉 연구의 간행인으로도 활동하였다. 김교신, 함석헌 등이 그의 영향을 받아 '성서'와 '조선'을 강조하며 〈성서조선〉을 간행하였다.

그 결과 생활태도는 소극적으로 되고, 아주 활력이 없는 생활이 되었다. 그래서 뒤에 다시 생각하기를 세상에 이름을 남기기 원하는 것이 단순한 명예욕 일진데, 무가치한 것이겠지만, 자기를 낳고 길러준 이 지구 위에 무언가를 남기고 가기를 원하는 것은 성경적으로 결코 부정할 사상이 아니라고 생각했다. 그래서 우치무라 선생은 다음과 같은 기념비를 남기면 어떠할까 하여 음미하였다.

적금, 우리는 돈을 쌓아서 이것을 후에 남기고 갈 수 있다. 돈이라고 하면 무엇인가 비천한 것처럼 생각 하는 사람이 있을는지 모르지만, 결코 그렇지 않다. 돈을 바로 쓸 줄 모르는 사람에게는 돈이 화와 파멸의 터가 될 수 있겠지만, 쌓아 놓은 돈을 바른 마음으로 하나님께 바치면 그것은 대단히 귀하다.

다음은 돈을 모으는 힘은 없어도 사업은 남길 수 있는 사람이 있을 것이다. 가난한 사람이 있을 것이다. 가난한 사람을 구제하고 병약 자와 이 세상에서 소외되어 잊혀져 버린 사람들을 돌보는 사업은 귀한 봉사이며, 또 토목사업도 의미 깊은 기념비이다.

그러나 사업을 못하는 사람은 무엇을 할 것인가? 어떤 사람은 사상을 남길 수 있다. 그 사상을 문자로 엮어서 후에 남기거나 또는 교육을 통하여 젊은이의 혼에 새겨주고 갈 수 있다.

사람은 이것을 무슨 어려운 일처럼 생각하고, 특별히 학문을 하지 않으면 안 되는 것 같이 생각할 지 모르지만, 결코 그렇지 않다. 참으로 있는 그대로의 진실을 토로할 때, 그것이 진실로 위대한 문학이 된다.

물론 사람은 각각 천성이 다르므로 이것도 될 수 없는 사람이 있다. 그러나 누구든지 반드시 할 수 있는 일이 하나가 있다. 우치무라 선생은 그것이 "용감하고 고상한 생애이다"라고 말했다. 즉, 이 세계는 악마가 지배하는 것이 아니고, 하나님이 지배하는 것이며, 실망의 세상이 아니고, 환희의 세상으로 생각하며 실행하는 생애를 이 세상에 남길 수 있다고 했다.

다시 말하면 곤란을 견디면서 최후까지 희망을 가지고 불행을 이기는 삶은 참으로 큰 일이다. 하나님의 은혜에 붙잡혀서 신앙에 의하여 모든 곤란을 극복하는 것이 나의 생애라고 우치무라 선생은 말했다.

우치무라 선생이 이 강연을 한 지 벌써 70년이 흘렀다. 우리 시대는 많이 변했다. 그 가장 큰 변화 중 하나는 역사 또는 사회의 문제에 사람들이 많은 관심을 가지게 된 것이다.

우치무라 선생은 '나 한 사람이 어떠한 감사의 기념비를 남길 것인가?' 하는 문제를 제기한데 대해서 지금은 사회, 국가, 세계에 관한 집단의 문제가 사람들의 관심을 끌고 있다. 이 사회와 국가에 대해서 우리는 어떻게 책임을 질 것인가, 또 어떻게 새로운 미래를 건설할 것인가라고 하는 역사형성의 문제가 젊은 사람들의 마음을 강하게 붙잡고 있는 것은 의심의 여지가 없다.

이러한 역사의식이 뚜렷이 표면에 나타나게 된 것은 18세기 이래인데, 특히 강렬한 운동으로 시작된 것은 프랑스혁명 및 공산당 선언 이후이다. 이것들의 현실인식에는 인간이 사회를 움직이게 할 뿐 아니라 환경이 도리어 인간을 규정한다. 그러므로 인간을 해방하기 위해서는 사회질서의 재편성이 중대한 과제가 된다.

착취와 압박 밑에서 고민하는 사람을 구하기 위해서는 이 착취세력을 실력으로 분쇄할 수밖에 없다. 저들에게 도덕적 각성을 재촉하는 것만으로는 소용이 없다는 사상이 들어있다. 이 사상이 적극적인 역사형성의 의욕을 붙들어준 근원이었다.

그러나 이것으로부터 나온 운동은 실력으로 상태를 분쇄하려고 하는 방침을 취하게 됨으로 파괴를 수반하게 된다. 즉 프랑스혁명, 러시아혁명, 그 밖의 모든 전쟁은 실력으로 자기를 해방하려는 점에서 일치한다. 즉, 외부로부터의 부당한 압박에 대항하여 자기를 방어하려고 하는 자기해방 운동도 도리어 부당한 압박을 다른 사람에게 가하는 과정이 되어 소위 제국주의적 침략의 야망으로 변하게 된다.

실력으로 자기를 해방하려는 운동은 나아가서는 다른 사람을 억압하고, 자기의 패권을 확립하려고 하는 필연적 경향이 내재되어 있다. 프랑스혁명만 보더라도 민중의 해방을 목표로 한 이 운동이 나폴레옹의 독재로 끝났다고 하는 아이러니한 결과를 초래한 것은 누구나 부인할 수 없는 사실이다. [역자(장기려)주: 러시아혁명은 스탈린 독재로 중국인민혁명은 모택동 독재로 끝나게 된 것도 폭력사용에 기인한 필연적 귀결이다.]

16세기 종교개혁은 어떠했는가? 독일로부터 일어난 종교개혁은 마틴 루터 Martin Luther(1483-1546)에 의한 복음의 재발견을 기초로 하는 신앙부흥운동이었으나, 그와 동시에 로마지배에 대한 독일민족의 반항이라고 하는 요소를 흡수하여 큰 정치적 사회운동에까지 발전해 나아갔다. 처음에는 이 운동이 모든 분야에서 신선한 혁신운동을 추진시키는 원동력으로 작용했지만, 오래지 않아 보수적 성격을 띠게 되고, 또 각 연방의 귀족과 결합하여 연방교회Landeskirche라고 하는 형태로서 로마 가톨릭교회와 대립하게 됐다.

농민을 주체로 하고, 영주를 지도자로 하는 이들 교회들은 자연히 보수적 색채가 농후해지고, 이러한 경향은 상공업에 의한 새 부르주아 계급의 태두에 따라 루터파 교회는 점점 새 시대를 담당할 힘을 잃게 되었다. 그런데 프랑스인 존 칼빈John Calvin(1509-1564)을 지도자로 하는 개혁파 교회는 상인과 수공업자를 핵심으로 하는 신흥중산계급에 뿌리를 박고, 보다 넓게 오랫동안 역사를 담당하는 생명력을 계속 가지고 내려올 수 있었다.

그런데 여기에서도 부르주아 계급이 사회의 안정세력을 형성하면서 또 하나의 보수반동적 성격이 나타나게 되었다. 자본주의 사회의 착취가 그 절정에 달할 때, 당시의 교회도 이것을 극복할 만한 힘이 없었고, 결국 맑스Karl Marx(1818-1883)와 엥겔스Friedrich Engels(1820-1895)를 지도자로 하는 공산주의 운동이 교회 밖에서 시작되는 동기를 제공하였다.

이렇게 보면 새 사회를 형성하기 위한 개혁운동은 그것이 신앙부흥이라고 하는 종교개혁이든, 단순한 정치적 개혁운동이든 결과에 있어서 극히 비슷한 경과를 취한다는 사실을 인정하지 않을 수 없다. 즉 처음의 의도와 생생한 활기를 잃고, 본래의 노선으로부터 벗어나 거꾸로 역사의 진전을 방해하는 편으로 전락되어 간다고 하는 비극적 결과를 취한다.

그러면 이러한 현상에 대해서 성경은 무엇이라고 말하고 있는가? "너희들 인간은 자기의 힘으로 역사를 형성할 수 있다고 생각하겠으나, 참은 하나님의 심판 밑에 놓여있는 것이다. 역사 형성이란 인간 편에서 본 이름이지 성경의 빛에 비추어 보면 세계의 실상은 심판이다. 우리는 누구나 한 사람의 예외도 없이 다 하나님의 심판에 놓여있다. 최후적으로 역사를 지도하는 이는 인간이 아니고 하나님이시다."라는 것이 성경의 역사관의 핵심이며, 왕성한 역사의식을 가진 근대인에 대한 엄숙한 하나님 주권의 선언이다. 이것은 큰 규모의 역사의 추이에 대한 것뿐 아니라 우리 개인의 구체적 일상생활에 대해서도 강조하는 선언이다.

그런데 하나님께서 역사를 인도하실 때는 사람을 매개로 하신다. 우리는 우리의 생활과 행동이 하나님의 역사경륜에 적극적으로 참여하여 새시대의 건설에 씌워지기를 원한다. 그러면 이 소원이 어떻게 실현될 것인가? 그 과정이 우리의 관심사이다.

이 문제에 관한 이 세상의 주된 의견은 대체로 두 가지로 볼 수 있다. 하나는 유물사관에 의한 것인데, 생산과 분배에 관한 사회의 구조가 그 운동을 결정적으로 규정한다는 것이며, 다른 하나는 인간의 사상이 중대한 역사 형성력을 가지고 있다는 것이다.

이상 두 가지를 종합하는 학설로서 미국 사회심리학자 에리히 프롬Erich Fromm(1900-1980)은 《사회적 성격》을 공창하여 경제적 사회적 조건과 인간의 사상이라고 하는 두 가지 요소가 역사형성의 중요한 요인이라고 하여 사람의 주목을 끌고 있다.

그러나 우리는 이러한 논의를 들어도 우리 자신의 생활에 대하여 구체적으로 어떻게 판단과 결론을 짓고 살아야 하는지 모른다. 즉, 우리 개인 생활에는 너무도 장애가 많아서 우리의 이상과 희망의 실현을 방해하고 있다. 이러한 곤란에 어떻게 대처할 것인가?

예를 들면 병들거나 대인 관계에 있어서 감정의 대립, 또 가계와 능력의 빈곤을 어떻게 견뎌내고, 희망과 기쁨의 인생을 건설할 수 있을지, 그리고 그 상황에서도 신실할 수 있을지, 이러한 문제가 큰 역사관의 문제보다도 더 절실히 해답을 요구하고 있다.

사람들은 삶의 권태를 느끼고 힘없이 살고 있다. 이것은 일본이나 미국이나 소련권에서도 다 같다. 최근 미국, 특히 청소년의 동향을 근심하는 소리가 《미국은 무엇을 할 것인가》라는 표제의 책으로 출판되었는데, 이 책에 의하면 경제적, 사회적으로 유복한 상태임에도 불구하고, 사람들의 마음에는 비전이 없어졌고, 인간은 타락하거나 향락적으로 변했다. 즉, 권태로 괴로워한다는 것이다.

한편 신흥의 의기에 불타는 공산권에는 어떤가? 현재 체코슬로바키아의 코메뉴스 신학교의 교장을 하고 있는 로마드카(Joseph L. Hromadka)박사와 일본 국제기독교대학의 나가 교수와의 대담을 들어보면, 로마드카 박사는 말하기를 공산주의 나라의 청소년들 사이에는 생생한 삶의 의욕이 결핍되고, 인간이 점점 회의적으로 되어가는 경향이 보인다고 한다.

이러한 사태를 냉정히 관찰하면 현대의 사회는 상반하는 것 같이 보이는 두 조류가 섞여 있음을 알 수 있다. 즉, 한 켠에는 역사형성으로서의 맹렬한 의욕과 활발하고도 과격한 행동이 있는 반면에 다른 편에는 무엇 때문에 내가 살고 있는지 모르며, 매일의 생활에 기쁨과 소망이 없는 무력감이 기묘하게 공존하고 있는 것이 현대의 특징이라고 말해도 좋을 것이다.

그리고 에리히 프롬의 분석에 의하면, 나치의 파괴적운동의 모태는 바로 이 무력과 권태 또는 불안의 의식에 있었다고 하니 지금 열거한 두 경향은 실은 한 뿌리에서 나온 것이라고 볼 수 있고, 또는 한 사태의 다른 형태라고도 볼 수 있다.

우리가 다음 세대를 담당하여 나아갈 사명을 생각할 때에도 결국은 무기력해져 있는 현대인들이 어떻게 하면 생생하게 눈이 빛나는 사람으로 변화될 수 있을까 하는 문제인 것이다.

그런데 여기에 새로운 문제가 하나 등장한다. 확실히 개인의 생활방식으로서는 그것으로 좋으리라. 가령 한 사람의 생에 기쁨이 넘친다고 하여도 그것으로 사회전체가 좋아지지 않는다. 현대의 사회는 훌륭한 개인보다도 사회전체를 합하여 줄 인물을 기다리고 있다. 개인의 미담보다도 사회에 대한 영향력이야 말로 우리의 관심사이다.

이와 같은 기대의 과제에 대하여 성경은 어떻게 대답해 주는가? 이와 같이 사람은 반문할는지 모른다. 이 문제에 대한 해답은 다음과 같다. 사회 변혁이나 역사 형성의 문제를 생각할 때에 결정적으로 중요한 것은 어떻게 해서 영향력을 획득할 것인가 하는 것이 아니고, 누가 지도자인가의 문제이다.

왜냐하면 획득한 큰 영향력에 의하여 철저한 파괴가 행해진 예가 많다. 히틀러와 일본의 군국주의적 정책의 발자취를 살펴보아도 명백하다. 중대한 것은 힘, 그것의 결합보다도 '어떻게 하면 그 힘에 올바른 방향을 줄 것인가, 우리는 어디로 향하여 나아갈 것인가?'라는 것이 문제이다. 그리고 이 문제는 어디서 올바른 지도자를 발견할 것인가 라고 하는 형태로 제기 될 수도 있다.

이 문제에 대해서 성경은 명쾌한 해답을 주고 있다. 우리의 유일한 지도자는 그리스도의 아버지이신 참 하나님이시다. 이것이 그 해답이다.

그러나 역사형성을 서두르는 사람들은 이 발언은 돌보지 않고, 자기가 지도권을 장악하지 않으면 올바른 건설은 되지 않는다고 생각한다. 이것을 잘 보여주는 실례의 하나가 일본 히로시마에서 행하여진 원-수폭 금지 세계대회가 사회당과 공산당 사이에 일어난 주도권 쟁탈 때문에 큰 혼란을 빚은채 시행되지 못한 것이다.

이처럼 자기들이 전체를 지도하지 않으면 안 된다고 생각하게 되면 의견이 다른 상대는 압도하지 않으면 안 된다고 생각할 수밖에 없다. 이러한 여러 가지 책동과 세력을 앞에 두고, 우리 신자들이 지켜나갈 진리는 무엇일까. 그것은 우리 위에 지도권을 장악하고 있는 것은 인간이 아니고 하나님이시고, 우리는 그의 밑에서 심부름하는 한 병졸에 지나지 않는다는 진리이다.

가만히 보면 사람이 할 일을 안하고, 전부를 하나님께 맡겨버린다고 하는 생활방식은 사뭇 무책임한 태도이며, 혼란과 무질서를 낳게 하는 것 같이 보일는지 모른다.

그러나 그렇게 생각하는 것은 하나님이 지금도 살아계시고, 활동하고 계신다는 중대한 사실을 모르기 때문이다. 살아 활동하시는 하나님께 우리 각 사람이 참으로 결부되어 있다면 그 행동이 산산히 떨어진 개인주의에서 끝나지 않을 것이다.

특히 우리가 진리를 꼭 지켜야 되는 것은 아니라고 생각해서는 안 된다. 도리어 진리가 우리를 붙들어 주는 것이다. 위대한 훌륭한 선생을 떠나 보낸 뒤에 남은 제자들에게 불안감과 무력감이 감도는 것은 그 선생의 위대한 영향력에만 도취하고, 그 선생을 지도하였던 진리에 눈 뜨지 못한 까닭이라고 생각한다. 영웅주의로서 선생을 좇지 말라. 영웅은 필요가 없다.

그리스도와 그의 십자가, 그리고 그 증언을 하는 이름없는 전사가 있으면 된다. 그리스도는 '행복되도다. 너희 힘 있는 위인이여.'라고 하시지 않고 '행복되도다, 너희 가난한 자여.'라고 말씀하신다. 자기의 무력을 느끼고, 머리를 수그리지 않고는 있을 수 없는 사람들을 향하여 너희는 행복되다고 하신다. 이것이 참 진리이다. 이 진리 가운데 약한 우리가 자기의 모든 것을 맡겨버리고 신뢰하기만 하면 후에는 하나님이 책임져 주신다. 이 신뢰가 큰 기쁨과 소망을 가지고 사는 힘의 원천이 아닐까 생각한다.

결론은 간단하다. 다음 시대를 어떻게 건설할 것인가의 문제를 생각할 때, 우리는 다소나마 나의 힘으로 그것을 쌓아 올리지 않으면 안되겠다는 의식을 가진다. 그러나 참으로 역사를 올바르게 지도하고, 새 시대를 건설하는 힘을 가지고 계신 이는 하나님뿐이어서 하나님을 각 사람이 각각 그 직장에서 믿고 따르는 것이 중대한 과제이다.

이처럼 작은 사람들의 힘을 하나님은 하나로 만들어 큰 힘으로 해 주신다. 다음시대를 형성하기 위하여 우리가 할 유일하고,

최대의 사업은 하나님의 충실한 병졸이 되는 데 있다. 만일 이것을 산산히 헤쳐진 방조라고 느끼는 사람이 있다면, 그것은 하나님의 지배와 경륜을 참으로 믿지 않기 때문이 아닐까. 이것이 나의 결론이다.

이 결론은 나의 마음에 큰 평안을 준다. 또 내가 무엇인가 완수 하지 않으면 안 된다고 하는 주제넘은 생각을 깨부서 준다. 그리고 참으로 겸손한 마음을 가지고, 모든 것을 견디고 남이 알지 못하는 곳에서 사람을 사랑해가는 낮은 마음을 주신다. 이러한 사랑의 행위가 하나님의 뜻에 맞는다고 하면 우리의 생각은 넘치는 새로운 싹으로 거기에 돋아 나올 것이다.

나는 그렇게 믿는다. 그리고 이 겸손한 의뢰심을 잊은 역사의식이 다시 일본의 장래를 파괴할까 두렵다. 그리고 벌써 그 징조는 여기 저기서 나타나고 있다. 인간이 자기의 주도권으로 역사를 형성하려고 할 때, 이 파괴로 떨어져 들어갈 함정은 언제나 잠겨있다.

그 이유는 인간이 진리를 반역한 죄인이기 때문이다. "하나님과 같이 되리라"라고 하는 것은 모든 것을 자기 지배 아래 두려고 하는 것인데, 우리 시조는 이 시험에 졌던 까닭이다. 그러므로 이러한 인간의 본성이 드러나면 마음에서는 신실을 원하고, 또 그렇게 꾸미면서 실제로는 사람을 억압하고, 파괴하는 길을 준비하게 되는 사태가 나타나게 된다.

인류역사는 바로 이것을 되풀이 하는 것이다. 현재에도 같은 일이 어디서나 진행되고 있다. 그 진상을 통찰하고, 이것에 대처하는 일이 우리의 과제이다.

끝으로 첨가하고 싶은 것은 요한복음 21장 18절에서 19절 말씀이다.

> 내가 진실로 진실로 네게 이르노니 네가 젊어서는 스스로 띠 띠고 원하는 곳으로 다녔거니와 늙어서는 네 팔을 벌리리니 남이 네게 띠 띠우고 원하지 아니하는 곳으로 데려가리라 이 말씀을 하심은 베드로가 어떠한 죽음으로 하나님께 영광을 돌릴 것을 가리키심이러라 이 말씀을 하시고 베드로에게 이르시되 나를 따르라 하시니

이것은 부활하신 예수님이 베드로에게 말씀하신 것이다. 우리의 생애는 베드로와 같이 원치 않는 대로 인도되어도 믿고 따르는 일, 이것이 역사를 담당한 자로서 합당한 일인 것을 확신하고 강조하는 바이다.

〈부산모임〉 1972년 8월호[31:5-4]

역사의 원점

사람이 역사의 원점을 생각할 때 두 가지 면을 생각할 수 있다. 하나는 인간의 이성과 현실적 감각으로 하려고 하는 면이고, 다른 하나는 성경의 교훈에 입각하고자 하는 면이다. 즉 전자는 유물론 경향이고, 후자는 신앙 경향이다.

유물론자들은 물질이 영원 전부터 존재한 것이어서, 변증법적 법칙에 의해 발생, 발전한 것이라고 한다. 즉 그들은 물질 내에 모순이 있어서 운동법칙이 생겼고, 운동법칙에 의해 양적 변화가 질적 변화를 가져오고, 모든 물질은 상호관계하에 존재한다는 것이다. 저들은 변증법적 법칙에 의해 역사가 진행한다고 본다.

그러나 성경의 원리를 믿는 사람은 태초에 하나님과 말씀, 그리고 그 본체이신 성령으로 물질이 창조되고, 하늘과 땅, 그 가운데 만물이 창조되었다고 믿고 주장한다. 성경의 말씀은 유물론자들의 주장과 확실히 다르다.

성경에 나오는 말 중에서, 역사의 원점이라고 생각되는 "태초에"를 두 가지 뜻으로 이해할 수 있다고 본다. 요한복음 1장 1절과 요한일서 1장 1절에 나오는 태초, 또는 오메가는 창세기 1장 1절에 나오는 태초보다도 그 전이라고 생각한다. 따라서 창세기 1장 1절의 태초는 천지와 만물이 창조되는 때이고, 그 전에는 아무것도 없었는가 하면 그런 것이 아니고 말씀[로고스], 하나님과 성령이 진리와 사랑으로 빛 가운데서 생명으로 살고 계셨다고 한다. 물론 그 때는 영계이니만큼 시간과 공간을 말할 수는 없다. 천지와 만물이 창조된 것은 우연으로 된 것이 아니고, 창조주의 의지와 목적으로 된 것인데, 그것은 사랑의 생명에서 나온 것이다.

"태초에 말씀이 계시니라 이 말씀이 하나님과 함께 계셨으니 이 말씀은 곧 하나님이시니라."요 1:1에서 '말씀'은 예수 그리스도를 뜻하는 것인데, 둘이 하나인 것은 성경은 부부가 일체인 것으로 보여 주고 있다.

후지이 다케시藤井武(1888-1930)는 "아버지이신 하나님이 우주와 만물을 창조하셔서 아들에게 주시고자 하신 뜻, 의지가 있을 때, 그 사랑이 바로 아들에게 나타나 우주를 창조하셔서 아버지에게 바쳐 드리고자 하는 뜻에서 말씀으로 창조된 것"이라고 이해하고 설명하였다. 이 말씀이 "태초에 하나님과 함께 계셨고 만물이 그로 말미암아 지은 바 되었으니 지은 것이 하나도 그가 없이는 된 것이 없느니라"요 1:2-3고 하였다.

창세기는 지구 중심으로 쓰여진 것으로 지구의 역사를 말해 주는 지질학은 창세기를 주해하듯 일치되는 것이 많다. [≪지질학으로써 주해한 창세기 제1장≫, 후지이 다케시 전집, 제4권 39-50면]

생명의 역사에 관해서 여러 가지 학설이 많으나, 현대 과학으로 옳게 파악하지 못하고 있는 것을 성경은 담대하게 생명은 로고스, 그리스도 안에 있었다고 증거한다. 현대에 분자 생물학이 발달해서 생명 현상을 나타내는 DNA의 구조가 알려졌고, 또 그것을 임의로 변경시킬 수 있는 기술이 발전되어 가고 있다는 보고들은 아직도 학스레이가 일찍이 장담했던 시험관 내 생명체의 창조에는 이르지 못하고 있다.

창조라는 말은 엄격히 말하면 하나님의 일에만 적용되는 것이지, 사람들이 과학적 지식으로 얻은 결과에 대해서는 맞지 않는다고 생각한다. 그런데 사람이 3분성, 또는 3원성三元性으로 되어 있는 인격적 생명을 어떻게 창조할 수 있겠는가.

그러나 사람을 지으실 때, 하나님께서 자기를 상징하는 인격자로 지으셨기 때문에 하나님의 뜻을 알고 설명하는 지혜를 주신 것이다. 과학은 그 하나님의 법칙과 그 뜻을 알게 하는데 도움을 줄지언정, 하나님의 법칙을 반대해서는 일보도 나갈 수는 없는 것이다. 생명은 그리스도께 있으니 이 생명은 사람들의 빛이다.

하나님의 생명은 빛 가운데서만 활동하신다. 어둠에서는 활약하시지 않는다. 사람의 생명도 빛 가운데서 활동하는 것이 참 생명이어서 도덕적 생명과 영적 생명은 빛 가운데서 활약한다. 또 물질적인 육의 생명일지라도 빛 없으면 살 수 없는 것이다요 1:4. 이 생명의 빛인 그리스도께서 어두운 세상에 내려 오셔서 어둠에 비취었건만, 어둠이 깨닫지 못하였다고 하였다요 1:5. 예수 그리스도를 구주로 영접하지 않고 도리어 누르고자 했다. 그러나 어둠은 빛을 누를 수는 없다. 또, 예수 그리스도는 육을 입으시고 사람의 아들이 되어 오셨기 때문에 어둠이 깨닫지 못할 뿐 아니라 대항해서 싸우려 하므로 이 빛에 대한 증거자가 필요했다.

그래서 6개월 앞서 하나님께서 보내신 사람이 났으니, 세례 요한이었다. 세례 요한은 예수 그리스도께서 생명의 빛이라고 증거하고, 죄를 깨달아 회개하도록 하며, 자기 뒤에 오시는 예수께서 성령으로 세례를 주시는 구주라고 증거했다. 예수 그리스도는 세상을 지으시고, 또 사람들에게 생명을 주시려고 빛으로 임하셨는데, 세상이 그를 알지 못하고 자기가 지으신 땅에 왔음에도 불구하고 자기 백성들은 환영하지 않았다.

그러나 소수의 제자들과 택한 자들은 그를 구주로 믿고 환영하였다. 예수님의 이름을 믿고 환영하는 사람들에게는 하나님의 자녀가 되는 권세를 주셨다. 이런 사람들은 혈통이 좋아서 뽑힌 것도 아니고, 또 육정으로 된 것도 아니며, 사람이 자기의 뜻이나 공로로 되는 것도 아니다. 다만 하나님의 성령으로 말미암아 새로 거듭난 자들이다.

이제 창조주이시며 생명의 주님이신 말씀이 육신을 입으시고, 이 땅 위에 내려오셔서 우리와 같이 생활을 하신 그 모습을 우리가 보고, 아버지 하나님의 오직 하나가 되시는 아드님의 영광이요, 은혜와 진리가 충만한 것을 느낄 수가 있는 것이다.

예수 그리스도는 세례 요한이 증거한 바와 같이 자기보다 앞서 계시고, 성령으로 세례를 베푸시는 구주이시다. 그를 구주로 영접하면 충만한 은혜를 넘치도록 받게 된다. 속죄의 은혜, 중생의 은혜, 하나님의 자녀가 되는 은혜, 영생의 은혜, 이 값 없이 받는 은혜가 충만하게 된다.

율법은 모세로 말미암아 주신 것이어서 죄를 깨달아 속죄주를 찾게 하는 능력은 있으나 속죄의 힘은 없다. 모세가 애굽의 노예로부터 해방해 주었다고 믿고 있었으나 잘못 인식한 것이다. 속죄하여 주시는 은혜와 하나님의 자녀가 되는 진리는 예수 그리스도로 말미암아 온 것이다. 아브라함에게 약속하시고, 그대로 이루어 주시는 진리는 예수 그리스도로 말미암아 온 것이다.

  본래 하나님을 본 사람이 없다. 그러나 그 품속에 계시는 홀로 하나이신 아드님이 육을 입고 내려 오셔서 나타내셨다. 사도 요한과 우리 믿는 사람은 그를 보고 영광을 하나님께 돌리고 있는 것이다.

〈부산모임〉 1985년 8월호[105:18-4]

역사창조의 정신

사람은 역사를 창조할 수 있는가?

역사는 공간과 시간으로 이루어진 세계에서 일어난 변화 또는 사실의 기록이다. 우리는 역사에서 그 뜻을 배운다. 예를 들면 우주의 역사, 지구의 역사, 생물의 역사, 인류의 역사를 볼 수 있다. 그리고 인류가 사회를 형성하여 살게 된 후로는 사회과학적 법칙에 의해 역사가 이루어져 나간다고 말한다. 사회를 구성하는 요소들은 사람과 땅과 그 위에 있는 만물인데, 사람과 물질 사이에는 주종의 관계가 있어서 사람은 주인이며, 만물은 그 종속물이다.

이 관계가 비뚤어져서 거꾸로 되면, 인류 역사는 잘못된 방향으로 진행하게 된다. 사람이 주인이 되는 까닭은 그 생명이 고귀하고 독특한 데에 기인한다. 동물의 생명은 몸과 혈기적 생명으로 되어 있어서 감각, 지식, 감정, 애정, 의사가 있을지라도 이 모든 활동은 본능에 예속되어 있다. 그래서 선악을 판단하는 능력이 없고, 또 그 어느 것을 선택하는 자유 의사가 없다. 그러므로 죄 의식도 없다.

그런데 사람은 몸과 혈기적 생명으로 사는 것은 동물과 흡사하나, 그 혈기적 생명은 동물과는 달리 양심을 소유하고 있어서 육욕적 본능을 제어하고, 영적 생활을 영위할 특권을 가지고 있다. 사람의 혈기적 생명은 하나님이 영, 곧 생기를 불어넣어 주신 것이어서 영과 마음과 몸이 삼원적으로 되었다고 본다살전 5:23. 즉, 영은 하나님을 사모하며 인식하고, 그분께 순종하려고 하기 때문에 하늘 아버지께서 완전하심과 같이 영도 완전히 되기를 바란다.

그런데 이 영적 생활도 사람의 의사의 결정으로 된다. 사람은 먼저 육욕적 본능을 쫓을 것인가, 아니면 하나님의 영의 감화에 순종할 것인가를 자신의 자유의사를 가지고 결단하지 않으면 안 된다. 즉, 사람은 사물을 양심에 비추어 판단하여, 악을 버리고 선, 곧 하나님의 지배에 순종하는 데에 의사의 자유가 있다. 이것이 사람의 제2의 특권이다.

사람이 하나님의 형상대로 창조되었다는 것은 하나님을 원형으로 해서 부어 만들었다는 뜻으로 하나님의 영의 지배 아래에서 살 수 있는 자라는 뜻이다. 또는 하나님을 이상으로 해서 그를 닮을 자로 창조하셨다고 생각해도 좋다. 그러므로 동물은 역사를 창조할 수 없지만, 사람은 역사를 창조할 수 있는 정신을 가지고 있다. 이 정신은 하나님의 영의 힘으로, 사람으로 하여금 힘차게 선을 위하여 살며 또한 운동을 일으킬 수 있게 하는 힘이다.

그런데 인류 역사는 어떻게 이루어지는 것일까? 사회학자들은 인류 역사는 사회과학적 법칙을 통해 이루어진다고 말한다. 그런데 어떤 법칙이든지 그 배후에 계셔서 섭리하시는 진리의 인격자를 생각하지 않는다면, 우리의 이성은 만족하지 못하며, 또 그 법칙의 방향과 목적을 알 수 없다. 이 법칙을 정확하게 이해할 때, 우리는 올바른 정책을 취사선택하여 적용할 수 있으며, 따라서 역사를 올바른 방향으로 발전시킬 수 있다. 이와 같은 것을 역사 창조라고 할 수 있다. 그러므로 역사를 창조케 하시는 이는 진리이신 하나님 또는 성령이시며, 역사를 창조하는 자는 사람이라고 말할 수 있다.

그런데 사람일지라도 어떤 결단을 내릴 때에는 혈기적 생명으로 결정하기 때문에 성령의 지배에 순종하려는 경향보다는 육욕적 본능에 따르려는 경향이 더 크다. 참으로 역사의 대부분은 이 혈기적 생명으로 짜여있다.

그러나 불순하고 탐욕적인 영향에 의해 이루어진 역사라 할지라도, 그 속을 잘 살펴보면 순수한 공의와 헌신적 사랑에 의해 역사가 창조되는 것을 찾아볼 수 있다. 역사는 이상에 서서 현실을 비판하고 지도하는 정신에 의하여 진행된다. 또한 탐욕으로 가득 찬 모든 세력은 금방 생겼다가 없어지는 물거품에 지나지 않는다. 이것이 역사가 지향하는 바이다.

성경에서는 "의인 아벨의 피로부터 성전과 제단 사이에서 너희가 죽인 바라갸[레위의 14대손]의 아들 사가랴의 피까지 땅 위에서 흘린 의로운 피가 다 너희에게 돌아가리라"마 23:35라는 말씀을 통해 역사를 창조하기 위해 많은 피가 흘려졌음을 지적하고 있다.

누가 역사창조의 정신을 나타냈는가?

나는 먼저 사람은 영적 지배 아래에서 진리를 발견하고 실천할 수 있는 가능성을 가지고 있음을 지적했다. 창조의 정신이란 무엇인가? 그것은 지금까지 뚜렷이 나타나지 않았던 진리를 찾아서 이것을 적용하는 운동을 일으키는 영의 능력이라고 말할 수 있다. 보통 정신이라면 형태가 없고 보이지 않아서 관념적인 것, 또는 마음이라고 생각하기 쉽지만, 사실 정신이란 현실에서 보이지 않는 것을 나타내 보이는 운동을 일으키는 힘을 말한다.

그러면 누가 이 역사를 창조하는 정신을 나타냈는가? 여러 사람을 들 수 있겠으나, 나는 가장 대표적인 분은 예수 그리스도라고 믿는다. 예수님은 "내가 율법이나 선지자를 폐하러 온 줄로 생각하지 말라 폐하러 온 것이 아니요 완전하게 하려 함이라"마 5:17고 하시면서, "옛 사람에게 말한바 살인치 말라 누구든지 살인하면 심판을 받게 되리라 하였다는 것을 너희가 들었으나 나는 너희에게 이르노니 형제에게 노하는 자마다 심판을 받게 되고 형제에게 대하여 라가[히브리말의 욕설]라 하는 자는 공회에 잡히게 되고 미련한 놈이라 하는 자는 지옥 불에 들어가게 되리라 그러므로 예물을 제단에 드리다가 거기서 네 형제에게 원망을 들을 만한 일이 있는 줄 생각나거든 예물을 제단 앞에 두고 먼저 형제와 화목하고 그 후에 와서 예물을 드리라"마 5:21-24고 하셨다.

우리는 이 교훈에서 역사 창조의 정신을 배울 수 있다. 형제에게 노하는 것, 욕하는 것, 미련하다고 하는 것은 다 사람의 혈기적 생명이 영적 지배를 받지 않고 나타난 것이다.

율법과 계명은 하나님이 요구하시는 신령한 생활이다. 즉, 예수님은 율법의 정신이 영적 생활을 요구하는 것임을 밝히시고 그대로 사셨다. 보이는 네 형제를 사랑하지 않으면서 하나님에게 예물을 드린다면 사랑의 하나님이 그것을 받으시겠는가? 사람이 서로 사랑하고 화목하는 것을 하나님께서 제물보다 더 기쁘게 받으신다.

역사가 짜여진 날줄은 하나님의 공의와 사랑이며, 씨줄은 사람의 정신, 곧 마음과 활동이다. 이 하나님의 공의와 사랑에 맞는 씨줄로 엮는 것이 역시 창조의 정신이다.

또 "또 간음하지 말라 하였다는 것을 너희가 들었으나 나는 너희에게 이르노니 음욕을 품고 여자를 보는 자마다 마음에 이미 간음하였느니라"마 5:27-28는 말씀도 율법 준수의 문제는 밖에 나타난 일만이 아니고, 그보다 먼저 마음과 정신의 문제임을 밝히셨다.

또 예수님은 구약에서는 "또 눈은 눈으로, 이는 이로 갚으라 하였다는 것을 너희가 들었으나 나는 너희에게 이르노니 악한 자를 대적하지 말라 누구든지 네 오른편 뺨을 치거든 왼편도 돌려 대며 또 너를 고발하여 속옷을 가지고자 하는 자에게 겉옷까지 가지게 하며 또 누구든지 너로 억지로 오 리를 가게 하거든 그 사람과 십 리를 동행하고 네게 구하는 자에게 주며 네게 꾸고자 하는 자에게 거절하지 말라 또 네 이웃을 사랑하고 네 원수를 미워하라 하였다는 것을 너희가 들었으나 나는 너희에게 이르노니 너희 원수를 사랑하며 너희를 박해하는 자를 위하여 기도하라 이같이 한즉 하늘에 계신 너희 아버지의 아들이 되리니 이는 하나님이 그 해를 악인과 선인에게 비추시며 비를 의로운 자와 불의한 자에게 내려주심이라 너희가 너희를 사랑하는 자를 사랑하면 무슨 상이 있으리요 세리도 이같이 아니하느냐 또 너희가 너희 형제에게만 문안하면 남보다 더하는 것이 무엇이냐 이방인들도 이같이 아니하느냐 그러므로 하늘에 계신 너희 아버지의 온전하심과 같이 너희도 온전하라'마 5:38-48고 말씀하셨다.

하나님을 아버지라고 믿고 부를 수 있는 데에 역사 창조의 정신이 나타나있다. 하늘에 계신 너희 아버지, 즉 진리를 우리의 아버지로 확신시키시며, 우리가 역사 창조의 정신의 소유자임을 깨우쳐 주셨다. 구약 성경에서 하나님께서 이스라엘 백성을 자식들이라고 불러주시고, 그들에게 당신께서 아버지라고 가르쳐 주셨건만, 이스라엘 중에서 누가 감히 하나님을 아버지라고 불러 본 사람이 있는가?렘 3:14,19,22, 사 63:16

예수님은 하나님을 아버지라고 부르셨다. 사람이 하나님과의 관계를 이루는 데에 이보다도 더 적절한 표현이 있을 수 있는가? 이 정신이 없다면 하나님께서 이루게 하시는 역사를 창조할 수 있겠는가? 예수 그리스도는 친히 그렇게 사셨을 뿐 아니라, 누구든지 그리스도와 연합하여 살면 하나님의 자녀가 되고 하나님을 아버지로 삼고 역사를 창조할 수 있다고 가르치셨다.

그 밖에 모든 산상수훈은, 예를 들면 '구제하는 것, 기도하는 것들은 은밀히 하라. 보물은 하늘에 쌓아 두어라. 육적 생명을 위하여 무엇을 먹을까 무엇을 마실까 무엇을 입을까 염려하지 말라. 또 내일 일을 위하여 염려하지 말라. 한날의 괴로움은 그날에 족하니라'고 하신 말씀들은 이상 위에 서서 현실을 내려다 보고 지도하는 정신으로 살라고 하는 교훈들이다. 그래서 예수님께서 먼저 역사 창조의 정신을 가지고 사셨으며, 또 이 정신을 씨알들에게 깨우쳐 살게 하려고 힘쓰셨다.

한편 예수님은 "화 있을진저 외식하는 서기관들과 바리새인들이여 너희는 천국 문을 사람들 앞에서 닫고 너희도 들어가지 않고 들어가려 하는 자도 들어가지 못하게 하는도다 화 있을진저 외식하는 서기관들과 바리새인들이여 너희는 교인 한 사람을 얻기 위하여 바다와 육지를 두루 다니다가 생기면 너희보다 배나 더 지옥 자식이 되게 하는도다 화 있을진저 눈 먼 인도자여 너희가 말하되 누구든지 성전으로 맹세하면 아무 일 없거니와 성전의 금으로 맹세하면 지킬지라 하는도다 어리석은 맹인들이여 어느 것이 크냐 그 예물이냐 그 예물을 거룩하게 하는 제단이냐 그러므로 제단으로 맹세하는 자는 제단과 그 위에 있는 모든 것으로 맹세함이요 또 성전으로 맹세하는 자는 하나님의 보좌와 그 위에 앉으신 이로 맹세함이니라 화 있을진저 외식하는 서기관들과 바리새인들이여 너희가 박하와 회향과 근채의 십일조는 드리되 율법의 더 중한 바 정의와 긍휼과 믿음은 버렸도다 그러나 이것도 행하고 저것도 버리지 말아야 할지니라 맹인 된 인도자여 하루살이는 걸러 내고 낙타는 삼키는도다 화 있을진저 외식하는 서기관들과 바리새인들이여 회 칠한 무덤 같으니 겉으로는 아름답게 보이나 그 안에는 죽은 사람의 뼈와 모든 더러운 것이 가득하도다 이와 같이 너희도 겉으로는 사람에게 옳게 보이되 안으로는 외식과 불법이 가득하도다 화 있을진저 외식하는 서기관들과 바리새인들이여 너희는 선지자들의 무덤을 만들고 의인들의 비석을 꾸미며 이르되 만일 우리가 조상 때에 있었더라면 우리는 그들이 선자자의 피를 흘리는 데 참여하지 아니하였으리라 하니 그러면 너희가 선지자를 죽인 자의 자손임을 스스로 증명함이로다 너희가 너희 조상의 분량을 채우라 뱀들아 독사의 새끼들아 너희가 어떻게 지옥의 판결을 피하겠느냐"마 23:13-33라는 말씀처럼 두 마음, 곧 위선을 가장 미워하시고 싫어하셨다.

이처럼 예수님은 당시 종교 지도자들이 겉으로는 경건한 체하면서도 속으로는 탐심이 가득하여 과부의 가산을 삼키고, 어려운 짐을 신자들에게 지워 괴롭게 하는 것을 보시고 견딜 수 없어, "화 있을진저 외식하는 서기관과 바리새인들이여"라고 하시면서 책망하셨다. 이 어찌 서기관과 바리새인들이 미워서 하셨겠는가? 그들도 회개하고, 올바른 역사 창조의 정신을 가지고 살라고 권하시는 사랑이 느껴지지 않는가?

또 그 말씀은 당시의 서기관과 바리새인들에게만 해당되는 것이겠는가? 현재의 지도자들에게도 해당되지 않을까? 이것은 역사의 날 어느 시대든지 해당되는 진리여서, 숨어서는 혈기에 따라 생활하면서 겉으로 경건한 척하고, 또 그렇게 가르치는 자들에게 하는 책망이다.

예수님은 결국 하나님의 사랑을 저버리는 인류를 구원하시기 위해 친히 십자가에서 피 흘려 속죄하는 길밖에 없다고 직감하셨으며, 여기에 메시아, 즉 그리스도의 사명을 발견하여 친히 실천하셨다. 하나님은 죄를 알지 못하는 예수에게 죄를 담당케 하시고, 십자가에서 피를 흘려 속죄케 하시니 역사는 새 창조의 기원에 들어가게 되었다. 그것은 곧 그리스도의 부활이었다. 이 그리스도의 부활이야말로 역사의 새 창조이다. 왜냐하면 혈기적 생명에서 영적 생명으로 부활하셨기 때문이다.

예수님은 십자가에 못 박혀 죽으심으로 죄와 율법에서 해방되는 길을 열어 주셨다. 그리고 부활하심으로 인류로 하여금 하나님 중심으로 생활하게 하시고, 기쁨으로 하나님의 뜻에 순종하며 살게 하셨다. 이것이 예수님께서 역사를 창조하시는 정신으로 사신 증거이다. 그리스도는 영으로 살아계셔서 그의 영적 인격이신 성령으로 지금도 우리를 인도하고 계신다. 그러므로 우리도 역사 창조의 정신으로 살 수 있다.

예수를 그리스도로 믿었던 사람들은 이 역사 창조의 정신으로 살았다. 베드로는 예언서를 인용하여 예수께서 그리스도인 것을 증거하는 일로 자기의 사명을 삼았고, 사도 요한은 예수님의 인격에서 하나님의 독생자의 영광을 보고 하나님의 사랑의 나타나심을 증거하였다.

사도 바울은 다메섹 길에서 부활하신 그리스도를 만나 본 후로는 예수 그리스도와 그의 십자가에 못 박히신 것 외에는 아무것도 알지 않기로 작정하였다고 강조했다. 저들은 다 예수 그리스도께서 이방인의 구원과 만민의 구주가 되심을 증거하고 전파함으로써 새 역사 창조에 참여하는 생활을 했다.

그 후 기독교회가 의식화되고 속죄표를 팔아 성당을 짓는 일이 있었났기 때문에 이에 대하여 의분義憤을 발한 마틴 루터는 사람의 죄가 예수 그리스도의 피로 속량되는 것임을 밝혀 기독교의 개혁을 이룩하였다. 조직과 제도로 말미암아 가려지고 흐려지며 애매해진 진리를 다시 뚜렷하게 밝혀서 어둠을 물리치는 능력을 역사 창조의 정신이라고 말할 수 있다.

진리의 하나님은 우주 창조 전부터 엄연히 존재해 계셨고, 지금도 사람의 심령에 고요히 속삭이며 찾아오신다. 이 하나님의 뜻이 사람의 혈기적 생명의 탐욕 때문에 은폐되어 있을 때, 진리를 직관하여 시대의식과 잘못을 지적하고, 하나님의 뜻을 분명히 나타내어 사람으로 하여금 하나님의 뜻에 따르도록 지도하는데 역사 창조의 정신이 있다고 본다.

이 역사 창조의 정신은 나중에 어떠한 결과를 초래할 것인가? 성경에 보면 "두루마리를 가지시고 그 인봉을 떼기에 합당하시도다 일찍이 죽임을 당하사 각 족속과 방언과 백성과 나라 가운데에서 사람들을 피로 사서 하나님께 드리시고 그들로 우리 하나님 앞에서 나라와 제사장들을 삼으셨으니 그들이 땅에서 왕 노릇 하리로다 하더라 …… 죽임을 당하신 어린 양은 능력과 부와 지혜와 힘과 존귀와 영광과 찬송을 받으시기에 합당하도다 하더라 …… 보좌에 앉으신 이와 어린 양에게 찬송과 존귀와 영광과 권능을 세세토록 돌릴지어다"계 5:9-13고 하였다. 우리는 이러한 새 노래를 부를 소망을 가지고 살고 있다.

창조의 제7일은 안식일이다. 안식일은 하나님께서 인류에게 복을 내리시고, 인류를 거룩하게 구별하시기 위해 제정하셨다. 하나님께서 인류를 성별聖別하신 것은 하나님 자신을 위해서였다. 이것이 우리에게는 성결하고 무한한 향락에 대한 희망을 준다. 그것은 필로Philo Judaeus가 말한 소위 만물의 축제이다. 그날에는 여호와의 법궤 앞에서 몸을 드러내 춤추던 다윗과 같이 춤출 것이다.

우리 역사에도 앞서간 성도들이 30년 전에 신사참배는 우상숭배의 죄라고 지적하고, 외침으로써 역사 창조의 정신을 보여 주었다. 오늘에 와서는 '탐심은 우상숭배니라'라는 강조가 역사 창조의 정신을 고조하고 있다.

우리 사회에서 빨리 고쳐야 할 것은 사치 풍조와 부정, 부패, 성도덕의 문란, 곧 분란과 불안과 공포이다. 이 부도덕이 공포의 원인이다. 이 모든 것은 탐심에서 나왔다. 육의 정욕, 안목의 정욕, 이생의 자랑들, 이러한 탐심을 제거하여야 한다. 물질의 풍부, 권력, 명예제일주의 가치관을 고쳐 가져야 한다. 사람됨의 바탕은 자유의사를 가지고 영적 생활을 하는 데 있다. 혈기적 생명을 사는 데 있지 않다. 의·식·주 생활을 멋지게 하는 데 있는 것도 아니다. 그것에는 참 행복이 없다. 참 멋과 행복은 하나님의 의와 사랑을 실천하는 데 있다. 공평을 행하는 데 있다.

이 사회에서 억압되어 일어나지 못하는 사람들의 마음에 불을 켜서 일어서게 하는 데 있다. 이것은 그리스도의 사명이다. 함석헌 선생님은 이것을 자기의 이상으로 하여야 하며, 우리가 이 역사 창조의 정신을 완전하게 나타내신 그리스도의 생명을 가졌으니 우리도 역사 창조의 정신으로 살아야 한다고 하였다.

그런데 각 개인은 개성이 다르고, 지능이 다르고, 시대가 달라서 각각 그 사명, 곧 역사 창조의 정신을 발휘하는 데도 여러 가지 형태로 나타날 수 있다. 물론 그 근본은 하나님의 생명이신 사랑에 근거하는 것이지만, 구체적인 사명의 표현은 다를 수 있다. 과학자는 진리를, 역사가는 사실의 뜻을, 정치가는 공의와 공평을, 교육자는 인간 개조를, 예술가는 진·선·미를, 종교인은 영적 생활을, 의사는 인술을 이상으로 한다.

나는 의사로, 또는 병원을 경영하는 자로 '환자를 불쌍히 여길 줄 모르는 의사는 의사가 아니며, 동정할 줄 모르는 병원은 병원이 아니다'라는 표어를 가지고 산다. 의학은 인술仁術이라고 했다. 맹자는 '환자를 상하지 않도록 하는 것이 바로 인술이다'無傷也是乃仁術라고 했다. 병이란 정상 조직의 손상이다. 이 손상을 덜어주고, 정상이 되는 것을 방해하는 인자들을 제거해 주는 것이 의사의 임무이다.

그러므로 맹자가 말한 것은 음미할 만한 가치가 있다. 나는 이 말이 히포크라테스의 선서 못지 않는 의사의 윤리를 보여준 진리의 직관이라고 본다. 이것도 또한 의학에서의 역사 창조 정신이라고 생각할 수 있지 않은가?

결론

역사 창조의 궁극적인 목적은 하나님의 기쁨에 있다. 만물과 사람이 그의 영광을 나타내는 데에 있다.

> 우리 중에 누구든지 자기를 위하여 사는 자가 없고 자기를 위하여 죽는 자도 없도다 우리가 살아도 주를 위하여 살고 죽어도 주를 위하여 죽나니 그러므로 사나 죽으나 우리가 주의 것이로다롬 14:7-8

〈부산모임〉 1972년 2월호[28:5-1]

순교자 주기철 목사님

1945년 4월 21일은 주기철 목사님의 순교일이다. 주 목사님의 약력을 소개하면 다음과 같다.

주기철 목사는 1897년 11월 5일 경남 창원군 웅천면 북부리에서 아버지 주형성 님과 어머니 조창녕 님 사이의 넷째 아드님으로 태어나셨다. 9세 때 웅천 개흥학교에 입학하여 공부하였고, 졸업 후 평양 오산학교로 진학하여 이승훈 교장의 감화를 많이 받았으며, 1916년 20세 때, 그 학교를 뛰어난 성적으로 졸업하였다. 그 해에 연희전문학교 상과에 입학하여 공부하다가 눈병으로 중퇴하여 고향 웅천에 돌아와 눈병을 치료하면서 교남학회를 지도하였고, 또 청년운동에 전념하였다.

그 때 청년집사로서 교회를 위해 봉사하다가, 김익두 목사의 감화를 받아 성직의 소명감에 불타게 되었으며, 1921년 평양신학교에 입학하여 복음의 전도자요, 신앙의 투사로서 키움을 받았다. 재학 중에 안갑수 님과 결혼하였고, 1926년 봄에 평양신학교를 졸업하셨다.

신학교를 마친 후 부산 초량교회 위임목사로 목회 하셨고, 슬하에는 영진, 영만, 영해, 광조 4형제를 두었으며, 목회하시면서 진주성경학교, 경남성경학원에서 교수를 역임하셨다. 1926년에서 1931년까지 6년간 부산 초량교회에서 시무하실 때, 일본정부가 강제하던 신사참배를 단호하게 거부하고, 그 거부안을 경남노회에 제출하여 투쟁을 선언하여 경종을 울림으로써 순교승리의 공적, 공포를 선언하신 것이다.

1931년 9월 23일 마산 문창교회에 부임하여 6년간 시무하시는 중 어린 광조를 남겨둔 채, 신앙의 방조자 부인이 먼저 하늘을 부름을 받자 감정이 풍부하신 목사님의 애절함은 측량하기 어려웠다. 그러나 하나님은 종을 도울 배필을 다시 준비하셨다. 평남 강서 태생이며, 평양 정의여학교를 졸업하고, 마산 의신여학교 교사로 봉직한 교인이었던 오정모 양과 재혼하셨다.

1936년 여름 평양산정현교회로 부름을 받아 신앙의 투쟁을 계속하셨다. 평양산정현교회 당회는 주 목사님의 제안인 예배당 신축을 만장일치로 가결하고, 1937년 3월 7일 건축헌금을 하니 4만원에 되어서 최시화 집사 청부로 건축하게 하였다. 2층 벽돌예배당으로 내부가 250평, 1,000여 명이 예배할 수 있었고, 총 공사비가 46,000원이었다. 공사는 1937년 4월에 착공하여 그 해 9월 5일에 준공하였다.

1938년 봄, 평북노회가 신사참배를 가결하여 한국교회가 우상에게 무릎을 꿇게 되니 하나님께서 가장 미워하시는 우상숭배의 죄를 범한 것이다. 그때 의분에 불타던 신학생 장 모씨는 평북노회장 김일선 목사의 신학 졸업기념 나무를 학교 뜰에서 찍어버렸는데, 이것이 주 목사님이 사주한 것이라 하여 평양 경찰서에 검속되니 그날이 바로 1938년 2월 8일 예배당 헌당식 당일이었다.

이 일이 일어나기 조금 전에 일제의 앞잡이로 기독교 친목회와 혁신교단이 조직되어 있었는데, 주 목사님은 그들 간부들의 잘못된 생각을 지적하고 충고하였으나, 저들의 탐심은 저들의 눈과 귀를 가리울 뿐이었다.

주 목사님은 그 후 잠시 석방되어 1938년 7월 김화식 목사, 이유택 목사님과 더불어 평양 묘향산에 들어가 전국교회를 위해 기도하였고, 그 후에도 몇몇 신앙동지들과 같이 평양 북방 30리 밖에 있는 대성산에서 1주일간 금식기도를 하면서 십자가 제단에 자기의 생명을 제물로 드릴 결심을 하셨다.

그 해 일본교단의 회장 도미다富田滿 목사가 평양에 와서 교역자들에게 시국인식을 위한 강연을 했는데, 신사참배가 성경적으로 죄가 아니라고 하므로 주 목사님은 분연히 일어나서 "도미다 목사님이 모든 지식이 풍부하신지는 모릅니다만, 성경은 너무도 모릅니다. 신사참배는 제1계명과 제2계명을 범하는 죄가 됩니다."라고 강하게 항의했다. 이유택, 김화식 목사님들도 반대 토론을 했다. 도미다 목사는 아무 답변도 못하고, 뒷문으로 빠져 나가고 말았다.

1938년 9월, 조선 예수교 장로회 총회가 평양 서문밖 예배당에 모여서 천추의 한이며, 천인이 같이 분노할 신사참배를 가결하여 우리나라 기독교 역사에 큰 오점을 남겼다. 1937년 8월 18일에 주 목사님은 농우회 사건[유재기 목사님의 농민복음운동]에 관련된 혐의로 경북 의성 경찰서에 검속되었다. 7개월 후에 혐의가 없어 나오게 되었으나, 신사참배 반대를 외치셨으므로 대구서도 이송되었다가 1940년 2월에 석방되어 평양으로 돌아와서 주일 아침 산정현교회의 성단에 서게 되었다.

주 목사님은 그날 아침 마태복음 5장 11-12절과 로마서 8장 31-39장의 말씀을 본문으로 하고, '다섯 가지 나의 기도'란 제목으로 그 동안 구류 중에 기도하셨던 것을 말씀으로 전하니 이것이 목사님의 유언적 기도의 설교로 남았다.

1940년 5월 일본 경찰에 사로잡혀 있던 노회로부터 주 목사님의 평양산정현교회의 시무 사면을 강요당했으나, "청종할 수 없다." 하였으며, 물론 산정현교회 당회에서도 이것을 일축하였다. 1940년 6월에서 9월까지 수십 명의 목사가 검거되었고, 이때 주 목사님도 평양감방에 수용되었다. 평북노회장 최 목사로부터 산정현교회 장로 7인의 파면을 선고 받았으나, 교회는 이것을 받아드리지 않았다.

1941년 3월 25일 평양노회 전권위원 7인이 산정현교회에 와서 예배 인도하러 성단에 오르려 하므로 교인들은 이것을 찬송으로 제지하였다. 양재연 집사의 인도로 '내 주는 강한 성'이라는 찬송을 계속 불러 결국 7인의 위원들을 쫓아 보냈다. 그 당시 주 목사님은 평양의 유치감방에 계셨는데, 평양서 형사 80여 명이 산정현교회로 몰려와 기도하는 교인들을 억지로 예배당 밖으로 내쫓고, 그날에 평양노회 7인 위원은 형사들과 협력하여 예배당 문을 걸고 못을 박았으니 이것이 처음 문이 닫힌 것이다.

그 후 뜻있는 교인들은 낮에는 채정민 목사님 댁에서, 유년들은 정낙선 집사님댁에서, 밤에는 이인재 목사님 댁에서 모여 예배를 드렸다. 다시 평양노회는 엄동설한에 구속 중이신 주 목사님의 가족을 산정현교회 사택에서 축출하였다. 그래서 주 목사님의 늙으신 어머님은 광에서 지내셨고, 오정모 부인은 유치장에 들어가 금식기도로 주 목사님을 도왔다.

　1940년 여름에 주 목사님은 검거되어 평양 4호 감방에 있으면서 일본 경찰에 고문을 당하셨는데, 지병인 안질과 폐병으로 심신의 쇠약이 날로 더해 갔다. 1942년에 평양형무소에 이감되었고, 1944년 4월 13일에는 병감으로 옮겨지게 되었다. 1944년 4월 19일에 부인 오정모 집사님의 면회가 마지막이었다. 1944년 4월 22일 새벽 2시에 백절불굴의 신앙투사 주 목사님은 48세를 일기로 주님의 품에 안기어 순교의 제물로 완성하였다.

　일본 경찰의 방해에도 불구하고 500여 명의 성도들의 손으로 장례식이 거행되었으니 지금 그의 육은 평양 북방 돌박산에 묻혔고, 영은 주님의 보좌 앞 순교성도의 반열에 찬예讚譽하셨다.

　1945년 8월 15일 우리 민족의 해방의 날에 같이 옥중에서 투쟁하시다가 나오신 후에 목사가 되신 출옥성도 방계성 장로로 하여금 순교제단을 지키게 했으며, 1947년 1월 27일에는 부인이신 오정모 집사님이 그의 뒤를 따라 가셨다. 그리고 장남이신 주영진 전도사님은 평남 장현교회[긴재교회]에서 시무하시다가 전쟁은 죄라고 규정하고 싸우시다가 공산당들에게 순교 당하셨다. 남은 유족은 영만, 영해, 광조의 3형제의 가족이다.

　주 목사님은 믿음이 굳고 강했을 뿐 아니라 설교에 감화력이 많았다. 설교집이 부인으로부터 영진 전도사님에게 전해졌을 것으로 짐작하나, 이북의 정세 하에서는 출판할 수 없어서 아직 대다수가 숨겨져 있다. 다만 김린서 장로, 유기선 선생들을 통하여 전해진 설교 두 가지만 초록해서 소개한다.

5종의 나의 기원 마 5:11-12, 롬 8:31-39

나는 저들의 손에 몇 번째 체포되어 이번에는 오래 갇혀 있다가 다시 이 산정현 강당에 서게 되니 하나님의 은혜에 감사하오며, 나를 위하여 기도하며 기다리시던 교우 여러분 앞에 서서 설교를 하려고 하니 감개가 무량하다. 그렇다고 해서 별다른 설교가 아니고, 갇혀 있으면서 늘 기도하던 다섯 가지 나의 기도를 말하겠다.

첫째, 죽음의 권세를 이기게 하여 주옵소서. 나는 바야흐로 죽음에 직면하고 있었다. 나의 목숨을 빼앗으려는 검은 손은 시시각각으로 닥쳐오고 있다. 죽음에 직면한 나는 "사망권세를 이기게 하여 주옵소서" 하는 기도를 하지 않을 수 없었다.

둘째, 장기간의 고난을 견디게 하여 주옵소서. 단번에 받는 고난은 이길 수 있으나, 오래 끄는 장기간의 고난은 참기 어렵다. 칼로 베고, 불로 지지는 형벌이라도 한 두 번에 죽어진다면 그래도 이길 수 있으나, 한 달, 두 달, 1년, 10년하고 계속된 고난은 참으로 견디기 어렵다.

셋째, 노모님과 처자와 교우를 주님께 부탁한다. 나는 80이 넘는 어머님과 병든 아내가 있고, 자식들이 있다. 남의 아들로서의 의무도 귀중하고, 남의 가장 또는 아비로서의 책임도 무겁다. 그러니 여러분들에게 짐 되게 할 마음은 없다. 다만 무소불능 하신 하나님께 부탁한다.

넷째, 의에 살고, 의에 죽게 하여 주옵소서. 사람이 이 세상에 태어나서 사람으로 마땅히 해야 할 의무가 있다. 나라의 백성이 되어서는 충절의 의가 있고, 여자가 되어서는 정절의 의가 있고,

그리스도인이 되어서는 그리스도인으로서의 의가 있다. 그러므로 "나는 그리스도인으로서의 의에 죽게 하여 주옵소서."하고 기도한다.

다섯째, 내 영혼을 주께 부탁한다. "오 주여, 주님, 예수여! 내 영혼을 부탁합니다. 십자가 붙잡고 쓸어질 때 내 영혼을 받으시옵소서."하고 기도하였다.

일사각오—死覺悟

대지만을 적기로 한다.
첫째, 예수 위한 일사각오
둘째, 인류 위한 일사각오
셋째, 복음 위한 일사각오

이상은 주 목사님의 감명 깊은 생애와 설교의 일부를 그의 순교집에서 발췌한 것이다. 주 목사님과 손양원 목사님의 순교, 그리고 그 가족들의 순교 제물로서의 역할은 우리 기독교 역사에 있어서 빛나는 별들이었다. 우리는 어떻게 그들의 발자취를 따라 갈 것인가? 이것이 우리의 명제가 되는 줄 안다.

현실에서 우리의 신앙을 좀먹게 하는 원수는 우리의 탐심과 정욕에 틈타고 들어와 하나님과 주님의 품으로부터 우리를 떨어지게 하려는 사단의 사랑이며, 세계의 풍조이다. 곧 이기주의이며, 사치와 허영에 기초한 성적문란이다. 우리 믿는 이들은 사단의 근거지가 되는 탐심과 정욕을 제거하기 위해 전력을 다해 기도하며, 싸워 승리하자.

이 사회의 사치와 허영 그리고 성적문란의 풍조를 막고, 이기주의와 탐욕의 죄악을 회개하는데 힘쓰자. 이 직책을 다하지 못하면 순교자의 진리를 계승하지 못한 것이 된다. 우리는 순교자의 진리를 계승하는 자가 되어야 한다.

〈부산모임〉 1972년 6월호[30:5-3]

8·15에서 6·25까지의 평양산정현교회

  8·15는 1945년 8월 15일 조국이 일본 통치에서 해방된 날이다. 일제에 속박되었던 국민들은 자유의 기쁨을 만끽했다. 일제에 압박되어 문을 닫았던 산정현교회는 문을 열었고, 옥중에서 고생하던 목사님들은 나와서 강단에 서게 되었다.

  나는 1945년 9월에 산정현교회에 나가게 되었는데, 출옥하신 이기선 목사님, 한상동 목사님, 방계성 장로님과, 채정민 목사님, 김의창 목사님이 기쁨으로 교인들을 환영하고 계셨고, 장로님으로는 조만식, 김동원, 박정익, 유계준, 김봉순, 오윤선, 김찬두 장로님이 감사에 넘쳐서 교회를 지도하고 있었다.

  1946년 봄에 한상동 목사님은 월남하여 정통교리의 신학교를 세우기 위해 박윤선 교장과 더불어 고려신학교를 세우고 이북으로 가지 못 했다.

  이기선 목사님이 잠시 맡아 보시다가, 신의주 제1교회 담임목사님으로 가시고, 그 후 김의창 목사님이 당회장 일을 맡게 되었고, 방계성 장로님이 설교를 맡게 되셨다. 1946년 가을에 이기선, 김의창, 채정민, 이의홍 목사님도 독노회를 조직하여 혁신복구의 의식을 행했다. 그것은 과거 일제시대에 신사 참배한 것은 우상숭배의 죄에 참여한 것이므로 회개하는 표징으로 3일간 금식하며 근신한 후, 제3일에 혁신복구의 의식을 행한 것이다.

나도 물론 그 의식을 거쳤다. 나는 그 후 집사가 되었다. 1947년 방계성 장로님이 목사로 취임 하시고, 1948년 가을에 양재연 집사와 내가 장로 장립을 받았다.

오정모 집사

오정모 집사님은 주기철 목사님의 사모[부인]로서, 1944년 왼편 유선암으로 수술을 받으셨다. 수술을 받으신 약한 몸으로서 시어머니를 잘 공경하면서 주 목사님의 네 아들을 잘 돌보셨다. 그 맏 아들 영진 님은 동경에서 루터 신학을 졸업하고, 돌아와서 김제에서 개척교회를 맡아 보시면서 교회를 부흥하게 하였고, 이북에서 전쟁을 일으켰을 때, 전쟁은 죄라고 강조하셨다. 그 영향을 받았던 현재 산정현교회 장로인 서원길 집사는 군인 소령을 반대하여 2년간 감옥생활을 하다가 국군이 평양에 입성할 때 해방되었다.

오정모 집사님은 주기철 목사님이 평양 감옥에 계실 때, 기도로 힘이 되었을 뿐 아니라, 직접 면회하러 가서도 사탄의 유혹에 넘어 가지 아니하고, 주님을 위하여 승리하도록 격려하셨다. 그런데 1947년 초에 유선암의 재발 및 폐에 전이된 증상이 나타났다.

교우들은 평양시 신양리 일우에 아담한 집을 마련하고, 교우 집사님들이 번갈아 가면서 극진히 간호를 했다. 사모님은 늘 침상에 반듯이 앉아서 눈을 감으시고 기도를 계속하셨다. 아무런 말씀이 없으셨으나, 나의 추측으로는 하나님의 품에서 일초라도 떨어지지 않도록 기도하시는 모습이었으며, 또 교회들이 연합하여 당시 공산 집권과 싸우다가 이 세상 세력에 눌려지지 않겠는가 염려하는 생각에서 기도를 계속하신다고 느껴졌다.

약 10개월이 지난 어느 날 얼굴은 후광으로 빛나고, 천사의 얼굴처럼 보였다. 어느 날 주위에서 시종하던 집사들을 모두 집으로 보내시고, 저녁에 조용히 세상을 떠나셨다. 그 이튿날 가보았더니 그의 육신은 벗어 놓고 가신 옷과 같이 보였다.

이 여 성도의 시신은 평양시 기림리 소재인 돌밖 산에 주 목사님 무덤 곁에 묻히셨다. 그의 신앙은 지금도 살아서 히브리서 11장에 추가될 인물 중 하나라고 말할 수 있다.

청년회

산정현교회 청년회에서는 주기철 목사님의 신앙을 본받으려고 하는 청년들이 열심으로 수유리와 기림리에 예배 처소를 정하고, 수유리에서는 김요신 전도사님, 기림리에는 김세열 전도사님이 예배를 인도하고 교우들을 돌보고 있었다. 평북에서는 신의주 제1교회를 중심으로 하고, 여러 곳에 예배 처소가 일어났고, 평남과 황해도에서는 평양산정현교회가 중심이 되어 여러 곳에 예배 처소를 정하고 가정교회의 형태로 부흥되었다.

나도 황해도 내 황주, 어느 가정예배에 참여하여 말씀을 전한 일이 있었다. 6·25때 김요신 전도사님과 김세열 전도사님이 순교하셨다. 이들은 주기철 목사님의 신앙 정신의 발자취를 따라 간 사람들이다. 나는 그 때 35세가 지난 시기여서 청년반의 성서강해를 맡고 있었고, 로마서 강해를 했다. 어떻게 된 일이었는지 잘 알 수 없으나 다른 교회에서도 여러 명이 참여한 때였다.

하루는 사도 바울의 예정론에 대해 토론이 전개되었다. 칼빈 선생의 예정론을 설명했다. 청중에서는 "존 웨슬리의 인간의 책임이 중요한 역할을 할 것이다."라고 주장하는 이도 있었다. 그래서 나는 예정론도 학설인만큼 고려할 필요가 있고, 더 연구할 것이라고 대답했다. 그랬더니 방계성 목사님은 예정론은 확정된 진리요, 교리라고 주장했다.

나는 사회적으로는 1945년 11월 평양인민병원장 겸 외과장이었다. 사회과학을 공부한 일이 없고, 그 사회에서 병원장을 하려고 하니 곤란한 일이 많았다. 그 병원 뒤 뜰에는 조선시대에 임금이 평양에 오시면 쉬시던 서궁전이 있었다.

1947년 초에 도적이 횡행했다. 그 서궁전의 창문이 다 도둑을 당했다. 나는 그 책임을 지지 않을 수 없었다. 하루는 도에서 감사위원들이 나와서 여러 가지 감사를 하고, 나를 요주의 인물이라고 낙인 찍었다. 나는 그전부터 이남에서 이북으로 온 최응석 의사에게 원장직을 넘겨 주려고 했던 때인지라, 즐거이 물러났다.

그런데, 어떤 날 김일성대학 부총장 김일이란 사람이 찾아와서 외과 강좌장의 직분을 맡아 달라고 하였다. 나는 다음 세 가지 조건으로 거부했다.

1. 학력[실력]이 부족하다.
2. 사회과학을 알지 못하니 과학자의 자격이 없다.
3. 일요일[주일]에 일하라고 하는데, 나는 할 수 없다.

김일 씨의 대답은 "1번은 선생이 정직한 것을 말한다."고 생각한다. 일제시대에 어떻게 대학교수의 실력을 얻을 수 있었겠는가? "그러나 인민들이 해 달라고 하면 어떻게 하겠습니까"라고 했다. 나는 대답을 주저했다. 그랬더니, 김일 씨는 "1번 문제는 그렇게 해결합시다."라고 했다.

"2번의 문제는 사회과학을 앞으로 공부하실 생각이 있습니까?"하고 묻는다. 나는 그 때 조그마한 소책자를 읽고 있었기 때문에 "현재 읽고 있다."라고 대답했다. 그러자 "2번 문제는 그것으로 해결이 됐다."고 하고, "3번 문제는 우리[학교 또는 정부를 의미한 것으로 생각이 됐다.]가 일해 달라고 하지 않겠다."고 해서 나는 외과강좌장이 되었다.

그래서 외과학 강의와 환자진료에 전심하였다. 1947년 말, 모범일꾼에 뽑혀 상금 3천원을 받게 되었다. 그러나 나는 이 상금을 하나님을 위해서 한 일인만큼 교회의 방계성 목사님에게 가져다 드렸다. 이 일이 그 해에 김일성이 맹장 수술을 받은 것과 관련하여 내가 수술해 주었기 때문에 상으로 준 것이라고 오해를 불러 일으켜 헛소문이 퍼지게 된 것 같았다. 또 그것에 추측이 첨가되어 "내가 기도하지 않으면 안 된다고 주장해서 김일성이 순종했다."는 헛소문까지 돌았다.

그러나 나는 사회생활에도 진실과 사랑으로 일관했다. 그랬더니 1948년 가을에 뜻밖에 그곳에서 의학박사학위를 받게 되었다. 그러던 중 6·25가 터졌다. 나는 그 때 묘향산에 여름 휴가를 얻어 외과학을 러시아어로 번역하고 있었는데, 전쟁 이후 평양으로 소환 당하였고, 평양으로 와서 후방 대학병원에서 외과장의 일에 전심하게 되었다.

산정현교회 당회 분열

1947년 봄부터 당회는 두 가지 의견으로 대립하게 되었다. "즉, 그 하나는 현 정권이 하나님과 예수 그리스도를 부인하는 세력이므로 예수를 그리스도로 믿는 사람은 다 단결하여 전면 투쟁하는 것이 옳다."고 주장하는 것이었다. 이 의견에 찬성하는 장로님은 3인[유계준, 오윤선, 임인걸 장로]이었다.

그 다른 하나는 교회가 정권에 대한 입장은 투쟁을 일삼는데 있는 것이 아니고, 교인 각자가 하나님 앞에서 올바른 생활을 하고 영적[사단과의 투쟁] 신앙생활을 하다가 정권의 집권자가 탄압을 할 때에는 신앙을 견지하다가 순교하는 것이 교회의 올바른 길이라고 주장하였다. 이 의견에 찬동하는 장로는 3인[방계성, 박정익, 김현석 장로]였다. 이들의 대표자들은 유계준 장로와 방계성 장로였다. 그래서 유계준 장로 편에서는 산정현교회가 평양에 있는 장로교회 연합회에 가입하자고 주장하고, 방계성 장로 편에서는 아직 시기가 이르니 기다리자고 주장하였다.

유계준 장로는 자기를 산정현교회의 주인직으로 생각하고 있고, 방계성 장로는 그 때 강단을 지키고 있었던 터이므로 그것을 빼앗기지 않겠다고 해서, 약 5개월간 강단에서 내려오지 않고, 밤낮으로 지키고 싸웠다.

그는 이 강단을 나봇의 포도원과 같이 생각하고, 아합 왕이 빼앗으려고 하는 것을 빼앗기지 않는 것이 하나님의 뜻이라고 믿고 싸우는 것 같았다. 그러나 하나님은 그것을 허락하지 않았다. 이기선 목사님의 '너희가 교회에서 쫓겨나리라고 하신 말씀에 순종하는 것이 하나님의 뜻이다.'교시하심으로 방계성 편이

쫓겨 났다. 그리고 후에 장로가 된 양재연 집사의 소외양간 다락방으로 물러나와 예배를 드렸다. 그 후 약 1년이 지난 다음 숭덕학교의 한 교실을 빌려서 예배를 드리게 되었다. 한편 유계준 장로님 편에서는 본 예배당에서 신령한 목사님을 모시고, 점점 부흥하다가 순교하셨다고 한다.

1949년 12월 25일 크리스마스 때에 방계성 목사님, 유계준 장로님은 예비 검속을 당하여 자취를 감추게 되었는데, 순교하신 것으로 생각된다.

6·25 이전 숭덕학교 교실에서 예배 드리던 교인들은 이일화 장로[전도사]를 중심으로 예배 드리다가, 1951년 1·4후퇴 때에 남으로 내려와 부산에 산정현교회, 서울 후암동과 이태원에 산정현교회를 세우고 예배하고 있다. 그리고 평양산정현교회에서 예배 드리던 교인들은 서울 회기동에 예배당을 건축하고 예배를 드리고 있다.

반성
1. 혁신 복구의 의식을 행한 것

이것은 정신은 좋았으나 그 의식을 행함으로 말미암아 행하지 않은 신도들과 자연히 구별이 되고, 행한 신도가 성도라면, 행하지 않은 교인은 이단이 되게 된다. 그래서 결혼문제가 나면 이방인과의 결혼이 되어 책망하지 않을 수 없게 된다. 이것은 모순이 아닐 수 없다. 그래서 이남으로 내려온 후에는 혁신 복구의 의식은 없게 된다.

2. 당회의 분쟁문제

두 편이 다 일리가 있는 논쟁이었다. 그러므로 양보가 없어서 분열하게 된 것이다. 그러나 그 후에 이루어진 결과를 보면, 장로교 전체가 연합하자고 주장하던 편에서도 연합하는 모임을 가질 수가 없었다. 사회 형편이 전혀 부자유하였음으로 교회의 성도들의 모임도 부자유 하였다.

1949년 크리스마스를 기해서 방계성 목사와 유계준 장로가 다 예비 검속으로 납치되어 가게 되었으니, 당회의 분쟁문제는 허상에 지나지 않았다. 교회의 분쟁은 악마의 작용이라고 단정할 수 있음을 배웠다. 하나님의 교회의 일과 신앙 교리에 관한 일을 내가 바로 하고 개혁하겠다는 생각은 망상이고, 악마의 계교에 걸리기 쉽다.

다만, 옳은 것을 옳다 하고, 아닌 것은 아니다 하는 것 외에는 지나면 잘못되기 쉽다. 신사참배는 옳지 않았다는 것만이 진리로 드러나 교육하고 있다. 이 진리를 공포하는 것이 성령의 역사라고 높이 외치면서 열성인 신도들 중에도 자기를 나타내려고 한다면, 그것도 악령의 인도가 아닌지 다시 생각해야 한다.

〈부산모임〉 1985년 6월호 [104:18-3]

단군전 건립을 반대한다

1985년 7월 28일 〈조선일보〉에 "단군을 통일 조국의 구심으로 삼자"라는 세미나가 "안동사람 모임"의 선도로 열린다는 소식을 접하고, 조세장님께서 7월 29일자로 윤보선 전 대통령에게 통촉해 주시기를 빈다고 하면서 다음과 같이 써 보낸 것을 알려왔다.

1. 각하께서는 다윗의 길을 가시고, 솔로몬의 말년의 길로 가지 마시기 바랍니다.
2. "단군을 통일 조국의 구심으로 사는 길"은 국사편찬위원회가 일제식민사관에서 방향을 돌리고, 47왕, 1205년간의 단군 조사朝史를 국민에게 교육 시킴이 급선무이옵고, 강화도의 마니산을 마라톤의 횃불 취화성지取火聖地로 삼고 있는 현재 상황으로 족하다 봅니다.
3. 그러므로 정부[문화공보부와 서울시]가 47억원의 국민의 혈세를 드려서 구태여 단군전 건립계획을 백지화한 것은 현명한 조치라 봅니다.
4. 지금 외채는 450억불이고, 농민은 자살할 정도로 농촌이 몰락하고 있는 이 마당에 구태여 단군전을 짓자고 소동하는 것은 말세의 우상고조의 망조라고 확신합니다.
5. 단군전을 건축해야 남북통일의 구심점이 된다는 것은 착각

인 것은 일본 광도의 원폭 심판이 이세신궁^{伊勢神宮}이 없어서가 아니고, 도리어 이세신궁 때문에 심판 받은 것을 통해서 알 수 있습니다.[이하 6, 7 생략]

위의 편지의 내용을 읽고, 나도 전적으로 동의하며 단군전의 건립을 반대한다.

조상에 대한 공경의 마음은 유교에서 배웠을 뿐만 아니라, 기독교에서도 인륜에 대한 계명 중에서 제 일 계명으로 가르치고 있다. 우리 국민들이 예수님을 구주님으로 믿기 전에는 조상을 공경하는 선을 넘어 숭배하게 되어 조물주이신 하나님과 같이 숭배하는 경향을 나타내었다. 그래서 기독교가 우리나라에 들어온 후에 조상숭배를 우상숭배로 정하고 금했던 것이다. 그러나 후에는 조상들을 공경하는 마음으로 주님께 예배하며 추도하는 것은 허락되었다.

단군전 건립이 처음에는 조국통일의 구심점을 삼기 위해 세운다고 하지만, 조물주 하나님과 속죄주 예수님과 구원주 성령을 모르는 사람들에게서는 단군전을 숭배하는 자가 나오게 될 것이다. 특히 권력을 붙잡은 사람들은 국민의 정신통일과 자기의 권력을 유지하기 위해 국민들로 하여금 숭배하도록 강요하게 될 것이다. 마치 일제시대에 신사참배를 강요하였듯이 그러므로 이것을 우상숭배의 길이 될 것이므로 나는 반대한다. 나의 순진한 동포들이 이 우상숭배에 빠져 들어갈 것이 명확하게 보이므로 단연 반대한다.

그리스도교의 하나님은 우상숭배를 가장 싫어하고 미워하신다. 그러므로 나는 감히 반대한다. 또한 나의 조상에 대한 공경심이 단군전의 건립을 주장하는 사람들보다 못하지 않다고 자부한다. 기독교에서 예배당을 크게 짓는 것도 하나님의 뜻에 맞는 것 같지 않다. 하나님의 뜻에 순종하는 마음보다 그 교역자, 또는 지도자들이 자기들의 공명심에서 하는 것이 될까 두렵다. 또는 하나님께 돈을 많이 바치면 그만큼 많이 받는다는 기복사상에서 되는 일이 아닐까. 그래서 성전을 크게 짓는 것은 같은 악령의 작용이 아닌가 해서 두렵게 생각된다.

나는 여기서 한 가지 더 연상되는 것이 있다. 그것은 옛날 이스라엘 백성이 애굽에서 나올 때, 모세가 시내산에서 내려옴이 더딤을 보고 아론에게 우리를 인도할 신을 만들어 달라고 강권한 일이다. 아론이 백성들에게 금고리를 빼어 가져오라고 해서 그것으로 금송아지 형상을 만드니 백성들이 이것을 보고, "이스라엘아, 이는 너희를 애굽 땅에서 인도하여 낸 너희의 신이로다"라고 했다. 이때에 여호와께서 모세에게 "너는 내려가라 네가 애굽 땅에서 인도하여 낸 네 백성이 부패하였도다" 하시고 그들을 진멸하셨다출 32-33장.

우리 민족이 이와 같이 중한 죄에 빠지지 않게 되기를 빌어 마지 아니한다.

〈부산모임〉 1985년 10월호[106:18-5]

〈절기〉

너는 매년 세 번 내게 절기를 지킬지니라 너는 무교병의 절기를 지키라 …… 맥추절을 지키라 ……수장절을 지키라 이는 네가 수고하여 이룬 것을 연말에 밭에서부터 거두어 저장함이니라

출 23:14-16

예수를 영접하는 사람

사흘 전에 예수님의 탄생을 온 세계적으로 축하했다. 그런데 예수님의 생일은 감추어져 있어서 아무도 모른다. 이 세상 위인의 생일을 축하하듯 할 것이 아니고, 영으로 찾아오시는 주님을 맞이 하도록 해야하지 않을까?

예수님에 대한 사람들의 이해가 여러 가지여서 어떻게 받아드리는 것이 올바른 축하가 되며, 또 예수를 영접하는 일이 되는지를 다시 생각해 볼 필요를 느낀다.

첫 번째 크리스마스 때에 두 종류의 사람들이 있었다. 그 하나는 그의 어머니 마리아에게서 보는 바와 같이, 하나님의 말씀에 절대 순종하여 그리스도를 잉태하고, 해산하는 수고와 기르는 수고를 하는 사람과 또 그의 남편 요셉과 같이 경건하게 하나님의 사자가 가르치는 대로 순종하는 사람이었다.

그리고 천사들의 말을 듣고, 말 구유에까지 찾아가서 보고, 하나님께 영광과 찬송을 돌리던 들에서 양치던 목자와 이상한 별을 보고 찾아와 경배한 동방의 박사들이었다. 의롭고 경건하여 이스라엘의 위로를 기다리며 성령의 감동을 받았던 시므온과 성전을 떠나지 않고 밤낮 기도함으로 섬기던 과부 안나와 같은 사람들의 무리로서 이들은 다 구약성경에 약속하신 메시아로 믿고 영접한 사람들이었다.

또 다른 하나는 헤롯 왕과 같이 예수님의 탄생으로 인해 자기와 자기 자손에게 해가 미칠까 두려워하여 베들레헴과 그 모든 지경 안에 있는 사내 아이를 두 살부터 그 아래로 다 죽여 버린 사람이 있었다. 지금도 크리스마스를 자기의 육의 기회로 삼는 자들은 이러한 부류에 속한 자들이라고 볼 수 있지 않을까 하고 생각한다.

예수님께서는 그 이름이 말해 주는 대로 자기 백성을 저희 죄에서 구원하실 분으로 오셨다. 그가 세상에 오심은 하나님이 우리와 함께 계시는 것을 알게 하시는 임마누엘로 오셨다. 그의 사명은 이사야 선지자의 예언과 같이 "주의 성령이 내게 임하셨으니 이는 가난한 자에게 복음을 전하게 하시려고 내게 기름을 부으시고 나를 보내사 포로 된 자에게 자유를, 눈 먼 자에게 다시 보게 함을 전파하며 눌린 자를 자유롭게 하고 주의 은혜의 해를 전파하게 하려 하심이라"눅 4:18-19고 함과 같다. 예수님의 일생은 바로 이 예언의 성취였다.

사도 요한은 3년동안 예수님과 같이 생활한 경험을 가지고, 태초부터 있는 생명의 말씀이라 하였고, 영원한 생명이라고 증언하였다요일 1:1-2.

"태초에 말씀이 계시니라 이 말씀이 하나님과 함께 계셨으니 이 말씀이 곧 하나님이시니라 …… 말씀이 육신이 되어 우리 가운데 거하시매 우리가 그의 영광을 보니 아버지의 독생자의 영광이요 은혜와 진리가 충만하더라"요 1:1-14라고 하였다.

성경은 예수님의 탄생을 하나님의 말씀이 육신을 입고 오신 것으로 밝히 말하고 있고, 그 사람이 되신 목적은 사람의 죄를 대속하셔서 죄와 사망에서 구원하시고, 율법의 멍에로부터 해방시키기 위하심이라고 강조한다.

말씀이 육신이 된 원인과 이유는 하나님은 사랑이신 고로 자기가 창조한 사람이 죄의 종이 되어 죽어가는 것을 보고 계실 수만 없어서 친히 내려오신 것이다. 죄는 하나님의 영광을 자기가 취하려고 해서 하나님의 약속을 저버린 것이고, 그것을 해결하기 위해 하나님께서 친히 사람이 되어 오셔서 실천하실 방법 밖에 없었다.

그렇게 하나님 품 속에 계시던 독생자가 성령의 잉태로 동정녀의 몸에서 탄생하셔서 우리와 같은 사람이 되어오셨다고 하는 것이 성경이 우리에게 가르쳐 주시는 말씀이다.

그런데 예수님을 하나님의 아들로 믿지 못하고 하나의 단순한 역사적 인간으로만 이해하는 사람들이 있다. 대표적인 사람들이 유대인들이다. 예수님 당시에도 그러했지만, 지금도 유대인들은 예수님이 하나님의 아들이라는 말씀에 부딪쳐 넘어지고 있다. 예수님을 위대한 성인 또는 종교 개혁자로 알고 말하는 사람들은 다 이러한 종류에 속한다고 볼 수 있다.

이에 대해 예수님은 "성경은 폐하지 못하나니 하나님의 말씀을 받은 사람들을 신이라 하셨거든 하물며 아버지께서 거룩하게 하사 세상에 보내신 자가 나는 하나님의 아들이라 하는 것으로 너희가 어찌 신성모독이라 하느냐"요 10:35-36고 하셨다.

예수님의 행적에서 예수님의 인격을 접할 때, 예수님은 보통 사람과는 비할 수 없는 완전하고도 흠이 없는 절대적인 사람이라고 인정하면서도 그의 탄생과 행적에서의 기적, 그리고 부활의 사실을 이해하기 어렵다고 한다.

그러나 다시 깊이 생각해 보라. 하나님다운 인격의 소유자가 하나님다운 일을 할 수 없겠는가? 또 하나님다운 영적인 말씀과 표현을 하신다고 해서 우리가 이해하기 어렵다든가, 또는 유대인들처럼 예수님이 정신 이상자라고 생각하여야 옳겠는가요 8장 참조. 예수님을 단순한 위인이라고 생각한다면, 즉 그리스도와 같게 될 것이다.

예수님은 친히 증거하시기를 "나는 이 세상의 빛이라"고 하셨다. 생명의 빛이시다. 생명을 주시는 구원의 빛이시다. 예수님께서 이와 같이 증언하실 때, 유대인들은 그것이 스스로의 증거임으로 믿을 수 없다고 했다. 그러나 예수님은 자기의 일과 하나님의 증거를 들어 확실한 증거가 있다고 대답했다.

예수님께서 믿는 유대인에게 "너희가 내 말에 거하면 참으로 내 제자가 되고 진리를 알지니 진리가 너희를 자유롭게 하리라"요 8:31-32고 말씀하셨다. 그러자 유대인들은 "우리가 아브라함의 자손이라 남의 종이 된 적이 없거늘 어찌하여 우리가 자유롭게 되리라"요 8:33고 하는가 반문했다.

예수님 말씀이 "죄를 범하는 자마다 죄의 종이다"요 8:34라고 하셨다. 그러시면서 "너희가 아브라함의 자손이라고 하면 그리스도가 와서 인류를 구원하실 것을 믿어야 하는데, 즉 아브라함은 그 약속을 믿고 살았는데 너희들은 어찌하여 세상을 구원하는 말씀을 믿지 않느냐. 그리고 율법의 영적 요구를 실천하지 못하면서 죄 중에 살고 있음을 깨닫지 못하느냐"요 8:39-40고 말씀하셨다.

이에 유대인들은 "우리가 음란한 데서 나지 아니하였고 아버지는 한 분 뿐이시니 곧 하나님이시로다."요 8:41 라고 대답하였다.

그러나 예수님은 말씀하시기를 "하나님이 너희 아버지였으면 너희가 나를 사랑하였으리니 이는 내가 하나님께로부터 나와서 왔음이라 나는 스스로 온 것이 아니요 아버지께서 나를 보내신 것이니라 어찌하여 내 말을 깨닫지 못하느냐 이는 내 말을 들을 줄 알지 못함이로다 너희는 너희 아비 마귀에게서 났으니 너희 아비의 욕심대로 너희도 행하고자 하느니라 그는 처음부터 살인한 자요 진리가 그 속에 없으므로 진리에 서지 못하고 거짓을 말할 때마다 제 것으로 말하나니 이는 그가 거짓말쟁이요 거짓의 아비가 되었음이라."요 8:42-44 고 극단의 말씀으로 그 믿지 않는 마음을 찌르셨다.

그러나 예수님께서 친히 만유 위에 계셔서 만물을 지배하시며 아브라함보다 먼저 계셨다고 밝히실 때에도 유대인들은 "네가 아직 오십 세도 못되었는데 아브라함을 보았느냐"요 8:57 하면서 돌로 치려 했다는 기사가 요한복음 8장에 기록되어 있다.

지금도 예수를 영이 육신을 입고 오신 분으로 믿지 않는 사람이 있다. 즉, 그리스도로 믿지 않는다. 그의 십자가의 피의 속죄를 믿지 않는다. 또 부활의 주님으로, 영생의 빛으로 믿지 못한다. "사람이 어찌 그런 일을 할 수 있으리요?"라고 생각한다.

또 어떤 믿는 사람들은 '예수님은 하나님이시니까, 사람이 능히 할 수 없는 일을 하셨지.' 하면서 다만 우러러볼 뿐, 십자가를 지고 따라 가려고 하지 않는다. 순전히 그의 구원의 능력만을 믿고 의지할 뿐, 이와 같이 영적 유기적 연합을 부인하거나, 또 그리스도에게서 떨어진 상태에서 사는 것이 정상인 것처럼 생각하고 사는 사람도 많다.

이렇게 받아들이는 사람들은 참으로 올바른 영접을 한 것일까 하는 생각을 하게 된다. 예수님이 이 세상에 임하심은 그를 통하여 하나님의 자녀가 되게 하심이며, 이 세상을 하나님의 나라로 하시고자 하심인데, 예수님을 구주로 믿는다고 하는 사람들 중에도 하나님의 자녀로서의 감격과 긍지를 가지고 사는 사람이 몇이나 있는지, 과연 인류에게 평화를 주시려고 오셨는데, 죄의 종에서 벗어나 하나님의 자녀로서 자유하는 생활을 하고 있는 사람이 얼마나 있는지, 그렇지 않다면 참으로 크리스마스를 축하하였다고 할 수 있을까 하고 생각하게 된다.

현실은 공중의 권세 잡은 자가 다스리는 곳이므로 정의가 행하여지지 못한다고 단념하고 현실과 타협하는 생활을 하면서 크리스마스를 축하한다고 감사기도를 드릴 수 있을까? 그리스도의 정신을 이어 받을 뿐 아니라 그리스도와 연합하여 한 지체로서의 삶을 사는 사람이 참으로 그리스도를 영접한 사람이요, 그 사람이 크리스마스를 옳게 맞이한 사람이라고 믿는다.

우리가 그리스도께 자기의 전부를 바쳐 그의 구원을 찬양하고, 주님의 나라를 현실화해서 살 수 있게 될 때에 "지극히 높은 곳에서는 하나님께 영광이요 땅에서는 하나님이 기뻐하신 사람들 중에 평화로다"눅 2:14라고 한 천사들의 찬송이 이루어지는 것이라고 생각한다.

"영접하는 자 곧 그 이름을 믿는 자들에게는 하나님의 자녀가 되는 권세를 주셨으니 이는 혈통으로나 육정으로나 사람의 뜻으로 나지 아니하고 오직 하나님께로부터 난 자들이니라"요 1:12-13 는 말씀처럼 하늘에서 내려오신 예수님을 영접하는 자는 땅에서 난 것만으로 부족하다. 성령으로 중생 또는 신생함으로서 이루어진다.

〈부산모임〉 1970년 1월호[17:3-1]

축절祝節

1978년 5월, 나에게는 여러 가지 축제가 있었다. 5월 13일에는 부산 아동병원 개원 제25주년 기념일로 기념식을 거행하였고, 5월 16일에서 20일까지는 부산 복음간호전문학교 개교 제10주년을 맞이하여 기념축제를 가졌다. 16일에 기념예배에 이어 "삶과 죽음"에 대한 심포지엄과 동창회를 가졌고, 17일에는 꽃꽂이, 시화전, 바자회[20일까지 계속함]와 더불어 체육대회, 18일에는 음악회, 19일에는 연극, 20일에는 3년생들의 축제 행사들로 다채롭게 축전이 진행되었다.

그리고 5월 27일에는 부산 청십자의료보험조합의 제10차 대의원 대회로 모여 과거의 실적을 검토하고 앞으로 새롭게 발전해야 할 방향을 모색했다.

교회에서는 5월 21일 주일, 오순절 기념예배 주일로 진리 자체이신 예수 그리스도에 대해서 생각했다.

유대교의 축절

유대교에는 세 가지 큰 축절이 있다. 출애굽기 23장 14절에 "너는 매년 세 번 내게 절기를 지킬지니라"고 기록되어 있다. 즉, 무교절[유월절], 맥추절[오순절]과 수장절[초막절]이다.

1. 유월절

유월절은 유대인들이 그들 조상의 출애굽을 기념하는 명절로 지킨 것이다. 원래 누룩 없는 떡을 먹는 절기인 무교절은 농경적인 축제이고, 유월절은 목축적인 축제였는데, 둘이 합하여 역사적인 의미가 가해진 것으로 생각된다. 즉, 유월절은 유대민족의 탄생을 의미하는 기념일로서 하나님의 은총의 기호이다.

이 축제는 아빕월 또는 니산월 10일에 그 해의 수양 새끼를 택하여 14일 밤에 그것을 잡아 그 피를 문설주에 바르고, 고기는 구워서 유월절의 어린 양으로 먹었다. 그리고 다음날 15일에서 1주일간을 무교절로서 누룩 없는 떡을 먹으면서 지킨다.출 23:15-16, 레 23:4-14, 민 9:1-14, 신 16:1-8

그 유월절의 어린양은 인류를 죄에서 속죄하여 참된 자유를 주는 그리스도의 모형이 되고, 주님의 성만찬의 원형이 되었다. 예수 그리스도께서 참다운 유월절의 어린 양이라는 것은 그 까닭이다.고전 5:7.

2. 오순절[칠주일]

오순절은 '50일째'라는 뜻을 가진 헬라어 '펜테코스트'Pentecost를 그대로 부른 것인데, 이것은 유월절 제2일, 즉 아빕월 16일에서 7주일이 지난 후 제50째 되는 시완월 6일에 지켰다. 이것은 일명 맥추절이라고도 부르게 되는데, 수확의 첫 이삭을 하나님께 드리는 절기였다.

유대교에서는 이 날을 시내 산에서 율법을 받은 날로 기념한다. 유대인들은 유월절을 자기 국민의 탄생일로, 칠칠절[오순절]

을 그들의 종교 탄생일로 해서 소중히 지켰다.

그리스도교에서는 예수 그리스도께서 부활 승천 하신 후 그가 약속하신 성령 강림의 날로 기념한다. 즉 그리스도교의 탄생일이 된 것이다행 2:1-4.

3. 초막절[수장절]

히브리 사람의 3대 절기 중의 제일 큰 축제절이다. 이 절기는 치슬리월, 즉 유대인 역법 제7월 15일[추분에 가까운 보름]에서 1주일간 후에는 8일간으로 연장해서 지켰다신 16:13, 레 23:34-36. 이것은 히브리 사람들의 연말 가을의 수확을 끝내고 새해에 들어감을 지키는 것으로 수장절收藏節이라고도 불렀다출 23:16.

포도, 무화과의 수확 절기이며, 감사로 그 해를 보내고, 또한 새해를 맞는 것이다. 밭에다 나뭇가지로 초막을 짓고, 거기에서 기거하며 감사의 제물을 드렸다. 이것은 원래 농경적인 축제절이었는데, 광야에서 표류하던 초막생활과 연결시켜 초막절이라 부르게 되었다느 8:14-17.

이 절기에 회당에서는 전도서가 낭독되었다. 그 절기는 예루살렘에서 지켜지고 7일간에 70마리의 황소로 세계 만국을 대표하여 희생을 드렸다민 29:12-28. 마지막 날에는 신명기 33장과 34장이 낭독되었다. 신약에는 요한복음 7장 2절에 초막절이 기록되어 있는데, 그때에는 광야에서 솟은 샘물을 본 떠 그 때 실로암 못물을 길어다가 제단에 붓는 일이 있었다요 7:37,38.

또 성전 부인의 뜰에 네 대의 높은 등경을 세워 불을 켜서 그들은 인도한 불기둥을 기념했다. 구약에는 이 절기를 지키러 올라오지 않는 자들에게 벌을 내리시겠다고 기록되어 있다슥 14:18.

축제의 변화

1978년 6월 4일 일요일 〈동아일보〉에는 "황혼이 깃든 대학 축제"라는 제목에 '요사이의 축제는 민속놀이와 놀기 주위의 쌍쌍 파티에 관심을 보일 뿐 학생들의 축제참여는 점점 시들어져 가는 느낌이다.'라는 기사가 실렸다.

서울대 3년에 재학 중인 정 군은 "새롭고 학구적이어야 할 대학축제가 놀기 위주의 축제로 바뀌는 것은 학생들에게도 책임이 있지만, 학교 당국이나 사회에 지나친 제약에 대한 반항 의식도 연결되어 있다"고 꼬집었다. 그리고 신문기자는 다음과 같이 논했다. 즉 "사회가 산업화 되어 갈수록 젊은이들은 축제를 통해 자신을 확인하고, 젊음의 발산으로 내일의 재창조를 위한 원동력을 마련하고 싶어 한다. 그들은 선택된 사람으로서의 사명의식과 나름대로의 고뇌를 축제를 통해 나타내 보려 하지만, 사회의 거센 물결에 어쩔 수 없이 오염돼 가고 있는 것을 느끼고 있다."고 했다.

축제의 의미

축제의 뜻을 생각하면 개교[개원]기념일은 그 기관의 창업에 관한 기념일이므로 그 기관에 속한 사람들은 감사와 찬송을 드높이게 된다.

히브리 사람들이 자기 국민의 탄생일, 종교의 탄생일, 그리고 그 해의 곡식을 걷어드리고, 새해를 맞는 날을 기념하여 여호와 하나님께 제물을 드리듯 우리가 창업을 일으키신 하나님과 그의 뜻을 받들어 수고하신 인물들을 생각하고, 감사와 찬양을 드리는 것은 뜻 깊은 일이다.

그리고 창업의 일꾼들이 어떻게 어려움을 극복하고, 희생을 통해 사회의 협조를 얻어 오늘에 이르고 있는지를 알게 되는 것은 앞으로 우리의 나아 갈 길을 보여주는 것이라고 생각한다.

즉, 창업의 이념을 되새기고, 과거의 미흡한 점을 발견하여 새로운 방향과 방법을 결정하는 것은 큰 교훈과 유익을 얻게 되는 것이다.

창업주와 사회에 감사와 찬양을 드리기 위한 축제는 건전한 것이다. 이 정신이 결여되고, 다만 젊음의 감정만을 나타내고자 하는 축제는 그 자체가 싱거울 뿐 아니라 뒷 맛이 허전함을 금할 수 없다.

히브리 사람들의 축제는 하나님의 명령으로 지키게 된 것이다. 우리도 축절을 기념할 때마다 하나님의 명령으로 믿고, 그 뜻을 생각하고, 다시 한 번 궐기하는 기회가 되기를 바란다.

〈부산모임〉 1978년 6월호[65:11-3]

1973년을 보내고, 1974년을 맞이하면서

1973년 1월 1일 일기장을 펴보니 권세있는 자들을 인격적으로 대하고, 사랑의 빚 이외에는 빚을 지지 말라, 선으로 악을 이기라고 써 있다. 로마서 13장을 읽고 새해를 출발했다. 회고하니 나 스스로는 권세자들에게 인격적으로 대하지 못했다. 사실 나는 저들을 공경은 했으나 가까이 하지는 않았다敬而遠之.

저들의 잘못을 잘못이라고 알려주는 것이 인격적으로 대하는 일일 것이다. 그런데 금년 후반에 이르러 한국 신학교 학생들과 선생, 이화대학 학생들과 선생들은 다같이 하나님 앞에 기도 하며, 학원 자율화를 위해서 싸워 행정자들을 따르게 했다. 그래서 종교인, 언론인들의 마음을 감동케 했다.

나 자신은 성경 말씀대로 살지 못했으나, 하나님께서는 믿는 자들을 통해서 위정자들과 국민을 깨우치고, 계시는 것을 체험했다.

1973년 여름에 빌리 그레이엄Billy Graham의 큰 모임이 있었다. 신도들이 질서 있게 모였다가 기쁨과 감격에 넘쳤는데, 얼마나 많은 사람이 참으로 믿었으며 참으로 회개하였는가. 그 모임의 결과로 이 사회에 사랑의 운동이 일어났던가? 또는 어두움을 제거하는 운동이 전개되었던가? 아무리 살펴보고 보아도 일시적 흥분에 지나지 않았다는 생각이 앞선다.

우리 부산 복음병원에서 일어난 불상사를 회고해 보면 한두 사람의 권리욕이 그와 같이 큰 불행을 불러 일으키는 것을 경험케 했다. 화평을 이룩하게 되지 못한 것은 나의 책임이며, 나의 회개가 철저하지 못한 결과로 깨달으면서 지금 나는 심판을 달게 받고 있다. 심판을 통한 평화를 기다리면서 1973년을 보낸다.

1974년에 기대하는 것은 엑스폴로 74이다. 1974년 8월 13-18일 간에 서울 5·16 광장에서 모이는 기독교 합숙 수련회이다. 목적과 취지는 예수 혁명, 곧 성령의 제3폭발에 있다고 한다. 성령의 제1폭발은 오순절 성령강림의 때요, 제2폭발은 종교개혁이었고, 이번 모임은 예수 혁명으로 곧 영의 혁명의 폭발점이 되기를 기대한다고 한다.

모이는 규모는 세계 기독교의 210개 주요 민족대표와 110개의 국가 대표 주요 직능대표, 교단대표와 각 계층대표 15,000명, 그리고 국내의 14,000여 교회에서 교역자, 교회직원, 부인회원, 청년회원, 학생회원 등 약 300,000명이 모여 구도자 약 100,000명을 얻도록 하며, 밤 집회에는 100만명 이상을 모이게 할 것이라고 했다. 또 이와 같이 전 세계적인 기독교의 모임이 우리 한국에서 모이게 된다고 하는 것은 우리 민족과 같이 기독교를 잘 받아들이는 민족이 세계 어디에도 없기 때문이라고 한다.

그러나 내가 염려하는 것은 잘 받아드리지만, 우리의 마음 밭은 돌짝밭이나 가시덤불과 같아서 결실치 못하지는 않을까 하는 것이다. 또 현재 기독교가 혁명이 필요하다는 것은 현 기독교인들이 다 공감하고 있는 바이지만, 현 기독교의 결함 곧 예수 그리스도의 정신에 맞지 않는 것을 회개하고, 예수 그리스도의 인격으로 사는 교리의 혁신이 우선되어야 할 줄로 생각한다.

그리고 기독교는 마음, 곧 영의 종교이니만큼 마음을 불러 일으키는 운동이 되어야 하는데, 이와 같이 큰 모임을 목표로 하는 방법이 어떨까 하는 생각이 든다. 그러므로 많은 준비 기도가 필요하며, 또 이 기도의 운동을 전개하고 있다고 듣고 있다.

물론 나는 이 소식을 듣고 한 때도 잊지 않고 소기의 목적을 달성하기를 기원하고 있는 한 사람이다. 그러나 나의 신앙 양심의 소리는 먼저 우리 한국 신도들은 현실에서 더 진실해야 하고, 허영심이 없어야 하며, 진리만이 나타나고, 그리스도의 영광만이 드러나야 한다는 생각이 계속 일어난다.

CCC회원들이여, 진실할지이다. 우리의 마음 밭이 옥토가 되어야 할 것이다. 자본주의적 기독교는 유물론자들에게 예수를 증거하기에는 무능해져 있다. 맛 잃은 소금처럼 되어 있다. 무신론자들에게 그리스도를 증거하려면 그리스도의 인격을 반영하는 인격자가 되어야 한다. 진리 안에서 자유하는 인격자로 사는 데 있는 것이 아닐까?

올바른 믿음을 가지고 모이자. 그리고 전하자. 민족의 복음화 운동은 참되게 전개되리라.

〈부산모임〉 1973년 12월호[39:6-6]

1977년 새해의 느낌

우리는 새해를 맞이하면 "복 많이 받으십시오."하고 인사한다. 지구의 자전과 공전의 법칙이 알려지기 전에 벌써 우리의 선조들은 하루의 1년의 바뀜을 알았던 것이다. 새날을 맞고 새해를 맞아서 새롭게 살도록 하시는 하나님의 섭리를 우리는 알만하며 또한 감사히 받게 된다.

나는 몇 십 년 동안 새해에 새 결심을 하고, 새 계획을 세우면서도 연말이 되면 그 계획의 몇 퍼센트도 이루지 못하고 늘 실패를 거듭한 것을 고백하지 않을 수 없다. 그래서 몇 해 동안은 고의적으로 새 결심을 하지 않고, 특별히 새 계획도 세우지 않고 하루하루를 지나는 삶을 살아왔다.

그러나 지금 생각하면 그것은 잘못이었음을 느낀다. 새해를 맞이할 때에는 지나친 일에 잘못을 회개하고, 다시는 잘못을 범하지 않겠다고 결심하는 것이 옳다고 믿는다. 새 계획을 실천하려고 힘쓰는 것이 마땅한 일이라고 믿는다. 그래서 이번 해에도 회개와 결심을 하려고 했다.

그런데 과거의 경험을 통해 마음이 약해지고 자기에 대한 신념이 전혀 생기지 않는다. 나는 기도할 길 밖에 없었다. 성경말씀에서 용기와 희망을 얻고자 했다.

매일 아침 읽는 성경은 민수기 32장이었다. 즉, 민수기 33장

50-53절에서 "여리고 맞은편 요단 강 가 모압 평지에서 여호와께서 모세에게 말씀하여 이르시되 이스라엘 자손에게 말하여 그들에게 이르라 너희가 요단 강을 건너 가나안 땅에 들어가거든 그 땅의 원주민을 너희 앞에서 다 몰아내고 그 새긴 석상과 부어 만든 우상을 다 깨뜨리며 산당을 다 헐고 그 땅을 점령하여 거기 거주하라 내가 그 땅을 너희 소유로 너희에게 주었음이라"고 하였다.

나는 이스라엘 백성들이 40년간 광야에서 헤맸던 것처럼 헤매는 삶을 살았다. 금년에는 요단을 건너 가나안 땅에 들어 가라는 명령을 듣는 듯 한다. 나의 마음 속에 있는 모든 탐심과 정욕을 제거해 버려야 하겠다. 이것은 나의 노력으로는 할 수 없는 일이었다. 성령의 능력을 얻지 않고는 할 수 없음을 잘 알고 있다.

금년에는 믿음의 선배들이 믿음으로 승리했던 것처럼 성령의 능력으로 승리하고, 성결하게 될 것을 간구하며 살고자 한다. 이것을 이루기 위해 나의 전 인격을 주님께 바쳐야한다.

사단의 유혹은 더욱 심할 것이다. 우리가 모르는 사이에 우리를 넘어뜨리려고 할 것이다. 항상 깨어 시험에 들지 않도록 경계해야겠으며, 또한 불쌍한 내 동포를 위해 헌신하고 노력하는 것은 깨어 기도하며 사는 믿음 생활이라고 생각된다.

현실적으로 생활이 어렵고, 생활능력이 미약한 사람들을 돌보아 주고, 물질의 힘만 의지하는 자들을 회개시키기 위해 힘을 기울이는 것이 성령의 지도를 따라 승리하는 열쇠라고 믿는다. 한때라도 마음을 놓지 않고, 불우한 내 동포들을 구하기 위해 힘쓰

자. 그리고 권력과 물질의 힘으로 횡포하는 이들의 과오를 지적하고, 고치도록 기도하며 힘써야 하겠다.

〈부산모임〉 1977년 2월호[57:10-1]

1980년을 맞이하면서

1979년을 평화로운 가운데서 보내고, 80년을 맞이 하게 된 것을 하나님께 감사드린다. 1979년에는 보통 사람들이 생각할 수 없는 일이 이루어져서 긴급조치로 말미암아 갇혔던 사람들이 풀려 나오고, 새 대통령[최규하]과 새 각료들이 세워지고, 계엄령이 선포되어 정부와 국민간의 믿음이 생기느냐를 지켜보는 가운데 새해를 맞게 된 것은 하나님의 축복이라고 느낀다. 정부와 국민이 합심해서 종전의 잘못을 반성하면서 다음의 몇 가지 문제를 해결해야 한다고 생각한다.

첫째로 경제문제에서는 경제인, 실업인, 기업인들이 계획 경제를 시도할 지혜가 필요하다고 생각한다. 마치 1930년대에 미국에서 경제공황이 일어났을 때, 루즈벨트Franklin D. Roosevelt(1882-1945) 대통령이 뉴딜 정책New Deal Policy으로 성공했듯이 우리나라의 재벌이 극히 미약하다고 하더라도 전 국민의 경제를 위해 자기 책임을 완수하는 방향으로 힘써야 한다고 생각한다.

둘째로 정치발전에 대한 문제는 새로 제정하는 헌법이다. 정부의 행정이 민주주의적으로 되어야겠으나, 무엇보다도 중요한 것은 국민 각자가 자유하는 인격으로서 인간의 존엄성과 자유를 주장하는 만큼 다른 사람의 인격과 자유를 인정하고, 존중히 여겨야 한다고 믿는다.

더욱이 복지사회를 건설하는 것이 우리나라의 목표인데, 정의와 도덕을 숭상하고, 물질적으로 또 정신적으로 눌림을 당하고 있는 자들을 위해 사랑을 베풀 수 있는 제도를 강구해야 한다.

　셋째로 국방문제는 그 책임을 맡고 있는 국군을 신뢰하고, 국민들은 정신을 무장하여 폭력으로 질서를 파괴하는 폭력배들을 물리쳐야 하겠다.

　무엇보다도 질서를 유지하고, 다량 생산을 이룩해야 하는데, 이것은 각자가 자기의 책임에 충실하고, 정치인이나 기업인들이 국민과 근로인들을 자기의 가족과 같이 대우하게 될 때, 질서는 유지되고 생각은 증가되리라고 믿는다. 또 국민과 근로자들은 정치인과 공무원, 그리고 기업주와 실업인들을 자기의 친척과 같이 믿어주고, 기업체를 자기의 산업체와 같이 아껴줄 때 더 좋은 결과를 얻을 것이라 생각한다.

　강제노동으로 대량생산을 시도하는 것이 실패였다는 것은 러시아혁명 후 그 농업정책의 실패에서 잘 드러난다. 민주정치를 이룩하는데 기독인의 역할은 크다. 인격의 존엄성과 자유의 고귀함은 예수 그리스도의 정신으로부터 나와야만 완전한 것을 이룬다고 본다.

　예수 그리스도만이 인간을 참으로 귀히 여기셨다. 죄인도, 병인도, 가난한 자도 부자도, 여자도 남자도 다 한 하나님의 자녀로 인정해 주시고 삼아 주셨다. 정치인도, 교사도, 경제인도, 종교인도 다 예수 그리스도의 정의와 사랑을 실현하도록 함께 힘써야 한다. 공중의 권세 잡은 자가 현실의 정치를 유혹하고 있다고 할지라도 역사를 지배하시는 이는 하나님이시므로, 예수님의 보혈로 구속받은 사람들이 육의 정욕과 탐심을 십자가에 못 박고, 부활하신 예수님의 영을 받아들이고, 그와 일체를 이루어 살면, 하나님의 의와 거룩함으로 새로 지은 바 되어 현실의 역사를 바로 인도하게 될 것이다.

〈부산모임〉 1980년 2월호[75:13-1]

1981년 새해의 소감

1980년 지난 해에는 여름에 저기온으로 인하여 농작물이 익지 못해 흉년이 들었고, 정치적으로는 격동을 겪었으며, 경제적으로는 후퇴를 면치 못했다.

기독교계는 그리스도를 떠나 구태의연한 모습으로 현실적으로 답보하고 있고, 적그리스도의 출현이 현저한 가운데 새해를 맞게 되었다. 새 시대, 새 역사, 새 창조를 지향하고 있는데, 무엇보다도 급선무는 국민의 총화단결과 안정이라고 믿는다.

1월 12일 전두환 대통령의 선언은 조국의 평화통일을 위한 가치 있는 것이라 생각한다. 남한의 최고 책임자와 북한의 최고 책임자의 면담은 국민의 의사를 바르게 전달한다면 유익이 될 것이다. 그런데 북한 측의 부정적 답변은 우리 국민의 마음을 이해하지 못한 것으로서 유감 천만이다.

1980년에 이란 주재 미 대사 관원들이 이란 정부에 의해 감금되어 있었는데, 1981년 1월 20일 미국의 로널드 레이건Ronald W. Reagan(1911-2004)대통령이 취임식을 하는 당일에 풀려나게 된 것은 좋은 소식이 아닐 수 없다.

또 1981년 1월 23일에는 전 대통령이 김대중 씨의 사형을 무기로 감형하고, 구 시대의 잔재를 추방하고, 새 시대 새 역사를 창조하는 데 관용할 것이라고 선언한 것은 우리 국민의 마음을 잘 파악하고, 실현한 것이라고 생각이 되어 크게 환영하는 바이다. 그리고 미국의 레이건 대통령이 우리나라의 전두환 대통령을 초대해서 1980년에 냉랭했던 한-미 두 나라의 관계를 서로 이해하여 더욱 친근한 우호 관계를 이룩하도록 한 것은 경하해 마지않는다. 이와 동시에 한-일 관계도 더욱 친밀해 질 것으로 기대한다.

1980년 10월 16일에 일과성 뇌혈관 장애로 3주간 누워있다가 건강을 회복한 나는 아직도 당뇨병과 혈중에 요산이 증가하고, 류마티스성 건초염으로 왼손가락이 아파서 고충을 받고 있으나 평상시 일에는 큰 지장이 없으니 주님의 돌보시는 은혜에 감사한다.

금년 겨울은 몹시 추웠다. 서울에서는 영하 17도에서 영하 5도의 일기가 한 달동안 계속되었고, 눈도 많이 왔다. 우리는 추운 중에서도 얼음이 녹고, 나뭇가지에서는 움이 트는 봄이 속히 올 것을 기다리고, 바라고 있다.

지난 크리스마스 때에 소망했던 그리스도의 평화가 이 땅에 임하는 징조로 보여서 감사의 마음 금할 길이 없었다. 그러나 이 모든 것들은 징조로 보일 뿐이요, 참 평화는 우리 개인이 실현해야 한다.

사회나 국가, 또는 국제정세를 보고, 평화를 얻기 바라는 자는 평안을 누릴 수 없다. 평화는 외부의 조건이 가져다 주는 것이 아니고, 우리의 인격이 진리 안에서 사는 것으로 체득하는 것이다.

앞으로 어떠한 격변이 일어나고, 경제의 불황이 닥쳐와도 내 동포를 사랑하는 마음으로 예수 그리스도의 복음으로 만족하고, 이것을 전하는 것을 나의 본분으로 삼고자 한다. 또 정신적으로, 육적으로 병들어 신음하는 내 동포를 위하여 기도하며 살고자 다짐한다.

〈부산모임〉 1981년 2,4월호[80:14-1]

3·1절(1974년)

  3·1절을 맞을 때, 나는 내가 아홉 살이던 1919년 봄에서부터 여름이 될 때까지 거의 매일 저녁, 동무들과 같이 내가 자라던 고향, 평북 용천군 양하면 입암동 집의 뒷동산에 올라가 '조선독립 만세'를 부르던 것과 1923년 개성 송도고보에 입학한 후 고종황제가 승하하신 것이 기억난다.

  때때로 개성 만월대 옛터에서 조국을 생각하고 눈물 흘려 기도했는데, 특히 순종의 인산因山(임금과 그 직계의 장례)때에 그 애절했던 것은 형언할 수 없다.

  이제 3·1 운동의 뜻을 살펴보고자 함에 있어서 먼저 선배들의 설명을 들어 보면서 나의 낮은 소견을 첨가하려고 한다. 백낙준 박사는 3·1운동의 성격을 지적해서 말하기를 그전까지는 나라의 주권이 임금에게 있어서 임금과 적은 무리의 각료들이 일본의 야욕을 품은 정치가들에게 넘겨 주었던 것을, 국민이 민주·자주독립의 정신을 발휘해서 민주국가와 첫 시민권을 얻은 것이라고 하였다. 이것은 가장 주목할 만한 평가라고 할 수 있다. 1919년 3·1 운동 때 소위 양반계층이 참가하지 못했던 사실은 이 점을 더욱 잘 말해준다.

  역사적으로 볼 때에 우리나라가 일본의 식민지로 합병된 것은 우리 국민 책임도 있을 것이나, 각 나라말과 땅의 경계를 정하여

준 것은 각 민족이 진리를 더듬어 찾게 하려고 하나님께서 그렇게 하신 것인데[행 19:26], 일본의 정치가들이 야심을 품고, 군사력을 가지고, 협박과 공갈로 또는 무력을 행사해 우리나라의 임금으로부터 나라를 빼앗은 것이다.

만일 일본이 하나님의 뜻을 깨닫고 무력에 호소하지 않았더라면, 우리 민족은 평화를 가지고 세계 평화에 공헌했을 것이다. 6·25 동란을 회고하더라도 우리 민중의 자주독립 정신이 조금만 더 강했고, 하나님을 믿었더라면 동족이 서로 죽이는 무력에 호소하지 않았을 것이다. 이북에서 야욕을 품은 정치인들이 3·1 정신을 업신여기더니 결국 큰 파국을 저지르고야 말았다. 이제라도 3·1 정신을 되찾아 오늘의 지혜로 삼게 되기를 바란다.

백낙준 박사는 독립선언문의 다음과 같은 몇 가지를 지적해서 3·1운동의 뜻을 밝혔다.

첫째, 정치 및 경제적으로 우리의 생존권이 박탈당하고 있기 때문에 생존권을 얻고자 하는 우리 민족의 정당한 권리를 얻고자 한 것이다.

둘째, 심령상 발전의 장애에 대한 자유, 곧 종교의 자유, 신앙의 자유를 선언한 것이다.

셋째, 세계 문화에 공헌할 수 있는 자유, 곧 문화 건설의 자유를 선언한 것이다.

넷째, 민족 존영의 자유를 선언한 것이다. 곧 3·1 운동은 민족적 자유의지의 발로로 전개된 것으로 자연 발생적 순수성을 발견하게 된다.

다시 말하면 우리 민족의 자주독립 정신에 미국 대통령 윌슨

Thomas W. Wilson(1856-1924)의 민족자결원칙 선언이 불을 붙였다고 봐야 할 것이다. 그래서 우리 민중은 다 한마음이 되어 움직였다.

그리고 독립선언문 중에서 나의 마음을 크게 감동케 한 것은 "위력의 시대가 지나고 도의의 시대가 왔으니, 우리는 정의군과 인도의 간과干戈(방패와 창)로써 독립을 쟁취하자."는 것이다. 즉, 자주독립을 정의와 인도로 한다는 것이다.

정의의 군사와 인도의 병기를 가지고, 자유와 독립을 누리려고 할 때 누가 이것을 막을 수 있겠는가? 이는 사람의 마음을 가진 자라면 결단코 막을 수 없을 것이다.

그러나 일본의 정치인들은 공중의 권세 잡은 사단의 앞잡이들이었다. 우리는 아무 무력을 가지지 않고, 신앙 양심에서 민주독립을 선언했음에도 불구하고 6천 여 명을 사살하고, 만 여 명을 잡아 가두었으며, 경기도 제암교회에서는 신도들을 교회에 가두고 불을 지른 후 나오는 신도들을 마구 총살했으니 어찌 사단의 일이 아니라 할 수 있겠는가? 1945년 해방 후에 일본의 양심 있는 기독교인들이 회개의 표로 제암동에 새 교회를 재건한 것은 불행 중 다행한 일이다.

이처럼 3·1 운동은 무저항주의로 전개되었는데, 그 내용을 살펴보면 독립선언문에 서명한 분들의 생각은 자주독립을 선언할 때, 대화나 협상으로 해야 한다고 하였다. 왜냐하면 이것을 무력에 호소하면 그것은 그 무력을 쓰는 자들의 인격이 가엾고 불쌍해 지거 때문이다.

그래서 무력을 쓰는 자들에게 무력으로 대항하는 것은 다같이 가치가 없는 일이라고 해서 무저항이라고 하기보다는 초저항으로 이 운동을 전개했다.

이 비폭력 저항은 인도의 간디가 창시자라고 말하는 자들이 많고, 또 10여 년 전 마틴 루터 킹도 이 방법을 가지고 흑인 운동을 전개하여 노벨 평화상을 타기는 했지만, 그 실상은 3·1 운동 때에 이미 실천된 것이다. 간디는 이후에도 전쟁에 참여한 일이 있다고 한다.

이 비폭력 저항은 예수 그리스도께서 몸소 실천하여 보여 주셨고, 또 독립선언문에 서명한 33인 중에 기독교인들이 16명이나 있어서 그 주체가 되었기 때문이라고 생각한다. 이상재 선생은 '무기를 쓰는 자는 무기로 망하느니라.'라고 성경 말씀을 인용하여 일본의 정치인들에게 경고했다고 한다.

나도 독립선언문을 자세히 읽어 보니까 그것에는 성경 말씀의 정신과 흡사한 것이 있음을 발견하게 되었다. 곧 일본 정치가들의 약속 불이행과 생존권 박탈의 불신을 책하지 않고, 또 일본 사람들의 협착한 마음도 관용한다는 것이었다.

과연 이 3·1운동은 진리와 사랑, 곧 정의와 인도에 서 있기 때문에 영원히 살아있는 것이다. 유물론자들은 그 운동이 자기들의 방법과 다르다고 해서 무시하려고 하나 3·1 정신은 기독교 신앙에 서 있기 때문에 지금도 우리 민족과 세계 평화에 공헌하는 방법인 것을 지적하고 싶다.

그리고 우리 민족이 다시는 서로 죽이고, 빼앗는 일이 없이 세계 평화에 공헌하기 위하여 3·1 정신을 다시 한 번 되새기고, 우리 민족도 일찍이 이러한 위대한 정신과 방법으로써 자주독립을 선언하여 세계 평화에 공헌하려고 하였음을 기억하고, 우리 민족의 평화 통일을 이룩하도록 마음이 하나되기를 바란다.

〈부산모임〉 1974년 4월호[41:7-2]

3·1절(1980년)

내가 아홉 살 이던 1919년 3월에 독립만세를 부른지 61년이 지난 1980년 3월에 처음으로 독립선언서를 조금 자세히 읽게 되었다. 그 선언문의 정신이 얼마나 올바르고 아름다운지 나는 우리나라 건국정신의 기틀과 같다고 느꼈다.

우리 민족은 아직도 독립을 이룩하지 못하고 있으며, 우리 국민은 자주민인데, 우리나라는 독립국임을 선언한 그 선언문의 정신이 아직도 성취하지 못하고 있다는 생각이 들어 슬픈 마음을 금할 길 없었다.

일본 제국주의자들에게 생존권을 빼앗기고, 심령상 억압과 민족 존영을 훼손 당하고, 세계 문화에 기여할 기연을 잃은 지 10년이 지난 뒤에 우리 2천만 민중은 자기들의 생존권과 심령상 발전, 민족적 존영과 세계문화에 공헌할 기연을 되찾기 위하여 성의를 가지고 궐기했다.

그리고 엄숙한 양심의 명령을 받들어 자기를 책려策勵하고, 자기의 건설을 소임으로 했을 뿐이며, 결코 압제자 일본의 불신과 소의少義를 책망하지 않는 관용과 도량을 가지고 운동을 전개한 것은 우리 민족의 인자함을 널리 광포한 것이다. 이것은 한편 국제 신의를 존중한 것으로서 국제법과 외교의 기본 정신을 설파한 것이라고 높이 평가된다.

아! 새 천지가 눈 앞에 열려지도다. 위력威力의 시대는 지나
가고 도의道義의 시대가 오도다. 과거 수세기 동안에 연마
되고, 길러진 인도적 정신이 바야흐로 새 문명의 서광을 인
류의 역사에 투사하기 시작하도다. 새봄이 세계에 이르러
만물의 소생을 재촉하기 시작하도다. 엄동설한은 지나가고
양춘가절이 돌아온 이 때에 우리는 고유의 자유권을 지켜
발랄한 삶을 누릴 것이며 우리 특유의 독창력을 발휘하여
민족적 정화를 맺어야 할 때라……

우리나라의 독립은 동양에서 중국과 일본 사이의 평화에 크게 공헌할 것임을 지적했다. 참으로 마음이 정결한 자는 하나님의 뜻을 깨닫고 선언한 것이다.

이 3·1운동은 양심과 진리에 서서 남녀노소 할 것 없이 다 음울한 옛 깃禾에서 활발하게 뛰어 나와 온 누리로 더불어 흔쾌한 부활을 이룩하였다.

나는 여기까지 읽고 3·1운동과 그 선언은 우리 민족적 부활을 기대하고 확신하면서 선포한 것이라고 생각하면서, 우리 민족의 장래를 축복하며 하나님께 감사드렸다.

특히 위력으로 나라를 지배하려는 시대는 지나고, 도의로 하려고 하는 새시대가 돌아 왔다고 본 것은 현실은 이상에 따라야 한다는 뜻으로 이것도 세계의 각 나라를 지도할 정신이라고 높이 평가하는 바이다.

다음의 "공약 3장"을 발표하고 그대로 실천한 것은 우리 민족이 평화의 나라의 사도로서 높이 평가 받아야 한다고 생각한다.

공약 3장
1. 오늘 우리의 의거義擧는 정의와 도덕, 생존과 존영을 위하는 민족적 요구이니 오직 자유적 정신을 발휘할 것이요, 결코 배타적 감정으로 달리지 말라.
2. 최후의 1인까지, 최후의 1각까지 민족의 정당한 의사를 쾌히 발표하라.
3. 일체의 행동은 가장 질서를 존중하여 우리의 주장과 태도로 하여금 어디까지든지 광명정대하게 하라.

어떠한 도의의 싸움인가. 자유민임을 증명하고 있다. 가장 질서를 존중한 일인만큼 참 자유자의 소치임을 찬양하고 싶다.

〈부산모임〉 1980년 4월호[76:13-2]

부활신앙

부활절이 오면 부활생명과 부활신앙을 생각하게 된다. 부활생명은 역사적 사실로 나타났으며, 그것이 영원한 생명이며 본질인 것을 원리로 보여주셨다. 예수 그리스도를 믿는 자들은 이 사실과 원리를 믿고 부활 신앙을 가지고 살고 있다. 부활 신앙 원리의 제1은 죽음을 지나 부활이 있다는 것이다. 죽음은 영원 생명, 곧 영체적 생명으로 나오는 것을 말한다. 이 원리와 사실은 생물계에서도 볼 수 있는 것으로 이해하기 어렵지 않다. 다만 육체의 생명이 영체의 생명으로 온 일에 참 생명의 뜻이 있다.

우리는 육체에 있으면서 생명의 사실을 체험하고 있다. 곧 물질대사에 의한 성장, 활동, 생식들의 생명 현상뿐 아니라 진리와 사랑 안에서 살면 영생하리라는 예감을 가지고 살 수 있다. 사실 예수님을 그리스도로 믿고, 그 안에서 살면 벌써 육은 죄로 인해 십자가에 못 박히고 영은 그리스도의 의로 인해 살게 되는 것이다.

하나님께서 율법이 못 하는 것을 하셨다. 곧, 예수를 십자가에 못 박히게 해서 단죄하신 것이다. 그리스도와 같이 영원한 생명에 들어가고자 하는 자는 먼저 자기의 죄를 위해 십자가에 못 박혀야 한다. 하나님으로부터 단죄되어 죽어야 한다. 이러한 회개 없이는 부활신앙에 들어갈 수 없다. 우리가 그리스도의 의를 힘

입으려고 하면 그리스도의 고난에 참여하여 그 사랑을 깨달아야 한다. 그 사랑과 그 은혜에 감격하여 자기를 그리스도께 바쳐 드림으로써 그와 하나를 이루게 될 때, 육체의 탐심과 정욕을 지배할 수 있게 된다.

사울은 부활하신 예수님을 다메섹 도상에서 만나고, 그 후부터는 예수 그리스도의 십자가와 부활 밖에는 자랑하지 않기로 작정하고, 그것을 증거하는데 전심했다. 곧, 이 부활의 생명이 참 생명이요, 또 그것은 하나님께서 인류에게 주시고자 하시는 생명이기 때문에 바울은 모든 것을 제쳐놓고 이 생명이 구원된 생명인 것을 전했다.

둘째 원리는 이 부활생명은 영적 생명이다. 예수님의 부활체는 몸을 가졌으나, 시간과 공간의 제한을 받는 육체가 아니었고, 자유하는 영체로서의 부활이었다. 문이 닫혔을 때, 제자들이 모인 가운에 나타나셨다가 홀연히 안 보이게 되었다. 또 많은 사람이 보는 가운데 구름을 타시고 승천하셨다. 물론 예수님께서 육체를 가지고 세상에 계실 때에도 자유롭게 어디서 왔다가 어디로 가는지 모르는 것 같이 활동하셨지만, 그것은 인격의 표현이었고, 육체의 제한은 받으셨다. 그러나 부활하신 후에는 성령의 처음 익은 열매가 되셨다.

이제 예수 그리스도와 연합한 자는 성령으로 거듭나서 자유롭게 선을 이루게 된다. 이 성령의 역사를 즐겨 순종하지 못하던 우리의 성품이 변하여, 하나님의 정의를 위해 바쳐드리려고 힘쓰게 된다. 이 영적 생명을 알지 못하고, 육적 현실에만 집착하고 있는 자들은 이 부활생명의 증거자들을 핍박하고 조롱한다.

그러나 이 부활의 생명을 체험한 자들은 이 진리를 위해 핍박을 당하고 조롱 받는 것을 기뻐한다. 이 사실 없이는 인간의 이상인 하나님의 자녀가 되는 일과 사회의 이상인 하나님의 나라가 이루어지는 일이 불가능하기 때문이다.

우리가 하나님의 자녀가 되고 하나님의 나라가 이루어지는 것은 오로지 예수 그리스도의 십자가의 죽음과 부활에 달려있고 또한 증명이 되는 까닭이다. 인류에게 생명을 주시는 예수 그리스도의 십자가와 부활을 전하지 않으면 나에게 화가 있을 것이다.

〈부산모임〉 1981년 2, 4월호[80:14-1]

예수님의 고난과 부활

겟세마네 동산에서의 기도

예수님은 유월절 전에 이미 자신이 잡혀 죽임을 당할 때가 온 것을 아셨다요 13:1. 예수님은 언제나 기도로 모든 일을 시작하셨으므로, 십자가를 지실 일에 대해서도 특별한 기도가 없을 수 없었다. 예루살렘 동편 감람산 산허리에 구획된 동산이 있어서 때때로 제자들과 같이 모이던 곳이 있었다. 그 이름이 겟세마네이다. 예수님은 열한 제자를 데리고, 기드론 골짜기에 흐르고 있는 시내를 건너 조금 산으로 올라가셔서 겟세마네 동산에 들어가셨다.

동산에 들어서자 제자들은 그곳에 머물러 있게 하시고, 베드로와 요한과 야고보만을 데리고 조금 더 깊이 나아가셨다. 그때 예수님은 "나의 마음이 심히 근심하여 죽게 되었다."라고 비애에 가득 찬 발언을 하셨다. 예수님의 마음이 설레고, 불안해지며, 낙망하는 것 같은 상태였다. 성경은 진실하며 조금도 숨김이 없다. 예수님은 이러한 고백 후에 "너희는 여기 머물러 깨어 있으라" 말씀하시고, 돌 던질 만큼의 거리를 더 나아가 무릎을 꿇고 땅에 엎드려 보통 때와는 달리 침통한 목소리로 기도하셨다.

아마도 세 제자의 귀에 들릴 만큼 큰 소리로 "아빠 아버지여 아버지께서는 모든 것이 가능하오니 이 잔을 내게서 옮기시옵소서 그

러나 나의 원대로 마시옵고 아버지의 원대로 하옵소서"막 14:36,

이때 땀이 핏방울처럼 되어 땅에 떨어졌다고 기록되어 있다. 이때에 하늘에서 한 천사가 내려와 힘을 더하여 주었다고도 전한다. 어떠하든 겟세마네 동산에서의 예수님의 고민은 아주 간절한 것이었으며, 사람이 측량할 수 없을 만한 경험이었다. 예수님의 이와 같은 경험을 어떻게 설명해야 옳을지 모르겠다.

예수님은 과거에도 몇 번씩이나 자신의 죽음을 예언하지 않으셨던가. 또 베드로가 "주여 그리 마옵소서 이 일이 결코 주께 미치지 아니하리이다"마 16:22라고 간할 때, 돌아보며 말씀하시기를 "사탄아 내 뒤로 물러 가라 너는 나를 넘어지게 하는 자로다 네가 하나님의 일을 생각하지 아니하고 도리어 사람의 일을 생각하는도다"마 16:23라고 하시며 꾸짖지 않으셨던가.

또 제자들에게 마지막 결별의 말씀에서는 "너희는 마음에 근심하지 말라 하나님을 믿으니 또 나를 믿으라 내 아버지 집에 거할 곳이 많도다 그렇지 않으면 너희에게 일렀으리라 내가 너희를 위하여 거처를 예비하러 가노니 가서 너희를 위하여 거처를 예비하면 내가 다시 와서 너희를 내게로 영접하여 나 있는 곳에 너희도 있게 하리라"요 14:1-3고 위로해 주지 않으셨는가.

그런데 겟세마네 동산에서의 기도는 왜 그렇게도 번뇌가 심했겠는가. 생각건대, 이 세상 죄의 중한 짐과 죽음의 두려움이 순수한 사람 예수님께 급박하게 다가올 때, 그러한 절박함이 그대로 표현된 것이 아니었던가 생각한다.

그리스도는 육체에 계실 때, 큰 부르짖음과 눈물로 자기를 죽음에서 구해주실 기도를 드렸다고 하였다히 5:7. 이 말씀은 엄밀히 겟세마네 동산의 경험에만 국한된 것은 아니었겠지만, 주로 그것을 뜻하고 있다고 생각한다.

예수님께서는 죽음의 비애가 있었다. 그것은 그의 거룩을 손상하는 사실인가? 죽음은 슬퍼하지 않을 수 없는 것인가? 하나님께서 사람을 창조하실 때 죽음을 당연한 운명으로 기대하셨을까? 아니다. 죄의 값으로 일어난 죽음이야말로 인생에는 있을 수 없는 것이다. 자연 중에서 이보다도 더 이지러진 것이 또 무엇이 있겠는가? 그 누구보다 죽음을 슬퍼하실 이는 창조주 자신이 아니겠는가?

죽음을 슬퍼하는 것은 사람의 본성이다. 이것을 부끄러워 할 이유는 없다. 예수님은 베다니의 나사로가 죽었을 때에도 그 자리에서 마르다와 마리아의 슬픔을 동정하며 눈물을 흘리셨다. 동일한 마음으로 자신의 죽음에 임해서도 그는 심히 근심하며 피와 같은 땀을 흘리시면서 기도하셨다. 참으로 사람다운 사람은 예수뿐이시다.

보통 자연성에는 두 가지가 있다. 하나는 하나님이 심어주신 본래의 자연이 있고, 다른 하나는 사람의 타락에 의한 거짓의 자연이 있다. 둘은 그 성질과 가치를 거꾸로 한다. 전자가 깨끗하고 살리는 것인데 반해, 후자는 더럽고 죽이는 것이다. 왜냐하면 전자는 사람의 사람된 본성인데 반해, 후자는 사람의 사람됨을 해하는 악인 까닭이다.

예수님은 사람의 아들, 즉 인자이다. 그러므로 그는 모든 거짓과 싸웠으며, 또한 모든 본래의 자연을 육성하였다. 예수님은 사람이 느낄 수 있는 것을 다 느꼈다. 그는 무한한 삶을 사모하고 죽음을 슬퍼하셨다. 그럼에도 불구하고 그는 쓴잔을 마시지 않으면 안 되게 되었다. 여기에 예수님의 맹렬한 고투苦鬪(몹시 어렵고 힘든 싸움)가 있었다. 피땀을 흘리실 정도의 고투 끝에 "그러나 나의 원대로 마옵시고 아버지의 원대로 하옵소서"마 26:39, 막 14:36 라고 기도하실 수 있었을 때, 비로소 그의 승리가 이루어졌다. 주 안에서 승리자는 고투 끝의 승리자이다.

사도 바울은 도덕적 생활의 원칙을 보이면서 말하기를 "그러므로 형제들아 내가 하나님의 모든 자비하심으로 너희를 권하노니 너희 몸을 하나님이 기뻐하시는 거룩한 산 제물로 드리라 이는 너희가 드릴 영적 예배니라"롬 12:1라고 했다. 즉, 도덕적 생활은 영적 예배와 다름이 없다. 사람은 스스로 그 몸을 산 제물로 하나님께 드릴 때에 비로소 도덕적 존재자의 생활을 실현하게 되는 것이다.

산 제물은 곧 희생이다. 그리고 희생은 반드시 고투의 관념을 포함하고 있다. 땅과 같이 낮은 나의 뜻을 하늘과 같이 높고 거룩하신 뜻에 바쳐 복종하는 일, 이것이 참 재물이자 희생이다. 내 뜻이 없는데 재물의 필요는 없다. 사람으로서 사람다운 성정이 없다면 도덕적 생활도 있을 수 없다. 이러므로 겟세마네 동산에서의 예수님의 비애와 고투는 결단코 그의 거룩하심을 손상하는 이유가 안 된다. 반대로 이것이 있어서 비로소 우리는 그의 승리를 귀하다고 이해한다. 예수님은 누구보다 죽음을 슬퍼하셨고 반발하셨으며 무조건 항거하셨다. 이것이 곧 그의 "내 원"[내 뜻]이란 것이다.

이러한 맹렬한 내 뜻을 품고 고투하시다가 드디어 이것을 손

수 아버지의 제단에 드릴 수 있었다. 마침내 반복해서 "아버지의 원대로 하옵소서"마 26:39, 막 14:36라고 말씀하셨던 것이다. 이것은 최대의 희생이며, 지상의 봉헌이다.

예수님 고난의 목적론적 고찰

> 만물이 그를 위하고 또한 그로 말미암은 이가 많은 아들들을 이끌어 영광에 들어가게 하시는 일에 그들의 구원의 창시자를 고난을 통하여 온전하게 하심이 합당하도다히 2:10

만물은 우연히 생기지 않았다. 또 그 역사도 아무 목적 없이 진행되는 것이 아니다. 우주에는 큰 중심이 있다. 원인이 되며, 목적이 되는 중심적 존재자는 곧 하나님이시다. 신앙의 눈으로 볼 때, 우리는 하나님께서 만물 발생의 원인이시며, 발달의 목적으로서 실존하시고 계심을 안다. "만물이 주에게서 나오고 주로 말미암고 주에게로 돌아감이라 그에게 영광이 세세에 있을지어다 아멘"롬 11:36, "그러나 우리에게는 한 하나님 곧 아버지가 계시니 만물이 그에게서 났고 우리도 그를 위하여 있고 또한 한 주 예수 그리스도께서 계시니 만물이 그로 말미암고 우리도 그로 말미암아 있느니라"고전 8:6라고 기록된 그대로이다.

이 하나님의 경륜 중에서 예수님의 고난의 지위가 어떠한 것인가를 생각해 보면 "만물이 그를 위하고 또한 그로 말미암은 이가 많은 아들들을 이끌어 영광에 들어가게 하시는 일에 그들의 구원의 창시자를 고난을 통하여 온전하게 하심이 합당하도다"히 2:10라고 했다. 이 "합당한 것"이라고 하는 뜻은 그 일에서 하나님께 가장 하나님답게 보이셨다는 뜻이다. 즉 우주의 중심적 존재자로서의 하나님의 자태가 가장 명백히 나타났다는 뜻이다. 모든 것이 다 그의 거룩하신 뜻에 의한다.

그러나 모든 것이 다 그에게 합당하지는 않다. 예수님의 고난에서 하나님의 자태는 유감없이 나타나셨다. 우리는 여기에 가장 높은 의와 사랑 그리고 무한한 지혜와 능력을 가지고 영원의 목적을 향해 온 인류를 인도하시는 하나님의 자태를 밝히 봐야 한다. 참으로 겟세마네의 기도에 계속되는 골고다 언덕 위의 십자가 상의 예수님께 하나님께서는 가장 하나님답게 나타나셨다. 예수님의 고난은 그렇게 중요한 일이었다.

목적론적 측면에서 볼 때, 예수님의 고난은 첫째로 예수님 자신의 인격 완성을 위한 것이었다. 예수님의 인격은 때가 찰 때까지 미완성이었다. 그는 하나님의 사람으로서 원시 아담의 입장에 내려오셨다. 다시 말해서, 아담과 같이 백지의 인격으로 출발하셨다고 볼 수 있다. 아담과 같이 새 사유를 가지고 지상의 생애를 시작하셨다. 그리고 그가 인자로 하나님에 대한 자유로서의 복종을 성취하는 때에 비로소 그의 인격은 완성되었다. 그때까지는 아직 미완성이라고 할 수 있다. 그러므로 어느 날 한 청년이 "선한 선생님이여"막 10:17, 눅 18:18라고 부를 때 "네가 어찌하여 나를 선하다 일컫느냐 하나님 한 분 외에는 선한 이가 없느니라"막 10:18, 눅 18:19고 대답하셨는데, 선한 이는 벌써 완성된 이를 말함이 아닐까.

하나님에 대한 복종을 성취하여 완전한 순종을 체득한 사람이 이상의 사람이다. 예수님은 이러한 이상의 사람이 되시려고 고난의 시련을 경험하셨다. 고난을 통해 사람은 순종을 배운다. 십자가는 무엇보다도 먼저 예수님의 인격 완성을 위해 필요한 시련이었다. "그리스도가 이런 고난을 받고 자기의 영광에 들어가야 할 것이 아니냐 하시고"눅 24:26라고 기록되어 있다.

예수님은 이 시련을 훌륭히 통과하셨다. 그는 자기를 낮추시고 십자가에 죽기까지 복종하셨다빌 2:8. 그는 아들이시지만, 고난을 통해 순종을 배우셨다히 5:8. 그렇게 그는 완성되었다히 5:9. 세계는 창조 이래 비로소 완성된 완전한 한 사람을 본 것이다. 예수님이야말로 하나님의 창조의 이상이신 인물이 되었다. 이 까닭에 하나님은 그를 높이 올리사 모든 이름 위에 뛰어난 이름을 주셨다. 하늘에 있는 것, 땅에 있는 것, 땅속에 있는 것들이 다 예수의 이름에 무릎을 꿇게 하기 위해서이다빌 2:9-10.

예수님은 인자로서 완전히 되사 인자의 영광으로 들어가셨다. 우리는 다만 예수님께서 죽음의 고난을 받음으로써 영광과 존귀의 관을 쓰심을 확신한다히 2:9. 그러나 이처럼 예수님이 고난으로 완전히 된 것은 그 자신을 위해서가 아니다. "많은 아들들을 이끌어 영광에 들어가게 하시는 일"히 2:10에 있었다. 예수님과 전 인류는 특별한 관계가 있다. 예수님은 인자인 동시에 많은 아들의 구원의 주님이시다.

주님이란 수령, 임금 즉 인류의 완전한 대표자란 뜻이다. 하나님은 온 인류를 구원하시기 위해 저들 위에 예수를 임금으로 세우셨다. 많은 아들을 각각 완성케 해서 이들에게 영광의 관을 씌우려 하시는 대신 먼저 오직 한 분이신 인자 예수를 완전케 하여 그에게 영광의 관을 씌우셨다. 그 후 모든 인자를 그에게 결부시

킴으로써 예수님의 인격이 그대로 저들의 인격이 되게 하셔서 예수님의 영관이 그대로 저들의 영광의 관이 되게 하시는 방법을 취하셨다. 왜 그랬겠는가? 이는 모든 사람이 죄를 범했기 때문에 하나님의 영광을 받기에 부족했기 때문이다롬 3:23.

우리는 자신에 대해 실감하게 된다. 우리는 하나님 앞에 설 수 없는 자, 죄로 인해 저주받고, 소망 없이 죽은 자였다. 도저히 인자의 영광에 참여할 가치가 없는 자이다. 그런데 예수님은 제2의 아담이 되셔서 완전하신 순종으로 인자의 광영의 관 씌움을 받고, 범죄한 아담의 아들들을 자기에게 결부시키심으로 구원의 주님이 되셨다. 이렇게 하여 인류에게 구원의 길이 열렸다. 우리는 그리스도와 같이 영광의 후사가 되었다롬 8:17. 참으로 인류의 영광을 위해, 그 임금을 고난을 통해 완전케 하심은 만물의 목적이며 원인이 되신 이에게 합당하신 일이었음을 알 수 있다.

예수님의 죽음의 의미

십자가의 신앙적 의미는 지금까지 두 가지 견해가 있다. 하나는 우리의 살고 죽는 일의 모범으로서의 완전한 사랑과 순종을 거기에서 보는 것이며, 다른 하나는 우리의 속죄를 인정하는 것이다. 어느 것이나 예수님의 십자가로써 하나님의 무한한 사랑을 보는 것이지만, 전자는 죄의 문제를 관련시키지 않고 보는 것이며, 후자는 인간의 죄악의 문제의 중요성을 강조하는 것이다.

예수님은 사람들을 사랑하신 나머지 이 세상의 권력자들과 충돌하여 드디어 십자가에 달리셨다. 예수님은 십자가의 죽음을 아버지 하나님께 대한 완전한 순종으로 받으셨다. 그는 받으신 바

고난에 의해 순종을 배워 죽기까지 복종하셨다. 그래서 아버지 하나님께 기뻐하시는 자로 인자의 영광을 얻으시고, 그를 신종信從하는 자들을 위해 영원한 구속의 근원이 되셨다. 즉 예수님이 십자가에서 죽으신 것은 그처럼 사람을 사랑하시고, 또 하나님께 복종하신 결과로 예수님의 십자가를 우러러보는 사람들 또한 사람을 사랑하고, 하나님께 순종하는 마음을 전승 받게 하기 위함이다. 예수님의 사랑과 순종의 신비적 전승이 인간 구원의 실체라고 보는 크리스천들이 있다. 이들은 주로 성경 베드로전서 2장 21절에 "이를 위하여 너희가 부르심을 받았으니 그리스도도 너희를 위하여 고난을 받으사 너희에게 본을 끼쳐 그 자취를 따라오게 하려 하셨느니라"의 말씀을 따르고 있다. 우리 한국의 성도들은 이 말씀을 명심할 필요가 있다.

그런데 성경에는 예수님의 십자가를 대속의 증거로 말씀하신 데가 훨씬 더 많다. 예수님은 "세상 죄를 지고 가는 하나님의 어린 양"요 1:29이시며, 친히 "인자가 온 것은 섬김을 받으려 함이 아니라 도리어 섬기려 하고 자기 목숨을 많은 사람의 대속물로 주려 함이니라"마 20:28, 막 10:45고 말씀하셨다. 또 "우리가 그의 피로 말미암아 의롭다 하심을 받았으니"롬 5:9, "그의 아들의 죽으심으로 말미암아 하나님과 화목하게 되었은즉 화목하게 된 자로서는"롬 5:10, "예수 안에 있는 생명의 성령의 법이 죄와 사망의 법에서 너를 해방하였음이라"롬 8:2, "하나님이 죄를 알지도 못하신 이를 우리를 대신하여 죄로 삼으신 것은 우리로 하여금 그 안에서 하나님의 의가 되게 하려 하심이라"고후 5:21, "그 아들 안에서 우리가 속량 곧 죄 사함을 얻었도다"골 1:14, "그의 십자가의 피로 화평을 이루사 만물 곧 땅에 있는 것들이나 하늘에 있는 것들이 그로 말미암아 자기와 화목하게 되기를 기뻐하심이라"골 1:20, "그리스도께서 우리를 위하여 저주를 받은 바 되사 율법의 저주에서 우리를 속량하셨으니 기록된 바 나무에 달린 자마다 저주 아래에 있는 자라 하였음이라"갈 3:13, "그리스도께서는 …… 염소와 송아지의 피로 하지 아니하고 오직 자기의 피로 영원한 속죄를 이루사 단번에 성소에 들어가셨느니라"히 9:11-12, "이와 같이 그리스도도 많은 사람의 죄를 담당하시려고 단번에 드리신 바 되셨고……"히 9:28라고 기록되어 있다.

그 밖에도 하나하나 다 들기 어려울 정도로 많다. 이들은 다 하나님과 사람 사이에 죄가 놓여 있어서 이것 때문에 불화가 계속된다고 보며, 이 죄의 속박으로부터 사람을 해방하여 하나님과의 사이에 화평을 얻게 하려고, 예수님이 십자가를 지신 것으로 본다. 그리고 구약성경의 율법과 예언에 기록되어 있는 것은 예수를 통해 사실로 될 일의 상징이며, 예표라고 하는 것이다.

구약성경에는 다른 사람의 손에 넘어갔던 상속재산을 되사는 것을 '가알'이라고 하고, 그 되사는 권리있는 사람을 '고엘'이라고 하였다. 즉 룻의 외삼촌 보아스가 룻의 '고엘'이었다룻 2:20; 3:9-12; 4:1-8. 노예 상태에서 대가를 지불하고 구출하는 것을 '가알'이라고 하며, 더 나아가 압제, 포로, 죄, 병, 죽음들로부터 구출하는 것을 '가알'이라고 하게 되었다.

한편 구약성경에는 또한 사람이 하나님 앞에 나아가려고 하면 하나님과 사람 사이에 화평을 이루는 일이 필요하다는 사상이 있었다. 그 또한 '가알', 즉 속죄라고 했는데, '하나로 한다, 또는 일체가 된다'는 뜻이다. 이 사상의 바탕에는 '하나님의 거룩'이라는 관념이 있다. 하나님은 거룩하심으로 하나님의 본질상 죄에 대해서는 단연코 분노하신다. 그러므로 하나님 앞에 나아가려면 속죄함을 받지 않고는 불가능하다는 생각이 지배적이었다. 그래서 모세는 시내산에서 율법을 받은 뒤에 바로 희생 제물을 잡아 하나님께 드리는 의식을 행하도록 명령 받았다. 즉 레위기 16장에 기록된 속죄 날의 제도가 바로 그것이다. 희생의 가축이 사람을 죄의 속박으로부터 구출하기 위해 지불되는 '가알'로 여겨진 것이다.

죄의 값은 죽음이므로, 사람이 죽어서 피를 흘리지 않으면 죄의 속박으로부터 해방되지 못한다. 그래서 그것을 자기가 치르는 대신 희생의 가축을 대신 내세워 그 죽음과 피로써 속죄하였던 것이다. 이로써 하나님께 가까이 나아갈 수 있는 길을 연 것이 레위기의 '속죄 제도'이며, 그 가운데 죄인에 대한 하나님의 크신 사랑과 긍휼이 나타나 있다.

그 밖에 희생의 피를 성소와 성단과 성 기구에 부은 것은 이것들에 붙어 있다고 생각되는 죄와 더러움을 씻기 위한 것이었다. 이것도 피에 생명이 들어 있다고 하는 사상에서 나온 것이다. 이렇게 하여 사람에게서 죄가 제거되고, 하나님과의 사이에 화평이 성립되어야 하나님께 나아갈 수 있다고 생각했으며, 그렇게 제거된 죄는 '아사셀의 산 양'에게 지워져 멀리 광야로 보냄으로써 거기에 있는 아사셀에게 넘겨지는 것으로 안심하게 되었던 것이다.

구약성경의 속죄 사상이 신약에서는 그리스도께서 속죄 주님으로서 피를 흘린 어린 양이시며, 하나님께 대속물을 드려 기도하는 대제사장이시며, 죄를 지고 광야로 내보낸 아사셀의 산 양도 된다고 본다. 이렇듯 속죄에 관한 구약의 모든 제도와 사상은 그리스도의 몸에서 완전히 다 표현되었다. 이제 그리스도의 십자가 죽음으로 속죄 받았음을 믿는 자들은 죄에서 온전히 해방되어 즉, 하나님의 분노가 해소되어 화평을 얻음으로 아무 두려움 없이 "아빠 아버지여"라고 부르며 하나님께 가까이 나아갈 수 있게 되었다. 이것이 신약의 복음이다.

이상을 요약하면 예수님의 십자가의 죽음을 죄인에 대한 단순한 사람의 표현이 아니고, 사죄의 효력을 가진 '대속'이라고 믿는 것이 성격의 가르침이요, 또 우리의 신앙적 체험이다. 대속을 위해 자기 피를 흘리신 사건이야말로 예수님의 사랑의 극치이다. 다시 말해 대속의 죽음인 고로 지극한 사랑의 죽음이라고 말할 수 있다.

예수님의 부활^{고전 15장}

예수님의 부활은 성경에 기록된 대로 된 것이다. 십자가에 돌아가셨던 것도 이사야서 53장에 기록된 대로 고난을 당하신 것이며, 또 "내 영혼을 스올에 버리지 아니하시며 주의 거룩한 자를 멸망시키지 않으실 것임이니이다"^{시 16:10; 49:9}고 성경에 기록된 대로 부활하셨다. 부활하신 새벽에 막달라 마리아에게 나타나 보이시고^{요 20:15-18} 그날에 엠마오로 가는 두 제자에게 나타나사 성경에 기록된바 자신에 관한 것을 자세히 설명해 주셨다^{눅 24:13-35}. 그날 저녁에는 도마를 제외한 여러 제자들에게 나타나사 "너희에게 평강이 있을지어다 성령을 받으라."고 말씀하셨으며요 20:19-24, 일주일 후에 도마가 같이 있을 때에 또 나타나사 "너희에게 평강이 있을지어다."하시며 도마에게도 확신을 주셨다. 또 디베랴 바다에서 제자에게 나타나 떡과 생선을 주시며 베드로에게 "내 양을 먹이라."고 세 번 부탁하셨고, 그 후에 승천하실 때에도 500여 형제와 또 야고보와 바울에게 나타나셨다. 이들은 모두 진실한 사람들이었다. 이들보다 더 순수한 사람들은 찾아보기 어렵다.

예수님은 부활하셔서 자기의 사명을 완수하셨다. 예수님이 이 세상에 오심은 악마의 두 가지 큰 업적인 죄와 사망을 소멸하기 위한 것이었다. 십자가에서 죄를 대속하시고, 부활하심으로 사망의 권세를 완전히 파하셨다. 그리스도 안에 있는 사람은 결코 정죄할 수 없다. 사망으로 위협할 수 없다. 생명의 성령의 법으로 죄와 사망의 법에서 해방된 까닭이다. 예수님께서 혈육지신血肉之身으로 이 세상에 오셨던 것은 "자녀들은 혈과 육에 속하였으매 그도 또한 같은 모양으로 혈과 육을 함께 지니심은 죽음을 통하여 죽음의 세력을 잡은 자 곧 마귀를 멸하시며 또 죽기를 무서워하므로 한평생 매여 종 노릇 하는 모든 자들을 놓아 주려 하심이니"히 2:14-15라는 말씀을 성취하기 위해서였다. 과연 예수님은 죽은 자 가운데서 부활하셔서 하나님의 아들 된 것을 권능으로 나타내셨다.

예수님은 부활하셔서 은혜의 하나님에 대한 인류의 신앙을 수립하셨다. 인류는 오랫동안 죄로 인해 울면서 은혜의 봄을 구했다. 어떻게 해야 의롭다 여김을 받아 하나님 앞에 설 수 있을까 하는 것이 인류의 기원이었다. 이 심각한 눈물과 기원은 드디어 채워졌다. 아담의 모든 자손을 위해 거룩하신 인자 예수님께서 그 피를 흘리셔서 마침내 인생의 겨울은 지나갔다. 속죄의 길이 열렸다. 죄인인 그대로 의로 여김을 받는 은혜의 봄이 왔다. 그러면 그 증거는 어디 있는가? 바로 이 부활에 있다. 부활하셔서 "너희에게 평강이 있을지어다."라고 하시면서 그 영광의 자태를 나타내심에 있다. "이르시되 내가 은혜 베풀 때에 너에게 듣고 구원의 날에 너를 도왔다 하셨으니 보라 지금은 은혜 받을 만한 때요 보라 지금은 구원의 날이로다"^{고후 6:2}고 하신 말씀에 있다. 하나님은 죄인을 영접하시려고 두 손을 벌려 기다리고 계신다. 이 일은 예수님이 부활하신 까닭에 확증되었다.

예수님의 부활은 사람에게 새 생명과 참사랑을 실현해 주셨다. 나는 믿음으로 거듭나게 된 때에 새 생명이 바로 예수님에게서 온 것임을 깨달았다. 나의 새 생명에는 틀림없이 예수님의 인격의 그 모습이 조금 나타나는 것을 느꼈다. 내가 받은 영은 확실히 한번 사람으로서 연약함을 친히 체험하신 이의 영이심을 안다. 때때로 나는 약해져서 어떻게 기도할 바를 알지 못한다. 그러나 나의 마음속에 계신 성령이 말로 다 할 수 없는 탄식으로 나를 위해 친히 기도해 주시는 것을 믿는다.

내가 순수한 마음으로 사람을 사랑할 수 있을 때, 그 마음은 인자이신 예수님의 사랑의 반영이다. 무릇 나에게 선한 것이 있다면 그것은 다 그의 것이다. 그리고 나는 조금씩이나마 천천히 그의 형상을 닮아가는 것을 믿는다. "내 안에 그리스도께서 사시는 것이라"^{갈 2:20}라고 한 바울의 말이 또한 나의 말이 되기를 원한다. 예수님 이외에 나를 지도할 분이 있는가? 예수님은 지금도 그 특별하신 능력으로 우리를 인도하시고 계심을 나는 믿는다.

부활 승천은 예수님의 생애에 큰 비약이었다. 이로 인해 그는 겸손에서 영광으로, 무력에서 능력으로 옮기셨다. 부활하신 예수님만이 능히 부활의 생명으로 들어가게 하실 수 있다. 그리스도교와 이것에 의해 일어나는 모든 선은 다 예수님의 부활에서 시작한다. 하나님 본위의 생활과 영의 자유로서 기뻐서 하나님의 뜻, 그분의 선을 이루게 되는 것은 부활의 도덕이다.

내세의 소망이 확실해졌다. 어떤 종교든지 신의 관념과 더불어 내세의 관념이 있다. 또 사람의 생명이 그 육체와 같이 썩지 않을 것이라고 하는 암시는 사람 성질의 구성에도 나타나 있다.

그러나 하나님의 계시에 의하지 않은 내세의 관념이 저열하고도 애매하며, 박약하다는 것은 역사와 문학이 잘 증명하고 있다. 크리스천 이외에 무덤 저편의 행복한 희망을 바라보면서 이 세상을 떠난 자가 어디 있는가? 구약의 성도들은 가련하게도 이러한 경험에서 풍부하지 못했다.

사람의 생명은 영과 육으로 되어있다. 사람은 자연 발달의 머리인 동시에 또한 하나님의 형상대로 지어졌다. 사람은 하나님과 자연과의 연쇄連鎖이다. 이 본래의 지위는 영원히 변함이 없다. 따라서 사람에게 내세 생황이 있다면 그것은 영혼과 더불어 또한 몸을 갖추어야 할 것이다. 예수님은 부활하심으로 이것을 사실로 증명하셨다. 그분은 한번 죽어 음부에까지 내려갔었지만, 다시 영화 된 몸으로써 당당히 부활하셨다. "곧 살아 있는 자라 내가 전에 죽었노라 볼지어다 이제 세세토록 살아 있어 사망과 음부의 열쇠를 가졌노니"계 1:18라고 친히 말씀하셨다.

부활하신 예수님에 의해 보이지 않는 세계가 열렸다. 죽음과 음부의 공포가 모두 사라졌다. 그는 과연 생명이요, 부활이다. 그러므로 그와 결합한 자는 반드시 그와 같이 부활할 수 있다. "무릇 살아서 나를 믿는 자는 영원히 죽지 아니하리니 이것을 네가 믿느냐"요 11:26라는 말처럼 예수님의 부활은 인류의 내세 생활의 근원이요, 보증인 것이다.

우리의 소망은 베드로 사도가 말한바 소위 '산 소망'이어서 "찬송하리로다 그의 많으신 긍휼대로 예수 그리스도를 죽은 자 가운데서 부활하게 하심으로 말미암아 우리를 거듭나게 하사 산 소망이 있게 하시라"벧전 1:3고 하신 그 경륜에서 성취된 것이다.

예수님의 부활은 내게 있어 최대의 영감이다. 이를 묵상할 때 내 속에는 말로 다할 수 없는 빛나는 생각이 넘친다. 이러한 생각은 부활절에 자연의 찬미와 합하여 최고조에 달하게 된다. 그것은 너무나 고상하고도 아름다운 경험이어서 입과 붓으로는 차마 다 표현할 수가 없다.

우리는 때때로 한 떨기의 풀이나 꽃, 또는 한 곡조의 음악에 무한의 기쁨을 느끼며, 아무에게나 그 실감을 말로 표현할 수 없을 때를 경험한다. 이러한 종류의 경험 중에서도 가장 이상적인 것이 곧 예수님의 부활에서 내가 받은 영감이라고 할 수 있다. 새 포도주는 새 부대에 넣어야 한다. 부활의 영감 또한 불완전한 육신의 상태에서 온전히 표현한다는 것이 그 성질상 불가능하다. 부활에 합당한, 적절한 찬미는 인류의 부활 이후에야 나오게 될 것이다.

〈부산모임〉 1971년 3, 4월호[23:4-1]

부활절에 즈음하여

부활의 예언

만물이 소생하는 때에 예수 그리스도의 부활을 기념하는 일은 기쁨과 희망을 줄 뿐 아니라 실제로 영적 생활을 추구케 하는 원동력임을 실감케 한다. 부활에 관한 진리는 성경에 여러 번 예언되어 있던 것이 응한 것임을 알 수 있다.

바울이 제1차 전도 여행 때, 비시디아 안디옥에 이르러 안식일에 회당에서 설교하였는데, 예수님의 부활에 대하여 말하기를 시편 16편 10절 말씀을 인용해서 "주의 거룩한 자를 멸망시키지 않으실 것임이니이다"하셨다고 강조했다. 시편 49편 9절 "그가 영원히 살아서 죽음을 보지 않을 것인가"라고 하심과 같이 예수님의 몸은 영의 몸으로 홀연히 변화되어 부활하신 것이다.

예수님께서 세상에 계실 때 제자들에게 세 번이나 자신이 죽으셨다가 제3일에 부활하실 것을 미리 알게 하셨다[마 17:22-23, 막 8:31; 9:31, 눅 24:7]. 또 바리새인들과 사두개인들이 하늘에서 내려 오신 표적을 말해 달라고 할 때, 요나의 표적 밖에는 보일 것이 없다 하셨고[마 16:4], 또한 서기관과 바리새인들이 표적을 보여 달라고 할 때 "요나의 표적", 즉 "3일 3야를 물고기 뱃속에 있으리라"[욘 1:17]고 하신 말씀을 생각하시고 3일만에 부활하실 것을 예언하셨다[마 12:39].

또 어떤 때에는 "너희가 성전을 헐라 내가 사흘 만에 일으키리라"고 말씀하셔서 비유로 가르치신 일도 있다. 호세아서 6장 2절에는 "여호와께서 이틀 후에 우리를 살리시며 셋째 날에 우리를 일으키시리니 우리가 그의 앞에서 살리라"고 예언되어있다. 예수님께서는 자신이 십자가에서 돌아가셨다가 3일만에 부활하실 것을 말씀했을 뿐 아니라, 사람은 누구든지 즉 "선한 일을 행한 자는 생명의 부활로, 악한 일을 행한 자는 심판의 부활로 나오리라"요 5:29고 말씀하셨다.

옛날 에스겔은 골짜기의 마른 뼈들이 연결되고, 살이 생기고, 껍질이 덮이더니 그것에 생기가 들어가서 살아나는 환상을 보고 이스라엘의 부흥하는 예언을 한 일도 있다겔 37:1-4. 또 다니엘 12장 2절에는 "땅의 티끌 가운데에서 자는 자 중에서 많은 사람이 깨어나 영생을 받는 자도 있겠고 수치를 당하여서 영원히 부끄러움을 당할 자도 있을 것이며"라고 예언되어 있다.

부활의 주님을 만난 자들

부활의 주님을 만난 자들에는 막달라 마리아막 16:9-11, 마 28:1, 눅 24:10, 요 20:11-18, 베드로와 요한요 20:2-8, 눅 24:12-34, 엠마오로 가는 두 제자, 즉 글로바와 누가눅 24:13-35, 막 16:12, 열한 제자들눅 24:36, 요 20:19-23, 도마와 같이 있을 때요 20:26-29, 막 16:14, 디베랴 바다에서 베드로와 요한, 기타 제자들요 21:1-23, 마 28:16, 야고보고전 15:7, 500여 형제눅 24:50, 고전 15:6, 사울 즉 바울고전 15:8, 행 9:3-6이 있다.

부활 원리와 부활의 형태 고전 15:12-47

부활의 원리와 그 형태에 관해서는 자연 생물계의 현상에서 얼마든지 찾아 볼 수 있다. 즉, 씨가 자라 각종 나무가 되고, 각종 열매를 맺음과 같은 사실에서 경험하는 것이다. 부활의 원리가 없다면 그리스도도 다시 살지 못했을 것이다 고전 15:13-16. "죽은 자들이 어떻게 다시 살며, 어떠한 몸으로 오느냐?"하고 묻는 사람들이 있다.

뿌리는 씨가 땅 속에 들어가 분해되어, 움트게 되면 종자에 따라 여러 가지 형태의 생물로 된다. 즉 사람, 짐승, 물고기, 곤충의 모양을 취하게 된다. 그래서 하늘에 속한 형태와 영광을 가진 자들, 또 땅에 속한 형태와 영광을 취하는 자들이 있다. 즉 썩을 것으로 삼고 썩지 아니할 것으로 다시 살며, 욕된 것으로 심고 영광스러운 것으로 다시 살며, 약한 것으로 심고 강한 것으로 다시 살며, 육의 몸으로 심고 신령한 몸으로 다시 산다. 육의 몸이 있은즉 신령한 몸이 있음을 알 수 있고, 신령한 몸으로 부활하게 된다. 예수님의 부활체와 같다. 이 원리대로 예수 그리스도는 부활하셔서 첫 열매가 되셨고, 누구든지 예수 그리스도와 연합한 자는 다 그와 같이 영체로 부활한다.

주님의 부활과 나

주님의 부활을 기념하는 부활절을 맞이 할 때마다 나는 부활하신 주님을 마음 속에 영접하고자 마음을 가다듬고 미약하나마 힘써 보았다. 그러나 마음은 원하면서도 몇 날 지나지 않아 옛 상태로 돌아 가는 것을 어찌 할 수 없었다.

부활하신 주님을 모셔 드리면 하나님 본위의 생활을 하게 되고, 따라서 하나님이 기뻐하시는 선을 기쁨으로 행하게 되는 것을 실제로 체험하게 되며, 그와 같이 다른 사람들에게도 설명했다.

　그러면서도 현실에 치중하게 되는 까닭에 모르는 사이에 또 사탄의 유혹에 침륜되는 것을 경험하게 된다. 그러나 하나님께서 그리스도를 믿음으로 구원을 얻게 해 주신 그 은혜는 없어지지 않았다. 나는 로마서를 공부하는 중 구원의 순환법칙을 배우게 되었다. 우리의 신앙생활은 사탄과 싸우는 삶이어서 성령의 처음 익은 열매를 받은 우리도 몸의 속량을 기다리고 있음을 깨달을 수 있었다.

　나는 신앙생활에서 내가 원하는 선은 행하지 않고, 원치 않는 악이 행해져서 괴로워할 때가 많다. 그러나 하나님은 나를 내버려두시지 않으셨다. 나는 죄의 벌로 당뇨병이 점점 더 심해지는 것을 느끼게 하셨고, 나의 치아는 점점 더 나빠졌다.

　나는 회개했다. 하나님께서는 주님의 성령으로 다시 소생시켜 주셨다. 이와 같이 순환법칙이 나의 신앙생활을 지배하고 있다. 그리고 부활절에는 부활하신 주님을 영접하므로 그리스도의 십자가에 나의 육의 정도 못박고, 그리스도와 같이 부활됨을 체험함으로써 나의 구원은 비약하게 되었다.

　이것은 구원의 비약법칙으로 이와 같이 하여 우리의 성결생활이 이루어져 간다. 예수님의 부활은 인류의 구원의 비약적 법칙을 나타내 보여 주신 것으로 나는 믿고 감수하고 있다. 그런데 이미 믿고 구원 받은 신도들이 자기가 구원받은 일에 만족하고

민족의 구원, 나아가 인류 구원을 위해 자기를 버리는 일을 게을리하므로 사탄의 유혹과 시험은 우리의 신앙생활을 좀먹고 있다.

나는 이번 부활절을 계기로 자기를 버리고 나의 민족과 인류의 구원을 위해 모든 불의와 싸우는데 힘을 다하려고 결심한다.

〈부산모임〉 1979년 4월호[70:12-2]

부활절 소감과 기원

죽으셨다가 다시 살아 나신 주님

주님은 죽으셨다가 다시 살아나셨다. 죄 없으신 주님이 세상 사람의 죄를 지시고 십자가에 달려 돌아가셨다가 3일 만에 부활하셨다. 세상 사람에게 영생을 주시기 위해서였다. 여기에서 우리는 부활의 원리를 발견케 된다.

즉, 우리는 주님의 부활을 통해 죄 없는 생명체는 영생하는 영체로 부활한다는 사실을 발견한다. 인류는 예수 그리스도를 통해 죄가 제거되었으므로 그리스도 안에서 사는 사람들은 그와 같이 부활하는 원리를 믿게 된다.

주님은 왜 죽으셨는가? 첫째, 주님께서는 일찍이 세상에 오셨을 때, 하나님 아들이라는 소명감에서 사셨기 때문이었다. 유대의 종교 지도자들은 예수께서 자기를 하나님의 아들이라고 하고, 죄를 사한다고 하신 말씀이 참된 것이라고 해서 죽임을 당할 죄라고 단정했다요 10:30-38 참조.

그것이 왜 죄가 된다는 말인가? 하나님께서 사람을 가르쳐 말씀하실 때 "내가 너희를 신이라 하였노라"시 82:6, 요 10:36 하셨는데, 하나님께서 거룩하게 하사 세상에 보내신 줄로 자각하신 주님께서 하나님 아들이라고 말씀하신 것이 어찌 참담한 죄가 될 수 있다는 말인가? 참으로 사람들은 다 무식하고 죄인임을 스스로 증명한 것이다.

둘째, 주님께서 예루살렘 성전을 숙청하신 일막 11:15-18, 마 21:12-16, 눅 19:45-47, 요 2:14-16, 또 "너희가 이 성전을 헐라 내가 사흘 동안에 일으키리라"요 2:13-22고 말씀하신 것 때문이다. 이 말씀은 주님께서 어떻게 죽으셨다가 다시 살아 나실 것인가를 설명하신 것인데, 제사장과 유대 종교지도자들은 성전에서의 자기들의 이익이 침해당할 것을 생각하고 그 말씀을 왜곡해서 송사를 하였다막 14:58.

셋째, 바리새인들은 주님께서 안식일에 병을 낫게 하신 일에 대해 예수님이 안식일 규례를 범한 것이라고 해서 메시아가 아니라고 단정한 데 기인한다고 생각한다막 3:1-6, 마 12:14. 그러나 그 일은 바리새인들이 하나님을 사랑하는 마음이 없고, 형식적 율법주의자들로 떨어져 있었던 까닭이었다.

> 현재 저희들도 현실을 사랑하고 이기적으로 살기 때문에 어두움의 생활을 하면서도 빛의 아들처럼 꾸미려고 하는 위선자들임을 자복하오니, 저희들의 죄를 용서해 주옵소서.

부활의 사실과 원리는 자연계에서도 얼마든지 경험할 수 있다. 주님께서 말씀하신 바와 같이 밀알이 땅에 떨어져 죽지 않으면 한 알 그대로 있고, 죽어서 분해되면 많은 열매를 맺는 것을 잘 알고 있다.

또 지구의 자전과 공전에 의한 밤과 낮, 그리고 계절과 해의 바뀜도 죽음과 부활을 생각하게 한다. 즉 밤에 잠드는 것은 죽음을, 아침에 깨어 일어나는 것은 부활을 생각하게 하며, 또 계절과 해가 바뀌는 것도 생명의 출생, 성장, 노쇠, 죽음 및 부활을 생각하게 하는 것이다.

  사람의 생명은 너무도 고귀한 것이다. 비천한 육의 생명에 치중하는 사람들은 영의 생명을 소홀히 하고 있다. 그러나 주님을 믿는 신도들은 부활하신 주님을 만나 뵈옵고, 주님과 같이 하루하루를 희생의 사랑으로 살다가 주님께 먼저 간 선배들도 많이 있다. 믿음의 선배들은 부활신앙에서 부활생활로 본을 보여주었다. 저들은 주님의 나라와 의를 구하다가 주안에서 영광스럽게 살고 있다.

  지금도 진리와 자유를 위해 싸우다가 영오潁悟의 몸으로 있으면서도 마음은 기뻐하면서 하나님의 뜻이 이루어지기를 기도하며 사는 사람이 있다. 나도 부족하나, 아버지의 뜻대로 날마다 죽고자 한다. 그리고 무명의 신도들이 성결생활, 승리생활로 전진하면서 주님의 재림을 고대하고 있다. 진정 하나님 본위로 살아 아버지의 기뻐하시는 선을 나도 기쁜 마음으로 순종하게 되기를 간절히 바라면서 살고자 한다. 그리고 하나님 본위로 살며, 아버지의 선을 기쁨으로 순종하는 성도들을 통해 하나님 나라를 보여 주시며, 또한 주님의 재림의 길을 예비케 하신 줄 믿는다.

  부산모임에 나오는 여러분이나 이 글을 읽는 분들은 다 부활하신 주님 안에서 아버지의 뜻을 전적으로 순종하는 사람들이 되게 하옵소서. 아멘.

〈부산모임〉 1977년 4월호[58:10-2]

부활절 소감(1976년)

해마다 4월이 돌아오면 우리 크리스천들은 주님의 고난 당하신 일과 죽으셨다가 부활하신 일을 증거하게 된다. 내가 예수님의 부활을 믿게 된 것은 성경말씀을 통해서다. 시편에 '거룩한 자로 썩는데 내버려 두시지 않는다'시편 16:10는 말씀과 또 사복음서에 나타난 사실과 고린도전서 15장에 기술된 바울의 체험과 변증법적 설명을 통해 믿어졌던 것이다.

그리고 예수님의 부활하신 몸은 신령한 몸, 곧 영체로 부활하셨음을 잘 알 수 있다. 왜냐하면 부활하신 예수님을 처음으로 만나 본 막달라 마리아는 무덤 동산지기인 줄 알았다가 주님이 가르쳐 주셔서 알게 되었다. 또 제자들이 깨닫게 된 것도 영감에 의해서였다. 도마가 주님의 손 바닥과 옆구리를 만져보고 믿게 된 것도 주님께서 영체로서 도마를 믿게 하기 위해 나타내신 것으로 결국 도마도 영감에 의해 믿게 된 것이라고 생각한다. 더욱이 바울은 다메섹으로 내려가는 길에서 빛나는 광채를 보고, 또 하늘에서 나는 음성을 듣고 부활하신 예수님을 만났다. 예수님의 부활체는 시간과 공간을 초월하신 영체이심을 알 수 있다.

우리는 성경 말씀을 통해 주님의 부활을 증거할 수도 있지만, 우리 스스로의 신앙체험을 통해 증거하게 될 때 더욱 힘찬 증거가 될 줄 믿는다. 먼저 예수님의 부활을 체험하는 믿음은 예수님과 같이 십자가에 못 박히는 체험에서 시작하는 것이다. 사도시대에는 주님께서 제자들에게 믿게 하시려고 친히 나타나셨지만, 그 후 사도들이 믿고 증거한 때부터는 육의 정욕을 십자가에 못 박고, 한번 죽는 경험을 통해서 새로 거듭나는 체험을 하게 되며, 그래서 부활하신 주님과 영교를 하게 되므로 주님의 부활을 증거 하는 삶을 살게 된다.

나의 신앙경험도 이 과정을 지나 예수님의 십자가와 부활이 인류가 영생을 얻고, 하나님의 자녀가 되어 하나님 나라에서 사는 유일의 길인 것을 믿고 증거한다. 이 믿음을 가지고 사는 자는 참으로 육의 정욕을 못박아 버린다.

그런데 많은 사람은 믿는다고 하면서도 완전히 죽지 못한다. 그러므로 믿음의 선배들은 실제로 육체의 죽음으로 우리에게 격려하고 있다. 곧, 4월에는 주기철 목사님의 순교와 김교신 선생의 서거를 생각하게 된다. 두 분은 최근 한국 기독교사에 있어서 죽은 후 부활이 있으니 육을 죽이는 생활을 하라고 몸소 본을 보여 주셨다. 그러므로 저들은 부활하신 주님과 같이 영광과 존귀를 하나님에게 돌리며 친히 후배들에게 영교를 계속하고 있다.

이 신앙으로 부활하신 주님과 또 먼저 가신 성도들과 영교하는 생활을 하는 신자들은 하나님 본위에서 살며, 하나님의 뜻, 곧 선을 행하는 일이 즐거워서 하게 된다. 다시 말하면 부활 신앙은 우리가 육에 있으면서도 그리스도의 성품을 닮아서 하나님의 성품과 합성合性으로 되어 삶으로 그리스도의 부활을 증거하게 되는 것이다.

〈부산모임〉 1976년 2월호[52:9-1]

부활절 소감(1987년)

주님은 나를 구원하시려고 하늘로부터 내려 오셨고, 너를 다시 나게 하시려고 고생을 당하셨으며 우리 인류를 살리시려고 십자가를 지셨다. 이는 주님께서 미리 정하신대로 이루신 것이다. 사람이 사단의 유혹에 빠져서 하나님의 명령을 어기고 복종하지 않았다. 그 후부터 사람의 양심은 가책을 받고, 의지는 약해져서 범죄하게 되었다.

사람의 육의 욕심은 빨리 자라서 강대해지고, 하나님의 사랑과 은총에 대하여는 둔한 자가 되었다. 그래서 사람은 하나님의 자녀답게 살지 못하고 지배욕에 차서 인류의 역사는 살인, 음란, 싸움의 연속이었다.

사람은 속죄함으로써 구원의 길이 열릴 것으로 믿고 기다렸다. 이 때 주님은 이 땅에 내려 오셔서 나의 죄 때문에 고통을 당하시고, 너의 죄 때문에 핍박을 받으셨으며, 우리 죄를 대속하시려 십자가에서 죽으셨다.

하나님은 무죄한 자의 죽음을 그대로 묻어 두시지 않으셨다. 주님은 예정하신 대로 무덤에 내려가신지 3일 만에 부활하셨다. 그래서 나를 구원하시고, 너를 거듭나게 하셨으며, 우리 인류의 영원한 생명을 주셨다. 주님의 부활하심으로 나는 육본위로 살던 것이 영본위로 살게 되었고, 너의 생활은 자기 본위이던 것이 하나님 중심으로 되었으며, 우리는 현실 세계 중심이던 것이 하나님 나라를 사모하게 되었다.

이제부터는 사단의 세력이 물러가고, 성령의 역사가 승리하는 쾌감을 느끼며 살게 됨을 감사한다.

〈부산모임〉 1987년 4월호[115:20-2]

부활절과 새 창조

부활절은 옛날 유럽인들이 새 봄이 돌아온 것을 축하하는 축제로 지키던 날이었다. 언제인지 모르게 기독교에서 예수님의 부활을 기념하는 날로 바꿔서 지키게 된 것이다. 그래서 부활절은 반드시 일요일에 기념하게 되었는데, 예수님께서 일요일 새벽에 부활하셨기 때문이다.

또 유대교인은 일곱째 날인 안식일을 계명에 의하여 쉬었는데, 그것은 여호와 하나님께서 6일 동안에 천지와 만물을 창조하시고 축복하시며, 제7일을 복 주어 거룩하게 하신 날을 기념하시고 쉬게 하셨기 때문이다. 그런데 그 안식일이 일요일, 즉 이레 중 제1일인 새로운 활동을 시작하는 날인 주님의 날로 변하게 되었다.

새 봄의 도래를 기념하던 축제일이 예수님의 부활을 기념하는 부활절로 변경된 것은 예수님의 부활이야말로 인생의 봄을 만드는 새 창조이기 때문이다. 또 안식일이 주일로 변경된 것도 예수님의 부활이야말로 인생의 창조이기 때문이다. 과거에 안식일에는 쉬는 것을 위주로 해서 의무로 지키고, 율법에 속박되어 살리는 일을 하지 못했는데, 예수님은 자유롭게 사람을 살리는 일을 하는 것이 하나님의 뜻이라고 가르치셨고, 또한 친히 십자가에 달려 돌아가셨다가 3일만에 부활하셔서 사람들에게 영원한 생명을 주시는 영으로 부활하셨다.

참으로 예수님의 부활은 육의 산 영에서 살리는 영으로 새 창조를 이루신 것이다. 지금도 부활하신 주님과 교제하면서 사는 성도는 하나님의 본위의 삶을 살며, 기뻐하시는 일을 기뻐하며 산다. 이것이 바로 새 창조인 것이다. 누구든지 예수 안에 있는 자는 새로운 피조물이다. 옛 것은 지나가고 새것이 되는 것이다 고후 5:17. 아멘.

이와 같이 된 것은 예수님께서 부활하심으로 인하여 마귀의 업적인 죄와 사망을 멸하신 까닭이다. 예수님의 부활은 인류에게 하나님과 정의에 대한 신앙을 일으켜 주셨다. 예수님이 부활하셔서 지금도 성령으로 사람들에게 새 생명을 시작하게 하시고, 진실의 사랑을 실현케 해 주신다. 예수님이 부활하셔서 우리와 교제해 주심으로써 그 경험을 가진 자는 내세소망을 가지고 이상에 서서 현실을 지도하며 살고 있는 것이다.

〈부산모임〉 1980년 4월호[76:13-2]

부활절

골고다를 지나 감람산으로 죽음을 지나 부활로, 예수님은 사단의 역사인 죄와 사망권세를 이기시고 부활하셨다. 예수님은 하나님을 떠난 인류를 아버지께 돌이키게 하려고 겟세마네 동산에서 피와 같은 진땀을 흘리시며 기도하셨다. 그는 고민하고 슬퍼하셔서 죽게 되었다. "마음에는 원이로되 육신이 약하도다" 하시면서 세 번이나 "이 잔을 내게서 떠나게 하옵소서 그러나 내 뜻대로 마옵시고 아버지 뜻대로 하옵소서."하는 순종의 기도를 드리셨다.

사랑하는 제자 중 하나인 가룟 유다에게 팔려 검과 망치를 가진 자들에게 잡혀 대제사장 가야바와 안나스, 그리고 헤롯 왕의 궁정으로 끌려 다니면서 심문을 당하시고, 나중에는 빌라도에게 재판을 받아 십자가에 달려 모진 고초를 당하셨다. 이 모든 고통은 내가 당하여야 할 것이었고, 우리 인류가 당할 것이었다. 즉 인류의 죄의 대가를 주님이 치러주셨다.

예수님은 인류의 죄를 대속하시기 위해 하나님의 뜻에 전적으로 순종하심으로 죽음의 고통을 참으셨다. 생명이신 하나님은 주님을 무덤에서 일으키셨다. 주님은 부활하사 하나님의 아들이심을 나타내셨고, 또 인류의 첫 열매가 되셔서 만인의 구주가 되셨다. 누구든지 예수 그리스도를 믿고, 그 안에서 살면 영생하는 생명으로 살게 될 것이다.

예수님은 이 세상에 계실 때, 회당장 야이로의 딸과 나인성 과부의 외아들과 나사로를 살리셨다. 그들은 육체로 부활했기 때문에 그들의 육체는 다시 죽음을 면치 못했다. 그러나 예수님은 영체로 부활하셨기 때문에 다시 죽지 않는 몸을 입으셨다. 부활하신 예수님은 처음에 막달라 마리아에게요 20:16, 마 28:1, 다음에 베드로에게고전 15:5, 엠마오로 가는 두 제자에게눅 24:31 나타나 보이셨다.

또 그날 저녁에 제자들이 유대인을 두려워하여 문을 닫고 있었을 때, 홀연히 나타나셔서 "너희에게 평안함이 있을지어다" 하시면서 성령을 받으라고 말씀하셨다. 그 후 여드레가 지나서 도마가 다른 제자들과 같이 있었고, 문이 닫혀 있는 그 곳에 주님이 찾아오셔서 "너희에게 평강이 있을지어다" 하시고, 도마에게 손을 내밀어 자신의 손과 내 옆구리를 만져보고 "믿음 없는 자가 되지 말고 믿음 있는 자가 되라"고 말씀하셨다요 20:27.

제자들이 낙망 중에 디베랴 바다에 가서 어망으로 고기를 잡고 있었을 때, 주님은 그 바닷가에 나타나셔서 "그물을 배 오른쪽에 내려보라"고 명하셨다. 그랬더니 많은 고기가 그물에 이어 그물을 들 수 없게 되었고, 그 그물을 끌고 언덕에 이르러 세어보니 153마리였다. 조반을 권하셔서 조반을 먹은 후에 베드로더러 "네가 나를 사랑하느냐" 하시니, 베드로가 대답하기를 "제가 주님을 사랑하는 것을 주님이 아시나이다"라며 두려움을 가지고 말했다. 이와 같이 세 번 하시고, 제자들이 공동체로 살 것을 당부하셨다.

비록 가룟 유다는 제 갈 곳으로 갔으나 제자들은 성령을 받아 예루살렘과 사마리아와 유대와 온 땅끝까지 증인이 되라고 당부하셨다. 이 모든 말씀을 마치시고 베다니에 이르러 500여 문도들이 지켜 보는 가운데 하늘로 올라가시니, 구름이 첩하여 보이지 않게 될 때, 너희들이 본 것처럼 다시 오시겠다고 약속하셨다.

그 후 사울은 다메섹 도상에서 빛 가운데서 부활하신 주님을 뵈옵고 핍박하던 예수님께로 180도 전향하여, 예수님을 구주로 증거하게 되었다. 또한 오순절 날, 마가 요한의 다락방에 모여 한 마음으로 기도하고 있을 때, 성령이 임하여 여러 나라 방언으로 예수님의 부활과 구주 되심을 증거하는 역사가 일어났다. 오늘까지 인류의 20% 이상이 예수님을 구주로 믿게 된 것은 이 성령의 역사 때문이다.

나의 신앙 경험을 회고하면 1941년 평양기독병원 외과장으로 일하고 있었을 때, 나는 모든 친구에게 배척을 당하고, 사면초가의 환경에 처했었다. 그때 나는 예수님만을 상대하면서 약 10개월간 지낸 일이 있었다. 물론 외과의사의 일은 계속할 수 있어서 "예수님은 이런 때는 어떻게 하시겠습니까?"하고 물으면서 일했다. 그럴 때마다 주님은 "무엇을 어떻게 해. 네게 맡겨지는 일에 성심을 다해." 하는 간단한 응답을 하셨다. 그렇게 10개월 후에 모든 오해가 풀렸다.

그 후에 나는 내세를 의심하려고 해도 의심할 수 없는 신앙이 되었고, 또 "사랑은 생명이다."하고 하는 믿음에 이르렀다. 지금 회고하니 이것이 부활생명의 체험이 아니었던가 생각된다. 이

신앙이 있으면 하나님 본위의 생활, 선을 기뻐하는 생활, 의의 병기로 살고 시와 찬미로 화답하는 생활이 될 줄 믿는다.

〈부산모임〉 1982년 4월호[85:15-2]

가정의 달

우리는 5월에 어린이날, 어버이의 날, 청소년 선도의 날이 있다. 그런데 나는 6월 7일 〈동아일보〉 사설에 게재된 '한 불우한 소년의 호소'를 읽고 생각하는 바가 적지 않았다. 그 사설 첫 머리는 "본지 5일자 사회면에 보도된 한 불우 소년의 '구두를 닦으려 해도 구역이 없고, 신문을 팔려고 해도 다방에 들여 보내주지도 않으며, 소년원은 착하게 살려는 사람을 더 나쁘게 만든다.'는 애절한 호소는 이를 읽는 사람으로 하여금 한없는 측은지심과 죄책감을 느끼게 하는 바가 있다."라며 소년원 청소년 선도 단체들을 비판하였으며, 또 청소년 범죄 추세가 증가하는 경향에 대해 우려하면서 검찰 당국이 제출한 일련의 구체적인 청소년 선도방안을 조속히 실현하도록 촉구했다.

이 글을 읽은 나는 검찰이나 사설을 쓰신 분들이 자기의 책임을 다하였다고 생각하고 있을지 몰라도 얼마나 개선이 될 것인가 하는 의구심이 사라지지 않는다. 종래에는 선도 방안이 없었던가? 아니다. 훌륭한 방안이 있었을 것이다. 선도 단체로서 소년선도구호회, 직업청소년보호회의 운영방법이 나빴던가? 결과적으로 불충분하였을 것이며, 또한 반성을 요할 것이라고 생각한다.

그러나 그 근본대책으로 검찰이 내놓은 청소년 선도 방안만을 실천하면 될 것이겠는가? 좋게 말해서 올바르게 실천하면 성과를 거둘 것이다. 그러나 실행하는 사람들의 자세에 달려있다. 이 방안을 실천하는 사람들의 마음과 생각이 이 청소년들을 자기의 가족과 같이 생각하는가, 아닌가에 달려있다고 본다. 사회는 한 가족이라는 생각을 하지 않는다면 선도의 효과를 기대할 수 없다고 본다.

성경 에베소서 6장 1-3절에는 가정에서 아이들과 부모들에게 대한 권면의 말이 기록되어있다.

> 자녀들아 주 안에서 너희 부모에게 순종하라 이것이 옳으니라 네 아버지와 어머니를 공경하라 이것은 약속이 있는 첫 계명이니 이로써 네가 잘되고 땅에서 장수하리라

불우 청소년은 대개 부모가 없거나 부모의 사랑에서 떠난 자들이라고 해도 지나친 말이 아닐 것이다. 그러면 참 부모가 없는가? 육적 부모는 없을지 모른다. 육적 부모는 부모의 구실을 못할는지도 모른다. 그러나 하늘에 계신 아버지는 엄연히 살아 계신다. 그것은 주님이 우리에게 가르쳐 주셨고, 보여 주셨다. 그래서 주안에서 네 부모를 공경하라고 하셨다. 예수 그리스도 안에 있으면 참 부모를 찾게 된다. 공경할 부모를 발견하게 된다. 그에게 공경하게 되고, 효도하게 된다. 곧 청소년으로서의 임무를 할 수 있게 된다.

부모 공경이란 어떻게 하는 것일까? 부모님에게 맛있는 고기와 따뜻한 옷을 드려 기쁘시게 하는 것일까. 그것은 겉의 표현으로서 적합할 것이다. 그러나 부모의 마음과 뜻을 헤아려 드리는

것이 더 중요하다는 것은 우리가 다 잘 알고 있다. 어떠한 것이 참 부모님의 마음이며, 그의 뜻일까? 육의 부모님의 소원이 참 마음일까? 예수 그리스도는 하늘 아버지께 그의 뜻대로 섬기셨다. 즉, 십자가에 달려 돌아가시기까지 복종하심으로 아버지의 뜻을 이루셨다. 하늘 아버지의 뜻은 남의 죄를 내가 짊어지는 일이다. 이 사회의 죄를 내가 대속하는 일이다. 사회의 죄를 짊어지는 일이다. 이 죄를 대속하지 않고는 참 평안은 없다. 그리스도께서 인류의 죄를 대속해 주셨을 뿐 아니라 모본을 보여 따라오게 하셨다.

청소년들이여, 주안에서 부모를 공경하자. 이 사회의 죄를 짊어지고, 하늘 아버지의 뜻에 순종하자. 남을 위하여 나를 바쳐드리자. 이것이 효도의 길이다.

> 또 아비들아 너희 자녀를 노엽게 하지 말고 오직 주의 교훈과 훈계로 양육하라 엡 6:4

육의 아비들이여, 자녀를 노엽게 하지 말자, 하늘 아버지께서 너그러운 사랑과 자비로 자녀들의 마음을 지켜보고 계신다. 주의 교양과 훈계로 양육하고 계신다. 우리는 하늘에 계신 아버지의 뜻을 깨달으려고 힘써야 한다. 아비된 우리는 솔선하여 주의 뜻을 실천하므로써 자녀들에게 교양을 주어야 한다. 주님의 훈계를 실천하는 것이 아들을 노엽게 하지 않고 주의 훈계로 교육하는 것이 될 것이다.

사회의 어른들이여, 여러분은 불우 청소년의 어버이가 아닌가? 불우 청소년들에 대한 책임이 우리에게 있는 것이 아니겠는가? 우리가 주의 훈계와 교양을 실천하셨는가? 나는 책임을 느낀다. 내가 철저하게 주의 교양과 훈계를 실천하지 못한 잘못을 깨달아 회개한다. 무엇보다 먼저 회개하고, 아이들에게 관심을 가지고 선도하자. 책임을 느끼고 힘쓰자. 말로 가르치고, 실천으로 본을 보이자. 간절한 기도와 함께.

〈부산모임〉 1974년 6월호[42:7-3]

어린이날 소감

사람들이 예수께서 만져 주심을 바라고 어린 아이들을 데리고 오매 제자들이 꾸짖거늘 예수께서 보시고 노하시어 이르시되 어린 아이들이 내게 오는 것을 용납하고 금하지 말라 하나님의 나라가 이런 자의 것이니라 내가 진실로 너희에게 이르노니 누구든지 하나님의 나라를 어린 아이와 같이 받들지 않는 자는 결단코 그 곳에 들어가지 못하리라 하시고 그 어린 아이들을 안고 그들 위에 안수하시고 축복하시니라 막 10:13-16, 눅 18:15-17

그 때에 제자들이 예수께 나아와 이르되 천국에서는 누가 크니이까 예수께서 한 어린 아이를 불러 그들 가운데 세우시고 이르시되 진실로 너희에게 이르노니 너희가 돌이켜 어린 아이들과 같이 되지 아니하면 결단코 천국에 들어가지 못하리라 그러므로 누구든지 이 어린 아이와 같이 자기를 낮추는 사람이 천국에서 큰 자니라 또 누구든지 내 이름으로 이런 어린 아이 하나를 영접하면 곧 나를 영접함이니 누구든지 나를 믿는 이 작은 자 중 하나를 실족하게 하면 차라리 연자 맷돌이 그 목에 달려서 깊은 바다에 빠뜨려지는 것이 나으니라 마 18:1-6

어린 아이에 대한 인식은 예수님과 제자들 사이에 큰 차이가 있었다. 부모님들이 어린 아이들의 장래를 위해 예수님께 안수 축복기도를 받고자 빌러 왔다. 예수님께서 천국 복음을 전파하고 계시던 중이었을 것이다.

제자들은 철없는 어린 아이들을 데리고 오는 것을 못마땅하게 여겨 가까이 오지 못하도록 금했다. 우리는 제자들의 마음과 부모님과의 마음에도 차이가 있음을 느낀다. 부모들은 어린 아이가 자라서 조국의 나라와 하나님의 나라에서 쓰여지는 일꾼이 되도록 안수 기도를 청했다.

나의 엷은 신앙 생애에서 할머니가 가정예배 때마다 금강석[나의 애명]이가 자라서 이 나라와 하나님 나라에서 쓰여지는 인물이 되도록 기도하셨던 것을 내가 60세 때에 새삼스럽게 깨닫고 감사하였다.

부모의 간청은 지금에 와서는 성령님의 기도로 느끼지만, 당시의 제자들은 너무도 현실적 생각으로 가득 차서 예수님의 마음을 조금도 아는 자가 없었다. 그래서 예수님께서 극도로 분개하셔서 제자들을 엄히 꾸짖으셨다. "어린 아이들이 내게 오는 것을 용납하고 금하지 말라" 하시고, 그 어린 아이들을 하나씩 안고 손으로 그들의 몸을 어루만지시면서 안수, 축복기도를 해 주셨다.

제자들은 멍하니 서서 쳐다보고만 있었다. 예수님이 말씀하시기를 "이 어린 아이와 같이 하나님의 나라를 받들지 않는 자는 결단코 천국에 들어가지 못하리라"고 단언하셨다. 요사이 예수를 믿는 사람 중에서는 교회에 나아가 여러 가지 직분을 맡아 가지고 그 일에 충성하여야 하나님의 나라에 들어 가리라고 생각하고 열성으로 섬기는 사람들이 많다.

 하나님을 전적으로 신뢰하지 않고, 자기의 경험과 지식과 조직과 물질적 힘으로 섬겨서 예배당의 건물이 커지고 교인의 수가 늘어 성장하면 그것으로 하나님을 기쁘게 하고 영광을 돌린다고 기뻐한다.

 그러나 예수님은 어린 젖먹이 아이들이 어머님 품에 안겨 젖을 빨며 자고 있는 그 모습에서 어린 아이들의 신뢰심을 보시고, 하나님 나라를 받드는 표본으로 보여 주셨다. 어머님 품에 안겨 만족하게 쉬는 그의 영혼들을 예수님은 보시고, 제자들을 교훈하셨다. 하나님 나라를 받드는 일은 신뢰에 있다.

 제자들 중에서 하늘나라에서는 누가 크냐 하는 변론과 질문이 일어났다. 예수님은 그 가운데 어린아이 하나를 불러 세우시고 제자들에게 교훈하셨다. "너희들 중에서 누구든지 저 어린아이와 같이 자기를 낮추는 자가 하늘나라에서 큰 자라"고 단언하셨다.

 교회 내에서도 당시 제자들과 같이 지배욕과 권력에 미혹되어 천국에서 큰 자가 되기를 원하는 사람들이 있다. 야고보와 요한의 어머니도 그 아들을 위해 예수께서 등극하실 때에 하나는 예수님의 우편에, 하나는 좌편에 앉게 해 달라고 간청했다. 이 때에 예수님이 말씀하시기를 "너희가 내가 당하는 고난의 떡과 잔을 받을 수 있겠느냐?"라고 하셨다. 그들이 "능히 할 수 있다."고 대답하자, 예수님은 대답하시기를 "너희가 능히 나의 쓴 잔을 마실 수 있다 하더라도 내 우편과 좌편에 앉는 것은 내가 할 바가 아니요 아버지의 정하신 것"이라고 교훈하셨다.

 너희가 이 믿음의 소자[어린 신도] 하나를 잘못 인도해서 범죄케 하는 날에는 차라리 연자 맷돌을 목에 달고 물에 빠지는 것이 낫겠다고 교훈하셨다. 또 어린 신도에 대해 물 한 잔을 주어 목마름을 면케하고 격려하여 소생하게 되면, 그것은 곧 주님께 대해 한 사랑의 표현이므로 그 상이 하늘에서 영존하겠다고 하셨다.

주님께서는 양 일백 마리 중에 하나를 잃으면 아흔 아홉 마리를 들에 두고, 그 잃은 것을 찾을 때까지 찾으시는 분이시다. 이와 같이 죄인 하나가 회개하면, 하늘에서는 회개할 것 없는 의인 아흔 아홉을 인하여 기뻐하는 것보다 더하다 하셨다.눅 15:3-7

우리는 어린 아이와 같은 신앙을 가져야 한다. 무조건적인 순수한 신앙, 전적으로 의뢰하는 신앙이 하나님의 나라를 받드는 신앙임을 다시 한 번 명심해야 한다. 어린 아이와 같이 자기를 낮추는 자가 되자.

〈부산모임〉 1987년 6월호[116:20-3]

6·25와 나

우리 한국인은 누구나 6·25와 자신과의 관계를 한번 회고할 필요가 있다고 생각한다. 우리가 6·25를 회고할 때, 그 원인이 어디 있으며, 그 책임이 누구에게 있겠는가? 또 이와 같은 불상사가 다시 일어나지 않게 하려면 나는 무엇을 하여야 할 것인가를 생각하는 것은 뜻 있는 일이라고 믿는다.

6·25 사변의 원인을 고찰할 때, 먼 원인과 직접적인 원인을 나누어 생각할 수 있다. 먼 원인은 한국역사, 그리고 세계역사와 관련되어 있는데, 그것을 분명히 하는 것은 쉬운 일이 아니며, 또 그것이 규명된다고 해도 죄악에 대한 역사의 심판과 발전과정에 한 현상이라고 생각한다.

직접적인 원인을 고찰해 보면 6·25는 8·15의 우리 민족의 해방과 38선이라고 하는 국제협정과 관련되어 있다. 8·15 해방이 우리 민족 자체의 실력으로 얻어진 것이 아니고, 또 38선의 분단이 공산측의 소련과 자유 진영의 미국, 영국, 대만과의 사이의 협정으로 이루어진 것이어서 우리민족이 원해서 된 것이 아님은 말할 것도 없다.

그런데 우리 민족의 통일은 우리 민족이 해야 하며, 우리 민족이 가장 원하는 지상명령이기도 하다. 정치가들은 헤게모니를 잡기 위해 이 지상명령을 이용하려고 할 것이며, 또 공산주의의 이념은 우리가 잘 아는대로 자본주의 국가와는 서로 공존할 수 없는 것이어서 자본주의 국가를 타도해서 괴멸하지 않으면 안 된다고 하는 것이 그들의 신조이기도 하다. 그래서 그들은 강렬한 침략성을 가지게 된다. 저들은 공산주의 사회를 이룩하기 위해 전쟁 도발을 주저하지 않는다. 그래서 김일성은 스티코프 Terenti F. Stykov(1907-1964)[3]의 시사에 의해 6·25 남침을 자행한 것이다.

6·25 당시 나는 이북에서 평양의대 외과교수로 일했다. 그때 나는 여름 휴가를 이용하여 묘향산 휴양소에 가서 소련 외과서를 번역하고 있었는데, 6월 20일 전화로 평양으로 돌아올 것을 연락 받았다.

6월 25일 평양 노동신문은 남침을 보도했다. 물론 저들의 논조는 남조선의 군대가 북침하므로 남침이 불가피하게 실행되었으며 성공적으로 진행된다는 것이었다. 나는 그때 박헌영의 남침 이유의 설명을 들었는데, 남조선 군대가 먼저 쳐들어 와서 반격한 것이라고 말할 때에 말을 더듬는 것을 느꼈다. 그래서 공산주의자들에게도 양심이 작용하고 있다는 인상을 받았다.

그런데 공산주의자들은 나를 신용하지 않은 탓인지, 일선에 배치하지 않았고, 후방에 있는 의학대학병원 외과에서 계속 일하게 했다. 그리고 나를 감시하는 자는 나의 외과 수간호원이었다. 나는 전과같이 환자 치료에만 전념했다.

1950년 7월에 파죽지세로 전진하던 공산군의 진격이 멎었고,

---

3. 스티코프는 소련의 극동전선군 정치위원으로서 미소군정기 때에 김일성을 내세워 북한에 친소 정부를 수립하고, 미소공동위원회의 수석 대표를 맡아 대미협상을 주도한 것으로 알려져 있다.

전선은 교착상태에 빠지게 되었다. 1950년 8월에는 그때까지 선전하던 '해방하지 못한 지구가 5%에 지나지 않는다.'라는 소리가 없어지고, 불안의 빛이 도는 것 같았다. 1950년 9월 16일 평양에 대한 폭격이 가장 맹렬했다. 그때의 폭탄은 물체에 부딪히면 곧 터져 옆으로 펴지는 것이어서 집밖에 있던 사람들이 많이 부상을 입었다.

나는 그 때 의대병원 2층 수술실에서 수술을 하고 있었는데, 폭탄이 3층 지붕 위에 떨어져서 폭파되므로 나도 모르게 두 손가락으로 두 귀를 막고 수술대 밑으로 허리를 구부렸다. 그때 그 병원 부원장으로 일하던 임영식 선생이 수술에 들어왔다가 그 폭음을 듣고 두 손을 번쩍 들고 포로 모양의 태도를 하고 서 있던 광경이 지금도 눈에 훤하다. 조금 있으니까 3층 수술실에서 일하던 교설원들이 얼굴이 창백해져서 수술실로 내려와 수술을 계속할 것인가 하고 물었다. 나는 그때 정신을 가다듬고 수술을 계속할 것과 임무에 충실할 것을 강조하고 수술을 완료했다. 그 날은 밤을 새워 24시간동안 계속 수술을 해서 7개의 수술실에서 각각 일곱 차례씩 수술을 실시해서 합계 49차례의 파편 창의 1차 처치를 끝냈다.

그런데 다음날 아침 소식을 들으니, 병원 앞에 약 400명의 부상자가 누워 있다는 것이다. 그것은 평양시내의 각 병원에서 조금 심한 부상자는 다 의대병원으로 이송해 왔던 까닭이다.

그 다음 어떤 주일날 예배당에서 예배를 마치고, 당회로 모여 찬송을 부르는 중 공습이 있었다. 우리는 예배 중이므로 대피하지 않고, 기도하는 중이었는데 보안부원이 잡으러 왔다. 폭격을 하는데 "너희는 기뻐서 찬미를 부르는 것이 아닌가"하고 우리 장로 세 사람[박, 양 두 장로님과 나]를 잡아 가지고 자기들의 사무실로 데려갔다.

우리는 언제, 어디서든지 하나님께 예배할 때에는 찬미와 기도를 하는 것이라고 설명했으나, 이해하려 하지 않고 붙들어 두었다. 내가 폭격이 심한 때 환자가 병원에 오면 그들을 치료해 줄 책임이 있는 것을 말하니 그들이 이해하여 병원으로 돌려 보내주었다. 그러나 두 장로님은 다음 날에야 석방되었다.

1950년 10월 10일 평양 시내에 있는 각 관청은 후퇴하느라고 분주했다. 내가 있던 병원 내 당원들도 자기들끼리 후퇴할 생각에 여념이 없었다. 나는 부원장 임영식 박사에게 피신할 것을 이야기 하고, 나의 아내가 소개해 나가 있었던 반성으로 가서 숨었다. 1950년 10월 20일 국군은 평양에 입성하였고, 나는 23일 평양시내에 있는 집으로 돌아와 11월과 12월 유연 민사처 의원과 야전병원에서 외과의사로서 일하다가 1950년 12월 3일 후퇴하여 남하했다.

그때 부모 처자를 버리고 오는 큰 죄를 범했다. 1950년 12월 12일 서울에 도착하였다가 12월 14일 서울을 떠나 18일 부산에 도착하였다. 1950년 12월 22일 제3육군병원에 들어가 외과 일을 돕다가 1951년 7월 1일 부산 복음병원장이 되어 현재까지 이르고 있다.

결론

1. 6·25사변은 공산군의 남침으로 시작되었고, 동족상잔과 가

족 이산의 비극을 이루었다.
2. 38선 철폐와 민족통일을 무력으로 하려고 하는 것은 잘못이다.
3. 가족이산의 책임은 나에게 있고, 나의 죄 때문이라고 믿는다.
4. 순교정신 없이는 전쟁을 반대할 수 없다.
5. 6·25는 나에게 해방의 느낌을 느끼게 했다.
6. 죄를 깨닫고 회개하니 새 사명을 깨달을 수 있었다.

〈부산모임〉 1976년 7월호[54:9-3]

6월(보훈의 달)에 생각한다

 6월 6일은 현충일이며, 6월 25일은 우리 민족이 잊을 수 없는 6·25이다. 현충일은 우리나라를 위해 희생한 순국열사들을 기념하며, 우리나라를 사랑하는 마음을 다시 한 번 불붙게 하는 날이다. 안중근 열사를 비롯해 일본의 예속으로부터 해방되어 독립을 얻기 위해 희생한 군경軍警과 그의 가족들을 생각하며, 또 그들의 훈공勳功에 보은하고자 하는 생각을 고취하는 데에 그 목적이 있다고 생각한다.

 현재 상이용사와 그 가족들을 위해 정부에서 혜택을 주는 제도는 물론이고, 우리 국민들이 의와 진리를 위해 순직하고자 하는 생각을 다시 한 번 새롭게 해야 한다. 고려 말엽에 선죽교에서 죽임을 당한 정몽주를 시작으로 대동아전쟁 때에 순교한 주기철 목사님, 이북 공산주의자들에게 총살당한 손양원 목사님이 그 대표적 인물이다.

 6·25를 생각할 때, 38선을 생각하게 된다. 38선은 얄타 회담에서 스탈린Joseph V. Stalin(1879-1953)이 개진한 한국을 남북으로 가르자는 안을 루즈벨트가 동조하고, 처칠Winston Churchill(1874-1965)과 장개석蔣介石(1887-1975)이 묵인해서 이루어진 것이라고 추측한다. 38선은 미국의 육군 중령 몇 사람이 모여서 제의한 것이라고 들었는데, 한국의 독립을 우리의 실력으로 하지 못했다는 증거이다.

절기 ◆ 147

38선이 타의에 의하여 분단된 것이라 할지라도 우리 민족이 독일[서독, 동독]과 같이 민족을 사랑하는 마음이 강했더라면 6·25의 동족상잔은 일어나지 않았을 것이다. 6·25는 하나님이 우리 민족에게 내리신 심판이며, 경고라고 나는 믿는다. 사실은 북에서 먼저 남침함으로써 동족상잔의 비극이 일어난 것인데, 공산주의자들은 공산주의혁명은 그 내부에서 일어나게 하는 것이라고 하면서 남침을 부정하려고 하지만, 그것을 말할 때 박헌영은 말을 더듬었다.

  1953년 휴전이 성립된 때, 박헌영은 인민봉기가 일어날 것이라는 자기의 말이 빈말이 되었기 때문에 책임을 졌다. 당시 책임자였던 스티코프도 좌천되고 스탈린도 죽었다.

  나는 김일성을 그 원인의 장본인으로 알고 있는데, 그가 아직도 책임을 지지 않고 있는 것은 하나님께서 회개하고 오라며 참고 기다리시는 것이 아닌가 하고 생각한다. 나는 그 언젠가 스탈린이 살아 있을 때, 그가 사람을 마구 죽이고 인권을 무시하는 것을 알고, 하나님 앞에 '스탈린을 왜 데려가시지 않는가?' 하고 기도했다. 그러나 그때에 나는 하나님께서 '내가 참는데, 네가 무엇인데 그래.'라고 반응하시는 것을 느꼈다.

  하나님께서 38선을 예정하실 때, 너희 민족은 인애[仁愛]가 많은 만큼 그것으로 화목해서 세계평화에 공헌하도록 하라고 명하심이 아니었을까 하고 나는 생각한다. 그래서 매일 김일성과 김정일의 회개를 간구하고 있다. 6·25를 생각할 때, 우리 민족에 대한 심판을 생각하면서 나부터 회개할 것을 명심하고, 남쪽에 있는 신도들의 회개와 이북에 있는 정치 지도자들의 회개를 간구해 본다.

〈부산모임〉 1988년 6월호 [122:21-3]

8월 15일의 소감(1974년)

이번 8·15는 1945년 해방 29돌을 맞게 되는 기념일이다. 해방되기 전의 36년 간 일제의 식민지 생활은 우리 민족의 부끄러운 수난의 때였다. 그 원인은 우리 민족의 잘못과 일본 민족의 탐욕적 잔인성과의 관계로 이루어졌던 역사적 과정이라고 볼 수 있는데, 우리의 잘못을 한마디로 표현한다면, 우리 민족의 주체성과 통일성의 결함이었다고 할 수 있다.

함석헌 선생님의 《뜻으로 본 한국역사》에 보면 한국역사는 수난의 역사라고 하였고, 우리 민족의 특징은 인덕이라고 하였는데, 인덕을 가진 민족이 왜 간교하고 폭학한 사람들에게 억압을 당하여야 했던가? 아마도 우리 민족은 인덕의 한 면인 온유한 점에 있어서는 급제할 수 있었으나, 자기를 희생하고, 진리에 복종하려는 노력이 부족했기 때문에 일치단결하지 못하고, 또 이완용과 같은 반도들이 일어나 결국 조국을 일본에 팔아 버렸기 때문이다.

1919년 3·1운동이 일어나고, 그 후 광주학생 사건들을 통해서 우리 민족의 산 기운을 발휘하였으나, 악의 세력은 더 강하여 독립의 광복을 보지 못하고, 36년간의 수욕을 당했다. 1945년 일본의 패전으로 우리 민족은 광복이 되었는데, 이것도 스스로의 힘으로 얻어진 것이 아니고 타력으로 된 것이어서 아직도 남과 북이 나뉘어 지금에 이르고 있다.

1945년 8월 15일에 나와 우리의 기쁨은 형언할 수 없었다. 나는 당시 간염으로 3개월 간 약수터에 가서 정양하고 있었는데, 해방되었다는 소식을 듣고 건국하다가 죽으리라는 결심을 가지고 평양으로 돌아왔다. 기차 안에는 정원 4인석에 8명이 앉게 되고, 기차 안에는 선 사람들로서 입추의 여지가 없는 형편이었으나, 어린 아이 외에는 불평하는 사람은 하나도 없고, 얼굴에 기쁨이 넘쳐 있었다.

그리고 해방 후 한 해 동안에는 환자가 급격히 줄었다. 그때 평양도립병원에는 개복수술을 받은 사람이라고는 일본 여자 한 명 뿐이었고, 외상 또는 충수염으로 입원했던 사람 몇 명에 지나지 않았다. 기쁨과 소망에 넘치고, 일에 의욕이 가득 차 있었으므로 병마도 침해하지 못한 것이 아닌가 생각한다. 그래서 나는 요즘 정신 신체 의학이 승인된 후로, 더욱더 정신의 상태가 육체에 미치는 영향이 크다고 하는 것을 절실히 느끼게 되었다.

나는 그때 우리 민족은 자유 가운데, 자기의 사명을 깨닫고 정의의 나라를 건설할 것으로 믿고, 다음과 같은 생각을 가졌었다. 그것은 내가 유년 주일학교에 다닐 때 유희하면서 부르던 노래를 상기한 것이다.

나는 나는 될 터이다. 음악가가 될 터이다.
옳다 옳다 네가 네가 음악가가 될 터이다.
나는 나는 될 터이다.
신앙가가 될 터이다……
교육가가 될 터이다……

실업가가 될 터이다 …….

아무도 힘으로 개입하지 않는다면, 독립국가를 수립하리라 생각했다. 그러나 역사는 그렇게 내버려두지 않았다. 사람은 사상까지도 영향을 받게 되며, 참 자유를 원하는 사람은 거의 없다. 더욱이 정치를 하는 사람들이란 힘을 의지하는 것을 원칙으로 하고 하기 때문에 극히 현실주의자요, 권력 의존자가 된다.

그래서 우리 민족은 공산주의와 민주주의[자본주의적]의 두 진영으로 나누어지게 되었다. 이것은 물론 우리 민족이 스스로 택한 길은 아니고, 국제 정세에 의한 분단에 기인한 것은 사실이다. 이 역사의 의미는 무엇인가? 너희 민족은 어떻게, 통일이 되어 세계 평화에 기여할 것인가 하는데 있다고 믿었다.

그런데 1950년 한국전쟁은 힘에 의한 통일을 이루어 보겠다는 야욕에서 일어난 전쟁이었다. 하나님은 "그래서는 안돼."하는 것으로 싸움을 멎게 하셨다. 그때 우리가 하나 기억하고 잊지 않아야 할 것은 성도들의 회개 기도였다. 남한의 교회가 그 기도로 인해 계속 존속된 것이라고 나는 믿고 있다.

그런데 이 교회가 그 후 어떻게 되었는가? 그리스도의 사랑으로 하나를 이루었는가? 아니다. 도리어 서로 나뉘었다. 그것은 그리스도와 연합하여 살지 않고, 현실주의와 타협했기 때문이다. 자본주의적 기독교에 머물러 있었고, 가난한 자가 하늘 나라의 소유자라고 하는 진리를 외면하여 주님의 말씀에서 떠난 데 기인한 것이다. 소위 믿는다고 하는 사람들이 진리에 순종하지 않고 타산적으로 살고, 효과만을 생각하고 본질을 저버린 데 기인한 것이다. 즉 예수님 생명과 진리, 그리고 원수까지 사랑하는 사랑을 외면하고, 교회를 세우며 교회를 인도한 데 있다고 생각한다. 우리는 여기서 기독교의 사명과 정신을 다시 고쳐 생각해 보아야 하겠다. 현재의 기독교로서는 인류를 구원하지 못하겠다는 것이 소위 뜻있는 사람들의 말이다. 이 형식과 타산, 효용에 치중하는 현재의 기독교는 생명이 없는 까닭이다.

기독교는 새 혁명을 요구하고 있다. 즉, 그리스도께로 돌아감이다. 그리스도의 진실, 그 생명, 그 사랑으로 구원되었은 즉 그의 인격에 결부되어, 우리도 진실을 가지고 불신 사회를 믿음 사회로 변화시키고, 하나님 이외에 아무 것에도 붙잡히지 않고, 원수를 위해서 목숨을 내놓고 사랑하는 그 사랑으로 통일을 이룩하는 신도들이 되어야 하겠다.

주님의 마음과 그 인격을 우리 인격 속에 영접하여 주체성과 동일성을 나타내고 살 때, 새 역사 형성의 한끝에 참여하는 영광을 누리게 될 것이다. 우리가 하나님의 사랑으로 동일체를 이루게 되면 모든 교만한 자, 자기를 높이려고 하는 자들은 부끄러워 물러가고, 유물론자들은 떨며 돌아오게 될 것이다.

〈부산모임〉 1974년 8월호[43:7-4]

8월 15일의 소감(1981년)

1945년 8월 15일, 무한히 기뻤다. 마음에 기쁨이 넘쳐서 말로 표현할 수 없었다. 그런데 36년이 지난 금년 8·15에는 그런 기쁨을 느낄 수 없다. 회고하건대, 1911년 일본이 우리나라를 짓밟은 후에는 정치, 경제, 교육, 문화 면에서 우리는 피동적으로 따라갔으며, 땅을 빼앗기고, 남자는 담보 짐을 등에 지고, 여자는 머리에 얹고 북만주로 이민 가는 사람이 많았고, 나중에는 이름을 고치게 하고, 청년은 잡아다 강제노동 또는 특공대로 나가게 했다. 그보다도 더 심한 것은 종교의 자유를 빼앗고, 일본의 신도에 강제로 절하게 하는 등 우리의 인격과 인권을 마구 유린하였다.

하나님은 차마 보실 수 없어서 일본 황제로 하여금 무조건 항복하게 해서 1945년 8월 15일에 우리 민족을 해방해 주셨다. 그 기쁨을 무엇으로 표현할 수 있으리요. 탄광에서 해방되어 집으로 돌아오는 광부들과 같이 한 기차를 타고, 초만원에 입추의 여지가 없는 중에서도 우리의 얼굴에는 기쁜 빛이 충만했었다. 나는 그때 유년 주일 학교 때 부르던 노래가 저절로 흘러 나왔다.

나는 나는 될 터이다. 금만가가 될 터이다.
옳다 옳다. 네가 네가 금만가가 될 터인가.
나는 나는 될 터이다. 정치가가 될 터이다.

옳다 옳다 네가 네가 정치가가 될 터인가.

나는 그때 우리 민족은 자유를 얻어 각각 자기의 소질대로 마음껏 발전하여 사회에 공헌하게 되리라 생각했다. 그런데 38선에 의해 우리나라가 분단되고, 민족이 나뉘어 지게 된 것은 우리 민족의 의사로 된 것이 아니고, 공산진영과 민주진영에 의해 분단된 것으로 우리 민족에게는 비분강개할 일이다. 그래도 어느 누구에게 책임을 전가할 수 없는 것이며, 역사를 주관하시는 하나님의 뜻을 살펴 볼 길 밖에 없었다.

민족이 분단된 국가는 우리만이 아니었다. 독일은 동과 서로 분단되었고, 그들은 이성을 통해 어느 정도 교통을 가지고 있다. 다음은 베트남이다. 그 나라는 남북으로 분단되었다가 무력으로 통일하였다. 그 어느 것이나 하나님 뜻에 맞는다고 생각하지 않는다. 다만 우리 민족은 아직 통일의 서광이 비치지 않고 있으나, 하나님의 뜻은 '너희 민족은 인자하고 선량한 성질을 특징으로 갖고 있으니만큼 평화 통일을 이룩해 보라.'고 기다리고 계시지 않나 생각한다.

국제 정세가 불안한 환경에서 우리 민족만 평화 통일을 이룩한다는 것이 쉬운 일은 아닐 줄 안다. 그러나 불가능을 가능케 하는 힘은 하나님의 사랑이라고 믿는다. 우리 인류가 하나님을 떠나 범죄했을 때, 하나님께서 친히 육신을 입고 오셔서 죄를 대속해 주시고, 새로 거듭나게 하심으로 하나님 자녀가 되게 하셨다. 그 능력을 믿고 그리스도의 사랑으로 자기를 희생하고 동포를 살리고자 하는 마음으로 충만하면, 인간을 하나님에게 떨어지게 하고 서로 싸우게 하는 악마의 계교는 구름 안개와 같이 사라지고 말 것이다.

우리 하루의 생활에서 예수 그리스도안에서 생활하면 이런 일이 이루어지는 것을 체험하게 될 것이다. 예수님은 평화 통일의 주님이시다. 예수 안에 살면서 하나님과 화평을 이루고, 내 동포를 주님 앞으로 인도하면 주님께서 화평케 해 주실 것으로 믿는다.

두려움으로 기도하오니, 36년간 참아 주신 아버지 하나님 아직도 저희가 주님 앞에 전적으로 순종하지 못하므로 독립하지 못하고 자유하지 못함을 불쌍히 여겨 주옵시고, 주님 안에서 이 민족이 통일 될 수 있도록 인도해 주시옵소서. 아멘.

〈부산모임〉 1981년 10, 12월호[83:14-4]

8·15와 나

1945년 8월 15일은 하나님께서 우리 민족에게 광복의 날로 축복해 주신 기념일이다. 우리 민족은 36년간 일본의 속국으로 지내다가 8·15를 기하여 해방을 얻게 되었다.

우리에게 해방을 준 8·15를 나는 다음과 같은 형편에서 맞게 되었다. 1945년 5월 16일에 황달증으로 눕게 되었다. 황달증은 한 달 정도 지나 사라졌으나, 수면 부족, 식욕 부진으로 계속 누워있었으며, 1945년 7월 하순에 신경쇠약증이 심해져서 평북 묘향산 부근에 있는 조그마한 약수터에 수양하러 갔다. 나는 거기서 8·15를 맞게 되었는데, 처음에 일본이 무조건 항복했다는 소식을 듣고 헛소문같이 생각했다가 그 다음날 다시 그 소식을 듣고는 우리민족에게 광복의 날이 임한 것이라고 느꼈다.

그리고 그 다음날 즉, 8월 17일에는 '건국하다가 죽어야지.'라고 하는 생각에서 3개월 간의 병상생활을 걷어치우고 일어나게 되었다. 8월 17일, 나는 묘향산 부근에 있는 조그만한 역에서 기차를 타고 평양으로 오는데, 기차가 개천역에 이르니까 부근에 있는 탄광에서 강제노동하고 있던 사람들이 해방되어 작업복 채로 기뻐 날뛰며 기차에 올랐다.

그런데 기차의 승강구가 사람으로 막히니까 창문으로 기어올라 타기도 하였다. 좌석에는 네 명 이상이 앉고 통로에는 사람이 들어차서 문자 그대로 입추^{立錐}의 여지^{餘地}가 없었다. 그러나 아무도 불평이나 불만을 토하는 사람이 없었다. 서로서로 동정하고 양보하며, 얼굴에는 기쁜 빛이 가득 찼고, 무엇인가 소망의 빛이 보이는 것 같았다.

평양으로 나와 집에 있을 때, 나는 평남 건국준비위원회로부터 위생과장의 일을 보아 달라는 청을 받았다. 내가 초청받은 곳은 조만식 선생님을 위원장으로 해서 구성된 민주주의 건국 준비위원회였는데, 보건사회부장으로 추대되었던 이종헌 님이 김명선 선생의 추천을 받아 나를 초청하였다.

나는 당시 극도의 신경쇠약으로 하루에 겨우 15분 정도 걸어다닐 힘 밖에 없다고 느끼고 있던 때였다. 그래도 나는 건국을 위하여 목숨을 바치겠다는 생각으로 당시 평양 대동강변의 백선행 기념관에 소재한 건국 준비위원회로 나가서 위생과장의 자릴 맡고 있었다. 그때에는 모든 것이 혼란한 상태였음에도 시민들이 기쁨과 소망으로 충만해 있어서 그런지 특별한 유행병이나 신경질병은 발견할 수 없었다. 그러나 탐심에 의한 살인사건이 일어나서 그 시체를 치우는 것이 위생과에 부과된 일감이 되었다.

정치 질서가 과도기로 인해 안정되어 있지 못했으므로, 시민들은 광복의 기쁨 중에 정세를 관망하면서 자기들의 앞길을 택하는데 열중하고 있었다. 나는 교회에서 자라면서 유년 주일학교 때에 부르던 동요가 생각나서 혼자서 "나는 나는 될 터이다. 교육가[음악가, 종교가……]가 될 터이다. 옳다! 옳다! 네가 네가 교육가[음악가, 종교가……]가 될 터인가."하며, 우리민족이

다른 세력에 휩쓸려 가지만 않으면 지혜 있는 백성이어서 능히 서로 양보하며 협조하여 좋은 이상국을 세우리라고 기대하였다. 그런데 이북은 소련군대가, 이남은 미군이 점령했다.

현실에 집착하고 싶지 않았던 나는 교회에 나가는 일에 유의하여 일제시대에 신사참배 거부로 문을 닫았다가 해방과 동시에 다시 문을 열어 놓은 평양산정현교회로 나가 교인이 되었다. 교회는 모름지기 환난과 핍박을 당할 때, 그리스도의 믿음 위에 굳게 서서 이 세상 정치와 타협하지 않는 것이 올바른 교회라고 믿었다. 그런데 평양산정현교회의 장로로 구성된 당회가 교회 합치 문제로 둘로 갈라져 분쟁이 일어났다.

즉, 장로님들 중 반수는 교회가 연합하여 공산주의 정치와 싸워야 한다고 주장하고, 다른 반수는 교회가 솔선해서 정권과 싸울 것이 아니라, 집권자가 교회를 핍박할 때 순교를 각오하고 믿음을 지킬 것이라고 강조하여 여러 교회의 연합체인 노회에 가입을 보류하자고 했다. 결국 이 싸움은 둘 다 잘못을 범한 것이다.

즉, 예수께서 내 나라가 이 세상에 속한 것이 아니라고 하셨기 때문에요 18:36 교회가 연합하여 정권과 직접 싸워야 한다는 주장도 지나쳤다고 생각하며, 또 노회에 가입하는 것이 신앙에 손해가 있다고 보고 보류하자고 강조하여 양보하지 않았던 것도 잘못이었다고 생각한다. 왜냐하면 그때 노회에 가입하기로 당회에서 결정했더라도 그때 형편으로는 가입이 불가능했다. 그래서 진리에 관한 문제가 아닌 것으로 싸우는 것은 결국 사람의 의견으로 싸우는 것이지 하나님의 뜻을 순종하는 것이 아니라는 것을 배웠다. 결국 양측의 장로님들은 공산정권에 의하여 순교를 당했으며, 지금은 하나님 나라에서 주님의 사랑으로 다시 만났으리라고 믿다. 8·15 이후 교회의 분쟁에서 얻은 나의 결론은 의견을 가지고 싸우는 것은 육이요, 진리를 위하여 희생하는 것은 믿음이요, 영적생활이다.

8·15 이후 우리 민족이 38선으로 분단된 것은 어떠한 종교적 뜻이 있다고 생각한다. 이 시련의 38선은 너의 민족이 하나님의 사랑을 터득하여 그 희생적 사랑으로 연합, 통일하여 세계 평화에 공헌하라는 하나님의 뜻이 있다고 나는 믿는다.

이 민족의 통일을 독일 사람들이 하느냐, 한국 민족이 하느냐, 또는 베트남 사람들이 하느냐가 숙제이다. 독일 사람들은 협상으로 이룩해 보겠다고 힘쓰고 있다. 베트남은 무력으로 국민 사이의 신의를 되찾을 수 있을까? 한국 민족은 어떻게 통일을 할 수 있겠는가? 무력에 의한 통일은 하나님의 뜻이 아니라는 것은 6·25의 역사가 잘 가르쳐 주고 있다. 그러면 독일과 같이 인간의 지혜로 가능한가?

그러나 나는 그리스도를 통해서 이루어 주신 하나님의 뜻과 경륜에서 이루어 질 것을 믿는다. 우리는 육으로 싸우지 말고, 영과 인격적으로 서로 믿고 사랑하며, 인내를 가지고 하나님의 통일원리를 실천함으로 기다리고 바래야한다. 나는 에베소서 2장 14절 말씀이 평화통일의 원리임을 믿으며 살고 있다.

> 그는 우리의 화평이신지라 둘로 하나를 만드사 원수 된 것 곧 중간에 막힌 담을 자기 육체로 허시고 법조문으로 된 계

명의 율법을 폐하셨으니 이는 이 둘로 자기 안에서 한 새 사람을 지어 화평하게 하시고 또 십자가로 이 둘을 한 몸으로 하나님과 화목하게 하려 하심이라 원수된 것을 십자가로 소멸하시고 엡 2:14-16

〈부산모임〉 1976년 7월호[54:9-3]

감사절의 느낌

11월은 감사절의 달이다. 우리나라 기독교에서 지키는 감사절은 미국 기독교에서 들어온 것으로 생각한다. 청교도들이 영국에서부터 미국으로 건너가 초막을 치고 황무지를 개간해서 그 수고의 값으로 첫 해의 곡식을 거두어 드리게 될 때, 무한한 감사를 올렸던 것이다. 이것은 극히 자연스러운 것으로 이 감사로 그들의 신앙이 더욱 자랐다.

감사절의 기원을 성경에서 찾아보면 구약 출애굽기 23장 14-16절에 나타나 있는 대로 수장절을 지키라고 한데서 시작되었다. 여호와께서 모세에게 "너는 매년 세 번 내게 절기를 지킬지니라 너는 무교병의 절기를 지키라 …… 맥추절을 지키라 ……수장절을 지키라 이는 네가 수고하여 이룬 것을 연말에 밭에서부터 거두어 저장함이니라"고 하셨다.

그리고 수장절을 초막절로 지키게 된 것은 신명기 16장 13절 "너희 타작 마당과 포도주 틀의 소출을 거두어 들인 후에 이레 동안 초막절을 지킬 것이요"라고 했고, 또 그 절기가 유대력으로 7월 15일에서 7일 동안 지켰던 것을 알 수 있다레 23: 34-39. 이것은 여호와께서 이스라엘 자손을 애굽땅에서 인도하여 내던 때에 초막에 거하게 한 것을 대대로 기념하기 위함이었다.

농부들이 봄에 씨를 뿌리고, 여름에 김을 메고, 가을에 추수해서 그것을 즐기는 것은 극히 당연한 일 같으면서도 저주 받은 사람에게는 여러 가지 재앙으로 잘 되지 않는 때가 많다. 하나님의 축복과 은혜가 아니면 그 수고의 값을 받지 못한다. 그러므로 이와 같은 것을 경험하는 사람은 제 값을 받는다고 하는 것이 무한한 기쁨이요 감사인 것이다.

집을 짓는 것도 그렇다. 자기가 집을 지었다고 해서 그 집에 들어가 사는 것도 하나님의 허락 없이는 안 된다. 그러므로 우리의 육체의 생명을 유지하게 하는 기본적인 의식주는 먼저 하나님의 축복으로 말미암아 우리가 일하게 되어 그 값으로 받는 은혜라고 믿는다. 그러므로 이 축복과 은혜를 베풀어 주신 여호와 하나님께 감사와 찬송을 드린다.

그러므로 성도들은 지극히 높으신 여호와 하나님께시 7:17 그 거룩하신 이름을시 30:4, 전심으로시 9:1 감사했다. 시편 100편과 시편 136편에는 여호와께 감사하는 구절로 충만해 있다. 신약에서는 사도 바울이 말로 다할 수 없는 은사로 인해 하나님께 감사한다고 그 마음을 나타냈다고후 9:15.

사실 나는 나에게 생명을 주신 주님께 감사한다. 이 생명은 무슨 은혜인지 모른다. 의지가 박약해서 자기의 몸과 마음을 자기의 뜻대로 하지 못하는 못난 죄인을 버리시지 않으시고, 어려운 도탄 가운데서도 거저 주시는 은혜, 특히 그리스도의 십자가에 의한 구원된 생명을 생각하여 감사를 금할 길 없다.

참으로 다윗의 시편 103편 3-5절을 기억하며 감사한다. "그가 네 모든 죄악을 사하시며 네 모든 병을 고치시며 네 생명을 파멸에서 속량하시고 인자와 긍휼로 관을 씌우시며 좋은 것으로 네 소원을 만족하게 하사 네 청춘을 독수리 같이 새롭게 하시는도다"라고 읊은 것과 같이 내 생명을 파멸에서 구속하신 주님께 감사드린다.

예수 그리스도께서는 제자들이 전도 나갔다가 돌아와서 보고 드릴 때 감동하셔서 하시는 말씀이 "천지의 주재이신 아버지여 이것을 지혜롭고 슬기 있는 자들에게는 숨기시고 어린 아이들에게는 나타내심을 감사하나이다 옳소이다 이렇게 된 것이 아버지의 뜻이니이다"눅 10:21라고 하셨다.

주님은 아버지의 뜻, 진리를 어린 아이들을 통해 나타내심을 감사했다. 지금도 진리는 이 세상의 지혜자나 유식자, 권세자들에게 들어가지 않고, 어린 아이와 같은 백성, 학생들에게 받아드린 바 되어 저들을 통해 나타내심을 감사한다. 우리 주님의 진리는 어린아이와 같은 사람들에게 생명을 주셔서 역사하시므로 우리는 낙망하지 않고, 소망을 가지고 기다리고 바라는 삶을 살게 된다. 나는 이 은혜를 감사하며 감사절을 맞이했다.

추수감사절을 맞이해서 늘 반성하는 것은 "너의 인격이 알곡과 같이 되어 있느냐"하는 것이다. 그것은 나의 의나 선행으로 되는 것이 아니고, 나의 마음 가운데 하나님을 사랑하는 마음이 있느냐, 주님의 사랑 안에서 사느냐, 이 세상 유혹과 시험에 빠져 들어 가는 일은 없느냐 스스로 살펴보게 된다. 그럴 때마다 현실이 보여 주는 대로 '참 멀었구나.'하는 느낌을 가진다.

내 속에 신령한 빛이 없으니 우리의 모임도 이와 같이 무력하다는 책임을 느끼지 않을 수 없다. "알곡은 모아 곡간에 드리고 쭉정이는 묶어 불에 사르리라. 너는 쭉정이가 아니냐. 쭉정이는 감사할 줄 모른다. 너는 그리스도에게 전부를 바쳐 드렸느냐? 너의 인격은 알곡이 되리라."라는 진정한 감사의 열매를 드릴 것이다.

〈부산모임〉 1973년 12월호[39:6-6]

감사절에 드리는 감사

첫째로 금년에 풍년을 주신 하나님께 감사드린다. 농업에 종사하는 자들의 수고에 감사한다. 농업에 힘쓰시고, 보답해 주시며 원수들의 손에 붙이지 않으신 은혜를 감사드린다.

둘째로 금년 예산을 집행케 해주시는 하나님의 사랑에 감사드린다. 나는 부산 아동병원 책임자로 있으면서, 금년 예산이 11월까지 다 집행되면서 12월 예산이 없어 큰 곤란에 빠지게 되었다. 그래서 여러 친구들과 이사님들께 이 사실을 알리면서 기도하고 있었다. 그런데 지난 여름에 부탁 드렸던 캐나다 아동구호재단에서 확실히 약속하지 않았던 15,398원이 와서 금년 예산을 집행할 수 있게 되었다. 이것은 사람들의 마음을 움직이시는 하나님의 은혜로 믿고 감사드린다.

셋째는 거제도 보건원에서 일하던 보건간호사 한 분이 그 일의 곤란함을 느끼고 사표를 냈는데, 그분이 다시 처음 가졌던 사명을 생각해 보기로 결심하고, 거제도에서도 가장 어려운 지역에 가서 일하겠다고 돌아온 사실에 대하여 감사드린다.

사람의 마음의 변화는 흔히 있는 바이지만, 흔히는 자기의 출세를 위해 전향하는 것이 보통인데, 이 분이 지역에 사는 어려운 사람들을 위해 헌신하기로 다시 마음을 굳힌 것은 참으로 하나님의 사랑의 표현으로 생각되어 감격스럽고 감사하는 바이다.

넷째로 감사드리게 된 일은 금년 5월에 부산 복음간호전문학교 3학년 학생들이 어떠한 말에 대한 오해로 우수한 선생에 대해서 파업을 감행한 일이 있었는데, 그 일에 대한 잘못을 깨닫고 돌아왔다. 종교교육의 목표는 사람을 주님께 돌아오게 하는데 있다고 믿는다.

주님께로 돌아오면 자기의 죄를 깨닫고 회개하는 일이 일어나게 된다. 학생들의 회개는 성령의 감동으로 되는 것으로 믿는다. 선생님들도 이 일을 옳게 여기고 선생들과 학생들이 하나가 되어, 주님의 뜻에 순종하게 되는 것을 감사드린다. 이러한 회개는 나의 회개에서 시작되는 줄 믿고, 나 자신의 잘못을 다시 회개하면서 나의 회개를 받아 주시는 하늘 아버지의 넓은 사랑의 표현이라고 믿는 바이다.

다섯 째는 부산 청십자사회복지회를 조직하고, 그것의 사단법인 인가를 신청 중이었는데, 그 이사단의 경력이 문제가 되어 재심을 받게 되었다. 그 재심의 결과 별 이상이 없음이 밝혀져서 11월 17일에 인가가 나왔다. 이것도 우리는 서둘러서 빨리 인가를 얻어 보려고 애썼으나, 하나님의 때는 우리의 생각과는 달랐던 것 같았다. 그러나 이 사회의 신용을 얻게 해 주신 하나님께 감사와 찬송을 드린다.

우리를 믿고 힘써 주신 여러분께 감사드리며, 우리는 처음에 약속한대로 사회복지를 위해 힘쓰려고 한다. 이 일에도 하나님의 축복과 사회 저명인사들의 적극 협조를 빌면서 감사드리는 바이다.

〈부산모임〉 1976년 12월호[56:9-5]

추수감사절의 소감

과거 10년동안 풍년이 들었기 때문에, 매년 추수감사절마다 농작물과 과일의 풍성한 수확에 대한 감사가 자연히 솟아났었다. 그러나 금년에는 우리나라뿐 아니라 세계적으로 흉년이 들어 추수에 대한 감사보다는 앞으로의 식량 걱정이 앞서게 되었다. 물론 믿음이 없는 생각이라고 지적하면 그만이겠으나, 농사짓는 사람이나 가난한 우리 동포들을 생각하면 동정을 금할 길이 없다.

감사절의 유래

지금의 추수감사절은 성경에서 보면 유대의 3대 명절 중 하나로 지키는 수장절에 해당한다.

"너는 매년 세 번 내게 절기를 지킬지니라 너는 무교병의 절기를 지키라 내가 네게 명령한 대로 아빕월의 정한 때에 이레 동안 무교병을 먹을지니 이는 그 달에 네가 애굽에서 나왔음이라 빈손으로 내 앞에 나오지 말지니라 맥추절을 지키라 이는 네가 수고하여 밭에 뿌린 것의 첫 열매를 거둠이니라 수장절을 지키라 이는 네가 수고하여 이룬 것을 연말에 밭에서부터 거두어 저장함이니라 네 모든 남자는 매년 세 번씩 주 여호와께 보일지니라" 출 23:14-18, "칠칠절 곧 맥추의 초실절을 지키고 세말에는 수장절을 지키라 너희의 모든 남자는 매년 세 번씩 주 여호와 이스라엘의 하나님 앞에 보일지라"출 34:22-23와 같이 유대교에서 지키던 수장절을 우리 기독교의 추수감사절로 성대히 지키게 된 것은 영국의 청교도들이 미국으로 건너가 황무지에 씨를 뿌려 농사를 짓고, 그 해 가을에 추수하여 마음으로부터의 감사를 드린 일에서 다시 일어나게 된 것이다.

감사절은 하나님의 은혜에 대하여 마음에서 우러나는 감사의 표현으로서, 시편 118편 1절에서 노래 했듯이 "여호와께 감사하라 그는 선하시며 그의 인자하심이 영원함이로다"의 찬송을 드리는 것이다.

우리 주님께서는 이 세상에 계실 때 감사기도를 자주 드렸다. "그 때에 예수께서 대답하여 이르시되 천지의 주재이신 아버지여 이것을 지혜롭고 슬기 있는 자들에게는 숨기시고 어린 아이들에게는 나타내심을 감사하나이다 옳소이다 이렇게 된 것이 아버지의 뜻이니이다"마 11:25-26라고 해서 감사찬송을 드렸다.

또 떡 다섯 개와 물고기 두 마리를 가지시고, 하늘을 우러러 축사하신 후 떡을 떼어 제자들에게 주어 사람들에게 나누어 주게 하시고, 또 물고기 두 마리도 모든 사람에게 나누어 주셨는데 다 배불리 먹고 부스러기를 모으니 열두 바구니에 달했다막 6:41-43; 8:6, 요 6:11 참조.

바울은 성도들에게 "그리스도의 평강이 너희 마음을 주장하게 하라 너희는 평강을 위하여 한 몸으로 부르심을 받았나니 너희는 또한 감사하는 자가 되라 그리스도의 말씀이 너희 속에 풍성히 거하여 모든 지혜로 피차 가르치며 권면하고 시와 찬송과 신령한 노래를 부르며 감사하는 마음으로 하나님을 찬양하고 또 무엇을 하든지 말에나 일에나 다 주 예수의 이름으로 하고 그를 힘입어 하나님 아버지께 감사하라"골 3:15-17고 감사 찬송할 것을 권하고 가르쳤다.

또 에베소 교회에 편지 할 때는 "시와 찬송과 신령한 노래들로 서로 화답하며 너희의 마음으로 주께 노래하며 찬송하며 범사에 우리 주 예수 그리스도의 이름으로 항상 아버지 하나님께 감사하며"엡 5:19-20라고 권하고 있다.

성도의 감사는 역경에 있어서 빛난다단 6:1-10

다니엘은 지금으로부터 2천 7백여 년 전 유다왕 여호야김 시대에 바벨론으로 포로가 되어 잡혀갔던 소년이었다. 그는 포로가 되어 가서도 채식을 하면서 매일 예루살렘으로 향한 창문을 열어놓고 조국을 위해 기도하기를 힘썼다. 그래서 학문과 재주가 명철하여 세 총리 중 하나로 올랐다.

그런데 다른 두 총리가 시기하여 다른 방백 120명들과 짜고 30일 동안 다리오 왕만을 섬기고 다른 이에게 예배하거나 기도하는 자는 사자 굴에 던지게 하겠다는 조서에 어인을 찍어 다니엘을 핍박하기 시작했다.

다니엘은 조서에 어인이 찍힌 것을 알고도 집에 돌아와 여전히 예루살렘을 향하여 창문을 열고 하루에 세 번 무릎을 꿇고 기도하며 하나님께 감사하였다. 이 일이 왕에게 보고되자 왕은 메대와 바사의 변치 않는 규례를 엄수하기 위하여 다니엘을 사자 굴에 던지도록 했다.

그러나 사자들은 다니엘을 해치지 않았다. 평소에 다니엘을 사랑했던 왕은 다니엘이 신봉하는 여호와 하나님께서 창조의 하나님인 줄 믿고 있었으므로, 그 하나님이 구해 주실 것이라 믿고 다음날 굴 문을 열고 다니엘을 불렀다.

이에 다니엘은 "나의 하나님이 이미 그의 천사를 보내어 사자들의 입을 봉하셨으므로 사자들이 나를 상해하지 못하였사오니 이는 나의 무죄함이 그 앞에 명백함이오며 또 왕이여 나는 왕에게도 해를 끼치지 아니하였나이다 하니라"단 6:22라고 평화의 얼굴로 대답했다.

다니엘은 무죄로 석방되었을 뿐 아니라, 총리 중 최고위의 총리가 되고, 다니엘을 시기하여 죽이려고 하던 자들은 도리어 사자 굴에 던져져서 사자 밥이 되었다. 이와 같이 하나님께 감사하는 일은 믿음의 표징으로서 하나님이 기뻐 받으시는 예배이다.

나도 1941년 평양기홀병원에 취직해 있을 때, 동료들의 모함을 받아 그 병원에서 사면초가로서 고독을 느낀 때가 있었다. 그때 예수 그리스도만을 의지하여 살았던 경험을 가지고 있다. 그때 나는 모든 것에 항상 감사했다. 아무것도 염려하지 않고 오직 모든 일에 기도와 간구로 감사함으로 하나님께 아뢰고 지냈다빌 4:6. 모든 지각에 뛰어난 하나님의 평강이 그리스도 예수 안에서 나의 마음과 생각을 지켜 주셨다빌 4:7.

그래서 그 일이 지나간 뒤에는 나를 오해했던 친구들과 다시 친해졌고, 나를 멸시했던 자들이 나를 존경하게 되었으며, 또 나는 내세를 더 확신했다. 그때 내 아내도 같은 신앙 가운데서 모든 환난을 기쁨으로 받아 감사하는 생활을 했기 때문에 나의 가정에 하나님의 사랑이 주장하고 계셨음을 나는 체험하였고, 사랑이 참 생명이고, 진실한 삶이라는 것을 실험하고 증거하는 바이다.

나는 감사절에는 "주 십자가에 달릴 때 날 생각하시고 죄인을 구속했으니 참 감사한다"의 찬송을 부른다. 이 감사가 그리스도 안에서 가장 기본적인 감사라고 주장하는 바이다.

추수감사절의 의의

금년과 같이 추수가 잘 안됐을 때에는 알곡과 쭉정이를 생각하게 된다. 또 추수절에는 인생의 결산기, 주님의 심판의 때를 생각하게 된다. 나의 생애는 과연 열매를 맺고 있는가? 즉 성령의 열매, 사랑과 희락과 화평과 오래참음, 자비와 양선, 충성과 온유와 절제의 열매가 있는지 반성하게 된다.

예수님께서는 천국의 비유를 말씀하시기를 "천국은 좋은 씨를 제 밭에 뿌린 사람과 같으니 사람들이 잘 때에 그 원수가 와서 곡식 가운데 가라지를 덧뿌리고 갔더니 싹이 나고 결실할 때에 가라지도 보이거늘 집 주인의 종들이 와서 말하되 주여 밭에 좋은 씨를 뿌리지 아니하였나이까 그런데 가라지가 어디서 생겼나이까 주인이 이르되 원수가 이렇게 하였구나 종들이 말하되 그러면 우리가 가서 이것을 뽑기를 원하시나이까 주인이 이르되 가만 두라 가라지를 뽑다가 곡식까지 뽑을까 염려하노라 둘 다 추수 때까지 함께 자라게 두라 추수 때에 내가 추수꾼들에게 말하기를 가라지는 먼저 거두어 불사르게 단으로 묶고 곡식은 모아 내 곳간에 넣으라 하리라"마 13:24-30고 하셨다.

이 비유를 풀어 말씀하실 때 "좋은 씨를 뿌리는 이는 인자요 밭은 세상이요 좋은 씨는 천국의 아들들이요 가라지는 악한 자의 아들들이요 가라지를 뿌린 원수는 마귀요 추수 때는 세상 끝이요 추수꾼은 천사들이니 그런즉 가라지를 거두어 불에 사르는 것 같이 세상 끝에도 그러하리라 인자가 그 천사들을 보내리니 그들이 그 나라에서 모든 넘어지게 하는 것과 또 불법을 행하는 자들을 거두어 내어 풀무 불에 던져 넣으리니 거기서 울며 이를 갈게 되리라 그 때에 의인들은 자기 아버지 나라에서 해와 같이 빛나리라 귀 있는 자는 들으라"마 13:37-43고 가르치셨다. 우리 신도들은 이 말씀에서 자기를 반성하고 회개하여 주안에서 주님과 연합하는 생활을 해야한다.

또 요한복음 15장 1-10절에는 "나는 참 포도나무요 내 아버지는 농부라 무릇 내게 붙어 있어 열매를 맺지 아니하는 가지는 아버지께서 그것을 제거해 버리시고 무릇 열매를 맺는 가지는 더 열매를 맺게 하려 하여 그것을 깨끗하게 하시느니라 너희는 내가 일러준 말로 이미 깨끗하여졌으니 내 안에 거하라 나도 너희 안에 거하리라 가지가 포도나무에 붙어 있지 아니하면 스스로 열매를 맺을 수 없음 같이 너희도 내 안에 있지 아니하면 그러하리라 나는 포도나무요 너희는 가지라 그가 내 안에, 내가 그 안에 거하면 사람이 열매를 많이 맺나니 나를 떠나서는 너희가 아무 것도 할 수 없음이라 사람이 내 안에 거하지 아니하면 가지처럼 밖에 버려져 마르나니 사람들이 그것을 모아다가 불에 던져 사르느니라 너희가 내 안에 거하고 내 말이 너희 안에 거하면 무엇이든지 원하는 대로 구하라 그리하면 이루리라 너희가 열매를 많이 맺으면 내 아버지께서 영광을 받으실 것이요 너희는 내 제자가 되리라 아버지께서 나를 사랑하신 것 같이 나도 너희를 사랑하였으니 나의 사랑 안에 거하라 내가 아버지의 계명을 지켜 그의 사랑 안에 거하는 것 같이 너희도 내 계명을 지키면 내 사랑 안에 거하리라"고 하셨다.

학문과 상식이 풍부한 많은 우수한 두뇌가 예수님의 부활을 믿는 것은 그의 부활의 능력을 믿는 까닭이다. 즉 그의 구원을 믿는 까닭이다.

예수님의 부활을 믿는 신앙에 의해 옛날부터 오늘에 이르기까지 얼마나 많은 약한 자가 강하게 되고, 절망자가 희망을 갖게 되었는지 모른다. 예수님의 생전에 많은 무지와 무력을 폭로하여 선생님께 염려를 끼쳤던 베드로 등 제자들이 예수님 사후에 어떻게 치솟는 힘과 명지를 가지고, 예수님의 복음의 증명에 임했는지 전혀 별인의 느낌이 있다.

예수님의 부활을 믿지 않는 합리주의의 기독교는 결코 이 세상적이지 않은 힘과 지혜를 받을 수 없다. 부활의 기적을 믿는 신앙에서 비로소 천래의 힘과 지혜, 다시 바꾸어 말하면 기적적 힘과 지혜를 받아 여기에 새 사람이 나는 것이다.

예수의 부활을 증명하는 것은 첫째, 예수님이 하나님의 아들이신 진실한 인격이며, 둘째로 예수님의 부활의 기사를 남긴 사도들의 성실한 인격과 그 기사를 포함한 성경의 진실성이다. 세 번째는 예수님의 부활을 믿는 자가 그 신앙을 통해 얻는 인격적 신생의 체험이다.

〈부산모임〉 1980년 12월호[79:13-5]

감사절에 즈음하여

감사절은 성경에서 보면 히브리 사람의 3대 절기[유월절, 칠칠절, 수장절 또는 초막절] 중의 하나이고, 과실, 올리브, 포도 등의 수확이 끝나고 기쁨을 표하는 농경적인 축하의 감사절이었다.

한국에서 감사절을 지키게 된 것은 내가 듣기에는 영국의 청교도들이 미국으로 건너가서 처음에 폴리머스에 도착해서 그 해 농사를 지어 11월에 추수한 것을 감사하는 예배를 드린 것이 그 유래라고 알고 있다. 우리나라에서는 추석이 그러한 의미의 감사절이 아닐까하고 생각한다.

금년에 우리나라에서는 큰 한재와 수재 없이 오곡 백과가 다 풍년을 맞게 되었고, 그 뿐 아니라 161개국의 선수들이 함께 모여 올림픽의 대 축전을 치루어 동서의 단합을 이루게 되었으며, 또 61개국의 장애인 올림픽 대회도 성황리에 마치게 되었다. 이것은 하나님께서 우리나라를 통해 세계 평화에 공헌하도록 하는 상징이라고 생각이 되어 감사의 마음을 금할 길이 없다.

한편, 금년 전반기에는 미국에 대 한재, 중반기에는 방글라데시에서 국토의 약 70%가 침수되는 대 수재와 금세기에 들어와 처음이라고 일컫는 카리브 바다에서부터 멕시코만에 이르는 큰 허리케인과 형용하기 어려운 자연재해가 있었다.

우리 이웃 나라인 일본, 중국, 필리핀 등에도 태풍과 수해가 없었던 것은 아니다. 우리나라도 작년까지만 해도 1년에 한번씩 은 수해나 한재로 고생을 당했는데, 올림픽을 축하하 듯 날이 쾌청한 것도 우리 국민들이 하나님의 축복으로 생각하고 있는것 다. 다만, 북한과 쿠바의 선수들이 참여하지 못했던 것은 유감이다.

우리는 무엇으로 감사하여야 하겠는가. 황금과 유향과 몰약으로 하여야 할까? 이것은 예수님 초림시에 동방의 박사들이 갓난아기 예수님께 드린 예물이었다. 우리 주님은 기쁘게 받으셨다고 믿는다. 그러나 이번에 우리 민족에게 그런 것을 요구하신다고 생각되지는 않는다.

우리 국회는 올림픽 후에 제5공화국 비리사건[4]을 많이 파헤쳤다. 충분하다고는 못하겠지만, 일단 회개를 촉구하는 사건들이 많이 나온 것만은 사실이다. 그런데 이 사건의 척결이 남아있다. 오늘 11월 3일은 학생의 날이라고, 학생들이 그 책임자를 탄압한다고 엄포를 놓고 있다. 나는 학생들의 의분감과 그 용기에 동감이 간다. 그러나 그것이 올바른 해결 방법일까? 국회도 있고, 법으로 해결해도 되지 않을까? 노태우 대통령도 장본인의 사과와 더불어 나라의 돈을 스스로 바치도록 하는 기회를 주고, 또 야당 대표들도 그와 같은 성명을 하였다.

제5공화국 비리에 대한 책임이 장본인들에게 있는 것이 사실

---

4. 1988년 제13대 대한민국 국회에서 제5공화국 정부의 일해재단 비리, 광주민주화운동 진상조사, 언론기관통폐합 문제 등의 진상 조사를 위해 헌정 사상 최초로 제5공화국 청문회를 열었는데 그 곳에서 밝혀진 비리들을 의미한다.

이고 책임을 져야 할 것이다. 그러나 그것으로 만족할 수 있을까. 언론 통폐합을 선언할 때, 그 일을 당한 언론인들은 눈물을 머금고 잠잠하였지만, 어느 지사 한 분이라도 반대 성명을 하였던가. 물론 반대하였더라도 성명서를 발표할 수 있었을 것이고, 또 그 막대한 돈들을 기증한 것도 것도 재벌들이 기뻐서 한 사람들이 누가 있겠는가. 또 그것이 자기의 돈이라고 할 수 있었을까? 우리 국민들이 낸 세금이라고 생각하면 우리 국민들이 못나서 그런 것이 아닐까? 나는 그런 사실도 모르고 또 분개하지도 못했던 것을 부끄럽게 생각한다.

"내가 무엇을 가지고 여호와 앞에 나아가며 높으신 하나님께 경배할까 내가 번제물로 일 년 된 송아지를 가지고 그 앞에 나아갈까 여호와께서 천천의 숫양이나 만만의 강물 같은 기름을 기뻐하실까 …… 사람아 주께서 선한 것이 무엇임을 네게 보이셨나니 여호와께서 네게 구하시는 것은 오직 정의를 행하며 인자를 사랑하며 겸손하게 네 하나님과 함께 행하는 것이 아니냐"^{미 6:6-8}는 말씀처럼 우리가 하나님께 받은 은혜는 그것을 보답하기 위해 무엇을 가지고 여호와 앞에 나아가며, 높으신 하나님께 경배할까?

나는 니느웨성이 요나의 전도를 듣고 회개한 것처럼, 정권의 책임자로부터 국민의 한 사람에게 이르기까지 죄에 대한 책임을 느끼고 회개함을 주님이 기뻐하신다고 믿는다. 아마 김일성도 회개하고 돌아올 것이다. 평화통일의 길은 여기에 있다.

〈부산모임〉 1988년 10, 12월호[124:21-5]

성탄절 소감

1970년대는 하나님의 돌보심으로 우리 민족의 동족 상잔의 전쟁이 없었음을 하나님께 감사드린다.

예수 그리스도는 평화의 왕으로 임하셨다. 예수님은 진리이시며, 생명이시므로 예수님이 임하시는 곳에 불의와 싸움이 일어나는 것은 사실이지만, 사람의 생명을 죽이는 전쟁은 일어나지 않는다. 사람을 살리기 위한 자기희생, 곧 사랑에 의한 평화가 있을 뿐이다. 이 평화의 임금을 모시고 나 자신부터 평강을 누리고, 동포와 민족이 평화를 누리게 되기를 기원한다.

우리 민족과 세계 인류가 우리 주님을 영접하고, 그의 사랑의 계명을 지키면 평화를 누리겠지만, 그를 버리고 탐심과 정욕의 노예가 되면 그의 심판을 면치 못한다. "새 계명을 너희에게 주노니 서로 사랑하라 내가 너희를 사랑한 것 같이 너희도 서로 사랑하라"요 13:34고 하시면서 지금 찾아오신다.

우리 주님은 이 세상에 오셔서 아버지 하나님의 뜻을 따라 인류의 죄를 위해 모진 고초를 당하시다가 십자가에서 하나님의 의를 완성하심으로 하나님과 사람 사이의 죄의 담을 헐어주셨다. 그래서 하나님과 사람 사이의 화평을 이루어 주신 것이다. 이 사실이 인류의 평화의 기본이다.

의를 이루는 것이 평화의 기본임을 다시 깨닫게 된다. 평화를 위한다고 불의와 타협하는 것은 평화의 길이 아니다.

하나님의 의와 사랑을 이루어 드리기 위해 희생될 각오로 사는 것이 참 평화의 길이라 믿고 살아야 하겠다는 것이 금년 크리스마스의 소감이다.

〈부산모임〉 1980년 12월호[79:13-5]

크리스마스를 맞이하면서(1972년)

크리스마스는 세계 만민에게 크게 기뻐할 아름다운 소식을 가져 왔다. 1970년 전에 유대 땅 베들레헴에 탄생하신 예수님은 오직 하나의 특별하신 인격의 소유자이시다. 그는 구약의 약속대로 기약이 차매, 구원의 주님으로 탄생하셨다. 그는 "내가 그들의 형제 중에서 너와 같은 선지자 하나를 그들을 위하여 일으키고 내 말을 그 입에 두리니 내가 그에게 명령하는 것을 그가 무리에게 다 말하리라"신 18:18라고 예언된 그분이시다.

또 "베들레헴 에브라다야 너는 유다 족속 중에 작을지라도 이스라엘을 다스릴 자가 네게서 내게로 나올 것이라"미 5:2고 예언된 대로 베들레헴에서 탄생하셨다. 그는 "처녀가 잉태하여 아들을 낳을 것이요 그 이름을 임마누엘이라 하리라"사 7:14라고 예언된 대로 처녀 마리아에게 성령으로 잉태되어 탄생하게 되었는데, "너는 내 아들이라 오늘날 내가 너를 낳았도다"시 2:7라고 말씀된 대로 하나님의 아들로 오셨다.

그는 "이새의 줄기에서 한 싹이 나며 그 뿌리에서 한 가지가 나서 결실할 것이요"사 11:1라고 예언된 대로 다윗의 후예로 오셨다. 그러면서도 "너는 내 아들이라 오늘날 내가 너를 낳았도다"시 2:7라고 한 말씀이 응해서 오셨다.

그는 여호와의 신, 곧 지혜와 총명의 영이고, 모략과 재능의 영이며, 지식과 여호와를 경외하는 영이 그 위에 강림시는 분이시다^{사 11:2}. "그의 어깨에는 정사를 메었고 그의 이름은 기묘자라, 모사라, 전능하신 하나님이라, 영존하시는 아버지라, 평강의 왕이라 할 것임이라"^{사 9:6}함과 같이 그의 인격은 참으로 놀라운 경이이다.

보통 땅에서 난 사람과는 큰 차이를 알 수 있다. "그 분은 하늘에서 내려오신 생명의 빛이시다"라고 3년간 같이 지낸 사도 요한은 증거하였다. 그는 "주 여호와의 영이 내게 내리셨으니 이는 여호와께서 내게 기름을 부으사 가난한 자에게 아름다운 소식을 전하게 하려 하심이라 나를 보내사 마음이 상한 자를 고치며 포로된 자에게 자유를, 갇힌 자에게 놓임을 선포하며 여호와의 은혜의 해와 우리 하나님의 보복의 날을 선포하여 모든 슬픈 자를 위로하되"^{사 61:1-2}라는 말씀을 실천하셨다. 그는 그리스도 즉, 메시아이심을 교훈과 행적으로 증명하셨다.

이 "예수님은 길이요 진리요 생명"이시다. 그의 삶은 아무 것에도 붙잡히지 않고, 완전히 자유하면서도 하나님에게만은 완전히 붙잡혀 신종臣從하셨다.

율법을 파괴하는 것 같이 행하시면서도 율법의 정신을 완전히 성취하셨다. 또 그의 말씀[산상수훈]과 행동[안식일 문제]은 진보적이면서도, 율법의 정신을 완전히 지키신 보수자保守者이시다. 즉 진보와 보수, 파괴와 완성 그리고 자유와 신종, 이들의 모순이 예수님의 삶에서 잘 조화되어 있어서 그가 길이요 진리요 생명이신 것을 확증하고 있다.

그는 나중에 인류의 죄를 대속하시기 위해 십자가를 짊어지셨다. 예수님께서 지신 십자가는 하나님의 의와 사랑을 여실히 나타내고 있다. 즉, 여호와를 반역하는 자를 구원하시기 위해서는 여호와께서 친히 십자가의 벌을 받으심으로 그의 의와 사랑을 실현하는 길 밖에 없었던 것이다. 그리하여 부활 승천하심으로 하나님의 아들 되신 것을 증거하셨으며, 또한 그를 믿는 자마다 영생하는 체험을 하게 하셨다.

우리는 우리의 인격을 이 세상 아무에게도 바쳐드릴 수 없다. 그러나 다만 예수님은 우리의 인격과 온 생명을 바쳐드리고, 무릎을 꿇어 경배하기에 가장 합당한 분이시다. 그는 만왕의 왕이시며 만주의 주님이시요, 참으로 평강의 왕이시다. 그에게만 영생하는 생명의 빛이 있다. 그는 자기 백성을 죄에서 구원하셨다. 우리도 그로 말미암아 하나님의 자녀가 되었고, 그로 인하여 하늘 나라에 들어갈 수 있게 되었다.

그러면 이 주님의 탄생을 어떻게 맞이 할 것인가? 예수님이 초청하실 때 그 탄생을 영접한 이들의 모습을 되새겨 보고자 한다.

첫째로, 들에서 밤에 양을 치던 목자들에게 천사가 나타나 구주의 탄생을 알려 주셨다. 이 목자들은 제사를 드릴 때에 잡는 양들을 밤을 새어 지키는 임무를 충실히 이행하고 있었다. 오늘도 하나님께서 맡기시는 일에 충성을 다해 임무를 수행하는 이들에게 예수 그리스도의 탄생의 뜻이 알려지며 그들은 예수님을 맞이하게 될 것이다.

둘째는, 동방의 박사들은 당시에 점성술을 공부하던 박사들이었다. 지금도 진리탐구에 전심하는 이들은 자연법칙 가운데서도 그리스도의 마음을 발견할 수 있다고 생각한다. 만물 창조는 모두 그리스도에 속해 있으며 집중된다.

"피조물이 고대하는 바는 하나님의 아들들이 나타나는 것이니 피조물이 허무한 데 굴복하는 것은 자기 뜻이 아니요 오직 굴복하게 하시는 이로 말미암음이라 그 바라는 것은 피조물도 썩어짐의 종 노릇 한 데서 해방되어 하나님의 자녀들의 영광의 자유에 이르는 것이니라 피조물이 다 이제까지 함께 탄식하며 함께 고통을 겪고 있는 것을 우리가 아느니라"롬 8:19-22라는 바울의 말처럼 만물의 역사의 목적이 있다.

생물학자들은 자연도태의 원리도 발견했으나 만물보존의 원리는 상부상조와 희생적 사랑에 의거하고 있음을 알 수 있었다. 그래서 세계 평화와 하늘 나라는 그리스도를 통해서만 성취되는 것임을 깨닫게 된다.

셋째로, 예수님을 성전에서 만나서 기뻐 찬양하며, 경배한 사람들은 시므온과 안나였다. 하나님은 구하는 자에게 주신다. 이 사회는 구원되지 않으면 소망이 없다. 우리의 현실에서 우리나라, 우리 민족, 온 인류는 구원되지 않는다면, 당한 것을 면할 수 없다. 그래서 하나님의 신원의 날, 은혜의 해를 소망하면서 구주의 탄생을 위해 기도하며 경건하게 사는 자들에게 지금도 그리스도는 찾아 오셔서 위로해 주신다.

즉, 그리스도를 힘입어 의롭다 함을 얻은 믿음의 생활을 하는 자는 지금도 그리스도를 마음에 영접하며 그의 탄생을 진심으로 축하하게 되는 것이다.

그러나 반대로 그리스도를 죽이려 하는 자의 대표가 있었는데, 당시의 헤롯왕은 자기의 권세욕과 사리 사욕에 붙잡혀 있었기 때문에 많은 아이를 비밀리에 죽이게 하였다. 지금도 무언가 얻으려고 날뛰거나 정욕에 불타서 덤비는 자들은 예수님의 탄생에 관한 참 뜻을 이해하지 못하고 무관심하게 지내다가 큰 잘못을 저지르는 일이 적지 않다.

무관심은 사랑에 대한 반대이며 원수이다. 전쟁과 살상이 어찌하여 일어나는 것이겠는가? 탐심과 정욕에 틈타고 들어와 역사하는 사단의 일이 아니고 무엇이겠는가? 사단은 그리스도의 탄생을 두려워하며 말살하려고 한다. 인간을 그리스도에서 분리하려고 한다. 우리는 삼가 반성하여야겠다.

사리사욕과 탐심, 정욕을 채우기 위한 생각에 사로잡혀 있지 않은가! 이러한 생각이 우리 마음속에 떠오르거든, 기도하며 이 생각이 없어지도록 힘써야 하겠다. 그리고 저 목자들과 같이 자기 임무에 충실하여야 하겠다.

우리 동포와 인류의 구원을 위해 그리스도를 바라보고 경건한 생활을 해야 하겠다. 그리하면 그리스도를 마음에 영접하게 될 것이며, 진실로 그리스도의 품에 안겨 그 구원의 주님을 찬송하게 될 것이다. 이와 같이 그리스도를 영접하게 될 때, 하나님께서는 영광이요, 땅에서는 기뻐하심을 입은 사람들에게 평화가 이루어질 것이다. 아멘.

〈부산모임〉 1972년 12월호[33:5-6]

크리스마스를 맞이하면서(1986년)

크리스마스를 맞이 할 때마다 예수는 자기 백성을 저희 죄에서 구원하시는 주님이시며, 하나님을 배반한 죄인들을 하나님께로 돌이켜서 화평하게 하시는 주님이심을 생각하여 나는 마음의 감동을 금할 길이 없다.

그래서 나는 다음과 같은 두 가지 소감을 말해 보고자 한다.

군비는 철폐되어야 한다

정치인들은 유비무환이라고 해서 군비를 증가하는 것을 현실에서 죄라고 생각하지 않는다. 도리어 군비를 평화의 요건으로 생각하여 힘의 균형을 이루고자 하는 것이 정치인들의 착각인 듯하다. 그러나 나는 군비는 죄악이라고 제창한다.

1981년 나는 호놀룰루에 들려서 진주만으로 가서 아리조나호[미국 군함]의 침몰 상태를 보게 되었다. 아리조나호는 철갑판에 석회가 군데 군데 침착되어 있었고, 해양 생물들의 서식처가 되어 있었으며, 그 말미末尾 수면에는 약 20평 정도 되어 보이는 판자집이 지어져 있어서 그 집에 들어가 보니 그 벽에는 아리조나호에 타고 있다가 침몰로 인하여 수장된 수병 약 700여 명의 명단이 기록되어 있었다.

나는 수병들이 한 번 싸워 보지도 못하고 일본의 잠수함이 저격한 수뢰에 의하여 격침 된 것을 알게 되었고, 이와 같이 된 것은 이 수병들의 책임이라기보다는 이 군비를 제조케 한 자들의 죄의 값이 아니겠는가 하고 죄책감을 느끼게 되었다.

대동아전쟁 때에 아인슈타인Albert Einstein(1879-1955)에 의하여 만들어진 핵분열의 파괴력을 과시한 원자탄은 일본 히로시마와 나가사키에 떨어져서 수십만 명의 인명을 살상했다. 후에 아인슈타인은 크게 후회하였다고 전해진다.

그러나 한편 독일의 물리학자 하이젠베르크Werner K. Heisenberg(1901-1976)는 미국에 가서 강연을 했을 때, 미국에 있는 물리학자와 친구인 연구자들이 좋은 조건으로 연구할 기회를 제공하겠다는 것도 뿌리치고, 독일에서 출생하였으니 독일에 사명이 있음을 밝히고 독일로 돌아가 히틀러의 원자탄 제조 계획을 방지하는데 성공했다.

하이젠베르그는 다음 대의 역사를 미국의 민주주의에 기대하는 바가 컸기때문에, 트루먼Harry S. Truman(1884-1972)이 일본에 원자탄을 사용하였다는 것을 알고 대단히 낙망하였다고 한다.

나는 여기서 후배인 하이젠베르그가 선배인 아인슈타인보다 더 훌륭하다고 생각하며 찬사를 아끼지 않는다.

1986년에 들어 와서 핵실험 또는 원자로에서 두 가지 큰 이변이 발생한 것은 잊을 수 없다. 그 하나는 챌린저호의 폭발사고[5]이고, 또 다른 하나는 소련 체르노빌 원자로에서의 누출사고[6]이

---

5. 1986년 1월 28일 오전 11시 30분경 우주왕복선 챌린저호가 발사된 지 70여 초 후 폭발하였다. 승무원 7명 전원이 사망하였고, 이후 3년간 우주왕복선의 발사가 연기되었다.
6. 1986년 4월 26일 우크라이나 원자력 발전소의 제4호 원자로에서 방사능이 누출되었

다. 두 가지 모두 여러 사람의 목숨을 빼앗아 갔고, 많은 오염과 물질의 손상을 초래했다.

이와 같은 것들은 20세기 말엽에 군비 경쟁에 대한 하나님의 경고라고 보는 것이 타당하지 않겠는가? 한편, 오래 전부터 군비 축소를 제창하고 회의를 거듭하면서도 한 번도 성취하지 못하는 것은 정치가들이 힘으로 지배하려고 하는 생각을 가지고 있기 때문이 아닌가? 인생관이 근본적으로 잘못된 데 기인한다고 생각된다. 인간에게 주신 하나님의 명령은 사람을 지배하라고 하신 것이 아니고 진실과 사랑 그리고 성실을 가지고 봉사하라고 하신 것이다.

그러므로 항상 깨어 성령 안에서 기도하고 복음의 비밀을 알아 주의 일에 힘쓰는 것으로 무장하여야 한다.

악령은 힘으로 위협한다

집정자들은 국가 권력을 가지고 협박한다. 현실 나라를 앞세우고 국민의 사상과 의식을 통일하려고 해서 어떤 형식, 또는 법을 제정해 가지고 복종을 강요한다.

옛날 바벨론에서 느부갓네살왕이 자기의 우상을 만들어 그 우상에게 절하도록 강요해서 이스라엘의 청년들 다니엘과 사드락, 메삭, 아벳느고를 사자굴, 또는 풀무불에 잡아 넣었다. 일본은 대동아전쟁을 일으켜 신사참배를 강요해서 많은 크리스천을 옥에 가두고 순교하게 했다.

던 사고이다. 사고 당시 31명이 죽고 피폭 등의 원인으로 1991년 4월까지 5년 동안에 7,000 여 명이 사망했고 70여 만 명이 치료를 받았다.

그러나 신앙으로 무장했던 성도들은 모두 승리했다. 예를 들면 일본에서는 우치무라 간조, 야나이하라 타다오^{矢內原忠雄(1893-1961)7}, 마사이케 메구무^{政池仁}, 후지이 타케시^{藤井武 8} 등이며, 한국에서는 주기철, 손양원, 이기선 등 기타 여러분들이고, 독일에서는 디트리히 본회퍼, 마틴 니묄러^{Martin Niemöller(1892-1984)}등이다.

즉, 저들은 진리로 허리의 띠를 띠고, 의의 흉배를 붙이고, 평안의 복음의 예비한 것으로 신을 신고, 믿음의 방패를 가지고 악령의 화전을 소멸하고, 구원의 투구와 성령의 검, 곧 하나님의 말씀으로 무장했다가 승리한 것이다. 우리도 하나님의 전신갑주로 무장하자.

악령은 현실주의로서 인류를 유인하고 있다

16세기 르네상스 이후, 현실주의는 큰 세력을 가지고 인류의 도덕을 잠식하고 있다. 17-18세기 산업혁명 이후, 영국의 공리주의, 프랑스의 실증주의, 미국의 실용주의들은 모두 현실주의의 큰 세력들이다.

즉, 자애^{自愛}를 도덕의 본질로 삼고, 산업과 과학의 발달을 통

---

7. 야나이하라 타다오(矢內原忠雄, 1893-1961): 교육자이자 개신교 사상가. 1911년 우치무라 간조의 문하에 들어가 활동하였다. 도쿄제국대학 졸업 후 동 대학 교수가 되어 식민정책을 연구, 강의하였다. 개인지 〈통신〉을 창간했으며 종전 후 일본의 민주화에 크게 기여하였다. 1951년 도쿄대학 총장이 되어 1957년까지 봉직했으며, 주요 저서로 《시야원》(1963)이 있다.

8. 후지이 다케시(藤井武, 1888-1930): 일본의 무교회주의 사상가. 도쿄 제국대학 법과대학 졸업. 1909년 우치무라 간조의 성서연구회 회원이 되었고, 1915년부터 우치무라 간조의 조수로 활동하였다. 1916년 《신생》, 《루터의 생애와 사업》을 간행하였고, 1920년 《독립 구약과 신약》을 간행하고 독립적인 전도 생활에 들어갔다. 1930년 위궤양으로 인해 사망하였다.

하여 풍부한 산물을 생산케 함으로써 인류의 생활을 보다 낫게 하고자 하는 것으로 도덕의 기본으로 삼은 것이다.

사람들은 모두 다 현실주의의 노예가 되고, 이상理想을 잃고 말았다. 그리고 과학의 발달은 급속도록 진행되어서 생명에 관한 것까지 연구하고 있다. 아직은 생명 현상을 일으키는 단백질은 합성하지는 못했으나 그 구성분자를 알아가고 있다.

그러나 도덕의 수준은 과학의 진보를 따르지 못하고 있는 형편이다. 현실 주의에서 유물론이 나오고 경제적인 물질의 분배를 공평히 하고자 하는 노력은 있으나, 사랑이 진리 자체이며 남의 생명을 위하여 자기를 버리는 사랑이 영원한 생명을 얻는 길이라고 하는 도덕의 근본과 원리를 믿고 순종하는 사람은 드물다.

이 길을 걸으시고 승리하신 그리스도로 무장함으로써 악령을 이길 때, 나 개인은 하나님의 자녀가 되고, 우리의 이상세계는 하늘 나라가 될 것이다. 사실, 이와 같은 기독교 이상주의는 하나님이 그 뜻에서 예수 그리스도를 통해서 성취해 주셨고, 또 성령을 통하여 성취하시고 계시는 것으로 믿으면 그 실재성과 실현성을 확신할 수 있다.

그러나 소위 인간 이상주의라고 하는 것, 즉 우리의 지성과 덕성을 교양으로 향상시켜 어떤 이상에 도달하고자 하는 인간 이상주의는 그 실재성과 실현성이 분명치 않다고 할 수 밖에 없다. 이것이 1986년 크리스마스를 맞이하는 나의 소감이다.

〈부산모임〉 1986년 12월호[113:19-6]

성탄절을 맞으면서(1973년)

진리의 하나님께서 그의 지으신 인생들이 스스로 멸망하는 것을 불쌍히 여기사 스스로 육을 입고 오셔서 인자가 되셨도다. 이 일은 사람이 진리를 반역했을 때부터 진리의 하나님이 경륜하시고 예언자들을 통해 계시하셨던 대로 때가 차서 오셨다. 곧 하나님 품속에 들어 있던 인자형이 표현형이 되어 오셨다. 빛이 어둠에 비추었으나, 어둠이 깨닫지 못했다.

그러나 천사들이 전하는 소식을 듣고 베들레헴 말구유까지 찾아온 이들이 있었으니, 들에서 밤에 양을 지키던 목자들이었다. 또 동방의 박사들은 이상한 별이 나타남을 보고, 별을 따라 베들레헴까지 이르러 나신 아기 예수께 예물을 드리고 경배했다.

이스라엘의 위로를 기다리던 의롭고 경건한 시므온이 예루살렘 성전에서 예수를 안고 하나님을 찬송하기를 "주재여 이제는 말씀하신 대로 종을 평안히 놓아 주시는도다 내 눈이 주의 구원을 보았사오니 이는 만민 앞에 예비하신 것이요 이방을 비추는 빛이요 주의 백성 이스라엘의 영광이니이다"눅 2:29-32라고 했다. 나는 "주의 그리스도를 보기 전에는 죽지 아니하리라"하는 성령의 지시를 받았던 자이다.

또 바누엘의 딸 안나는 성전을 떠나지 않고, 늘 기도로 섬기더니 아기 예수를 만나 보고 감사함으로 예루살렘의 구속을 바라는 사람에게 이 아기에 대하여 전했다.

반면에 당시의 권력을 잡고 있던 헤롯왕은 이 아기 예수를 죽이려고 베들레헴과 그 모든 지경 안에 있는 사내 아이를 두 살부터 그 아래로 다 죽였다. 이것은 선지자 예레미야로 말씀하신 바 "라마에게 슬퍼하며 크게 통곡하는 소리가 들리니 라헬이 그 자식을 위하여 애곡하는 것이라 그가 자식이 없으므로 위로 받기를 거절하였도다"마 2:18라고 함이 이루어졌던 것이다.

예수님의 탄생으로 인류는 여호와 하나님을 보게 되었다. 율법을 알게 되었고, 진리를 알게 되었다. 인격을 가지신 진리를 보게 되었다. 예수님은 진리를 이루셨다. 하나님께서 인류에게 약속하신 구원을 다 이루셨다. 예수님의 생애 전체가 진리였다. 예수님은 진리 자체이시다.

예수님은 자기 백성을 저의 죄에서 구속하신 주님이시다. 나는 원하는 선은 행해지지 않고, 원치 않는 악이 행해짐으로써 심히 고민한 자이다. 이 죄를 예수님께서 십자가에서 피 흘려 속죄해 주셨다는 음성을 듣고 무한히 기뻤다. 그에게 나의 전부를 바쳐드리기로 결심했다. 그러므로 이제 내가 사는 것은 내가 사는 것은 아니요, 내속에 계신 주님으로 인하여 살게 되는 체험을 순간적으로나마 가지게 되었다.

예수님은 만민의 구주이시다. 특히 죄로 고민하는 사람들을 그리고 이 세상에서 버림당한 사람들을 가장 사랑하시고, 그들에게 용기와 힘을 주신다. 나도 이 세상 사람들에게 버려졌을 때 주님과 같이 지낼 수 있었다. 그것을 통해 신앙생활을 경험했다.

예수님은 하나님을 아버지로 보여 주셨다. 예수님은 그 믿는 자들을 하나님의 아들로 회복시켜 주셨다. 사람의 이상, 즉 하나님의 아들로 되는 것을 이루어 주셨다. 그리고 믿는 자들의 사회가 하늘나라로 되는 진리를 보여 주셨다. 이것은 하나님의 경륜 속에서 성취되어 있음을 교훈하셨으며, 성령으로 이루실 것을 말씀하셨다. 나중에는 다시 오셔서 하늘나라를 이루어 주시되 심판을 통해서 하실 것을 가르쳐 주셨다.

나는 성탄절에는 친구들을 생각하며, 새로운 감사와 결심을 한다. 친구들이여, 찾아 오시는 주님을 맞이하기 위하여 깨어 준비하자. 우리가 서로 긍휼히 여기는 마음으로 우리 동포에게 기쁨과 관용과 감사의 마음을 일으키도록 힘써 보자.

〈부산모임〉 1973년 12월호[39:6-6]

성탄절을 맞으면서(1974년)

"주의 성령이 내게 임하셨으니 이는 가난한 자에게 복음을 전하게 하시려고 내게 기름을 부으시고 나를 보내사 포로 된 자에게 자유를, 눈 먼 자에게 다시 보게 함을 전파하며 눌린 자를 자유롭게 하고 주의 은혜의 해를 전파하게 하려 하심이라 하였더라"눅 4:18-19라는 말씀은 이사야 예언자가 그리스도의 사명에 대해 예언했던 것인데, 예수께서 오셔서 그 말씀을 읽으시면서 그 예언이 자기에게 응하였음을 말씀하신 것이다.

구약성경은 하나님의 창조에서 시작해서 그 창조의 이상인 사람과의 약속의 성취에 대한 예언으로 충만하다고 말할 수 있다. 그 예언이 응하여 예수께서 메시아 즉, 그리스도로 탄생하심을 기념해서 축하하는 일은 인류의 당연한 감사와 찬송이다. 오늘날 사람은 성탄을 축하하는 일에 현실과 관련해서 느끼고, 생각하고, 또한 메시아를 영접하고자 하는 마음을 가지게 된다.

현실은 어떠한가? 혼란과 공황, 불안이 온 인류를 지배하고 있지 않는가? 어느 시대든 그러했지만, 금년은 우리에게 더욱 더 심각하게 느꼈다. 더욱이 오늘은 인권옹호 주간의 마지막 날에 성탄을 축하하게 된다. 1948년 12월 10일, 유엔에서 인권을 선언한 것은 획기적 일이다. 그 전에는 소수의 깨달은 인사들이 인권의 고귀함과 존중히 여겨야 할 것임이 강조해 왔지만, 예수 그리스도와 같이 철저하게 실천하신 분은 역사상 찾아 볼 수 없다.

인권이라고 하면 인간의 생존권, 평등권, 자유권을 의미하는데, 이것들은 아직도 존중되지 못하고 있다. 금년에 어떤 잡지에서 여섯 가지 설문을 내어서 우리 사회의 저명 인사들에게 대답을 받아 실은 것을 보았다. 즉 인권보장, 사회정의, 언론자유, 헌법개정, 경제불황, 기타 학원사태들에 대한 답이었다.

20여 명의 인사들이 거의 다 인권 보장이 되어있지 못하고, 사회정의는 추락되어 있으며, 언론자유의 필요를 역설하고 있다. 그리고 제 나름대로의 해결 방안을 제시하고 있었으나, 어느 누구도 신념 있는 처방을 내지 못하고 있었다. 왜냐하면 인권보장이나, 사회정의, 언론자유와 같은 것은 우리 인격, 생명 자체에 관계되는 일이며, 결코 사회제도에 관한 문제가 아니기 때문이다.

물론 인간의 기본적 인권이 유린 당하게 되는데에 그 큰 책임은 정치인과 종교인, 그리고 교육인, 사회의 저명 인사들에게 있지만, 민권이니만큼 국민 자체가 이것을 쟁취해서 누리지 않으면 안 되는 것이다. 즉, 정치적으로 또는 제도적으로 빈부귀천의 격차를 줄이도록 해야 하며, 부정부패를 일소하도록 하고, 건전한 언론자유를 주어서 그것을 진전시키고, 창달하도록 하는 것이 가장 바람직한 일이라 하겠다.

그보다 더 우선적으로 필요한 것은 국민 개개인이 인권에 대한 이해와 존중하는 실천이다. 이 일에 대하여도 여러 가지 이견이 있으리라고 생각되며, 사람의 생존을 위한 기본권은 정치인이 해결해 주어야 할 것이 아닌가 하는 생각을 가지게 된다. 가장 타당한 말이다. 실제로 국민의 의·식·주 문제에 정치인들이 치중하는 것 같아 보이기도 한다.

그러나 근본적으로 사람을 하늘 아버지의 아들로 믿지 않으면, 그리고 또 그것이 인정되지 않는다면, 인권의 기본권을 향유하도록 정책을 세우지 못하게 될 것이다. 정치인이라고 하면 민권의 존중과 그 신장이 민주주의에 제일 중요하며, 그것을 이룩하는 것이 자기들의 책임인 줄 알면서도, 그와 같은 정책을 실천하지 못하는 것은 권력 위주, 남의 이익과 같은 탐욕에 의하는 것이라 생각이 된다.

인권을 유린해서도 안되고 유린 당해서도 안 된다. 또 인권이 유린 되는 것을 보고 무관심해서도 안 된다. 이것은 인간의 생명이 얼마나 고귀한 것인지 모르거나 잊어버린 까닭이다. 이것을 모르거나 잊은 때에는 짐승과 같은 인간이 되고 만다. 인간이 인간성을 잃게 되면, 망하게 된다.

인간에게 인간의 존엄성과 그 권리 곧 인간 사회의 자유, 평등, 평화를 심어 주신 이는 예수님이다. 그는 오셔서 친히 하나님의 아들로서의 생명을 살았다. 그리고 그 생명을 사람에게 부여해 주셨다.

예수님께서는 가난한 자에게 너희는 복이 있나니 천국이 너희 것이라고 선언하셨을 때, 짓밟히고, 억압받고, 갇혀있고, 눈먼 자들에게 복음을 전파하셨다. 이것은 예수께서 그리스도, 곧 메시아의 인격을 가지고 선언하신 것이며, 친히 그대로 실천했으며, 또 그것을 실천하는 능력을 주시기 위하여 친히 부활하셨다.

우리는 이런 예수님의 탄생을 축하하는 것이다. 예수님을 나의 구주로 영접하여 나도 남의 인권을 유린하지 않을 뿐 아니라 자기의 인권을 유린 당하지 않고, 자유하는 사람이 될 각오를 하는 것이 처음 오셨던 주님의 탄생일을 축하하는 뜻으로 생각하며, 또 다시 오실 주님을 기다리고 바라는 것이라고 생각한다.

임마누엘의 징조

"그러므로 주께서 친히 징조를 너희에게 주실 것이라 보라 처녀가 잉태하여 아들을 낳을 것이요 그의 이름을 임마누엘이라 하리라"사 7:14라는 구절은 그리스도에 대한 예언 특히, 그리스도의 처녀 탄생에 관한 예언이라고마 1:23 생각할 수 있는 동시에 여기에 준 징조는 유다왕 아하스에게 관계된 것으로 생각할 수 있다.

이 구절을 해석하는데는 "임마누엘 하나님이 우리와 같이 계신다"라는 뜻의 아들을 낳는 일과 그 아들이 아직 선악을 분별하는 연령, 즉 4-5세에 달하기 전에 지금 유다를 위협하고 있는 두 왕, 즉 이스라엘과 다메섹이 멸망하리라는 두 가지 사실에 주목해야 한다.

이사야는 하나님께서 이스라엘 백성과 같이 계셔서 이것을 보호하시기 때문에 외교 정책에서 여호와를 버리는 것은 근본적 잘못임을 지적하고 경고하였다. 또 이 경고를 민중이 철저히 알게 하기 위해 큰 게시판에 써서 곧 보고 알 수 있도록 했다. 즉, "마텔살랄하스바스[급속한 약탈]"라고 써서 백성 중 인망있는 두 사람, 곧 우리야와 스가랴로 하여금 전국에 포고하게 하였다.

그리고 그 다음해에 한 아들을 낳자, 이에 대하여 "마텔살랄하스바스"라고 이름하고 동시에 이 아들이 아직 아빠, 엄마라고 분별할 수 없는 때에 저 두 나라는 앗수르에게 망하리라는 예언을 하고, 오늘 유다가 취하고 있는 정책은 오래지 않아 나라의 멸망을 초래 할 것이라고 경고했다.

그러나 백성들은 이 경고를 듣지 않고, 도리어 음모와 반역이 내포된 운동이라고 하였으며, 이사야는 제자 양성에 힘쓰게 되었다. 여기에서 우리는 이스라엘 종교의 새 국민을 보게 된다. 종래 하나님이 그 대상으로 하신 것은 국민 전체였다. 그런데 지금 이사야를 중심으로 여호와의 거룩하신 뜻을 받들어 행하는 한 집단이 이것을 듣지 않는 일반 국민과 구별되게 되었다. 즉 영적 종교가 그 국민의 정치생활에 대해 독립성을 발휘하는 한 걸음을 내디딘 것이다.

그리하여 한 어린아이가 탄생하였다. 아하스의 불신때문에 큰 심판이 이스라엘 백성에게 임하려고 한 것이다. 즉 에브라임이 유다를 떠난 때부터 일찍이 임한 일이 없었던 심판이다. 그때 땅에는 환난과 흑암과 고통의 흑암이 있을 것이라고 했다. 하나님은 이스라엘과 같이 계심으로 심판을 내리지 않을 수 없다.

그러나 반드시 심판으로 그치지 않으시고 낫게 해주실 것이다. 이사야는 벌써 진한 검은 구름 가운데 서광을 보았다. 이 소망은 지금 여명의 아름다움으로써 저들 위에 덮으려 하고 있다.

> 흑암에 행하던 백성이 큰 빛을 보고 사망의 그늘진 땅에 거주하던 자에게 빛이 비치도다 주주께서 이 나라를 창성하게 하시며 그 즐거움을 더하게 하셨으므로 추수하는 즐거움과 탈취물을 나눌 때의 즐거움 같이 그들이 주 앞에서 즐거워하오니 이는 그들이 무겁게 멘 멍에와 그들의 어깨의

채찍과 그 압제자의 막대기를 주께서 꺾으시되 미디안의
날과 같이 하셨음이니이다^{사 9:2-4}

빛, 큰 빛, 소망 없이 어둠 속을 걷던 백성은 이제 이것을 본다. 죽음의 골짜기에서 헤매이던 백성은 지금 이 빛에 비추어 기뻐 뛰며 마치 무덤에서 다시 살아난 것처럼 즐거워한다. 옛날 기드온이 미디안 사람을 쳐 부수던 날의 통쾌했던 것도 이에 비하면 아무것도 아닐 것이다.

지금은 모든 추억에 남을 수 있는 도구들은 불타는 재료가 되어 흔적이라고 알 수 없을만큼 다 버리게 될 것이다. 그리고 온 땅에 충만한 것은 완전한 평화이다.

> 이는 한 아기가 우리에게 났고 한 아들을 우리에게 주신 바 되었는데 그의 어깨에는 정사를 메었고 그의 이름은 기묘자라, 모사라, 전능하신 하나님이라, 영존하시는 아버지라, 평강의 왕이라 할 것임이라 그 정사와 평강의 더함이 무궁하며 또 다윗의 왕좌와 그의 나라에 군림하여 그 나라를 굳게 세우고 지금 이후로 영원히 정의와 공의로 그것을 보존하실 것이라 만군의 여호와의 열심이 이를 이루시리라^{사 9:6-7}

모든 원인은 한 인격에 있다. 한 아기, 곧 처녀가 잉태하여 아들을 낳으리라고 하던 아기가 드디어 우리를 위하여 탄생하셨다. 우리의 소망이신 한 아들, 임마누엘은 드디어 오셨다. 모든 것은 이 아들의 존재에 달렸다. 왜냐하면 정사는 그 어깨에 있는 까닭이다. 나라는 그의 것인 까닭이다. 의와 평화의 나라는 이

한 아들에 의하여 세워질 것이기 때문이다. 그가 있는 곳에 생명이 있기 때문이다. 즉 그 자신이 전부이다.

그의 인격에는 모든 것이 들어있다. 그러면 그의 인격은 어떠한 분이신가. 그 이름이 이것을 잘 나타내고 있다. 이름에 '기묘자'라고 즉, 경의이다. 그 자신이 기적이다. 그는 사람이면서 사람이 아니다. 그는 처녀의 몸에서 나셨지만, 땅에서가 아니고 하늘로부터 오셨다. 그는 아버지 품속에 계시던 분이다.

또 이름하기를 '묘사'라고, 즉 측량할 수 없는 지혜의 사람이며, 모든 것을 다 아시고, 가장 선하게 처리하시는 분이시다. 그의 생각이 미치지 못하는 곳이 한 곳도 없다. 누가 그의 영을 인도하여 가르칠 자가 있을 수 있겠는가? 누가 저의 고문이 되어 저와 더불어 의논할 수 있는 자가 있을 수가 있겠는가?

또 그 이름에 이르기를 '전능하신 하나님'이라고 하여 능력이 무한하여 무소불능하신 하나님과 같은 사람, 죄를 속하시고 죽음을 멸하여 모든 재화를 끊으시고, 새 하늘과 새 땅을 창조해 주시는 분이시다.

또 '영존하시는 아버지'라고 하여 영원히 아버지가 되셔서 그 사랑을 가지고, 아들을 위해 모든 것을 갖추어 주시는 분이시다. 그는 은혜와 진리가 충만하시므로 그를 소유한 자는 언제나 부족이란 없다.

마지막으로는 '평강의 왕' 그는 평화를 사랑하사 몸으로써 평화를 이루어 주시는 분이시다. 모든 알력은 고쳐지지 않으면 안 된다. 하나님과 사람, 사람과 자연, 자연과 하나님 사이의 알력은 멈추고, 그이 때문에 서로 화답하고 응하게 된다.

머리에는 지혜, 손에는 모든 권능, 심장에는 사랑과 평화, 그리고 전체로서는 경의, 이러한 분이 임마누엘이시다. 이 사람이 한 번 임하시면 영원의 평화는 사람의 영혼에도 백성들의 사회에도 모든 피조물의 세계에도 풍성하게 넘치게 될 것이다. 그분이야 말로 인류의 왕으로서의 실력을 가지시고 우리에게 임하신다.

그때에는 지금 우리가 경험하는 모든 악한 것이 끝나게 될 것이다. 이사야는 이 큰 꿈을 보았다. 꿈에서 깨어나 현실의 천박한 것을 보면 소망은 다 없어지게 된다. 그러나 다시 고쳐 생각해 본다. 이 큰 꿈을 실현하시려고 하는 이는 사람이 아니고 여호와이시다. 그렇다. 만군의 여호와이시다. 그의 열심은 무한하다. 그의 열심을 막을 자는 없다. 그의 열심이 반드시 이것을 이루실 것이다. 아멘.

〈부산모임〉 1974년 10월호[45:7-6]

성탄절을 맞으면서(1975년)

 해마다 성탄절을 맞이할 때 우리를 죄와 사망에서 구원해 주시기 위해 영광의 보좌를 떠나 육을 입으시고, 죄악 세상에 탄생하신 구주의 은혜와 사랑을 감사하게 된다.
 나는 이번 성탄절을 또 하나의 각별한 느낌으로 맞이하게 되었다. 나는 금년 9월 23일에 서울에서 발을 잘못 디디어 오른쪽 발목 힘줄, 아킬레스 건을 다쳐 석고붕대를 해 가지고 자연 치유를 기다리고 있었다. 12월 2일에 그 석고붕대를 떼고 보니 끊어졌던 힘줄은 잘 연결되어서 다리가 회복 될 것이 분명하였다.
 석고붕대를 했을 때에는 아프지는 않았으나 다닐 수가 없었고, 부자연스러웠다. 석고붕대를 떼고 보니 조금 아프지만, 걸을 수가 있어서 자유함을 느꼈다. 그래서 다시 맡은 직분을 하게 되니 먼저 해방의 기쁨을 느꼈다. 그래서 이번 성탄절은 나에게는 사탄의 속박에서 해방시켜 주신 주님의 탄생을 축하하고자 하는 마음으로 충만하게 되었다. 나의 일생을 회고해 볼 때에 나의 삶은 계속된 사탄과의 싸움이었다.
 그리고 항상 사탄의 궤계에 빠지는 생애였다고 말할 수 있다. 그래서 나는 하나님 앞에서 사단으로부터 추한 꼴로 서서 소송을 당하지 않으면 안 되는 참혹한 상태였다. 그런데 하나님은 사단을 책망하시고 나를 옹호해서 말씀하시기를 "이는 불에서 꺼

낸 그슬린 나무가 아니냐 …… 내가 네 죄악을 제거하여 버렸으니 네게 아름다운 옷을 입히리라 하시기로 내가 말하되 정결한 관을 그의 머리에 씌우소서 하매 곧 정결한 관을 그 머리에 씌우며 옷을 입히고 여호와의 천사는 곁에 섰더라"슥 3:1-5라고 하신 것을 믿게 되었다.

즉, 스가랴의 환상을 통해 여호수아에게 하신 말씀이 예수 그리스도의 탄생으로 성취된 것임을 믿게 되어 사탄과 더불어 싸우면서 신앙생활을 하는 많은 사람과 함께 이 축복을 나누고자 한다.

그리고 "네가 만일 내 도를 행하며 내 규례를 지키면 네가 내 집을 다스릴 것이요 내 뜰을 지킬 것이며 내가 또 너로 여기 섰는 자들 가운데에 왕래하게 하리라"슥 3:7는 말씀으로 선물을 삼고자 한다.

〈부산모임〉 1975년 12월호[51:8-6]

예수 그리스도의 성탄절에 즈음하여

예수 그리스도의 성탄은 하나님께서 창조하신 사람이 명령에 순종하지 않았을 때 품으셨던 경륜에 의해 이루어진 것이다. 즉 아담과 하와가 벌거벗은 것을 깨닫고 무화과 나뭇잎으로 치부를 가리고 숨었을 때, 찾아 오셔서 가죽옷을 만들어 가리도록 하신 것이 그 첫 번째 상징이다.

다음에 노아 때 홍수 후에 무지개로 약속하신 것이 그 두 번째 상징이며, 그 다음 아브라함에게 "네 씨로 말미암아 천하만민이 복을 얻으리니, 네 자손이 하늘에 별과 같이 땅의 모래와 같이 많겠다"창 22:18고 말씀하신 것도 예수 그리스도로 말미암아 구원 얻을 사람이 많을 것을 약속하신 것이다.

또 야곱이 자녀들을 축복할 때에 "규가 유다를 떠나지 아니하며 통치자의 지팡이가 그 발 사이에서 떠나지 않겠다"창 49:10는 예언에 의하여 예수님께서 유다 지파에서 탄생하신 것이다. 또 다윗에게 "네 몸의 소생을 네 왕위에 둘지라"시 132:11고 맹세하셨고, "다윗에게 한 의로운 가지를 일으킬 것이라 그가 왕이 되어 지혜롭게 다스리며 …… 그의 날에 유다는 구원을 받겠고 이스라엘은 평안히 살 것이며 그의 이름은 여호와 우리의 공의라 일컬음을 받으리라"렘 23:5-6고 했다.

"또 유대 땅 베들레헴아 너는 유대 고을 중에서 가장 작지 아니하도다 네게서 한 다스리는 자가 나와서"마 2:6라는 예언대로 예수님은 베들레헴에서 탄생하셨다.

또 "이새의 줄기에서 한 싹이 나며 그 뿌리에서 한 가지가 나서 결실할 것이요 그의 위에 여호와의 영 곧 지혜와 총명의 영이요 모략과 재능의 영이요 지식과 여호와를 경외하는 영이 강림하시리니 그가 여호와를 경외함으로 즐거움을 삼을 것이며 그의 눈에 보이는 대로 심판하지 아니하며 그의 귀에 들리는 대로 판단하지 아니하며 공의로 가난한 자를 심판하며 정직으로 세상의 겸손한 자를 판단할 것이며 그의 입의 막대기로 세상을 치며 그의 입술의 기운으로 악인을 죽일 것이며 공의로 그의 허리띠를 삼으며 성실로 그의 몸의 띠를 삼으리라"사 11:1-5고 말씀하셨다.

이상은 다윗의 위를 계승하여 강림하실 예수 그리스도에 대한 예언이다. 이것들은 물론 성령의 지시를, 하나님의 뜻을 선포한 것이어서 구약에는 메시아의 내림에 대한 예언으로 충만해 있다. 이 예언의 기약이 차서, 1980년 전에 요셉과 정혼한 마리아에게 성령으로 잉태 되사 유대 베들레헴에 탄생하셨다.

처음 이 소식을 듣고 친히 목격하고 하나님께 영광을 돌렸던 자들은 들에서 양을 치던 목자들이었다. 여호와께 예물로 드리는 양을 치던 목자들에게 홀연히 천사가 나타나 이르되 "무서워하지 말라 보라 내가 온 백성에게 미칠 큰 기쁨의 좋은 소식을 너희에게 전하노라 오늘 다윗의 동네에 너희를 위하여 구주가 나셨으니 곧 그리스도 주시니라"눅 2:10-11하더니, 홀연히 허다한 천군과 천사들이 찬송하기를 "지극히 높은 곳에서는 하나님께 영광이요 땅에서는 하나님이 기뻐하신 사람들 중에 평화로다 하니라"눅2:14고 했다. 목자들은 곧 베들레헴까지 빨리 가서 마리아와 요셉과 구유에 누인 아기를 찾아보고 하나님께 영광을 돌리고 찬송하며 돌아갔다.

두 번째로는 동방의 박사들이 이상한 별이 나타난 것을 보고 그 별 곧 성령의 인도하심을 따라 유대 예루살렘까지 와서 "유대인의 왕으로 나신 이가 어디 계시냐?"하고 물었다. 왕의 제사장들과 서기관들이 유대 땅 베들레헴이라고 말했다. 박사들은 그 말을 듣고 별의 인도하는 대로 기뻐서 베들레헴으로 가서 아기 예수를 만나 뵈옵고 준비해 가지고 갔던 보배함을 열어 황금과 유향과 몰약을 예물로 드리며 경배했다.

세 번째는 탄생 후 제8일에 모세의 법대로 결례의 날이 차서 비둘기 한 쌍이나 어린 반구들을 가지고 할례하려고 성전에 들어 가니, 성령의 감동으로 시므온이 아기 예수를 안고 "주재여 이제는 말씀하신 대로 종을 평안히 놓아 주시는도다 내 눈이 주의 구원을 보았사오니 이는 만민 앞에 예비하신 것이요 이방을 비추는 빛이요 주의 백성 이스라엘의 영광이니이다 하니"눅2:29-32라고 찬송했다.

네 번째는 아셀 지파의 바누엘의 딸 안나라고 하는 여자 선지자는 과부 된지 84년이나 된 노인이었는데, 이 분은 성전을 떠나지 않고 주야로 금식 기도하며 섬기더니, 이 때에 아기 예수를 만나보고 하나님께 감사하고, 예루살렘의 구속됨을 바라는 모든 사람에게 이 아기에 대하여 선전했다. 즉, 안나는 늘 기도하던 중 성령의 감동으로 예수 그리스도 곧 메시아의 탄생을 마음으로 깨닫고 기뻐서 선전한 것이다.

그러나 당시 헤롯왕은 자기의 왕위의 위험을 느끼고 베들레헴 부근에 있는 두 살 이하의 모든 아기들을 다 죽이라고 하는 악마의 종이었음을 성경에서 이야기하고 있다마 2:16-18. 그런데 이 때에 예수님은 성령의 지시로 요셉과 마리아를 따라 애굽으로 내려가 있었기 때문에 그 난을 피했다.

이상 예수님의 초림 시, 예수를 메시아로 영접하여 축하한 사람들은 천사나 성령의 지시를 따라 된 것으로 평소 진실한 믿음의 사람이었다. 그러나 헤롯과 같이 권세욕에 사로 잡혔던 자는 예수를 죽이려고 무고한 아이들을 죽인 사실로 보아, 오늘에 있어서도 두 가지 부류의 사람들이 있을 수 있다고 생각한다. 우리는 어느 부류에 속해 있는 사람인지 반성해 보아야 하겠다.

그리고 먼저 예수를 구주로 믿게 된 우리는 이 시대에 우리에게 주시는 소명감에 대하여 다시 한번 깊이 생각할 필요가 있다.

단도직입적으로 무신론의 유물주의 사상과, 물질, 과학 만능주의로 인생문제를 해결하려고 하다가 인권은 땅에 떨어지고, 경제공황에 허덕이며, 방향 없이 사람답게 살지 못하는 이 인류를 어떻게 구원하여야 할 것인가?

이것이 그리스도께서 우리에게 물으시는 심각한 과업이라고 믿는다. 그리스도께서는 벌써 그 길을 성취하시고, 그 길을 따르라고 재촉하시고 성령으로 격려하신다. 우리는 과연 주님이 기뻐하실 만큼 성령의 감동으로 불의를 미워하며 진실을 사랑하고 있는가? 그리스도의 몸 된 교회의 신도들은 과연 그리스도를 위하여 남은 고난을 짊어 지고 따르고 있는가? 세속화 되어 맛 잃은 소금과 같지 않은가?

나는 우리 믿는 자들의 타락이 심판을 자초한다고 생각한다. 누가 과연 구주 성탄을 뜻있게 맞이하는 사람인가. 성령의 감화로 이 시대의 죄악에 대한 책임을 느끼고 회개하는 사람이라고 생각한다. 이 사회의 죄악에 대하여 우리 신도들의 책임은 중하다. 1980년 이윤상 유괴살인사건의 범인인 주영형의 죄는 어찌 그 자신만의 책임일까? 우리 신자는 어찌 그 책임을 면할 수 있을까? 그의 영혼이 불쌍하지 않은가? 하나님을 떠나서 스스로 살려고 하면 그런 시험의 위험이 항상 뒤따른다고 믿는다. 이는 악마의 역사이다. 이 악마의 역사에서 누구든지 한 분이라도 승리하여야 할 것이다. 이 악마의 역사를 승리하신 이는 예수님뿐이다. 그러므로 이 예수님의 탄생을 축하한다.

우리는 주님을 늘 배반하나 주 예수 여전히 날 부르사 참되신 사랑을 베푸신다. 성령을 보내어 주신다. 아니, 성령으로 찾아 오셔서 내가 세상을 이기었으니 너희도 믿고 담대하라고 하신다.

한편 사단은 우리를 주님에게서 떨어지게 하려고 힘쓴다. 그러나 성령은 결코 사탄의 역사를 그대로 방임해 두시지 않으실 것이다. 다만 우리의 자유의사를 가지고 어디까지 열성으로 순종하는가 기다리시는 것뿐이시다.

예수 그리스도께서 인류구원을 성취하시고 사단과 죽음, 죄의 권세를 승리하셨으니 우리도 그의 제자답게, 바울과 같이 그의 남은 고난을 채우도록 힘차게 불의를 대항해서 싸우자. 그리고 싸워 이기면서 승전고를 울리며 그리스도를 영접하자. 그의 빛을 비추며, 그의 향기를 날려 보자. 인류의 죄를 지시고 빌라도 앞에서 홍포를 입으신 그리고 머리에 가시관을 쓰신 그 예수님의 모습을 우리도 나타내보자. 이것이 사람다운 사람의 모습이라고 하나님이 밝히셨다. [본회퍼 Dietrich Bonhoeffer(1906-1945) 저,《현대 그리스도교 윤리》]

이번 성탄절을 맞이하여 나는 내 동포들에게 예수 그리스도께로 돌아와 그의 사랑으로 하나되는 은혜를 입어 세계 평화에 공헌하자고 외치는 바이다.

〈부산모임〉 1981년 10, 12월호[83:14-4]

크리스마스의 나의 소감

시므온과 안나

과거의 크리스마스 때의 나의 소감은 헤롯왕 때에 유대 베들레헴에서 나신 아기 예수에게 동방박사들이 별을 보고 찾아와 경배하고, 황금과 유향과 몰약을 예물로 드린 일^{마 2:1-12}, 요셉과 마리아가 아기 예수를 데리고 헤롯을 피하여 애굽으로 도망 갔던 일^{마 2:13-15}, 헤롯이 베들레헴과 그 모든 지경 안에 있는 사내아이들을 두 살부터 그 아래로 다 죽인 일^{마 2:16-17}이었다.

또한 베들레헴 지경에 목자들이 밖에서 밤에 자기 양떼를 지키고 있을 때에 천사가 나타나 주의 영광을 비치면서 "무서워하지 말라 보라 내가 온 백성에게 미칠 큰 기쁨의 좋은 소식을 너희에게 전하노라 오늘 다윗의 동네에 너희를 위하여 구주가 나셨으니 곧 그리스도 주시니라 너희가 가서 강보에 싸여 구유에 뉘어 있는 아기를 보리니 이것이 너희에게 표적이니라 하더니 홀연히 수많은 천군이 그 천사들과 함께 하나님을 찬송하여 이르되 지극히 높은 곳에서는 하나님께 영광이요 땅에서는 하나님이 기뻐하신 사람들 중에 평화로다"^{눅 2:10-14}하는 하나님을 찬송하는 소리를 들었다.

그 소리를 들은 목자들은 베들레헴으로 빨리 가서 마리아와 요셉과 구유에 누인 아기를 찾아 보고, 하나님께 영광과 찬송을 돌린 것을 위주로 생각하고 주일학교 학생들에게 전했었다.

예수님이 탄생하신 지 8일 만에 모세의 법대로 결례의 날이 차서 예루살렘에 올라가 아기를 주께 드리고 이름을 예수라고 지었다. 이것은 바로 수태하기 전에 천사의 일컬은 바대로 된 것이었다.

이 때에 예루살렘에 시므온이라고 하는 사람이 있었는데, 평소에 의롭고 경건하여 이스라엘의 위로를 기다리면서 기도하는 중에 '주의 그리스도를 보기 전에는 죽지 아니하리라.' 하는 성령의 지시를 받고 기대하면서 살았다.

예수님의 부모가 율법의 전례대로 행하고자 하여 아이를 데리고 들어 올 때에 시므온이 이 아이를 보고 성령에 감동되어 "주재여 이제는 말씀하신 대로 종을 평안히 놓아 주시는도다 내 눈이 주의 구원을 보았사오니 이는 만민 앞에 예비하신 것이요 이방을 비추는 빛이요 주의 백성 이스라엘의 영광이니이다"눅2:29-32 라고 하나님을 찬송했다.

금년에도 내 자신이 나이가 든것을 느껴서 그런지 모르지만, 나도 이와 같이 찬송하면서 다시 오실 주님을 기다리며 환영하는 마음이 간절해졌다.

또 하나는 아셀지파 바누엘의 딸 안나라고 하는 선지자가 있었다. 그가 출가한 후 일곱 해 동안 남편과 함께 살다가 과부된 지 84년이 지난 노파였는데, 성전을 떠나지 않고, 주야로 금식하면서 기도함으로 주님을 섬겼다. 이 사람이 아기 예수를 영접하고 하나님께 감사하면서 예루살렘의 구속됨을 바라는 모든 사람에게 이 아기에 대하여 증언했다.

우리 믿는 사람 중에는 이러한 늙은 여인이 적지 않다. 나는 이번에 세계 일주를 하고 왔는데, 미국 캘리포니아주 롱 비치에 사는 97세의 늙은 여성도를 만나 보았고, 94세의 늙은 여종이 "구하라 그리하면 너희에게 주실 것이요 찾으라 그리하면 찾아낼 것이요 문을 두드리라 그리하면 너희에게 열릴 것이니"마 7:7 의 말씀을 읽고 동방 박사들이 별을 보고 찾아 온 것을 예를 들어 설명하는 것을 들었다.

우리는 지금 다시 오실 주님을 기대하고 있다. 인간을 저희의 모든 죄와 사망의 권세에서 온전히 구속하실 주님의 재림을 고대하며 "주 예수여, 속히 오시옵소서." 하고 기도한다.

〈부산모임〉 1988년 2월호[20:21-1]

송구영신의 성구

"진리가 예수 안에 있는 것 같이 너희가 참으로 그에게서 듣고 또한 그 안에서 가르침을 받았을진대 너희는 유혹의 욕심을 따라 썩어져 가는 구습을 따르는 옛 사람을 벗어 버리고 오직 너희의 심령이 새롭게 되어 하나님을 따라 의와 진리의 거룩함으로 지으심을 받은 새 사람을 입으라" 엡 4:21-24

"그러므로 너희가 그리스도 예수를 주로 받았으니 그 안에서 행하되 그 안에 뿌리를 박으며 세움을 받아 교훈을 받은 대로 믿음에 굳게 서서 감사함을 넘치게 하라" 골 2:6-7

"너희가 서로 거짓말을 하지 말라 옛 사람과 그 행위를 벗어 버리고 새 사람을 입었으니 이는 자기를 창조하신 이의 형상을 따라 지식에까지 새롭게 하심을 입은 자니라" 골 3:9-10

"그런즉 누구든지 그리스도 안에 있으면 새로운 피조물이라 이전 것은 지나갔으니 보라 새 것이 되었도다" 고후 5:17

"그러므로 형제들아 내가 하나님의 모든 자비하심으로 너희를 권하노니 너희 몸을 하나님이 기뻐하시는 거룩한 산 제물로 드리라 이는 너희가 드릴 영적 예배니라 너희는 이 세대를 본받지 말고 오직 마음을 새롭게 함으로 변화를 받아 하나님의 선하시고 기뻐하시고 온전하신 뜻이 무엇인지 분별하도록 하라" 롬 12:1-2

〈부산모임〉 1987년 1월호[114:20-1]

송년사

 1981년 초에 남북 대화의 기대가 부풀어 있었으나 12월이 되어도 전혀 그 기미를 느낄 수 없이 지나가게 됨을 유감으로 생각한다. 올해에는 풍년이 들었으나, 농산물은 그 값이 싸서 어렵다 하며, 체신, 교통 요금은 올라서 국민들이 어려움을 부르짖고 있다.

 그러면서도 국민들이 절약에 대해서는 그렇게 예민하게 반응하지 않으니 염려스럽다. 사람이 떡으로만 사는 것은 아니지만, 외국의 부채가 늘어가면 우리는 허리띠를 졸라매고, 근검절약하겠다는 노력이 필요하지 않을까?

 올해에는 교통사고가 너무도 잦았다. 그 중에서도 11월 울산에서 부산으로 오던 트럭이 버스와 충돌하여 수십 명의 사상자를 내었고, 같은 달 부산에서 산성시내버스가 절벽에서 추락하여 34명의 사상자를 냈다. 큰 사고라고 하지 않을 수 없다.

 또 12월 초에는 1년 전에 유괴되었던 이윤상 군을 죽인 범인이 잡혔는데, 그 범인이 이윤상 군의 선생이었다고 해서 그 부모의 분노와 상심은 말할 것도 없고, 동무들의 격분과 우리 전 국민의 실의는 위로 받을 길이 없었다.

 그 밖에도 거의 매일 같이 일어나는 살인 사건들에 대해 우리는 국민으로서 책임을 느끼지 않을 수 없다. 이윤상 군의 살해사건에 대해 교육계에서는 경서중학교장을 비롯하여 같은 구역에 있는 시학관과 교육감이 사표를 내고, 경서중학교 교사들이 사과문을 발표함으로써 부모님과 국민들의 슬픔을 풀어주도록 힘쓴 것은 좋으나, 이와 같은 엄청난 죄에 대해서 우리 사회의 공동 책임으로 느끼고, 위로부터 아래까지 진실된 회개가 있어야 할 것이라 생각한다.

이윤상 군의 부모님의 비애와 통분과 같은 눈물이 우리 눈의 눈물이 되었으면 한다. 예수님께서 나사로의 무덤에 가서 우신 것과 같은 통분이다. 있을 수 없는 일이 일어났다. 살도록 보내신 사람이 그것도 비명에 죽었다. 사랑하는 선생의 손에 살려고 하는 생명의 힘이 악마의 힘에 죽다니 이 어찌 참을 수 있겠는가?

이 악마가 사람의 양심을 어둡게 하고, 폭력으로 그런 죄악을 저지르게 한 것 아닌가? 우리는 자기도 모르는 사이에 그 악마의 활동을 저지 못하고 수수방관하고 있었던 것이다. 그것은 사랑이 없어서가 아니었던가? 즉, 자기 일만 생각하고 남에 대한 생각은 전혀 잊고 있었던 상태이었던 것이다.

1981년은 지나가려고 한 위에서와 같은 큰 불행과 범죄의 결과를 나타내고, 우리는 크게 반성하고, 회개하는 것만이 하나님의 성분聖憤에 옳게 응답하는 일이라 믿는다.

한편 경제면에서 살펴보면 우리는 더욱 허리를 졸라매고 근검절약에 힘써야 하겠다. 최근 유가 상승, 철도, 체신, 요금의 상승, 여러 가지 공공요금의 상승이 불가피하게 되었다. 세계의 경제불황이 그 원인이라고 한다. 우리는 세계 안에서 살고 있다. 이 인플레이션과 경제공황은 세계적인 것이다. 문명인은 벌써 그

공황에 대처할 준비를 하고 절약에 힘쓰고 있다고 한다.

그런데 우리 동포는 그런 지혜가 부족한가. 카바레에 가보면 술과 춤에 도취하는 무리가 만원을 이룬다고 하며, 도박으로 패가 망신하는 일이 많은데, 그것을 왜 우리 동포의 힘으로 막아내지 못하는가.

나도 15세 때, 1-2년간 화투놀이에 도취했다가 학비를 보내기 어려운 아버지께 죄를 지었다고 생각하고, 철저한 회개를 하고 예수님을 구주로 믿었다.

나는 이 점에 있어서 나처럼 되기를 감히 말한다. 그리고 금년에 동포의 상잔이 없었던 것을 감사드린다.

〈부산모임〉 1981년 10, 12월호[83:14-4]

송구영신

감사절-성탄절

해마다 12월이 오면 송구영신이 생각난다. 첫째로 금년도 초기에 남북대화의 제창이 있었으나, 실현이 되지 못하고 지나가는구나 생각하니 서글픈 생각이 앞선다. 이것은 사랑이 없는 이는 될 수 없음을 알게 하며, 우리 믿는 사람의 책임이라고 생각한다.

둘째로 봄과 초 여름에 비가 오지 않아서 한재로 동포들 특히, 농가에서 몹시 염려하고 수고하였는데, 뜻밖에 풍년이 들어 농사 지은 사람은 물론 온 국민이 기뻐하게 된 것은 하나님의 긍휼하심이 나타났다고 믿고 감사드린다.

세 번째로 감사드리는 것은 이번 부산여름 모임에 김용준 선생이 "인간성의 과학"이라 표제하고 강의해 주셔서 감명한 것이다. 과학은 인간을 위한 것이며, 참된 과학자는 참된 인간성을 가진 자라야 한다는 것을 깊이 느끼게 해 주셨다.

네 번째로 감사한 것은 11월에 일본에서 후지사와 타케요시 藤澤武義 선생이 그 노구를 이끌고 7회나 찾아오셔서 과거의 일본이 저지른 죄를 사과하며, 부산에서 4회에 걸쳐서 성경강해를 해 주신 일이다.

결론으로 "주께서 저희 죄를 사하셨은즉 다시 죄를 위하여 제사드릴 것이 없느니라"히 10:18 고 말씀하여 주시고, 한국의 형식적 예배를 반성하도록 촉구한 것은 우리 크리스천들이 반성하고 주님의 은혜에 감사하여야겠다고 생각한다.

다섯 번째로 반성하여야 할 것은 우리 마음에 다른 사람을 미워하는 좁은 생각을 가지고 있지 않는지 하는 문제이다. 자기는 정의를 위한다고 하면서 좁은 생각으로 관대하여야 할 때에 관대하지 못하고, 전체의 평화를 파괴하는 일은 없는지 반성하여야겠다.

여섯 번째로 교통사고, 화재, 살인, 경제범들이 사회에 너무도 많이 발생하는 일이다. 이에 대해서 우리 믿는 사람, 지식인, 교사 선생, 지도자들이 책임을 느껴야 하겠다. 회개하지 않고는 넘어 갈 수 없다. 송구영신은 여기에 있다.

일곱 번째로 참 회개한 자는 그리스도를 영접한 사람이다. 이 그리스도를 모시고 그 안에 있는 사람이 송구영신한 사람이다. 그러므로 나부터 회개하고 주안에서 살아야 하겠다. 주안에서 사는 사람이 하나님과 화평을 이루고, 화평케 할 수 있는 사람이 될 것이다. 내년 12월에는 어느 정도로 주안에서 살았는가 반성해 보고 이 글을 다시 써보려고 한다.

〈부산모임〉 1982년 12월호[89:15-6]

〈삶의 회상〉

1951년 7월 부산 영도에서 전재민과 극빈자들을 위한 무료의원 [복음의원]이 개설되므로 그 의원의 책임을 지게 되었다. 그때 나는 존경하는 전종휘 박사와 더불어 매일 100명 가량의 무료진료를 하게 되었다. 이 일은 내가 의사가 되려고 할 때에 서원했던 정신과 같은 일이었고, 또 조국의 운명을 결정하는 일이라고 생각해서 힘껏 일했다.

예수님의 생애와 나의 회고

탄생하셔서 14세까지

예수님의 생애에 대해서는 구약성서와 신약성서에 나타나 있는데, 특히 신약의 공관 복음과 요한복음에 잘 기록되어 있다.

예수님의 탄생에 관한 기록은 마태복음 1장과 누가복음 1-2장에서 찾아 볼 수 있다.

예수님은 성령의 잉태로 육신을 입으시고 세상에 오셨고 나는 일반적·생물학적 법칙으로 출생했다. 그리고 예수님은 출생 후 8일만에 할례를 받으시고, 예수라는 이름으로 불리셨는데, 곧 수태하기 전에 천사가 일컫은 대로 된 것이다.

그런데 나의 이름은 아이 때에는 금강석이라 불렸고, 호적에 등록할 때에는 기창^{起昌}이라고 하려다가 가문에 같은 이름을 가진 자가 있음을 알고 기창이와 비슷한 기려^{起呂}로 고쳤다고 한다.

예수님은 어린 아기 때에 헤롯이 죽이려고 하므로, 그의 부모님이 애굽으로 피난하였다가 헤롯이 죽은 후에 갈릴리 나사렛으로 돌아가, 자라며 강하여지고 지혜가 충족하며 하나님의 은혜가 그 위에 있었다.

나는 출생 후 할머니 품에서 자라며 예수님을 구주로 영접한 가정에서 지혜를 얻게 되었다.

예수님은 14세 때 유월절에 예루살렘에 올라가서 성전에서 선생들 중에 앉으사 저희에게 듣기도 하시고 묻기도 하셨다. 사흘 후에 예수님의 부모들이 성전에서 만나서 몹시 찾았다고 말하니까 "왜 나를 찾으셨어요? 내가 아버지 집에 있어야 할 줄을 모르셨습니까?"하고 대답하셨다. 예수님은 어렸을 때부터 구약을 읽으셨고, 구약에서 자기가 하나님의 아들이심을 믿게 된 줄로 생각한다. 그 후에 부모님을 따라 나사렛으로 내려가 부모님을 섬겼는데, 그 지혜와 그 키가 자라가며 하나님과 사람에게 더 사랑스러워 지셨다.

나는 그 시절에 장난을 좋아했고, 겨울에는 팽이놀이를 하다가 내가 상대방 아이에게 지자 심술이 나서 그 아이의 팽이를 도둑질했다. 다시 팽이놀이를 해서 이겼지만, 도무지 유쾌하지 않았다. 목사님이 부흥회에서 도둑질한 것을 회개하라고 하셔서 회개했다.

7-8세 때에 아버지께서 창세기에 있는 야곱의 아들 요셉의 이야기를 들려 주셨다. 나는 요셉이 형님들을 잘 섬기고, 애굽으로 팔려 갔어도 정절을 지키고 하나님만을 믿고 의지하다가 애굽의 바로왕 앞에서 수상이 되어, 7년 풍년 때에 곡물을 저축하였다가 7년 흉년 때에 그 곡물을 팔아서 애굽 사람을 구했을 뿐 아니라 부모님과 형제들을 구원했다는 이야기에 도취했다. 그래서 나는 자라서 요셉과 같이 되기를 바랬다.

그 다음 10-11세 때에는 아버지께서 다윗왕의 이야기를 해주셨다. 다윗은 용감한 사람으로 원수 골리앗을 물매돌 다섯 개로 쳐 부수고, 또 사울왕이 자기를 죽이려고 추격했지만, 자기는 하나님께서 기름 부으신 사울왕에게 손을 댈 수 없다고 하여 사울왕을 죽일 수 있는 기회에도 도리어 피해 다녔고, 마침내 하나님께서 사무엘 선지자를 통해 왕으로 삼으셨다.

사울왕의 아들 요나단과는 끝까지 사랑하여서 그들의 우애는 나를 감동케 하였다. 그래서 나는 다윗왕처럼 되기를 원했다. 그러나 15세 때에 개성 송도 고등보통학교에서 공부하는 동안에 1-2학년 때에 저녁마다 화투를 치고 놀다가 어느 날 문득 아버님께서 매월 학비로 20-30원을 남에게 꾸어서 보내주시는데, 아버지가 얼마나 괴로우실까 하는 생각이 들었고, 내가 허송 세월하는 것이 죄임을 깨닫게 되었다. 그래서 불효자임을 자각하면서 '나와 같은 불효자가 어떻게 하나님 앞에 설 수 있을까'하는 마음으로 회개하였고, "너의 죄는 주 예수께서 담당해 주시지 않았느냐"하시는 음성에 나는 구원받고 세례를 받았다.

그 후부터 나는 예수 그리스도 이외의 어떤 사람에게도 머리를 숙이지 않게 되었다.

준비기

세례를 받으심

예수님의 생애에 15세에서 30세까지는 성경에 많이 기록되어 있지 않으나, 아마도 아버지이신 목수 요셉을 도와 노동 일을 하여 생계를 도왔고, 또 시간이 있는 대로 구약을 읽으시면서 교양을 쌓았다고 본다.

누가복음에는 세례 요한이 예수님보다 6개월 먼저 와서 광야에서 "회개하고 복음을 믿으라"고 외친 일과 또 요단강에서 죄를 회개하는 세례를 베푼 일이 기록되어 있다. 당시에 구국운동을 표방하고 세례를 베풀던 꿈란 교단에서는 죄가 생각이 나서 회개한다고 하면 몇 번이고 이 세례를 베풀었다.

그러나 세례 요한은 생각하기를 세례는 인격적으로 하는 것이므로 단 한번으로 족하다고 했다. 예수님이 요한에게 세례를 받으시려고 요단강에 나아오니, 세례 요한은 세례를 베풀기를 사양했다. 예수님께서 세례 요한에게 세례를 받으므로 하나님의 의를 이루는 것이라고 강요하셨으므로 세례 요한은 예수님께 세례를 베푸신 것이다. 아마도 예수님께서는 인류의 죄를 연대 책임으로 생각하시고 죄가 없으시면서도 세례를 받으셨다고 본다. 예수께서 물속에 들어 가셨다가 물 위로 올라오실 때에 하늘이 열리고, 성령이 비둘기 모양으로 예수님께 임하시면서 "너는 내 사랑하는 아들이라"고 하는 음성이 들려 왔다^{눅 3:22, 마 3:1-17}. 이것은 예수님의 자각을 확신케 하는 음성이었다.

시험을 받으심

그 후에 예수님께서는 성령의 인도하심을 따라 광야로 나아가사 40일을 금식하시며 주리신 때에 마귀에게 시험을 받으셨다.

마귀는 시험하기를 예수님께 하나님의 아들이라면 돌을 명하여 떡이 되게 하라고 했다. 그런데 예수님은 "사람이 떡으로만 살 것이 아니요 하나님의 입으로부터 나오는 모든 말씀으로 살 것이라"^{마 4:4}고 대답하셨다.

다시 마귀가 예수님을 거룩한 성으로 데려다가 성전 꼭대기에 세우고 "네가 만일 하나님의 아들이어든 뛰어내리라 기록되었으되 그가 너를 위하여 그의 사자들을 명하시리니 그들이 손으로 너를 받들어 발이 돌에 부딪치지 않게 하리로다"고 하신 성경 말씀을 가지고 시험했다. 예수님은 "기록되었으되 주 너의 하나님을 시험하지 말라 하였느니라"고 하신 말씀으로 그 시험을 물리치셨다^{마 4:5-7}.

그 다음으로 마귀는 예수님을 데리고 지극히 높은 산으로 가서 천하 만국과 그 영광을 보이며 "만일 내게 엎드려 경배하면 이 모든 것을 네게 주리라"고 시험했다. 이에 예수님은 "사탄아 물러가라 기록되었으되 주 너의 하나님께 경배하고 다만 그를 섬기라 하였느니라"고 하신 말씀으로 모든 시험을 물리치셨다^{마 4:8-10}. 이에 사단은 예수를 떠나고 천사들이 나아와 수종 들었다.

예수님의 소명감

안식일 어느 날, 예수께서 자라나신 곳 나사렛에 있는 회당에 들어가셔서 성경 이사야의 글을 읽으셨다.

> 주 여호와의 영이 내게 내리셨으니 이는 여호와께서 내게 기름을 부으사 가난한 자에게 아름다운 소식을 전하게 하려 하심이라 나를 보내사 마음이 상한 자를 고치며 포로된 자에게 자유를, 갇힌 자에게 놓임을 선포하며 여호와의 은혜의 해와 우리 하나님의 보복의 날을 선포하여 모든 슬픈 자를 위로하되^{사 61:1-2}

이 말씀을 들은 자들이 다 주목하였던 것은 그 말씀이 곧, 메시아의 소명이었기 때문이다. 예수님께서는 이 말씀이 너희에게 응하였다고 선언하셨다.

나의 회고

나의 준비기는 18세에서 30세까지 의학을 공부한 기간인데, 인생 출발에 확고한 신념이 없었고, 의학과 기술을 연마하는데 진지하지 못했다. 특히 현실에 굳게 서지 못했고, 현실을 부정하는 태도로 충실하지 못했다.

12년간이나 외과학을 전공했으나, 기본적 원칙도 파악하지 못하고, 30세에 자립하지 않을 수 없게 되었다.

주님의 복음선언과 행적

예수님의 복음선언

예수님의 복음선언은 세례 요한이 잡힌 후에 예수께서 갈릴리에 오셔서 "때가 찼고 하나님의 나라가 가까이 왔으니 회개하고 복음을 믿으라"막 1:15, 마 3:2고 하신 때부터였다.

나의 생애를 회고해보면 자기의 사명을 깊이 깨닫고 그것을 선언한 바가 없다. 다만, 의학을 지망할 때에 만일 의사가 되기만 하면 치료비가 없어 의사의 진료를 받지 못하는 사람들을 위해 진료하는 의사가 되리라고 하는 결심을 한 것뿐이었다.

예수님이 제자들을 불러 세우심

예수께서 갈릴리 해변에 다니시다가 시몬과 안드레 그리고 세베대의 아들 야고보와 요한을 부르셔서 제자로 삼으셨다마 4:18-22. 그 이튿날 저들의 고향 사람 빌립을 부르시고, 빌립은 나다나엘을 찾아보고 예수님을 소개했다요 1:43-51. 그 다음에 도마와 세리 마태를 부르시고, 알패오의 아들 야고보와 다대오와 가나안 사람 시몬 그리고 가룟 유다 등의 열두 제자를 부르셨다. 그리고 둘씩 둘씩 내보내사 복음을 전파하게 하시고 병을 고치는 능력까지 주셨다.

첫 번째 기적과 행적

예수께서 행하신 첫 번째 기적은 마가복음 1장 21-28절과 누가복음 4장 31-37절에서 귀신을 내어 쫓는 일이 기재되어 있고, 마태복음 8장 2-4절에서는 문둥병을 낫게 하신 것으로 나타나 있다. 귀신과 문둥병은 복음을 전파하는 일에 방해가 되는 일들이다. 그리고 요한복음 2장 1-11절에서는 예수님께서 제자들과 같이 가나의 혼인잔치에 참여하셔서 물로 포도주를 만드신 기사를 게재하고 있다. 이 기적은 예수님께서 하늘 나라 잔치에 주인이심을 가르쳐 주시는 기사로서 그 뜻이 매우 깊다.

이와 같은 주님의 기적은 "예수께서 온 갈릴리에 두루 다니사 그들의 회당에서 가르치시며 천국 복음을 전파하시며 백성 중의 모든 병과 모든 약한 것을 고치시니 그의 소문이 온 수리아에 퍼진지라 사람들이 모든 앓는 자 곧 각종 병에 걸려서 고통 당하는 자, 귀신 들린 자, 간질하는 자, 중풍병자들을 데려오니 그들을 고치시더라 갈릴리와 데가볼리와 예루살렘과 유대와 요단 강 건너편에서 수많은 무리가 따르니라"마 4:23-25고 하신 말씀에 잘 요약되어 있다.

예수님이 행하신 모든 기적을 낱낱이 기록하려면 이 세상에 둘 곳이 없을 것이다요 21:25. 예수님께서 이와 같은 기적을 행하신 것은, 그의 자비와 긍휼로 하신 것으로 하나님 품에 안겨서 하나님이 하라고 하는 대로 행하신 것이다. 그래서 기적을 행하실 때에 "저희들의 믿음을 보시고 너의 죄가 사하여졌느니라" 또는 "다시는 죄를 범치 말라"마 9:2, 막 2:5, 눅 5:20, 요 5:14고 하셨으며 또 때로는 "네 믿음이 너를 성하게 하였으니 평안히 가라" 또는 "너의 믿음대로 되리라"마 9:29; 15:28, 막 10:52, 눅 6:34; 7:50-52; 8:48; 17:19고 말씀하셨다.

이와 같이 예수님은 병마에 고통하는 사람들을 불쌍히 여기셔서 고쳐 주시고, 그 사람들의 믿음과 결부시켜 주셨고, 또 죄 사함을 깨닫게 하여 주셨다. 그리고 이와 같은 예수님의 사역은 복음서에 많이 기록되어 있는데, 그것을 요약하면 예수께서 세례 요한이 보낸 자들에게 대답하신 말씀에 잘 나타나 있다.

예수께서 저들에게 "너희가 가서 듣고 보는 것을 요한에게 알리되 맹인이 보며 못 걷는 사람이 걸으며 나병환자가 깨끗함을 받으며 못 듣는 자가 들으며 죽은 자가 살아나며 가난한 자에게 복음이 전파된다 하라"마 11:4-5고 말씀하셨다.

다시 말하면 예수님의 기적은 하나님의 품에 안기셔서 하나님이 행하시는 대로 행하신 것이다. 그래서 완전하셨다요 5:19-21.

나의 의사생활

나의 의사생활을 회고할 때에 진료에서 실패한 것이 주로 기억에 남아있고, 성공한 것은 별로 없다. 혹시 있다고 하면 성령의 역사로 생각되는 것뿐이다.

외과 의사로서 가장 중요한 기본적 기술은 혈관 결찰법結紮法인데, 견사絹絲로 하던 기술을 장선腸線으로 할 때도 같은 기술로 했다가 결찰한 것이 풀려서 다시 수술을 한때가 있었다. 이같은 과실을 생각할 때에 "나는 죄인이다. 내가 행한 것 죄 뿐이다."라고 하는 생각으로 나는 우울해진다.

하지만 예수님께서 베드로를 위해 믿음에서 떨어지지 않도록 기도하여 주신 은혜로 베드로가 회개하고 돌이킨 것처럼 나도 주님의 기도로 말미암아 회개하게 되고 주님께 붙들려 있다고 믿는다.

예수님의 교훈
산상수훈

(1) 예수님의 교훈과 행하신 일은 만일 낱낱이 기록된다면 이 세상이라도 이 기록된 책을 두기에 부족할 것이다 21:25.

예수님은 이 세상에 오셔서 천국이 가까이 왔다고 선포하신 후 천국 복음을 전파하시며 병을 고치셨는데, 병을 고치신 기적에 대해서는 위에서 간단히 집약하였다. 예수님의 교훈을 집약하면 산상에서 제자들에게 하신 교훈, 천국에 대한 비유, 예수님이 세상을 떠나시기 전에 제자들에게 주신 유훈 등으로 나누어 볼 수 있다.

(2) 산상수훈은 마태복음 5장에서 7장까지 기록되어 있다.

첫 번째에는 팔복을 말씀하셨는데, 천국시민의 자격을 교훈하셨다. 첫째는 심령이 가난한 자, 즉 도의 젖을 사모하는 자가 천국을 얻을 것이며, 둘째는 애통하는 자, 즉 부모와 자녀를 잃고 또는 자기의 죄, 동포의 죄, 인류의 죄를 붙들고 애통하는 자가 예수 그리스도를 통하여 위로를 받을 것이다.

셋째는 온유한 자, 즉 사람에게 짓밟히면서도 잘 참는 자는 하나님의 나라를 유업으로 받을 것이며, 넷째는 의에 주리고 목마른 자는 배부를 것이다. 다섯째는 긍휼히 여기는 자는 심판대 앞에 설 때에 예수님의 긍휼을 힘입어 구원을 얻을 것이다. 여섯째는 마음이 청결하여 진리를 찾는 자는 하나님, 곧 진리를 볼 것이며, 일곱째는 화평케 하는 자는 하나님의 아들이라 칭하게 될 것이며, 여덟째는 의를 위하여 불의를 대항하다가 핍박을 받는 사람이 천국을 차지할 사람이다. 이것을 하나로 축소하면, 예수 그리스도를 위해 욕과 핍박을 당하는 자는 천국 시민의 자격을 갖춘 자이다.

두 번째에는 천국시민의 의무를 교훈하셨다. "너희는 세상의 소금이다. 빛이다. 소금이 그 맛을 잃어 방부제 작용과 조미제 작용을 못하면 그 인격은 버림을 받게 될 것이다. 또 그 빛의 작용을 못하게 되면 이 세상은 어둠과 죄악으로 충만케 될 것이다. 그러므로 너의 빛을 사람 앞에 비취게 하여 저희로 너의 착한 행실을 보고 하늘에 계신 너희 아버지께 영광을 돌리도록 하라"마 5:13-16고 천국 시민의 의무에 대하여 교훈하셨다.

세 번째에는 율법의 완성자는 예수 그리스도이심을 가르쳐 주셨고, 크리스천의 윤리와 도덕을 가르쳐 주셨는데, 믿는 자들의 의가 서기관과 바리새인보다 낫지 못하면 결단코 천국에 들어가지 못한다고 하셨다.

다음은 살인에 관한 법에 있어서는 형제에게 노하는 자, 또는 미련한 놈이라 하는 자는 심판을 받고 지옥불에 들어가리라고 하셨다. 예물을 드리려 하다가 형제에게 원망을 들을만한 일이 생각나면 형제와 화목하고, 그 후에 와서 예물을 드리라고 하셨다.

또 간음에 대하여서는 "음욕을 품고 여자를 보는 자마다 마음에 이미 간음하였느니라"마 5:28고 하셨다. 이혼은 누구든지 음행한 연고 없이 아내를 버리면 저로 간음하게 하는 것이라고 이를 금하였다.

맹세는 하지 말고 다만 옳은 것은 옳다고 하고, 아닌 것은 아니라 하라고 하셨고, 절대로 무저항을 주장하셨다. 사랑의 법은 너의 원수를 사랑하고, 핍박하는 자를 위하여 기도하는 것이라고 하여 하늘에 계신 너희 아버지의 온전하심과 같이 너희도 온전하라고 하셨다. 즉 원수까지도 사랑해야 한다고 주장하셨다.

크리스천 생활의 실제에 관해서는 오른손이 하는 것을 왼손이 모르게 하라고 하셨고, 은밀한 중에 보시는 너의 아버지께서 갚아 주시겠다고 하셨다. 기도에 대해서는 은밀히 하고 중언부언하지 말라 하시고, 친히 자기의 생활을 통해서 생활로 하시는 기도를 가르쳐 주셨다.

금식은 하나님이 원하시는 일을 실천하는 것이라고 가르치셨고사 58장, 아무 일에도 염려하지 말라고 하셨다.

형제를 비판하지 말고, 진리를 개에게 던지지 말며, 신중히 하라고 하셨다. 또한 정성껏 기도하고 진리를 탐구하고, 좁은 문으로 들어 가도록 힘쓰라고 하셨다.

나의 생애를 회고하면, 나는 이 진리를 나의 생명처럼 귀히 여기지 않았고 신중히 하지도 못했다. 원수를 위해 복을 빌지도 않았고, 사랑하지도 못한 자이다.

나는 나를 사랑하는 자를 사랑했고, 대접할 줄도 몰랐고, 대접을 받기만 했던 자이다. 나는 겉으로는 겸손한 자 같았으나, 속된 자에 지나지 않았다. 나는 그리스도 신도라고 할 수 없고, 바울 선생과 같이 "나는 죄인 중의 괴수"라고 울부짖는 자이다. 그래서 나는 나의 구주로서 예수 그리스도를 가장 필요로 하는 자임을 높이 외친다.

천국의 비유

씨 뿌리는 비유 마 13:1-52

씨는 하나님의 말씀이고, 씨 뿌리는 자는 예수님의 제자와 종이며, 밭은 복음을 듣는 자들의 마음을 뜻한다.

또 겨자씨의 예를 들어 말씀하시기를 겨자씨는 모든 씨보다 작은 것이로되 자란 후에는 나무보다 커서 나무가 되매 공중의 새들이 와서 그 가지에 깃들인다고 비유하셨다. 누룩에 비유하실 때는 "천국은 마치 여자가 가루 서 말 속에 누룩을 넣어 전부 부풀게 한 것 같다"고 교훈하셨다.

또, 좋은 씨와 가라지 비유로 가르치시기를 좋은 씨를 뿌리는 자는 예수 그리스도, 좋은 씨는 천국의 아들들, 나쁜 씨는 악한 자의 아들들, 가라지를 심은 원수는 마귀, 추수 때는 세상 끝, 추수꾼은 천사들이라고 하셨다. 따라서 가라지를 거두어 불에 사르는 것 같이 세상 끝도 그와 같을 것이라고 하셨다 마 13:34-40.

또 천국은 마치 밭에 감추인 보화와 같아서 그것을 발견한 사람은 극히 값진 진주를 발견한 사람과 같이 자기의 가산을 다 팔아 그 보화를 또는, 밭을 다 사는 것 같다고 하시며 전부를 팔아 사야 한다고 하셨다^{마 13:44-45}.

또한 천국은 마치 바다에 그물을 치고 각종 물고기를 모는 그물과 같아서 물고기가 그물에 가득하여 물가로 끌어 내고 앉아서 좋은 것은 그릇에 담고 못된 것은 내어 버리는 것 같다^{마 13:47-48}고 교훈 하셨다. 천국의 제자와 서기관들은 마치 새 것과 옛 것을 그 곳간에서 내어오는 집주인과도 같다고도 하셨다^{마 13:52}.

예수님의 제자 파견

(1) 열두 제자를 파견하심^{눅 9:1-6}

열두 제자를 둘씩 둘씩 내어 보내면서 전파하게 하시기를, "천국이 가까웠다"하고 병자들을 고치며, 죽은 자를 살리며, 문둥이를 깨끗하게 하고, 귀신을 쫓아내되 거저 받았으니 거저 주라고 하셨다. 전대에 금이나 은이나 동이나 가지지 말고, 여행을 위하여 주머니나, 두벌 옷이나, 신이나, 지팡이를 가지지 말라고 하셨다. 이는 일꾼이 저 먹을 것을 받는 것이 마땅하기 때문이라고 교훈하셨다^{마 10:2-15}.

(2) 70인을 임명하심

70인을 세우사 각 동네로 둘씩 앞서 보내시며 "갈지어다 내가 너희를 보냄이 어린 양을 이리 가운데로 보냄과 같도다 전대나 배낭이나 신발을 가지지 말며 길에서 아무에게도 문안하지 말며 어느 집에 들어가든지 먼저 말하되 이 집이 평안할지어다 하라 만일 평안을 받을 사람이 거기 있으면 너희의 평안이 그에게 머물 것이요 그렇지 않으면 너희에게로 돌아오리라 그 집에 유하며 주는 것을 먹고 마시라 일꾼이 그 삯을 받는 것이 마땅하니라 이 집에서 저 집으로 옮기지 말라 어느 동네에 들어가든지 너희를 영접하거든 너희 앞에 차려놓는 것을 먹고 거기 있는 병자들을 고치고 또 말하기를 하나님의 나라가 너희에게 가까이 왔다 하라"눅 10:3-9고 말씀하셨다.

위에서 예수님의 교훈을 실천할 것을 낱낱이 가르쳐 주셨다. 예수님의 행적과 그의 교훈을 낱낱이 기록하려면 이 세상에 둘 곳이 없을 것이다요 21:25.

나의 일생을 회고하면 위에서도 말한 바와 같이 실패뿐이고, 정직하지 못했으며 순결하지 못했다. 비교적 한 직장에 오래 머물러 있기는 했으나, 고결한 목적을 세우고 한 것도 아니고, 또 근면 성실하지 못했다. 조그마한 명예욕 때문에 진실치 못했던 것을 고백하며 회개한다. 마귀의 유혹에 빠져 구원의 소망까지 잃을 뻔했다.

그러나 예수님이 택한 백성은 예수님께서 자기의 이름을 위해서 결코 버리시지 않음을 믿는다. 하나님은 죄인이 죄에서 죽는 것을 좋아하지 않으시고, 회개하고 사는 것을 기뻐하심으로 나와 같은 죄인도 구원을 해 주심을 믿고 산다.

즉 예수님은 그의 행적과 교훈에서 하나님 품안에서 완벽하셨기 때문에 권위가 있었다. 나는 죄인이어서 예수 그리스도를 가장 깊이 필요하다고 믿고 산다.

예수님의 결별유훈

(1) 예수님이 제자들에게 남겨 주신 결별유훈은 요한복음 13장에서 17장까지에 기록되어 있다.

유월절 전에 예수께서 자기가 세상을 떠나 아버지께로 돌아가실 때가 이른 줄 아시고, 세상에 있는 제자들을 사랑하시되 끝까지 사랑하셨다. 저녁 자리에서 일어나사 겉옷을 벗고 수건을 가져다가 허리에 두르시고, 대야에 물을 담아 제자들의 발을 씻기시고, 그 두르신 수건으로 씻어 주셨다.

그리고 베드로가 사람의 예의대로 생각하여 거부하였을 때에 예수께서 "내가 너를 씻기지 아니하면 네가 나와 상관이 없다"요 13:8고 가르치시고 또 "내가 주와 또는 선생이 되어 너희 발을 씻기었으니 너희도 발을 씻기는 것이 옳으니라"요 13:13-14고 교훈하셨다. 그리고 "새 계명을 너희에게 주노니 서로 사랑하라 너희가 서로 사랑하면 이로써 모든 사람이 너희가 나의 제자인 줄 알리라"요 13:34-35고 말씀하셨다.

다음에 14장에서는 "마음에 근심하지 말고 하나님을 믿으니 예수를 믿으라"요 14:1고 하시고 "내가 길이요 진리요 생명이니 예수로 말미암지 않고는 하나님께로 갈 수 없다"요 14:6고 가르쳐주셨다. 그리고 예수께서 하나님 안에 있고, 하나님은 예수 안에 계신 것을 믿으라고 하셨다. 또한 예수께서 저희에게 이르는 말이 스스로 하는 것이 아니라, 아버지께서 그 안에 계셔서 그의 일을 하시는 것이라고 하시며, 하나님과 예수님은 내면일체이심을 강조하셨다요 14:10-11.

뿐만 아니라 예수를 믿는 자는 예수께서 하는 일을 할 것이고, 이보다 큰 것도 할 수 있다고 하셨다. 이것은 예수를 믿는 자는 예수님과 생명을 같이 하기 때문이다. 예수께서 아버지께 구하여 또 다른 하나의 성령, 보혜사를 주사 영원토록 저희와 함께 있게 하시리니, 그는 진리의 영이라고 말씀하셨다. 이 성령이 저희에게 임하시는 날에는 예수께서 아버지 안에, 저희가 예수 안에, 예수가 그들 안에 있는 것을 알리라고 가르쳐 주셨다. 그 날에는 우리 믿는 자도 하나님과 예수님과 내면 일체성을 이루어 영생을 하는 것이다요 14:1-31.

15장에는 우리 신도들과 주님과의 관계를 더 밝혀 말씀하셨다. "나는 참포도나무요 내 아버지는 농부라 무릇 내게 붙어 있어 열매를 맺지 아니하는 가지는 아버지께서 그것을 제거해 버리시고 무릇 열매를 맺는 가지는 더 열매를 맺게 하려 하여 그것을 깨끗하게 하시느니라 …… 나는 포도나무요 너희는 가지라 그가 내 안에, 내가 그 안에 거하면 사람이 열매를 많이 맺나니 나를 떠나서는 너희가 아무 것도 할 수 없음이라 …… 아버지께서 나를 사랑하신 것 같이 나도 너희를 사랑하였으니 나의 사랑 안에 거하라 내가 아버지의 계명을 지켜 그의 사랑 안에 거하는 것 같이 너희도 내 계명을 지키면 내 사랑 안에 거하리라 …… 세상이 너희를 미워하면 너희보다 먼저 나를 미워한 줄을 알라" 요 15:1-18고 하셔서 주님과 우리 신도들은 수난공동체임을 밝히셨다. 그래서 "저희가 연고 없이 나를 미워하였다는 말을 응하게 함이라"고 가르쳐 주셨다시편 109:3; 35:19; 69:4.

또 16장에는 "진리의 성령이 오시면 그가 너희를 모든 진리 가운데로 인도하시니 그가 스스로 말하지 않고 오직 들은 것을 말하며 장래 일을 너희에게 알리시리라 그가 내 영광을 나타내리니 내 것을 가지고 너희에게 알리시겠음이라"요 16:13-14고 하셨다. "지금은 너희가 근심하나 내가 다시 너희를 보리니 너희 마음이 기쁠 것이요 너희 기쁨을 빼앗을 자가 없으리라"요 16:22고 해서 예수님과 그의 제자들은 영광공동체임을 밝히 말씀하셨다.

"내가 진실로 진실로 너희에게 이르노니 너희가 무엇이든지 아버지께 구하는 것을 내 이름으로 주시리라"고 확언하셨으며, "세상에서는 너희가 환난을 당하나 담대하라 내가 세상을 이기었노라"고 교훈하셨다요 16:23,33.

17장에는 "아들을 영화롭게 하사 아들로 아버지를 영화롭게 하게 하옵소서 …… 또 내가 그들을 위하여 비옵나니 내가 비옵는 것은 세상을 위함이 아니요 내게 주신 자들을 위함이니이다 그들은 아버지의 것이로소이다 내 것은 다 아버지의 것이요 아버지의 것은 내 것이온데 내가 그들로 말미암아 영광을 받았나이다 …… 내게 주신 아버지의 이름으로 그들을 보전하사 우리와 같이 그들도 하나가 되게 하옵소서 …… 내 것은 다 아버지의 것이요 아버지의 것은 내 것이온데 내가 그들로 말미암아 영광을 받았나이다 …… 아버지여, 아버지께서 내 안에, 내가 아버지 안에 있는 것 같이 그들도 다 하나가 되어 우리 안에 있게 하사 세상으로 아버지께서 나를 보내신 것을 믿게 하옵소서"요 17:1-26라고 해서 예수님의 기도로서 우리가 하나님 안에서 생명공동체, 환난공동체, 영광공동체임을 알게 하여 주셨다.

나는 나의 생활을 회고할 것도 없이 주님의 유훈에 전적으로 빠져들어 살고 싶을 뿐이다. 앞으로 나의 생활은 우리 주님 안에서 주의 제자들과 같이 생명공동체, 환난공동체, 영광공동체로 살고 싶을 뿐이다.

예수님의 십자가

예수님이 십자가에 달려 살을 찢고 피를 흘려 속죄하신 것은 하나님의 뜻이었다. 그러나 이것을 제자들에게 알게 하시는 것은 예수님께 있어서 심히 어려운 일이었다.

예수님은 그 기회를 얻기 위하여 애쓰셨다. 두로와 시돈을 지나 멀리 헤르몬산까지 가셨다가 가이사랴 빌립보의 오아시스 지경을 지나실 때 처음으로 "인자가 이방인들에게 넘겨져 희롱을 당하고 능욕을 당하고 침 뱉음을 당하겠으며 그들은 채찍질하고 그를 죽일 것이나 그는 삼 일 만에 살아나리라"눅 18:32-33고 가르쳐 주셨고, 그 후에도 두 번 더 말씀해 주셨다. 그의 애절한 마음을 엿볼 수 있다.

예수님은 예루살렘에 올라 오셔서 마지막 유월절 잔치를 나누기를 원했다. 이에 앞서 사단이 가룟 유다에게 들어가서 제사장과 서기관들과 같이 예수를 팔 계획을 세웠다. 예수님은 유월절 잔치 석상에서 떡을 떼어 축사하시고, 떼어 주시면서 "너희를 위하여 주는 내 몸이라, 너희가 이를 행하여 나를 기념하라" 하셨고, 잔도 이와 같이 하여 말씀하시기를 "이 잔은 내 피로 세우는 새 언약이니 곧, 너희를 위하여 붓는 것이라"고 하셨다. 이 자리에서 베드로에게 "시몬아, 시몬아, 보라 사탄이 너희를 밀 까부르듯 하려고 요구하였으나 그러나 내가 너를 위하여 네 믿음이 떨어지지 않기를 기도하였노니 너는 돌이킨 후에 네 형제를 굳게 하라"고 하셨다.

이와 같이 제자들을 끝까지 사랑하셨다.요 22:1-32.

성찬을 나누신 후에 예수님은 제자들을 데리고 감람산에 있는 겟세마네 동산에 들어 가셔서 저희에게 시험에 들지 않도록 기도하라고 하시고, 저희를 떠나 돌 던질 만큼 더 앞으로 가서 무릎을 꿇고 기도하시기를 "아버지여 만일 아버지의 뜻이거든 이 잔을 내게서 옮기시옵소서 그러나 내 원대로 마시옵고 아버지의 원대로 되기를 원하나이다"눅 22:42 하시고 돌아와 보니 제자들은 피곤하여 잠자고 있었다. 예수님은 세 번이나 위와 같은 기도를 드리셨는데 얼마나 애써 기도를 하셨던지 땀이 핏방울처럼 되어 땅에 떨어졌다.

기도하시고 돌아오시니 모두 피곤하여 말할 바를 모르고 있었다. 예수께서 "지금은 쉬어라 인자를 잡고자 하는 자가 가까이 와 있다."하시고 "일어나 가자."하시는데, 유다가 서기관과 제사장과 군경들과 함께 예수님 앞에 나타났다. 유다는 예수님과 입맞춤으로 신호를 하여 잡도록 약속하였다.

베드로가 성급히 제사장의 종 말고의 귀를 쳐서 땅에 떨어뜨리니 예수님이 말씀하시기를 그것까지 참으라 하시고 귀를 제자리에 붙여 주셨다. 그리고 제자들은 각각 저 갈 곳으로 가도록 명하시고, 예수님은 붙잡은 자들이 끌고 가는 데로 끌려 가셨다. 처음에는 안나스의 궁전에, 다음에는 가야바의 궁전에 가셨다가 빌라도의 법정에 그리고 헤롯의 궁으로 가셨다가 다시 빌라도의 법정으로 되돌아 오셔서 재판을 받으셨는데, 그 동안에 가진 수모와 핍박을 받으셨다.

베드로는 멀리 따라 갔다가 여종이 베드로에게 예수와 함께 있던 사람이라고 하는 말에 예수님을 세 번 부인하였다. 그때 닭이 우는 소리를 듣고, 주님께서 "네가 닭 울기 전에 세 번 나를 모른다고 부인하리라."는 말씀이 생각나서 뜰 밖으로 나아와 심히 통곡하고 회개하였다.

빌라도는 심문하는 중 예수님은 로마법에 의하면 죽일 죄가 없음을 잘 알고 있으면서도 죽여 달라고 하는 민중의 소리에 굴복하여 사형을 집행하도록 내어 주었다. 현대 말로 하면 직무 유기죄를 범한 것이다.

예수님이 인류의 죄를 짊어지시고 십자가에 달려 고난을 당하셨다. 다음은 예수님의 십자가 위에서의 7언들이다.

1. 저희 무리의 죄를 용서하옵소서. 저희 하는 것을 저들이 모르는 까닭이다.
2. 옆에 있는 어머니 마리아가 제자 요한을 보시고 어머님에게 요한을 아들 삼으시고, 요한에게는 마리아를 어머님으로 모시라고 부탁하셨다.
3. 옆에 달린 강도 하나가 당신의 나라가 임하실 때에는 저를 권고해 주소서 하는 청원에 대하여, 그에게 네가 오늘날 나와 함께 낙원에 있으라고 하셨다.
4. 엘리 엘리 라마 사박다니 나의 하나님, 나의 하나님, 어찌하여 나를 버리시나이까. 이는 하나님이 얼굴을 돌이키신 까닭이다.
5. 성경을 이루시려고 목마르다고 하셨다.
6. 다 이루었다고 하셨다.
7. 저의 영혼을 아버지 앞에 부탁하나이다.

나는 내 자신을 돌아보면서 다음과 같이 기도한다.

1. 가룟 유다와 같이 돈을 탐하다가 주님을 팔지 않게 하소서.
2. 베드로와 같이 자신을 의지하다가 실패 하지 않게 하여 주시고, 실패했더라도 회개하게 하소서.
3. 빌라도와 같이 우유부단하다가 직무 유기죄에 빠지지 않게 하소서.
4. 일시적이라도 구레네 시몬과 같이 예수님 대신 십자가를 지게 하소서.
5. 아리마대 요셉과 같이 예수님의 시신이라도 보호하여 드릴 수 있게 하소서.
6. 니고데모와 같이 주님께 향품과 향유를 바를 수 있게 하소서.
7. 향유를 예수님의 발에 부어 예수님의 장례를 준비한 마리아와 같이 주님을 사모하게 하소서.

예수님의 부활

인생에서 부활을 논하게 되는 것은 예수님뿐일 것이다. 생명 자체이신 예수님이 죽어 없어진다고 하는 것은 있을 수 없는 일이다.

인간의 생명이 육의 생명뿐이라면 죽어 없어지나, 하나님이 주신 생명은 심령에 있는 것이므로 영생할 수 있다. 예수님은 영체로 부활하셔서 40일간 제자들에게 나타나 보이시고, 나중에는 500여 문도가 감람산 기슭에서 지켜보는 가운데 승천하셨다. 그

때에 "너희가 보는 대로 내가 다시 오겠다."고 약속하셨다.

예수님이 십자가에 못박혀 죽어 장사된 지 셋째 날인 안식일 후 첫날에 막달라 마리아와 야고보의 어머니 마리아와 또 살로메는 안식 후 첫날 일찍 해 돋는 때에 미리 사둔 향품을 가지고 무덤에 갔다. 그들은 가면서 무덤 문에 막힌 돌을 어떻게 굴릴 수 있을까하며 염려하였다. 그런데 가까이 가보니 문을 봉했던 돌이 굴려져 열려 있었다. 여자들이 할 수 있는 향품을 준비하니 자기들이 할 수 없었던 큰[돌을 굴려 놓는 것과 같은]일은 하나님이 해 주셨던 것이다.

무덤에 들어가 보니 흰옷 입은 천사가 있어 말하기를, "놀라지 말라 너희가 십자가에 못 박히신 나사렛 예수를 찾는구나 그가 살아나셨고 여기 계시지 아니하니라 보라 그를 두었던 곳이니라"라고 말하였다. 그리고 "가서 그의 제자들과 베드로에게 이르기를 예수께서 너희보다 먼저 갈릴리로 가시나니 전에 너희에게 말씀하신 대로 너희가 거기서 뵈오리라 하라"고 하셨다막 16:5-7.

막달라 마리아는 무덤 밖에서 예수님의 시체를 생각하고 울고 있었는데, 예수님이 거기에 나타나셔서 "마리아야!" 하시니, 마리아는 깜짝 놀라 "랍비여!"하여 주님을 알아 보았다. 여자들의 말을 듣고 베드로와 요한은 달음박질하여 무덤에 달려가 보고 주님이 부활하신 것을 깨달았다.

그 날 낮에 예수님은 엠마오로 가는 두 제자에게 나타나셨다. 두 제자가 서로 문의하여 이야기 할 때에 예수께서 가까이 이르러 저희와 동행 하셨으나 저희의 눈이 가리워져서 예수님인 줄 알아보지 못했다.

두 제자 중 하나인 글로바라 하는 자가 "대제사장과 관원들이 예수를 사형판결에 넘겨 주어 십자가에 못 박았는데, 우리는 이 사람이 이스라엘을 구속할 분이라고 기대했었다. 우리 중에 어떤 여자들이 새벽에 무덤에 갔다가 그의 시체는 보지 못하고 와서 그가 살아나셨다는 천사의 보고를 듣고 왔다고 하며, 또 우리 중의 두 제자가 무덤에 갔다가 같은 광경을 보았다는 소식이 있다고 한다."고 말하였다. 이 때에 예수께서 말씀하시기를 "선지자의 말을 더디 믿는 자들이여 그리스도가 이런 고난을 받고 자기의 영광에 들어가야 할 것이 아니냐."하시고, 모세와 선지자의 글로 시작하여 모든 성경에 쓴 자기에 관한 것을 자세히 설명하셨다.

그들이 사는 촌에 가까이 가서 저희와 함께 음식을 잡수실 때에 떡을 가지사 축사하시고 떼어 그들에게 주시니 그들의 눈이 밝아져서 그들이 예수님을 알아보았는데, 예수님께서는 그들에게 보이지 않으셨다.

그들은 서로 "길에서 성경을 풀어 말씀하실 때에 우리의 마음이 뜨겁지 아니하더냐"하고 말하고, 일어나 예루살렘에 돌아가 보니 열한 사도 및 그와 함께한 자들이 모여 있어 주께서 과연 살아나사 시몬에게 나타났다고 하였다. 두 사람은 자기들이 겪은 체험을 말했다.

안식 후 첫날 저녁 때에 제자들이 유대인들을 두려워하여 모인 곳에 문을 닫았는데, 예수께서 오셔서 가운데 서서 "너희에게 평강이 있을지어다"말씀하시고, 손과 옆구리를 보이시니 제자들이 주를 보고 기뻐했다. "너희에게 평강이 있을지어다 아버지께서 나를 보내신 것 같이 나도 너희를 보내노라"라고 말씀하시며, 또 저들을 향해 숨을 내 쉬며 말씀하시기를 "성령을 받으라 너희가 뉘 죄든지 사하면 사하여 질 것이요, 뉘 죄든지 그대로 두면 그대로 있으리라"고 하셨다. 그런데 이 날에는 도마가 없었다.

여드레를 지나 도마가 있을 때, 또 주님이 나타나셨다. 도마는 자기가 친히 부활하신 주님을 자기의 눈으로 보고, 손으로 만져 보지 않고는 믿지 않겠다고 하였는데, 그 때에 예수님이 나타나셔서 "너희에게 평강이 있을지어다"하시고, 도마에게 "네 손가락을 이리 내밀어 내 손을 보고 네 손을 내밀어 내 옆구리에 넣어 보라 그리하여 믿는 자가 되라"고 말씀하셨다.

도마는 그대로 체험하고 "나의 주시며 나의 하나님이시니이다"고 고백했다. 예수님께서는 "너는 나를 본 고로 믿느냐 보지 못하고 믿는 자들은 복되도다"고 말씀하셨다.

그 후에 예수께서 디베랴 바다에서 나타나셨다. 시몬 베드로와 디두모라 하는 도마와 갈릴리 가나 사람 나다나엘과 세베대의 아들들과 다른 제자들이 함께 있었던 때였다.

저희가 시몬 베드로와 더불어 물고기를 밤새도록 잡았으나 아무것도 얻지 못했다. 날이 새어 갈 때에 예수께서 바닷가에 서서 저희에게 말씀하시기를 "얘들아 너희에게 고기가 있느냐 그물을 배 오른편에 던지라 그리하면 얻으리라"고 하셨다. 저들이 그 말씀에 순종하였더니 고기가 많아 그물을 들 수 없었다.

예수의 사랑하시는 제자가 베드로에게 "주님이시라"고 말하니 베드로가 겉옷을 두른 후에 바다로 뛰어 내려 헤엄을 쳐서 육지까지 가고, 다른 제자들은 육지에서 거리가가 불과 한 50

칸쯤 되므로 작은 배를 타고 고기가 든 그물을 끌고 와서 육지에 올라왔다.

와서 보니 숯불이 있는데, 그 위에 생선과 떡이 놓여 있었다. 예수께서 지금 잡은 것을 좀 가져 오라고 하시니, 시몬 베드로가 올라 가서 그물을 육지에 끌어 올리니 가득히 찬 큰 고기가 일백쉰 세 마리이었다.

예수께서 말씀하시기를 와서 "조반을 먹으라"고 하시니 제자들이 주님이신 줄 아는 고로 "당신이 누구십니까"하고 묻는 사람이 없었다. 예수께서 떡을 가져다가 저희에게 주시고 생선도 그와 같이 나누어 주셨다.

저희가 조반을 먹은 후에 예수께서 시몬 베드로에게 "요한의 아들 시몬아 네가 이 사람들보다 나를 더 사랑하느냐" 하시니, 베드로가 말하기를 "주님 그러하나이다 내가 주님을 사랑하는 줄 주님께서 아시나이다"라고 하였다. 예수께서 "내 양을 먹이라"하시고 또 두 번째로 말씀하시기를 "요한의 아들 시몬아, 네가 나를 사랑하느냐"하시니, 베드로가 "주님 그러하나이다 내가 주님을 사랑하는 줄 주님께서 아시나이다"라고 다시 대답하였다.

예수님께서 "네 양을 치라"하시고, 세 번째 "요한의 아들 시몬아 네가 나를 사랑하느냐 하시니"하시므로 베드로가 근심하여 말하기를 "주님 모든 것을 아시오매 내가 주님을 사랑하는 줄을 주님께서 아시나이다"라고 대답하였다. 예수께서 말씀하시기를 "내 양을 먹이라"고 하셨다. 이와 같이 예수님은 베드로와 그 양을 사랑하셨다.

베드로가 사랑하는 제자 요한을 보며, 예수께 묻기를 "이 사람은 어떻게 되겠습니까"하니 예수께서 "내가 올 때까지 그를 머물게 하고자 할지라도 네게 무슨 상관이냐 너는 나를 따르라"고 말씀하셨다. 제자들에게는 각기 사명이 따로 있음을 시사하신 것이다요 21장.

그 후에 500여 문도에게 일시에 보이셨고고전 15:6, 야고보에게 또 사울에게 보이셨으며, 그 밖에 구속 받은 여러 성도에게와 맨 나중에 만삭되지 못하여 난 자와 같은 나에게도 보이셨다. 예수님을 만나본 자마다 영생을 얻고, 내세를 부인 할 수 없는 신앙을 얻어 살게 된다.

나의 생애를 회고해 보면 내 십자가를 지고 주님을 따랐다고 장담할 수 없고, 지금도 죄인 중의 괴수라는 자책을 금할 수 없는 자이지만, 예수 그리스도는 나 같은 죄인을 버리지 않으시고, 구원하여 주시고, 또 앞으로도 자기를 구주로 믿고 따르는 진실한 인격자를 버리지 않으실 것을 확신하고 기도하며 산다.

〈부산모임〉 1988년 10, 12월호[124:21-5]

나는 이렇게 믿는다

나는 1911년 음력 8월 14일에 평안북도 용천 입암에서 출생한 것을 자라면서 알게 되었다. 아버지는 한학자셨고, 어머님은 재취再娶여서 10년이나 더 젊었다.

이 세상에 날 때에 오른쪽 볼에 연한 밤알만한 혹을 가지고 나왔고, 어머님은 그것이 맘에 걸려 없애 달라고 날마다 기도하셨다고 한다. 그랬더니 몇 개월 지나는 동안에 자연히 없어졌다는데, 지금 생각해보면 임파종이었던 것 같다. 임파종은 선천적으로 발생했다가 자연히 없어질 수 있는 혹인 것을 의학을 공부하고서 알게 되었다.

2살까지 젖을 먹으면서 자랐는데, 3살 때 젖을 뗀 후부터는 할머니 품에서 자라며 할머니께 업혀 교회에 다녔다고 한다. 할머니는 내가 귀엽고 사랑스러워 잘 되라며 금강석金剛石이라는 애명을 지어주셨고, 집에서는 금강석이라고 불렸다.

그런데 내 이름이 기려로 된 것은 처음에 부친께서 기창起昌으로 신고했었는데, 후에 우리 친족 중에 같은 이름을 가진 분이 있는 것을 알고 기창과 가장 비슷한 이름인 기려起呂로 했다고 들었다. 아마도 그 이름이 보여주는 대로 창성昌盛을 일으킬 수는 없고, 율려律呂를 일으키라는 뜻이 아닌가 하고 생각한다.

나의 믿음이 언제부터 시작되었다고 꼭 집어 말할 수는 없다.

어려서부터 할머님에게 업혀 예배당에 다녔고, 가정예배에 참석했는데, 성경 말씀을 이해한 것은 퍽 뒤의 일이었다.

그런데 나는 1, 2살 때는 몸이 몹시 약하였으며, 특히 설사를 많이 해서 배꼽에 뜸을 떴고, 또 경련을 잘 일으켜 머리에 쌍가마와 앞의 숨구멍에도 뜸을 떠서 지금도 그 흔적을 가지고 있다. 그런데 내게 의식이 생겨난 후 지금도 기억하고 있는 것은 교회의 어느 권사님이 와서 안수기도를 해주면 병이 곧 나았던 것이다.

어렸을 때의 기억력은 보통이었던 것 같다. 7살 때 천자문을 뜻도 모르고 단숨에 외워서 어른들께 칭찬을 들은 것이 기억난다. 또 남의 말을 그대로 믿어서 '도깨비와 어둑귀신'이야기를 해주면 그것을 몹시 무서워했고, 밤에 하늘을 보면 어른들이 이야기 해준 대로 '어둑귀신'의 모양이 나타나는 것 같이 느꼈던 기억이 생생하다. 내 성격은 어려서부터 비겁하고 칭찬 듣기를 좋아하는 가련한 것이었다.

나는 7살부터 12살까지 고향에 있는 의성학교에 다녔다. 그 학교는 장로교에서 경영하는 것이었고, 숙부가 교장이었다. 그 당시는 우리나라가 일본에 합병되었을 때였고, 우리 민족에게는 배일사상이 만연해 있었다. 소학교의 교육 또한 은근히 배일사상을 고취하는 것이었으므로 나는 일본말을 잘 배우지 못했고, 지금도 잘하지 못한다.

그러나 성경을 배웠다. 그래서 요셉에 대하여 배울 때는 '장차 요셉과 같이 되겠다.', 다윗을 배울 때는 '다윗과 같이 되겠다.'고 마음에 새겼다. 부흥회 때는 죄가 생각나서 울며 회개했다.

지금도 몇 가지는 생생하게 기억하고 있다. 하나는 아이들과 놀 때 나의 팽이가 가볍고 약해서 다른 아이의 팽이와 싸우면 계속 지는 것이었다. 그래서 하루는 어떤 아이의 크고 무거운 팽이가 신발장에 떨어져 있는 것을 훔쳐 내 것으로 만들었다. 싸움에 지는 것이 너무도 분해서 이겨보려고 부끄러운 줄도 모르고 내 것이라 우겨댔다. 그리하여 후에는 싸워 이겼으나 기뻐했던 느낌은 전혀 없고, 부끄러워 그것을 남모르게 없애 버렸다. 그 후에 부흥회 때 도적질한 죄를 회개하라는 말씀에 양심의 가책을 받아 회개하고, 그 주인 아이에게 돈을 1전인지 2전인지를 갚아 주었다.

또 하나는 부모에게 효도하라는 계명을 이행할 수가 없어서 내가 죄인인 것을 느끼고, 울면서 회개의 기도를 드렸다. 중·고등학교는 개성 송도고등보통학교를 다녔는데, 그 학교에 가게 된 동기는 그 때 사촌형 장기수가 1년 전에 그 학교에 다녔기 때문이다.

예수님께서 하나님의 아들로서 만민의 죄를 대속하셨다는 믿음을 갖게 된 것은 언제부터인지는 몰라도 소학교 시절부터 가지고 있었고, 사죄의 기쁨도 그 때에 체험했던 것으로 기억한다. 그래서 송도고보 3학년 때에 세례를 받았다.

중학교 시절에는 감리교회에 다녔다. 교리에 대해서는 예민하지 않았다. 내가 3학년 때에는 선생이 되겠다고 생각해 보기도 했고, 4학년 때에는 공학을 해서 엔지니어가 되겠다고 생각해서 여순공과대학에 입학시험을 보았으나 낙방하고 말았다. 5학년 졸업할 때에는 입학시험의 합격할 자신도 없었을 뿐 아니라 가산이 부채로 몰락하게 되므로 학비가 큰 문제가 되어 경성의전을 택했고, 만일 입학하게 되어 의사가 된다면 의사를 보지 못하고 죽는 가련한 사람들을 위해 일하겠다고 서원하고 기도했다.

전공은 의학

의학을 전공하게 된 것은 내 뜻이라기 보다는 환경에 연유된 점이 많다. 요새 말로 자의 반 타의 반인 셈이며, 경성의전을 졸업하고 외과를 전공하게 된 것도 처음에는 내과를 하려고 했던 것이 사정이 있어 외과로 전향하게 된 것이다.

이처럼 나의 마음은 약하고 피동적이어서 비겁자의 특징을 여실히 나타냈다. 의학전문학교 때의 공부는 대학생답게 여러 참고서를 보면서 확실한 지식을 얻지 못했고, 겨우 강의 때 필기한 것을 암기해서 학교성적을 얻으려고 힘쓴 데 지나지 않았다.

졸업 후 도립병원에 취직해서 경험을 얻고 개업해서 돈을 벌어 이 세상에서 안정된 생활을 얻고자 하는 것이 그 당시 학생들의 일반적인 경향이었는데, 나는 그렇게 진취성이 없는 방향으로 나가고 싶지 않았다.

그리고 한편 나의 믿음에서 가장 잘못된 생각은 이 세상의 물질계에 관한 지식은 변천되어 참된 진리가 되지 못한다고 해서 피상적으로 이해해 버리거나 이해하지도 않고 넘겨버리는 일이 많았다.

또 공부를 한다고 하면서도 정신이 통일되어 있지 못하고 산만하여 시간을 허송한 때가 많았다. 책은 항상 손에 들고 있으면서 이해하지 못하고 지나는 일이 많아 지금도 후회막심하다. 그래서 경성의전을 졸업할 때 학교성적은 좋은 편이었으나 실력은 형편없는 상태였다. 그리고 가세도 몰락하여 바닥까지 떨어졌다. 그래도 도립병원으로 가고 싶지는 않고, 모교 병원에 남아 계속 공부하고 싶은 마음이 나서 결혼해서 가정을 꾸린 뒤 공부를 계속하려고 생각했다.

결혼과 가정의 사랑

동기 동창인 백형네에서 졸업 후의 전공과 연구를 위해 의논을 했다. 가세가 빈곤함으로 결혼 후에도 서울에 남아 있으면서 공부할 계획을 세웠다고 하니 백형도 동의하면서 바로 자기 앞집에 우리의 대선배가 살고 있는데, 그 분이 박사학위 연구논문을 작성 중이고, 그 딸이 평양 서문여자고등학교를 졸업하고, 가사를 돌보고 있는데, 한번 서로 만나보면 어떻겠냐고 권하였다.

나도 결혼할 생각이 있었으니까 일단 만나보기로 했다. 그런데 내 마음속으로는 현대 미스 코리아와 같은 여성을 요구하고 있는 줄을 미처 모르고 만나 보았더니 웬만한 여자가 마음에 들 리가 없었다. 특별히 못생긴 데가 없었지만, 영 마음에 들지 않아 "어떠하였는가?"하고 물을 때 "보통"이라고 대답했다.

그 친구는 보통이라는 대답이 마음에 들었다는 것으로 이해하고 혼담을 추진시켰고, 신부 측에서는 신랑의 뜻을 잘 알고 혼인할 뜻이 있으니 신랑에게 태도를 결정하라고 하였다. 그때 나는 생각했다. 내가 만일 내 맘에 드는 상대자가 있어서 가령 프로포즈했다고 할 때, 그 상대자가 혼인에 응해 줄 것인가하고 스스로 물어보았다. 극히 의심스러웠다. 나는 신랑다운 조건이 심히 미약했다. 인물도 체소體小하고 비겁하여 불의에 대하여 싸울 줄도 모르고, 더구나 현재 생활비를 벌어들일 능력이 없는 나에게 누가 구혼에 응하겠는가? 그리고 하나님이 지으신 사람들인데 잘 났으면 얼마나 잘 났으며, 못났으면 얼마나 못났으랴? 하나님의 뜻이면 혼인이 성립되게 해주시고, 뜻이 아니면 성립되지 않게 되기를 기원하면서 지냈다.

그런데 백형은 신부측에서 신랑의 뜻을 말해 달라고 독촉을 한다는 것이었다. 그래서 나로서는 구혼의 편지라기보다는 나의 결혼 조건을 들어 물었다. 나는 첫째 예수를 믿는 사람, 둘째 나의 부모를 섬길 수 있는 사람, 셋째 당분간 생활비를 해결해 줄 수 있는 사람과 결혼할 수 있다고 부끄러움을 무릅쓰고 진실을 털어놓았다. 회답은 전부 잘 이해하고 순종하겠다는 본인의 자필이었다. 그래서 약혼 후 1개월 만에 결혼식을 올렸다. 결혼 후 가정예배를 드렸다. 성경 읽고, 기도, 찬송을 드리고, 시편 1편, 23편, 요한계시록 21-22장을 암송했다.

내 아내는 진실했다. 평소에 좋아하던 그림, 음악의 취미가 가정생활 때문에 희생되었다. 다만 집안을 장식하기 위해 몇 개의 자수에 몰두하였다. 그리고 나는 공부하느라고 늦게 집에 돌아올 때가 많았다. 하지만 집사람은 언제나 깨어있어 문 한번 두드릴 때 나와서 열어주는 것이었다. 나의 게으름으로 부탁하는 심부름을 하나도 거절함이 없이 다 들어주었다. 그 여자는 내 눈동자요, 내 손과 발이었다.

내가 하루는 휴일에 집에서 원고를 쓰고 있고, 아내는 뜰에서 빨래를 하고 있었는데 갑자기 우리 둘 사이의 사랑이 느껴졌다.

만일 우리 둘 중에 누가 한 사람이 먼저 세상을 떠나게 되어 이 사랑이 없어진다면 이 사랑도 거짓이란 말인가? 아니다. 결코 아니다. 이 사랑은 우리가 육으로 있을 때 뿐만 아니라, 떠나있을 때도 영원히 살아있어 사랑할 수 있는 생명의 사랑이라고 느꼈다. 하나님께서 가정을 이루게 하심은 하나님의 이 생명의 사랑을 체험하라고 하신 제도임을 확인하고, 그 후 내가 혼인을 주례할 때에는 이 말로 주례사를 하게 되었다. 내 아내가 절대의 사랑으로 순종했기 때문에 나도 아내에게 죽도록 충성하는 사랑을 주려고 결심했다.

감람나무 잎사귀 하나

경성의전 부속병원 외과에서 8년간 외과훈련을 마치고, 1940년 평양연합기독병원 외과 과장으로 취임했다. 1940년 9월에 일본 나고야 제국대학名古屋帝大 의학부 교수회에서 학위논문이 통과되었다. 11월에 의학박사 학위가 나오고, 나는 평양연합기독병원 원장이 되었다. 나는 3개월 후 원장 재선에서 떨어지고, 서울 세브란스 의전에 계시던 대선배이신 김명선 선생이 겸임으로 왕래하게 되었다.

내가 3개월 동안 원장 일을 보는 동안에 여러 가지 결함과 오해로 당국자들이 나를 그 병원에서 축출하고자 하였다. 그래서 당시 월급보다 25원이 감액된 250원으로 만족하라고 하였다. 이사회 회의록에 기재된 대로지만, 내가 처음 그 병원에 취직할 때에 250원을 요구했던 까닭에 사직하지 않고, 본을 보여 주겠다고 생각했다.

그러나 사면초가라 주 예수님밖에 없었다. 물론 진료를 계속했다. 묵묵히 책임을 수행하는데 전심하고, 아무도 원망하지 않고, 주님 뜻만을 순종하고자 힘썼다. 10개월 후였다. 김명선 원장은 그 해 말 상여금을 지불할 때 나에게 다른 사람보다 250원을 더해 주었다. 이유는 일을 많이 했기 때문이라는 것이었다. 그뿐만 아니라 김명선 선생은 8·15 광복 후 평안남도 인민위원회 위생과장으로 추대되었는데, 그 자리를 나에게 양도해 주셨다.

불신에서 믿음으로 돌이키는 힘은 예수 그리스도에게로 향한 일편단심의 생활에 기인한다. 그뿐 아니라 나는 예수님의 성품의 진실성을 체험했기 때문에 내세의 영원적 삶을 부인할 수 없는 체험을 했다. 옛날 노아의 홍수 때에 물이 온 산을 덮고 넘쳤다가 물이 감소될 때, 노아가 까마귀와 비둘기를 내어보내 시험해 본 일이 있었다. 비둘기가 육지가 드러난 증거로 감람나무 잎사귀 하나를 물고 들어왔다. 나의 1941년의 믿음생활은 내세생활에 대한 감람나무 잎사귀 한 개에 해당한다고 믿는다.

8·15 해방과 더불어, 공산주의 사회에서

나는 1945년 5월 황달에 걸려 3개월간 누워 있었다. 간염에 걸리니 죽음의 공포 때문에 여러 가지를 생각하게 되었다. 병상은 제단이다. 전부를 바치는 제단이다. '죽으면 천국에 가지.' 하면서도 신경이 예민해져 잠을 잘 수가 없었다. 3개월간 잠을 자지 못하니 신경쇠약이 극에 달하여 전화벨만 울려도 몸서리쳐지고 떨게 되었다. 인간은 이렇게도 나약하다.

하지만 그러던 중 8·15 광복이 되어 건국하다가 죽겠다는 생각에서 일어났다. 그러나 15분 이상 걸음을 걷기가 어려웠다. 그래도 평안남도 임시 인민위원회의 위생과장으로 보건을 담당하기 위해 보수 없이 하루에 2-30분씩 걸으며, 의자에 6시간 앉아 있었던 것은 건국하는 마음에서였다. 그와 같이 6개월을 지나니 잠도 자게 되고, 전화벨 소리에조차 떨리던 몸서리도 완화되었다.

그리고 이후에는 평양 도립병원[제1인민병원] 원장이 되고, 평양의과대학 외과 교수가 되었다. 1946년 봄에 김일성대학이 세워지면서 평양 의과대학은 그 대학의 의학부로 편입되었다. 그리고 교수진을 다시 심사하여 결정하였다. 나는 그 몇 달 전에 기관지 천식으로 신음하던 심사위원장을 경동맥체를 절제하는 수술로 낫게 해 주었던 공로인지 심사 없이 교수로 임명되었을 뿐 아니라, 그 대학 부총장이던 박일이라는 사람이 외과 강좌장이 되어달라고 간청하였다. 그 때에 임석臨席했던 사람들은 박일, 정두현[의학부장], 최응석[의학부 부부장], 그리고 나 이렇게 네 사람이었다. 박일이 내게 외과교수로서 강좌장이 되어 달라고 할 때, 나는 교수의 자격이 없다고 거절하였다. 그리고 다음의 세 가지를 그 이유로 들었다.

1. 나는 지식과 경험에서 대학교수의 자격이 없다.
2. 나는 변증법적 유물론을 모르므로 당신들이 말하는 학자가 될 수 없다.
3. 나는 주일에는 일할 수 없으므로 거절할 수 밖에 없다.

박일이 정두현 의학부장에게 내 말의 진실성 여부를 물어보았다. 정두현 부장이 대답하기를 1번과 2번은 겸양의 말이고, 3번은 사실이라고 말하였다. 최응석 부부장은 아무 말도 없었다. 뜻밖인 듯 했다.

박일의 결론은 내 말의 1번은 진실한 말로 받아들여지지만, "우리가 일본 제국주의 치하에서 어떻게 교수자격이 있도록 공부할 수 있었겠는가? 그리고 인민이 원한다면 어떻게 하시겠는가? 그 문제는 인민이 그렇게도 원하니 그저 받아주시기 바란다. 2번의 문제는 선생이 한번 공부해 볼 의사는 없는가?"하고 물었는데, 내가 그때 변증법적 유물론, 유물사관에 대한 소책자를 읽고 있어서, 읽고 있다고 하니 2번 문제는 그것으로 해결되었다고 하였다. 3번의 문제는 우리 대학에서 주일에는 일해 달라고 않겠다고 선언하면서 그것으로 다 협의가 끝났다.

그때 최응석씨는 자기와 같이 1년만 지나면 내가 공산주의자가 될 것이라고 장담하고 헤어졌다. 그런데 1년이 지난 1947년 봄, 박일은 김일성대학 농장의 수확이 예정액을 달성하지 못한 이유로 파면을 당하고, 최응석은 화폐 개혁하는 전날에 쌀 2가마와 재봉침 2대를 매점하여 모든 공직에서 떨어지고 의사의 일과 교수의 일만을 할 수 있게 되었다. 이것은 예수 믿는 자의 제1차 승리였다. 그리고 1948년 9월에는 내가 청구하지도 않는 의학박사 학위를 주고, 월급도 몇 배나 더 주었다. 그러나 한편으로는 불안하였다.

1948년 12월 최응석 군이 찾아와 자기의 앞길을 개척하는 일에 대해 물었다. 나는 러시아어를 공부하는 것이 첩경일 것이라고 대답했다. 그러자 그는 곧 동의하면서 선생을 소개 해달라는 것이었다. 그때 나는 특별 병원장이 소련에서 온 한인이어서 그분을 소개해 주기로 했다. 저녁 6시 어두울 때 둘이서 특별병원을 찾아갔다. 하지만 그 원장은 극장에 가고 없었다.

나는 최군의 모습을 보고 불쌍한 마음이 들었다. 그래서 집에 데리고 가 저녁을 대접하고 싶었다. 집에 가서 있는 전부를 다하여 저녁을 차리니 밥 한 그릇과 수란국 그리고 김치밖에 없었다. 둘은 불만 없이 먹었다. 최응석 군은 그 저녁 한 그릇에 감격하였음인지 그 후 2년간 나에 대한 흠이나 잘못을 한번도 고발하지 않았다. 이것은 공산주의 세력을 무찔러 이긴 두 번째 승리였다.

홍해를 육지로 하는 믿음의 실패

평양에서 국군이 후퇴하던 1950년 12월 3일이었다. 평양에서 선교리로 건너오는 다리는 폭격으로 끊어지고, 가설로 물 위에 띄어놓은 다리는 군대의 수송으로 일반인의 통행이 금지되어 있었다. 그런데 그 다리를 건너려고 하는 피난민은 수십만 명으로 인산인해를 이루고 있었다.

나는 12월 3일 가족과 같이 그 다리 부근에 나와 기다렸다가 국군의 수송 업무에 관계되는 이에게 말하여 허락을 받으면 하나님께서 길을 열어주신 것으로 믿고 건너오겠다고 결심했다. 그러나 믿음이 없었던 관계로 그것을 실행하지 못하고, 국군 의무대 수송대의 호의를 받아들여 버스를 타고, 둘째 아들과 친척과 친구 몇 사람과 함께 물이 얕게 흐르는 여울을 건너 선교리로 건너갔다.

부모님과 아내와 자녀 넷은 같이 오지 못했다. 후에 들은즉 12월 3일 저녁 5시부터 7시까지 일반인에게 육교 통행을 허락해서 그때 기다리던 사람들은 다 무사히 건너왔다고 한다. 만일 내가 그날 아침에 기도하고, 결심한 대로 단행했더라면 그 대동강을 육지와 같이 건넜을 것이다.

옛날의 기사는 인력으로는 도저히 불가능하다고 생각되지만, 그러나 현실에서도 얼마든지 일이 가능하게 되는 것을 경험할 수 있다. 사실 우리의 생명이 지금까지 존속되는 것은 그러한 기적의 연속인 것이다.

나의 믿음은 1907년 이후 우리나라에 큰 부흥이 일어난 뒤 믿음의 선배 목사님들의 설교에서 배우고, 어릴 때부터 배운 정통적 신앙이다. 그리고 1937년 이후 신사참배 문제와 싸워 승리하는 것을 보고 더욱 확신에 서게 되었다. 그리고 성경 말씀의 해석은 일본 우치무라 간조 선생의 제자 후지이 다케시, 야나이하라 타다오 선생의 글에서 배워 얻었다고 해도 과언이 아니다. 최근에는 박윤선 박사가 쓴 성경주석에서 많이 배우고 있기는 하지만, 20년 전에는 일본 무교회 사람들의 성경강해를 읽고 배웠다.

1950년 이남으로 내려와 제3육군병원에서 6개월간 징용되어 일하다가 1951년 7월 1일 영도에서 텐트 셋을 치고 부산 복음의원을 개설하고 무료진료를 실시했다. 3년간은 순전히 무료로 하고, 3년간은 1인당 백 환을 받고 매일 외래환자 100명, 입원 환자 10명 가량을 진료했다.

그런데 뜻밖에 송도에 현대식 2층 건물, 250평을 허락받아 그

곳에서 10여 년간 진료하게 되었다. 이 건물은 주한미군대한원조기관Armed Forces Assistance to Korea: AFAK의 물자원조와 말스베리Dwight R. Malsbary(1899-1977)선교사와 브루스 헌트Bruce F. Hunt(1903-1992)목사의 후원, 그리고 미국 개혁교단Christian Reformed Church계통의 물질적 원조로 이루어진 것인데, 나는 하나님의 뜻에서 허락된 것이라고 믿는다.

20년 동안 수술이 10,000여 명에 달한 것도 감사할 일이다. 1968년부터 간호학교를 시작하게 되고, 청십자의료협동조합을 조직하여 가련한 환자를 돕게 된 일도 감사하지 않을 수 없다.

여러 친구들과 또한 기회를 허락해 주셔서 현재 이 세 가지를 맡아 하게 됨을 무한히 감사드린다. 또한 전종휘 교수와 같은 믿음의 친구를 주셔서 오늘날 일진월보日進月步(날로 달로 끊임없이 진보)하는 학문을 계속 공부하게 해주신 은혜도 감사한다.

현재 나의 믿음은 어렸을 때 믿던 그 믿음

나는 성경 말씀을 통해 배우고, 믿음대로 살아서 체험한 그 믿음을 토대로 살고 있다. 그리고 기독교 이상주의인 하나님의 자녀가 되고, 이 땅이 하늘나라가 되는 것은 예수 그리스도로 말미암아 하나님의 뜻으로 성취된 것이며, 현실에서는 우리 신도들을 통하여 이뤄져 가고 있음을 믿는다. 또한 이 이상에 살면서 현실을 지도하는 것이 정당한 지도였다는 것을 과거의 시험들을 통해 보여준 성도들의 순교와 신앙에서 배웠다. 그리고 나의 조그마한 신앙체험에서도 진실한 사랑과 주님만을 바라보는 신앙생활은 내세 생활로 연결되는 것임을 실험으로 알게 되어 증거한다.

끝으로 현대 기독청년 학생들에게 몇 가지 부탁하고 싶은 말, 곧 나의 믿음을 적어본다.

1. 우리는 예수 그리스도로 말미암아 하나님의 자녀가 되었다. 빛의 아들들이다. 자기희생 없이는 빛을 발할 수 없다. 자기를 희생하여 모든 어둠의 세력을 물리쳐야 한다. 주님이 가장 싫어했던 것은 위선이다. 어둠의 세력 아래 살면서 빛의 아들인 척하는 것은 곧 위선이다. 진실이 아니다. 불의이다. 우리는 첫째로 자신의 거짓을 회개하고 앞으로 불의와 싸워야 한다.

2. 현실의 기독교는 주님께 돌아가야 한다. 자본주의적, 공리주의적 색채를 일소하는데 우리는 앞장서야 한다. 하나님의 말씀을 전하고 그 보수를 받겠다는 생각을 버려야 하며, 어떤 예산 없이는 주님의 일을 할 수 없다는 생각도 버려야 한다. 주님의 일은 현실적, 통계적 숫자로 나타낼 수 없다. 다시말하면 하나님 나라는 믿음의 일이며, 영의 일이다. 현실에서도 마음으로 하나 되는 것이 참된 하나이다.

3. 현재의 여러 가지 분파는 인격적인 사랑으로 하나가 될 수 있다. 진실과 사랑은 하나이며, 또한 하나로 능력이다. 우리도 그리스도를 본받아 12명이 한 무리가 되어 하나님 나라를 현실에서 이룩하는 데 마음과 사랑을 바쳐야 한다. 불쏘

시개 없이는 큰 장작불에 불이 붙게 할 수 없다. 이 힘은 진리탐구 즉, 성경과 기도에서 얻게 된다. 진리를 발견할 때, 곧 그 인격은 불에 타서 성령의 능력으로 악을 선으로 만들게 되는 것이다.

4. 그리스도는 세계 인류의 평화의 주님이시다. 그의 지체인 우리는 세계평화에 이바지해야 한다. 평화의 요인은 그리스도의 십자가이다. 그러므로 이미 성립되어 있다. 하지만 이것을 완성하는 책임은 그의 몸 된 교회의 일원인 신도들에게 지워져 있다. 십자가는 다른 사람에게 보이기 위해 세워 두거나, 달아 놓거나, 달고 다닐 것이 아니라, 악의 세력과 싸우는 십자가를 져야 하는 것이다. 유형적 십자가를 표방하는 것은 정작 자신은 십자가를 지지 않는 답답한 표방이다. 희생적 사랑은 세계평화를 이룩하고 말 것이다. "그러므로 무엇이든지 남에게 대접을 받고자 하는 대로 너희도 남을 대접하라 이것이 율법이요 선지자니라"마 7:12. 나는 이 말씀이 세계평화의 열쇠임을 체험하며 강조한다.

5. 우리는 주님께서 일으켜 주신 하나님의 자녀요, 그 나라 백성답게 기독교 이상주의로 살도록 이 세상에서 부름 받은 집단이다. 그러므로 현실에서의 사명이 귀중하다. 하나님은 이 세상을 사랑하셔서 우리를 불러내셨다. 이 세상의 자녀를 하나님의 자녀가 되게 하려고 우리를 부르셨다. 우리는 무신론자, 유물론자, 불신자들에게 주님의 사랑을 전하고,

주님이 그리스도이심을 나타내기 위하여 부름 받았다. 그러므로 주님께서 저들을 위해 희생하신 그 사랑을 가지고 저들을 섬겨야 하겠다. 이것이 사랑의 승리이다. 이것이 곧 새 계명이다.

6. 우리는 그리스도 안에서 통일된 유기체이다. 중추신경계에 해당하는 삼위일체이신 하나님의 지배하에 각 기관의 기능이 다 다르더라도 통일되어 있는 것이다. 우리의 조직과 계획은 그리스도의 뜻에 통일되어야 한다. 어떠한 이 세상 세력과 타협하거나 규합해서는 안 된다. 특히 물질의 원조를 받고 일해서는 안 된다. 우리는 그리스도로 말미암은 완전한 독립체이며 성령의 지혜와 사랑으로 통일된 기능을 하는 단체여야 한다. 이것이 참신하고도 영속적인 생명의 활동을 하게 하는 요인이다.

7. 마지막으로 옛날 모세와 바울의 동족애를 상기하고 그리스도의 사랑을 실천해야 한다. "슬프도소이다 이 백성이 자기들을 위하여 금 신을 만들었사오니 큰 죄를 범하였나이다 그러나 이제 그들의 죄를 사하시옵소서 그렇지 아니하시오면 원하건대 주께서 기록하신 책에서 내 이름을 지워 버려 주옵소서"출 32:31-32 또는 "내가 그리스도 안에서 참말을 하고 거짓말을 아니하노라 나에게 큰 근심이 있는 것과 마음에 그치지 않는 고통이 있는 것을 내 양심이 성령 안에서 나와 더불어 증언하노니 나의 형제 곧 골육의 친척을 위하여 내

자신이 저주를 받아 그리스도에게서 끊어질지라도 원하는 바로라"롬 9:13라는 고백이 참으로 우리의 소리가 되기를 바란다. 우리는 그리스도로 말미암아 이러한 마음을 전 인류에게 미쳐야 한다.

〈부산모임〉 1971년 8월호[25:4-3]

하나님은 사랑이다

나는 1940년 3월[30세]부터 1950년 12월[40세]까지 약 10년 간 평양에서 살았다. 나는 이 10년 간을 2기로 나누어 생각한다. 제1기는 1940년 3월에서 1945년 8월 15일까지 일본 제국주의 정권하에서 평양연합기독병원에서의 활동이었고, 제2기는 일제에서의 해방 후 1950년 12월까지 공산주의 정권하에서 평양의과대학병원에서의 생활이었다.

제1기: 일본제국주의 정권하 평양연합기독병원에서의 활동
1. 준비기

1928년 3월[18세때] 개성 송도고등보통학교를 졸업하고 상급학교를 지망하게 될 때, 나는 집의 경제상태가 어렵게 되어서 학비가 가장 적게 드는 학교를 선택하다 보니 경성의학전문학교를 지원하게 되었다. 그 학교는 학생수의 3분의 2가 일본인이었고 3분의 1이 한국인이었다. 그래서 한국인의 입학이 어려웠다.

내가 졸업한 송도고등보통학교에서 세브란스 의학전문학교에 입학하는 것은 매년 5명에서 7명은 되었으나 경성의전에 입학한 예는 그때까지 없었다. 그리하여 나는 만일 의사가 되는 것이 하나님의 뜻이라면 학비가 부족한 나에게는 세브란스보다는 경성의전에 합격시켜 주실 것이라는 신념으로 경선의전을 지망하게 되었고, 또 의사가 되면 진료비가 없어서 의사의 진단과 치료를 받지 못하는 이들을 진료하는 의사가 되겠다고 서원하였다.

1928년 4월 경성의전에 입학한 후에는 나는 교내에서 한국학생들로 조직된 YMCA에 참여하여 믿음의 친우들과 교제하면서 믿음의 훈련을 쌓았는데, 그 중에서 가장 친한 친구로서 지금까지 믿고 사랑을 계속하는 이는 전종휘 박사이다. 그는 나의 주치의사로서 나의 건강을 현재도 염려해 주는 사랑의 형제이다.

1932년 3월 경성의전을 졸업하고, 시골 도립의원의 의사로 취직해 가려고 하니 실력이 없고, 실수할 것만 같아서 모교 부속병원에 조수로 남아서 임상실습을 통해 경험을 더 얻으려고 결심했다. 그런데 생활비가 문제였다. 나는 나의 학우, 백기호와 더불어 의논하여, 결혼해서 처가에 유하면서 임상공부를 더하기로 하고 그 친구에게 결혼대상을 구해달라고 했다.

그랬더니 우리들의 대선배로 지방에서 개업을 하다가 서울에 올라와 경성제대 스기하라杉原 약리학 교실에서 의학박사 학위 논문을 쓰고 계신 김하식金夏植 님의 장녀가 평양 서문고등여학교를 졸업하고 집에 와서 어머님을 도우면서 신랑을 구하고 있다는 소식을 전해 주었다. 그 친구의 중매로 결혼하게 되었다.

그래서 1932년 4월에 백인제 선생 교실에 들어가서 일반 외과학을 공부하게 되었고, 또 급성충수염 및 충수염성복막염의 세균학적 연구라는 제목으로 연구하게 되었다. 1937년까지 학위 논문을 작성하고, 1938년에 경성의전 외과 강사가 되어 2년간 더 교육과 임상 경험을 쌓아 가지고 1940년에 자립하기로 했다.

백인제 선생님은 나에게 공부를 더해서 자기의 뒤를 계승하라는 고마운 말씀으로 물으셨지만, 나는 그러한 사람이 못 되는 것을 자인하고 있었고, 무엇보다도 의사가 되려고 할 때에 서원한 바가 있어서 그것을 지키기 위해 지방으로 갈 결심을 했다. 그랬더니 당시 대전 도립병원의 외과 과장자리가 있으니 거기 갈 생각이 없느냐고 백 선생께서 말씀하시는 것이었다. 그런데 나는 고등관 자리라고 하는데 거부감이 났다.

오래지 않아서 평양연합기독병원 외과과장으로 가는 것을 이용설 선생이 추천해 주셨다. 나는 그 추천에 순종할 마음이 생겨서 1940년 3월 20일에 평양연합기독병원 외과과장으로 부임하게 되었다.

2. 평양연합기독병원 외과과장 시대

평양연합기독병원에서 일하고 있는 의사와 의사과장들은 다 세브란스 출신들이어서 나의 부임을 환영하지 않았는데, 앤더슨 원장이 세 번이나 실행위원의 의견을 존중하면서 다시 추천하는 절차를 거쳐서 통과 되었다는 것을 알게 되었다. 먼저 알았더라면 나는 사양하였을 것이다. 또 나의 월급에 대해서도 졸업연도에 따른다면 205원이어야 했는데, 나는 박사학위 논문이 작성되어 있었고, 또 가족이 많아 250원을 청구했었다.

그래서 앤더슨 원장이 매월 45원을 친구에게 빌려서 나에게 더해서 250원을 채워주었음을 나중에 나에게 그런 영수증을 써 달라고 해서 알게 되었다.

그런데 나는 그런 결함이 있는 것도 모르고, 겸손과 진실과 사랑으로 하나 되기를 힘썼다. 당시 평양연합기독병원에는 아이들이 폐렴이 많았고, 그 합병증인 농흉환자도 많았다. 나는 그들의 농을 현미경적으로 관찰하여 포도성구균에 의한 농흉이 약 70% 가량 되는 것을 보았고, 그 관찰을 민광식 군과 같이 조선의학회에 발표했다. 그 후에 폐렴구균에 의한 폐렴보다는 포도상구균에 의한 폐렴이 농흉의 합병증을 일으키는 일이 많은 것을 인정받게 되었다.

그리고 또 하나는 푸룽켈과 같은 포도상구균 감염[화농]병조는 그것이 1-2주 후에 쥐여 짜면 전이성근염이 일어나는 예가 있음을 관찰하여 그것을 세균학적으로, 조직학적으로 보면 포도상구균이 증명될 뿐 아니라 그 급성기에 있어서도 조직 내에 애오진기호성 세포가 많이 침윤되어 있는 것을 보았다. 당시 병리학 책에는 그러한 기술이 없었으나 약 10년 후의 병리학 책에 우리가 관찰한 것과 같은 기술이 게재된 것을 보고 기뻐했다.

나는 1940년 5월에 서울에서 열린 로마서 강연회에 참석해서 신앙에 의한 구원의 논리와 신앙에 위한 윤리생활에 대하여 깊은 감명을 받았고, 또 야나이하라 선생이 평양에 와서 성서 강의를 할 때에 내가 다니던 신앙리교회의 전도실에서 할 수 있도록 도와 드려서 마음이 기뻤다. 그래서 김교신[9] 선생과 함석헌[10] 선

---

9. 김교신(1901-1945): 일제강점기에 무교회주의 기독교 사상을 전파한 종교인, 사상가, 교육자. 일본 유학 중 우치무라 간조의 영향을 받고 한국으로 돌아와 1927년 〈성서조선〉을 창간하였다. 1942년 '조와 사건'으로 〈성서조선〉은 폐간되었고, 이후 흥남비료공장에서 노동자와 생활하다 1945년 봄 갑자기 세상을 떠났다.

10. 함석헌(1901-1989): 독립운동가, 종교인, 언론인, 기독교 운동가. 1919년 3·1만세운동에 참여했으며, 오산학교 교사를 역임하였다. 김교신과 함께 〈성서조선〉 동인으로 참여하였다. 1970년부터 〈씨알의 소리〉를 창간, 말년에는 성서뿐만 아니라 동서

생과의 사귐도 깊어졌던 것을 고맙게 생각했다.

1940년 9월에, 일본 나고야대학名古屋大學 의학부 교수회에서 내가 제출한 급성충추염 및 충수염성 복막염의 세균학적 연구라는 박사학위논문이 통과되었다는 통보가 왔다. 당시 백인제 선생께서는 〈동아일보〉에 나를 소개하시어 입지전立志傳의 인물이라고 칭찬해 주셨으나, 나는 논문이 신통하지 않을 뿐 아니라 거짓이 아닌가 하는 자책에 부끄러움을 금할 수 없었다.

1940년 10월에 병원에서 물가상승으로 인해서 각 의사에게 25원씩 더 지급해 주었다. 그래서 나의 월급이 275원으로 올랐다. 1940년 11월 이사회에서 원장 앤더슨 선생이 대동아전쟁으로 인해 고국으로 돌아가게 되어 사임하게 되었고, 그 대신 나를 원장으로 임명하게 되었는데 월급은 350원이었다. 동시에 산부인과 조동협 과장을 부원장으로, 소아과 양요한 과장을 회계로 발령하여 3인이 잘 협력하여 병원을 운영하도록 맡겼다.

그런데 조동협 부원장과 양요한 회계가 의견이 잘 맞지 않아서 일치가 되지 않아 나는 고민하게 되었다. 나는 그들이 서로 협동해 주기를 바래서 두 분에게 "당신들은 세브란스의전 동창이면서, 어떻게 그렇게 일치하지 못하는가"하고 힐책했다.

그 힐책으로 인해 오히려 그 둘은 하나가 되어 나의 결점을 지적할 뿐 아니라 없는 것을 있는 것과 같이 꾸며서 이사들에게 고발하였다. 즉 병원장은 경성의전 출신을 과장으로 데려오려고 하고, 신사참배를 하려고 하며, 원외의 사람의 자문을 받고 있는 것이었다. 이것은 앤더슨 원장의 친구인 윤일엽 씨를 이따금 만

양의 각 고전을 섭렵하여 씨알사상이라는 비폭력, 민주, 평화 이념을 제창하였다.

난 데서 오해가 되었다고 생각이 된다.

그래서 1941년 1월 정기 이사회에서는 나의 원장직을 파면하고, 세브란스 의과대학 생리학교수 김명선 선생을 원장으로 임명했다. 나는 물론 이사회의 결정을 수긍하고 순종했다. 그런데 이사회에서 장기려 외과과장의 월급은 250원이라고 회의록에 명기되어 있었다. 그것은 내가 그 병원 취임할 때 월급이 250원이어야 된다고 했던 것이 이사들의 머리에 들어 있었던 까닭이라고 생각한다.

그래서 나는 1940년 10월에 받던 275원이 나의 월급이 되어야 한다고 이사장 무어 박사와 신임원장 김명선 선생에게 말했으나 김명선 원장은 부원장과 회계의 말을 듣고 내가 스스로 물러가기를 바라는 것 처럼 보였다. 그래서 나는 사면초가의 입장에 서게 되었다.

그런데 하루는 이비인후과 과장이 나에게 찾아와서 자기에게 명령만 하면 나를 위하여 싸우겠다는 의분을 토로했다. 그러나 나는 "싸우고 싶지 아니하니, 옳은 것은 옳다 하고 아닌 것은 아니라 하라."고 말했다.

나는 너무도 외로워 "주님은 저와 같은 처지에 있게 되면 어떻게 하시겠습니까?"하고 기도했다. "무엇을 어떻게 해. 네게 맡겨 주는 일을 충성히 하면 되지 않아." 하는 것이 나의 자문자답이었다.

6개월이 지나니 나를 반대하던 부원장과 회계가 김명선 원장을 반대하고 나섰다. 김 원장은 분노했다. 제자들이 자기 선생에게 반역하는 것이었기 때문이다. 1941년 12월 보너스를 줄 때에 나에게 250원을 더 주는 것이었다. "왜 이렇게 많이 주십니까?" 하고 물었더니 "일을 많이 했으니 더 주지."하고 시치미를 떼는 것이었다.

3. 1942년에서 1945년 8월 15일까지

김명선 원장의 나에 대한 신용은 더 굳어 갔다. 나는 1942년 4월 일본 동경에서 개최되는 일본외과 학회에도 갔다 올 수 있었다.

1943년에는 김 원장께서 자기 사택이라고 하면서 김길수 목사님 댁을 사가지고 나더러 거기 가 있으라고 권했다. 사실 나는 사택에 대한 욕심이 없어서 가장 낮은 집에 살았다. 또 1944년부터는 신앙리교회에 나가지 않았다. 그것은 동방요배를 하고 예배 드리도록 하는 것이 가증되어 보였기 때문이다. 가정에서 드리는 예배가 순수하였다.

1945년 5월 16일 나의 몸에 이상이 나타났다. 피곤하고 소화도 안되고 황달이 나타났다. 급성간염의 증상이었다. 당시 간염은 자연 치유되는 일도 있었으나 현재도 그렇지만, 별 치료법이 없어서 '아마도 죽을 수 있으리라.'고 하는 생각이 나를 신경쇠약에 몰아 넣었던 것 같다. 다음에 죽으면 하늘나라에 갈 것이지 하면서도, 잠을 잘 수가 없었다. 죽만 먹고 류산마구네시움硫苦을 먹으니 변통은 잘 되지만, 수척해지고 힘이 빠지는 것이었다. 때때로 평양 상공에는 B-29기가 나타난다. 시골 약수터로 소개 받아 가기도 하고 묘향산 근처에 있는 약수터에 가서 쉬고 있었다.

그때까지 일본 야나이 하라 선생에게서 친필로 쓴 편지가 왔다. 가신嘉信을 패가시킨 날로부터 유황도[본토]가 점령당하지 아니했는가. 무엇이 대장부란 말인가. 또 지하철을 타고 가다가 쓰러지고는 '아! 하나님께서 나를 통해서 이 나라가 속히 넘어질 것을 보여주는 것이 아닌가.' 하고 스스로 생활을 통하여 예언으로 보여 주심으로 알려주는 것이었다. 나의 병도 그런 종류의 예언적 의미가 있는 것이 아닌가 생각 되었다.

1945년 8월 15일 일본 천황의 무조건적 항복방송이 울려 퍼졌다. 나는 건국하다가 죽어야지 하는 것이 머리에 떠올랐다. 자유를 허락해 주면, 우리 민족은 지혜가 있으니 잘 살 것만 같았다.

나는 나는 될 터이다.
금만가가 될 터이다.
옳다 옳다, 네가 네가 금만가가 될 터인가.

어렸을 때 주일학교에서 부르던 노래가 마음에서 흘러 나온다. 나의 세계관과 역사관은 너무도 유치했다. 앞으로의 나의 경험은 그것을 말해 주고 있는 것이다.

제2기: 1945년 8월 15일 이후 공산정권 하에서
1. 준비기
1945년 8월 15일 평북 묘향산 부근에 있는 약수터에 일본 천황의 무조건 항복의 방송소리가 간접으로 전해져 왔다. 1945년

8월 17일 그 사실이 확인되는 동시에 나의 마음에는 건국하다가 죽어야지 하는 생각이 떠올랐다. 그래서 그날 우리 가족 일행은 묘향산에서 평양으로 기차를 타고 나왔다. 기차가 개천역에 도착하니 부근에 있는 광산에서 징용되어 일하던 일꾼들이 기차 정문으로 올라 들어 오고, 차내는 순식간에 만원을 이루었다. 그러나 어느 누구 한 사람도 불평하지 않고 기쁨이 충만했던 것을 지금도 잊을 수 없다.

평양집에 와 보니 40리 밖에 소개해 가셨던 부모님이 맞아 주어 감사에 가득 차 있었다. 그러나 나의 집사람만은 그 얼굴에 웃음이 없었다. 생각해 보니 우리 맏아들 택용이가 이북 군대에 갔다가 오지 않은 까닭이었다. 하나님께서 안보해 주실 것을 믿으면서도 부모의 정은 어찌할 수 없는 것이었다.

다음날 건국준비위원회로부터 위생과장의 일을 맡아 보라는 권유를 받았다. 그래서 나는 연약한 몸을 무릅쓰고 걸어서 약 15분 걸리는 거리에 있는 대동강변에 위치한 백선행기념관으로 갔다. 건국준비위원회 위원장은 조만식 선생이고, 보사국장은 전부터 잘 아는 이 선생이었다. 위생과장의 일이란 별로 일정한 것이 없었고, 사고가 발생하거나 살인 사건이 생기면 가족을 찾아 매장해 주는 일이 제일 급무였다고 기억된다.

나는 신경쇠약으로 전화 벨소리에도 깜짝 놀라는 증상과 수면부족이 매일 긴장의 삶을 살면서 다소 완화 되었다.

1945년 10월에는 평안남도 임시정부가 수립되고, 위원장에 조만식 선생, 보사국장에 윤기녕 박사가 되고, 나는 구 평양도립병원[제일인민병원]장 겸 외과과장으로 임명되어 11월부터는 그리로 출근하게 되었다. 평양연합기독병원은 내과과장 임 박사가 원장이 되어 운영하였다. 1년 후에 특별병원으로 이름이 개칭되고 소련에서 나온 김 의사가 원장이 되어 이북 정부의 고급 이상의 공무원 가족의 환자를 치료하는 병원이 되었다.

2. 제1인민병원장 겸 외과과장의 시대

1947년 1월 즈음에 평양에서 북으로 약 20리 떨어진 서포西浦라는 곳에 있는 가톨릭 수녀원장으로부터 수녀들 여럿이 병중에 있으니 왕진해 줄 수 없는가 하는 문의 전화가 왔다. 사회의 압력에 의한 신경증이 아닌가 하는 예감과 동시에 동정이 일어나 간다고 대답했다. 병원문을 나서니 서포행 기차는 평양역에 도착해 있는데, 12시 30분발 열차가 떠나지 않고 있었다.

나는 걸어가고 싶어졌다. 그래서 혼자서 눈 길을 걷고 있으니 용기도 나고 상쾌하기도 했다. 2시간 반에 서포 수녀원에 다다르니 장 수녀원장이 나를 기다리고 있었다.

나는 기차를 탔더라면 아직도 못 오고 기차안에서 떨고 있었을 것이라고 생각하면서 너무도 반갑고 기뻐서 자유롭게 온 것을 자랑스럽게 말하며 인사했다.

그런데 장 원장은 정색을 하면서 "왜 타고 오시지요, 타면 틀림 없습니다. 멀리 가려면 타야 합니다."하고 대답하는 것이었다. 나는 가톨릭 교회를 비유해서 말하는 것으로 느껴졌기 때문에 가톨릭 신부들의 여러가지 색깔의 의상들이 무엇을 뜻하는지 알 수 없다고 비난조로 말했다. 그랬더니 장 원장은 그 뜻을 알게 되면 하나도 버릴 것이 없다고 응수하는 것이었다.

수녀님들의 병적 증상은 예상했던 대로 사회의 변천으로 공산주의가 기독교를 압박하고 핍박함으로써 일어나는 신경증이었다. 우리는 믿음으로 환난을 견디고 승리할 것을 다짐하고 헤어졌다.

3. 제1인민병원 원장 겸 외과과장 시대

먼저 진실한 서무과장을 얻었다. 서무와 회계는 믿음직했다. 나는 환자 진료와 학생 강의에 힘을 썼다. 제1인민병원은 1945년 11월에서 1946년 3월까지의 이름이고, 1946년 4월부터는 김일성대학 부속병원으로 개칭이 되었다가, 1947년부터는 김일성대학 의학부가 평양의학대학으로 변경됨에 따라 평양의대 부속병원이 되었다.

학생 강의에는 영어로 된 외과학을 텍스트로 해서 강의했기 때문에 학생들에게 호감을 준 것 같았다. 다른 교수는 일본책을 번역해서 강의하였기 때문에 그것보다는 인기가 좋았다. 환자치료는 일제시대 때와 비슷하였고, 시민들은 해방의 기쁨에 넘쳐서 살았기 때문인지 수술환자가 적었다. 개복수술 환자는 일본여자가 위수술을 받은 예가 하나 있었을 뿐이었다.

그러나 영양이 나빠서 입원해 있는 환자 중에는 수혈을 요하는 환자가 있어서 적당한 급혈자가 없을 때에는 나 자신이 급혈자가 될 때도 있었다. 그러한 관계로 1946년 12월 나는 모범일꾼 상금 3천 원을 받았다.

나는 나의 삶이 그리스도를 위하여 있다고 믿었기 때문에 상금은 교회의 교역자에게 바쳤다. 교역자[방계성 장로]는 동방목사가 예물을 가지고 왔다고 하면서 기뻐하였다. 그 해 봄에 김일성이 맹장염 수술을 받았는데, 그에 대한 상금이 아닌가 하는 오해가 되어 내가 그의 맹장수술을 한 것으로 잘못 선전이 된 듯하다.

김일성의 맹장 수술은 당시 소련 야전병원에서 받았던 것이다. 1947년 초에 나는 병원장직을 물러나게 되었다. 바로 그 전에 소련 정보부에서 나를 불러서 사상을 시험했다. 예와 같이 인사 기록을 한 후, "이북에는 소련군이 들어오고, 이남에 미군이 들어오고 있는데, 어떠한 형편이 전개될 것으로 보는가. 전망이 어떠한가?"라고 묻는다. 나는 대답하기를 "이북은 사회주의로 되어 인민이 평등하게 살게 되었고, 이남에는 자본주의 사회가 되어 빈부의 격차가 심해질 것이다."고 했다.

그 후 나의 사상 검토는 더 하지 않았다. 나는 이때에 기독교 신자임을 분명히 했다. 1946년 6월 즈음에 이남으로부터 의사 5-6명이 이북으로 왔다. 그 중에 최응석이라고 하는 내과학 교수가 있었는데, 그는 남로당원으로 진보적 사상을 가졌고, 일본 제국주의 시대에 동경제국대학 의학부를 졸업한 수재였다. 나는 원장직을 그에게 물려주려고 구두 사표를 냈다. 어느날 당에서 병원을 심사하려고, 심사원들이 병원에 왔다. 심사결과 병원행정과 재정에는 이상이 없었다.

그런데 병원 내정에 있는 조선시대 때부터 내려온 별궁 창문들의 유리가 없어지거나 파괴되었다. 병원장은 국가 비품의 손실에 대한 책임을 져야 한다고 하고 요교류要交流라는 판정을 내렸다. 나는 속으로 이 중책에서 벗어나게 된 것을 감사했다. 그 후 약 1개월이 지나 김일성대학 부총장 김일이 정두현 의학부 학장과 최응석 부학장을 데리고 내 방으로 찾아왔다. 나에게 외과의 강좌장직을 맡아달라고 요청하였다. 나는 곧 어렵다고 말하면서 다음과 같은 세 가지 조건을 내 놓았다.

첫째, 나는 대학 교수의 자격이 없고, 둘째, 변증법적 유물론을 모르며, 셋째, 일요일에 일할 수 없다고 했다. 이때에 김일 부총장은 의학부 학장과 부학장에게 "장기려 원장의 말이 사실입니까?"하고 물었다. 정두현 학장이 말하기를 첫번째와 두번째는 겸양의 말이고, 세번째는 사실 같다고 말했다.

김일 부총장이 말하기를 "첫번째는 장기려 선생이 사실을 말한 것 같습니다. 다른 선생들은 다 자기가 자격이 있다고 변호하는 말을 하는데, 장기려 선생만은 자기가 자격이 없다고 하니 정말이라고 믿어집니다. 일본 사람들이 식민지 사람에게 대학교수가 될 수 있도록 공부할 기회를 줄 수 있었겠어요. 그러나 인민들이 해 달라고 하면 어떻게 하겠습니까"하므로 나도 어떻게 대답할 것을 몰라 머뭇거리고 있었다. 그 사이에 김일은 "그 문제는 그것으로 해결 짓지요. 두번 째 문제는 장 선생께서는 앞으로 변증법 유물론을 공부해 보려는 흥미를 가지고 있습니까?"하고 물었다. 사실 나는 그 때에 한 책을 읽고 있었기 때문에 현재 읽고 있다고 대답하니 그 문제는 그것으로 해결하고, 세번째 문제는 우리가 일요일에 일해 달라고 하지 않겠다고 약속했다.

이렇게 해서 나는 외과강좌장이 되었고, 최응석은 원장을 겸임하게 되었다. 우리가 헤어질 때에 최응석 원장은 조용히 내 손을 잡고, "1년만 같이 일하면 당신은 공산주의자가 될 것이다."하고 자만한 태도를 보였다.

1946년 10월 즈음에는 김일성대학에서는 의학부에 있는 크리스천 학생들을 축출한다는 소식이 들려왔다. 나는 김일 부총장을 만나서 그 사연을 물었다. 김일은 시치미를 떼고 "누가 그런 말을 합디까? 그런 말하는 사람부터 내어 쫓아야 할 것입니다."라고 말했다. 이 말이 있은 후 학생 민청회에서 크리스천 학생들의 명단을 제명해 버렸다. 크리스천 학생들은 거의 전부가 이남 한국으로 내려와 각기 지망하는 의대에 합격하여 소정의 의과정을 수료한 후에 의사가 되었다. 하나님은 자기를 사랑하는 자를 결단코 버리시지 않으심을 나는 경험했으며 이것을 증거한다.

그리고 수개월이 지난 후 1947년 초에 화폐개혁을 하게 되었는데, 그 개혁을 선포하기 1일 전에 각 사회단체장들이 모여 그 필요성을 설명한 후에 결정하고 다음 날에 화폐개혁을 선포했다. 이 때에 최응석 보건연맹위원장은 그 자격을 가지고 사회단체 회의에 참여했다가 10여 시간 먼저 화폐개혁을 알았기 때문에 당일에 쌀 두 가마니와 재봉틀 두 틀을 매점했다.

후에 이 사실이 알려져서 각 장의 보직이 다 떨어지고 오직 의사의 직분만 할 수 있게 되었다. 그는 6개월 전에 나에게 말하기를 자기와 같이 1년만 일하게 되면 내가 공산주의자가 될 것이라고 장담했었는데, 자만은 넘어지게 하는 원인된다는 것을 증명해주었다.

또 1947년 초에 김일 부총장은 김일성대학 사무처장과 같이 일제 때 군사 훈련장[연병장]을 얻어가지고 기경起耕하여 농장을 경영했다. 김일성대학 학생들을 동원해 가지고 땅을 갈고 씨를 뿌리고 농사를 지었는데, 농사에 투자한 자금이 800만원이고 거두어 드린 수확이 200만원이었다. 이 적자의 책임을 지고 김일부총장은 물러 났다.

김일은 러시아어에 능숙하고 스티코프의 총애를 받고 있었지만, 그 책임을 지지 않을 수는 없었다. 땅이 굳어지면 적어도 수년간 기경해 가지고 옥토로 변하게 한 후에 농사를 지어야 했다. 여하튼 결과가 나쁘면 책임을 지도록 하게 하는 것은 새 문화라고 평가할 만하다.

그들에 대하여 나는 유물론에 대한 지식이 거의 없었다. 다만 환자를 진료하는데, 예수님의 사랑을 가지고 학생들에게 교육하면서 또 필요한 때는 자신의 피를 뽑아 수혈해 가면서 진료에 힘썼다. 그랬더니 1947년 말에 모범일꾼 상금[3천원]을 보건사회부로부터 받게 되었다.

나는 이것을 곧 교회의 교역자에게 바쳤다. 교역자는 이것을 받더니 "동방 박사가 예물을 가지고 아기 예수께 경배하러 왔군" 하면서 기꺼이 받았다. 아마도 이것이 루머의 원인이 된 것 같다. 내가 하지 않은 김일성의 맹장염 수술을 해서 상금을 받았다고 와전이 된 것이 아닌가 생각된다. 김일성의 맹장수술은 1947년 초에 평양주재 소련 야전병원에서 실시 되었고 경과는 양호하였다.

1948년 여름 함경남도 부전고원에 있는 휴양소에 가서 휴양하고 있었을 때였다. 나도 모르는 사이에 정부로부터 학위가 주어졌다.

언어학박사에 김두봉, 생물학박사에 계응삼, 이학박사에 최삼열, 의학박사에 최명학, 장기려, 공학석사에 정준택, 문학석사에 한설야였다. 이렇게 학위를 주더니 여러 가지 회의에서 말을 하도록 권하는데 나는 대단히 곤란을 겪었다.

첫째는 이반 파블로프Ivan P. Pavlov(1849-1936)의 생일기념회이었다. 파블로프는 대뇌신경생리학의 세계적 대학자였는데, 그 유명한 조건반사학설을 제창하여 유물론의 권위자라고 말했다. 그러나 그의 일상 생활은 하나님을 믿는 성도였다.

둘째는 평화옹호대회에서 모 씨가 주보고를 하고, 나는 그것에 대한 찬성토론을 하라는 것이었다. 나는 그 방면에는 문외한이어서 보건사회부에 있는 친구에게 내가 읽을 수 있는 원고를 써달라고 청탁했다. 그 친구는 그 방면에 지혜가 많아서 논리적으로 평화옹호대회의 필요성을 말하고, 은근한 찬성토론의 글을 써 주었다. 그래서 뜨뜻미지근한 토론으로 끝났다.

그리고 그 다음에 평화옹호에 대한 대남방송을 해 달라는 청탁을 받았다. 나는 처음에 완강하게 사퇴를 했었지만, 청탁하는 편에서 더 완고하게 조름으로 나는 조금 생각해 보고 내 나름대로 원고를 써보았다. 이것은 예술총연맹의 검열을 받아야 하므로 예술총연맹 부원장인 이태준 씨에게 검열을 받으러 갔다.

내 원고의 내용은 처음 부분에 전쟁의 원인에 대하여 물질의 파괴력과 금력을 가지고 세계를 재패하려고 함으로 평화가 위협을 받는다고 전제하고 평화를 이룩하고자 하면, 서로 이해하고 양보하여야 할 것이라고 논했다. 이태준 부위원장은 그 원고를 읽더니 전쟁의 원인에 대한 나의 분석에 대해서는 웃으면서 요사이 강연은 천편일률적이어서 듣는 사람들의 감정이 불유쾌할지 모른다고 하여 고치지 않았다.

그 다음 해결책에 대한 나의 소고小考는 읽지도 않고 고치는 것이었다. 그것은 이남에서 미군을 내보내고 김구, 이승만도 당을 제거하는데 있다고 했다. 나는 고쳐주는 대로 원고를 써 가지고 방송국으로 가서 원고를 오후 3시경에 전했다. 그 담당자가 하는 말이 오후 6시에 와서 방송하라는 것이었다. 나는 약속대로 6시에 갔다. 그런데 담당자의 말이 그 내용의 방향이 좀 틀리다고 하면서 방송을 거부하였다. 나는 그에게 "그것 보시오, 나는 처음부터 못 한다고 하지 않았소"하는 멋쩍은 말을 남기고 집으로 돌아왔다. 나는 다시 사상 검토를 받지 않겠는가 하고 염려했으나 별 일이 없었다.

1947년 이북정부의 초청으로 이북의 의학을 발전시키게 하려고 아르쮸난이라고 하는 외과학 교수가 왔다. 나는 그의 강의를 즐겨 들었고, 또 성질이 원만하여 친하게 지냈다. 그런데 하루는 그 교수가 수술한 갑상선종의 환자가 수술처의 감염이 일어나 화농이 생겼다. 그래서 조사해 보니 소독가마의 온도가 40℃밖에 되지 않는 것이었다. 일제시대에 사용하던 소독가마여서 문 닫이의 고무파킹이 떨어져 증기가 새서 그렇게 되는 것을 발견하여 곧 수리하니 120℃까지 올랐다. 그 후부터 수술창의 감염이 일어나지 않았다.

어느 날 아르쮸난 교수의 생일 축하연이 벌어졌을 때, 나는 그의 공적을 말하면서 "우리나라의 의과학을 40℃에서 120℃로 올라가게 했다."고 찬양했다.

4. 1949년 이후

어느 날 의학박사 학위논문 심사위원회가 열렸다. 그 때에 위원장인 김두봉 박사와 사담을 나눌 기회가 있어서 나는 현 정부가 기독교를 압박하고 핍박한다고 항의를 했다. 김두봉 박사는 말하기를 종교는 선전할 자유도 있지만, 또한 그것을 반대할 자유도 있다고 하였다. 그 때에 마침 이북에서 기독교 자유 민주당이 조직되었는데, 그 당원들이 모두 다 잡혀 들어갔다는 말을 들었기 때문에 그것에 대해서도 물어보았다. 그는 대답하기를 정부를 전복하려는 무기가 발견되었기 때문이라고 답하는 것이었다.

그 다음 1949년 10월에 외과학회를 개최하고자 하는 의견이 보건사회부로부터 나왔다. 나는 평양에서 외과학 박사의 학위를 가지고 있었기 때문에 그것을 조직할 책임이 나에게 돌아왔다. 그래서 함흥 성진의과대학 교수들에게 1949년 12월 10일에 외과학회를 개최할 것을 알리고, 연제를 제출하여 달라고 부탁했다. 그러나 전혀 협조가 없었다.

나는 11월에 함흥과 성진의과대학을 찾아가서 강연 제목과 강연자를 정하고 왔다. 그래도 12월 10일에는 개최하기 어려워서 아르쮸난 박사와 의논해서 12월 25일로 연기하기로 했다.

강연의 주제는 '소화성궤양의 외과적 치료'로, 주 보고자는 아르쮸난 박사, 부 보고자는 나와 함흥의대 주 교수로 정해졌다. 나는 12월 25일이 크리스마스 주일인 줄 알았지만, 한번 연기한 것을 다시 고칠 수 없어서 따르기로 했다. 그런데 그날 학회에 출석하기로 하고, 교회의 방계성 장로에게 말했더니 강력히 반대하는 것이었다.

그 이유는 "오늘이 주일인데, 장 장로가 유년부 부장으로서 학회에 출석하고 주일 예배에 불참한다면, 주일학교 교사들의 규탄이 있을텐데 그것을 어떻게 막겠소."라고 하는 것이었다. 그래서 나는 학회에 나가지 않기로 했다. 지금 생각하면 잘했다고는 생각되지 않지만, 그 때에는 그것이 악마와 싸우는 것이라고 생각되었기 때문이다.

보건사회부에서는 그 학회의 책임이 자기들에게 있고, 더욱이 그날에는 중공의 학자들이 오기로 되어 있어서 내 출석이 정치적 의의가 있다고 생각했던 것 같다. 그 다음날 내가 강연할 때, 내가 정치적으로 헛소리를 할까 해서 대학 교수들을 단상에 앉게 하고 내 강연을 듣도록 하는 것이었다.

내 강연은 내 위절제술의 환자들을 위액의 산도를 추적해 본 결과 위절제술이 소화성 궤양의 선택적 수술이 될 수 있다는 내용이었다. 그런데 이 강연은 아르쮸난 박사가 주 보고에서 발표한 결론을 뒷받침해 주는 보고가 되었다. 그래서 나는 정치적 의도에서 불참한것이 아님이 입증되었다. 그러나 그 후부터 나를 좋지 않게 보았다.

그리고 문교부에서는 내가 주일학교에서 소년반 학생들에게 다음과 같이 교육한 것으로 비난하였다. "우리의 생명이 다만 이 생뿐이면, 변증법적 유물론으로 만족할 수 있을는지 모르지만, 우리의 인격적 생명은 심령의 생명이어서 그것은 하나님의 말씀으로 사는 것이다. 즉 예수님을 구주로 믿어서 영생한다."고 선전했다. 그랬더니 문교부에서는 장기려 교수가 예수를 구주로 믿는 것은 자유이지만, 그것을 왜 청소년들에게 교육하는지 모르겠다고 유감의 뜻을 표한다고 들었다.

1950년 초에 장 수녀원장이 의학대학 부속병원 외과에 입원하였다. 진단은 약 30년 전에 일본에 있는 성 누가 병원에 입원하여 수술했던 오스굿씨 병osgood-schlatter disease이었다. 치료는 안정과 위로였다. 나의 외과의 수간호원은 노동당원으로서 나의 일동 일정을 감시하여 당에 보고하는 것이 그녀의 임무 중 하나이다. 나는 그녀의 임무를 잘 알고 있었으므로 말과 행실을 조심하였다.

하루는 장 수녀원장이 나에게 그 간호원이 크리스천이 아닌가 하고 묻는 것이었다. 나는 대답하기를 그녀는 나의 감시원이라고 했다. 장 수녀원장은 그 다음날 퇴원하고 말았다. 그리고 며칠 후에 장 수녀원장은 김 수녀 부원장과 같이 두루미 한 쌍을 사 가지고 나의 집을 찾아 주셨다. 그것이 이 세상에서 장 수녀원장을 만난 최후의 날이 되고 말았다.

며칠 후 내 이름이 병원에 있는 노동당회에서 올랐다는 소식이 전해졌다. 나는 무슨 일로 내 이름이 나왔던가 하고 알아 보았더니 나를 감시하는 수위가 장 박사는 신문을 가져가지 않는다는 보고를 했다는 것이다. 그것은 사실이었고, 나는 노동당 정치에 무관심했다. 이 무관심이 사랑의 대적이라고 하면 책망 들어도 마땅하다고 반성하기도 했다.

하루는 의과대학 김 부학장이 나더러 당에 들어오라고 권하는 것이었다. 나는 건강이 좋지 못하고, 내 친구 이호림 교수는 당원으로 그 임무에 충성하다가 늑막염에 걸려 지금 누워 있다는 이유를 들며 당에 가입할 수 없다고 했다. 그랬더니 그는 그와 같이 지금 당장 출석을 안 해도 좋다고 했다.

그래서 나는 예수를 구주로 믿기 때문에 가입할 수 없다고 했다. 그랬더니 "그것은 안되지요, 예수 그리스도를 버려야 하지요." 했다. 나는 "예수님을 버릴 수 없다."고 말하였고, 그 후 다시 권유하는 일이 없었다.

또 어느 날 최응석 교수가 자기의 출세할 방법을 나에게 물었다. 나는 러시아어 공부를 하라고 권했다. 그 방법으로 특별 병원 김 원장에게 러시아어를 가르쳐 달라고 해보자고 하고 1949년 겨울 저녁때에 찾아 갔다. 김 원장은 극장에 가고 없었다. 최응석 교수는 나에게 저녁을 살 터이니 식당에 가자고 했다. 사실 이북에 있는 식당이라고 하면 먹을 것이 거의 없다. 그래서 나는 집으로 데리고 갔다.

집사람은 놀랬다. 사실 먹을 것이 없기 때문이었다. 있는 것 다 해서 밥 한 그릇, 계란국, 김치가 전부였다. 최응석 교수는 나의 친절에 감동하여 그 후부터 나의 결점을 누구에게 폭로하는 것을 보지 못했다.

1950년 초에 당원들 중에 소화성 궤양환자가 속출했다. 첫째로 내 사촌 누이동생이 소화성 궤양으로 전영을 내과에 입원하여 수면요법을 받고 완치 퇴원했다. 두 번째로 보건성의 노동부장이 소화성 궤양으로 전내과에 입원하여 치료를 받았다. 수면제에 취해 내 사촌 누이동생 장기만 의사에게 말하기를 "장기려 교수에게 교양을 주어야 하겠어."하고 주의를 주더라는 것이었다. 그때에 장기만은 "우리가 교양을 받아야 하겠다."고 응수했다는 것이다.

장기만은 나의 집에 유하면서 우리의 가계를 자세히 알고 있었고, 그때의 당원들의 집보다 경제적으로 가난하게 살고있는 정직함을 잘 알고 있었던 것이다.

1950년 6월 초에 나는 러시아어로 된 외과학책을 번역하기 위하여 묘향산 휴양소에 가서 쉬고 있었다. 6월 19일에 평양의대 병원장으로부터 병원으로 돌아오라는 전화가 왔다. 외과학책의 번역이 거의 다 되었기 때문에 곧 병원으로 돌아왔다.

1950년 6월 25일에 이남군대가 북침했으므로 남침한다는 보도가 돌았다. 이틀 후에 서울이 점령되고 20일 후에 남반부가 5%만 남기고 다 점령되었다고 했다.

1950년 9월 16일에는 폭탄이 평양시내에 많이 떨어져 부상자가 많이 발생했다. 나는 대학병원 내에 7개소에 응급수술실을 만들고, 7개 팀을 조직해서 1시간 준비, 1시간 수술을 해서 밤새도록 49명 수술을 실시했다.

새벽에 병원 밖에 나가보니 하룻밤 사이에 400명의 환자가 대기하고 있었다. 수술환자를 구별하여 수술실로 보내는 것은 임 부원장이 맡았다. 김 원장은 밖에 나가서 병원 피해를 알아보려고 하다가 파편에 의해 하지에 절단창을 입고, 또 그것이 감염이 되고, 파상풍이 속발되어 입원하게 되었다. 비극의 날이었다. 대학병원으로서 그 활동을 힘차게 했다. 그 후에 후송해 오는 환자가 증가했다. 그러나 병원의 직원들은 긴장해서 임무에 충성했고 환자들도 사기가 떨어지지 않고 있었다.

1950년 10월 10일 부원장과 나는 모여서 책임에 대해서 논했다. "환자들에게 식사를 계속 댈 수 있겠습니까?" 하고 물었다. "잘 모르겠다."고 확답을 못했다. "그렇다면 나는 집에서 소개해 간 곳으로 가 보겠다." 하고 헤어졌다. 임부원장은 책임에 강한 분이어서 18일까지 환자의 후송을 마치고, 인근에 있는 친구의 집으로 갔다고 했다. 이러한 때에 생명을 하나님께 맡기고, 책임을 완수하는 것은 어떠한 축복인지. 역사는 하나님이 주관하심을 새로이 느꼈다.

1950년 10월 23일 평양시내로 돌아오니 집의 개가 사라지고 말았다. 아주 섭섭했다. 나의 집사람은 맏아들이 돌아오지 않음으로 웃음이 없었다. 나는 식구들의 양식을 위해 유엔군 민사처 병원에 나가서 의사 일을 했다. 그 다음날에는 한국군 야전병원에 징용된 의사로 일하였다. 군의관들의 일하는 모습을 보면 이북에서 훈련 받은 의사들이 더 책임감 있게 일하는 것 같다고 느꼈다.

추기

이상 생각나는 대로 원고를 쓰고 보니 이북에서 김일성 수상을 만난 기록이 빠졌다.

처음으로 만난 것은 1947년 이북 적십자사를 창설할 때였다고 기억된다. 나는 제1인민병원장으로 일하고 있었는데, 그 때의 보건부국장이던 이성숙 군과 소련 고문관이 나를 찾아와서 김일성 수상을 만나러 가자고 하여 따라갔다. 사무실은 일제시대의 시청 건물이었다. 정문으로 들어가려고 하는데 수위병이 따발총을 내 가슴에 대고 온 사유를 묻는다. 이성숙 군과 고문관이 말하니 통과되었다. 사무실에 들어 서니 중앙부 책상 뒤에 김일성 수상이 앉았고, 그 뒤에 통역관으로 보이는 3인의 남자가 소파에 앉아 있었다.

이성숙 군과 고문관이 김일성 앞 탁자 옆 의자에 앉고, 그 다음 나는 수상 맞은편 탁자 앞 의자에 앉게 되었다. 처음에 수상이 고문관에게 러시아어로 인사말을 했다. 고문관은 그 인사에 답하고 찾아온 용무를 이야기했다. 수상이 뒤에 앉아 있는 사람들에게 "무엇이라고 하우?"라고 한다. 뒤에 앉아있던 사람들 중 한 분이 통역을 했다. 다음에 수상이 이성숙 부국장에게 "적십자를 조직하는데 내각 결정서가 필요하다는 것입니까?"하고 물었다. 이성숙 군이 필요성을 조금 추가하였다. 그러자 내각 결정서의 양식이 있으니 거기에 써 내도록 하라고 수상이 이성숙 군에게 말했다. 이것으로 회담이 끝났다.

이 5분 동안 수상은 내 얼굴만 쳐다 보았다. 그 뜻은 모른다. 처음 보는 사람의 얼굴을 기억하려고 함인지, 나를 의심함이었는지는 지금도 모른다. 다만 내가 나올 때 아무 말도 없이 나오려고 하니깐 쑥스러워서 전에 내가 진찰해 준 본인의 발목 관절염의 경과를 물어 보았다. 그저 그렇다고 대답했다. 나는 원칙대로 "그것이 염증이니까 쓰지 않는 것이 좋을 것이다."라고 했더니, 어떻게 산 사람이 쓰지 않겠냐고 하는 것이다. 문간에까지 나와서 "또 놀러 오시오."하고 인사하는데, 이유가 있음을 보여 주었다.

두 번째 만난 것은 1948년에 내가 김용범(초대 조선공산당 북조선분국 책임비서) 님을 수술한 후에 그의 경과를 물어 보려고 나를 불렀을 때였다. 이 일은 이동화[보건성 차관이며 김일성의 주치의]의사가 김용범 씨의 병이 암이고, 대변을 보지 못하니 대변을 보게 할 수 있도록 인공항문을 만들어 주는 수술을 부탁한 예이다. 나는 처음에 소련에 가서 치료 받도록 권했지만, 이동화 의사의 말이 소련에 가도 안 된다고 하면서 나에게 간절히 부탁하였다.

그래서 이동화 선생 자신이 수술하도록 사양했으나, 내가 교수임으로 해야 한다고 하면서 자기가 조수를 하겠다고 하였다. 그래서 하복부 중앙선에서 개복을 하니 복벽층이 종양의 세포 침윤으로 7cm이상의 두터워져 있었고, 8cm가량 절개해서 겨우 복강내에 도달하였다. 복강내에서 복수가 소량 배출되었다. 그 다음 S자상 결장부에서 복벽을 절개하고 들어가 S자상 결장을 복벽에 봉합하여 후에 인공항문을 만들어 주도록 했다. 그리고 복벽에서 종양조직을 떼어서 병리조직을 검사했다. 병리조직 진단결과 악성 림프종이었다. 그래서 복벽종양에 대하여 X-선 조사요법을 했다. 그랬더니 임상경과가 일시 좋아졌다.

수술 후 15일이 지나 김일성 수상이 그의 경과를 알기 위해 나에게 면회를 청한다는 소식이 왔다. 나는 이동화 의사와 같이 갔다.

김일성: 김용범 님의 진단과 경과를 말해 주시오.
장기려: 김용범 님의 진단은 암이 아니라 악성 림프종이다. X-선 조사요법을 했더니 ……

이동화: 그 놈[악성 림프종]은 암보다도 더 나쁜 놈이다. 방법이 없다.

장기려: 악성종양은 다 암이라고 하는데, 복부에 악성종양이 생겨서 복수가 생기면 예후가 나쁘다고 성서에 써 있다.

김일성: 잘 알았다. 잘 해주세요.

세 번째 만남은 일이 있어 만남이 아니고, 위의 김용범 씨가 별세했을 때, 그의 관 앞에서 조의를 표할 때에 김일성 님과 최용건 님이 대화하는 것을 보았던 것이다. 내가 김용범 씨의 관 앞에 최응석 의사와 같이 가서 조의를 표하고 있을 때, 최용건 님과 김일성 님이 찾아왔다. 그들의 예의법은 종래의 유교식도 아니고, 또 영이 있다고 생각하지 아니함인지 군인식 예도 없이 조용히 김용범 님의 관 앞에 앉아서 속삭이는 것이었다. 다만 그들이 상대를 부르기를 최용건 씨는 김일성을 장군님이라 하고, 김일성은 최용건에게 형님이라고 하는 것이었다. 저들은 그렇게 생각하고 질서를 유지하고 있는 것 같았다.

〈부산모임〉 1988년 6월호[122:21-3]

나의 생애와 확신

　사람이 늙으면 자기 생애를 회고하게 된다. 나의 생애를 회고하여 한마디로 요약한다면, "죄가 더한 곳에 은혜가 더욱 넘쳤다."고 표현할 수 있다. 그리고 현재 나의 신앙생활은 바울 사도가 말한 바와 같이 "나는 아직 내가 잡은 줄로 여기지 아니하고 오직 한 일 즉 뒤에 있는 것은 잊어버리고 앞에 있는 것을 잡으려고 푯대를 향하여 그리스도 예수 안에서 하나님이 위에서 부르신 부름의 상을 위하여 달려가노라"빌 3:13-14로 표현할 수 있다.
　나는 어려서부터 비겁자였다. 낮 도깨비와 밤 어득선이를 무서워했고, 동무들과 장난하다가 지고는 곧잘 울었다.
　할머니는 나를 업고 교회에 다니셨고, 또 가정 예배에서 나를 위해 항상 좋은 사람이 되게 해 달라고 기도하셨다. 그리고 항상 평화스럽고 할머님께 순종 잘하시는 아버님과 또 제가 잘못할 때마다 "왜 차심하지 못하는가" 하고 초달楚撻(어버이나 스승이 자식이나 제자의 잘못을 징계하기 위하여 회초리로 볼기나 종아리를 때림)하시던 어머님의 무릎 아래에서 자라게 된 것을 하나님의 은혜로 생각하고 감사한다.
　또 소학교와 중·고등학교에서 기독교 교육을 받고 내가 죄인인 것과 또 주 예수 그리스도께서 만인의 구주가 되심을 확신하게 된 것은 무한한 은혜라고 생각한다. 그런데 이 시기에 내가 공부보다는 장난하고 노는데 시간을 더 많이 썼던 것은 지금도 크게 후회한다.

그리고 전문학교와 의학전문학교를 졸업하고, 외과를 전공하려고 공부하던 때에도 현실 부정, 현실 경시의 생각이 나로 하여금 현실에 충실하지 못하게 했고, 또 일제시대 때 종교탄압 하에 현실도피로 인해 실력을 양성하지 못했던 것을 나는 지금도 크게 후회한다.

진정한 신앙은 현실에 충실해서 현실에서 자기의 본분을 다하여야 하는 것인데, 현실을 경시하고, 현실을 도피했던 나의 생각들과 나의 신앙이 건전하지 않았다는 것을 인정한다. 그런데 그것이 나의 성격을 잘못 만들어 지금에 있어서도 생각할 때에나 독서 할 때에 정신을 집중하지 못하고, 무엇을 판단할 때에도 그릇 판단하는 습성이 되어 있다.

1940년에서 1950년까지는 평양에서 생활하였다. 그 전반 1940년에서 1945년까지는 평양연합기독병원에서 외과과장으로 일했는데, 그때 나의 불찰로 한때 오해를 받아 사면초가의 역경을 경험했다.

그때 약 10개월간은 사람을 상대로 하지 않고, 예수님만을 의뢰하고 살았다. 10개월 후에 모든 오해가 풀리고, 전과 같이 사람들과 서로 이해하고 살게 되었다. 나는 그 경험 이후 내세를 부인하려고 해도 부인할 수 없는 신앙이 되었다. 즉, 영생하시는 주님에 대한 경험은 나도 영생할 것이라는 확신을 갖게 했다.

그 부산물로서 나는 가정에서 참 사랑을 경험하게 된 것을 고백한다. 어느 휴일에 나는 집안에서 원고를 쓰고 있었고, 내 아내는 밖의 수돗가에서 빨래를 하고 있었는데, 그때 우리 둘 사이에 사랑을 느꼈다. 그러면서 만일 이 사랑이 누가 세상을 떠나거나 또는 불가피한 사정으로 떠나 있게 된다고 해서 이 사랑이 거짓이라면, 진실이란 이 세상에 없다는 느낌을 가졌다. 그 감정이 너무도 확실하고 인상적이었기 때문에 지금 그 감정을 희생시킬 수 없으나 그 기억은 사라지지 않고 생생하다. 이 사랑은 우리 가정에 예수 그리스도를 주님으로 모시고 살았다는 증거라고 지금도 믿는다.

1945년에서 1950년까지 평양에서의 생활은 소위 유물론자라고 하는 공산주의자들과 같이 살아 본 경험을 하게 되었다. 그때 내게 맡겨진 직책에서 그들보다 못하지 않으려고 힘썼다. 이것이 내가 믿는 주님에 대한 도리라고 생각한다. 이 책임 수행에서 나와 경쟁하는 입장에 섰던 유물론자가 많이 있었다.

그 하나는 김일성대학 부총장 박일 씨였고, 다른 하나는 부속병원장 최옹석 씨였다. 그들은 나를 일 년이면 유물론자로 교화시킬 것이라고 장담을 했다.

그러나 1년이 지나고 박일 씨는 사장 경영을 잘못했다는 책임을 지고 사임하고 소련으로 소환되었고, 최옹석 씨는 화폐 개혁 때 물건을 매점했다가 발각되어 모든 책임에서 물러나고 말았다. 나는 그들과 반대로 그들이 말하는 소위 인민들에게 신임을 받게 되어 변치 않는 의학박사 학위까지 받게 되었다.

나는 이것을 나의 자랑으로 생각지 않는다. 다만 공산주의 사회에서도 역사는 하나님께서 주장하고 계심을 믿게 하는 한 과정을 보여 주셨던 것이 아닌가 하고 생각한다. 그들이 우리 한국을 남침하였을 때, 나는 그들에게 감시를 받았다.

1950년 10월 국군이 평양에 들어 왔을 때, 나는 유엔군이 개설한 민간 의료기관과 국군의 야전 병원에서 일을 돕다가 국군이 후퇴할 때에 부산으로 왔다. 그 후 부산 제3육군병원에서 일을 돕다가 1951년 7월 부산 영도에서 전재민과 극빈자들을 위한 무료의원[복음의원]이 개설되므로 그 의원의 책임을 지게 되었다. 그때 나는 존경하는 전종휘 박사와 더불어 매일 100명 가량의 무료진료를 하게 되었다. 이 일은 내가 의사가 되려고 할 때에 서원했던 정신과 같은 일이었고, 또 조국의 운명을 결정하는 일이라고 생각해서 힘껏 일했다.

이때부터 나는 전 박사의 권유를 따라 복음병원에서 일하면서 서울의대 외과 교수[1953-1956], 부산의대 외과 교수[1956-1961], 다시 서울의대 외과 교수[1962-1964], 그리고 서울 가톨릭의대 외과 교수[1965-1972]를 겸임했다. 하지만 20년간 외과 교수로 일했으나 성과는 보잘 것 없고, 책임도 완수했다고 할 수 없다.

다만 부산의대 외과 교수로 있을 때 외과국원들의 협동 연구의 결과, 간담 및 담도 외과에 공헌한 문헌들을 낼 수 있었던 것은 하나님의 은혜라고 믿으며, 당시 수고했던 국원들에게 감사한다. 1956년 부산의대 외과를 맡게 될 때, 국원들에게 예수 그리스도를 믿게 하고 싶어 주일 오후에 성서연구 모임을 가지고 일했으나, 지금 신앙생활을 하는 이는 이인수 박사뿐이다.

1959년 부산시내 행려병 환자들이 대학부속병원 뒤에 있는 창고에 내버려져 동상을 입고 죽어가는 것을 보고, 부산시내 기독의사들에게 호소해서 돌보는 일을 하였다. 그러나 그 일이 그리 쉬운 일이 아니었으므로, 복음병원 의사, 간호원, 간호보조원들을 다 가서 보게 하고, 그 마음들이 다 구호해 주어야 한다는 데 일치를 본 후에 데려다가 구호해 주도록 했다. 그 결과 8명 중 4명이 당일에 세상을 떠났고, 나머지 4명 중 2명이 1-2개월 내에 세상을 떠났으며, 단 2명 만이 4개월 내지 2년 후에 나아서 퇴원했다.

이 일이 있은 그다음 해에 부산시에서는 부산대학병원 뒤에 있는 일제시대 전염병원이었던 건물에 행려병원 환자를 수용하고 대학병원 레지던트들로 하여금 돌보게 하였다. 즉, 부산대학병원 재직 당시, 국원들이 예수를 구주로 믿게 하는 운동은 실패했으나, 무의무탁한 환자를 구호하려고 했던 일은 시 보사국의 행정을 변경케 하는데 성공한 셈이다. 그리고 국원들이 협동 연구함으로써 교실의 발전을 초래했다.

1956년부터 시작했던 주일모임은 불과 수 명에 지나지 않았으나 계속하게 되었는데, 1968년 2월 주일에 모였던 형제 중에서 채규철 님이 덴마크에 가서 유학 하던 중 병이 나서 치료를 받았던 경험을 말하였다.

그때 자기는 치료비를 지불해야 하는 것에 대해서 몹시 염려하고 있었다고 한다. 그런데 퇴원 시에 무료로 치료해 준다는 이야기를 듣고 그 감사의 마음은 말로다 할 수 없었다고 하였다. 그러면서 의료협동조합을 해 보면 어떻게는가 하고 제의했다.

그래서 나는 모임에 계속 나오던 조광제 님과 김서민 님과 더불어 여러 교회에 호소하고, 건실한 집사들과 협동하면 이 일이

삶의 회상 ◆ 291

이루어 질 것이라고 믿고 이 일을 시작했다.

1968년 4월 부산 시내 23개 교회에서 대표 1명씩을 얻어 회원 약 700명을 얻었다. 그 해 여름에는 김영환 님의 전도로 서전 아동구호재단에서 구호를 받던 사람들이 의료 협동조합을 구성하게 되었고, 그 다음해 1969년에 이 두 조합이 연합해서 사단법인 부산 청십자협동조합의 인가를 얻어서 지금까지 계속하고 있는데 이 일도 하나님의 은혜가 컸음을 인정한다.

1970년 서울에 있는 개혁선교회 의료사업을 담당했던 몰더 의사로부터 물티 비타민 15만정과 항빈혈성 철제 6천정을 받게 되어 그것을 무료로 나누어 줄 수 있었던 것이 이 조합을 계속하는데 큰 힘이 되었다.

또한 1975년 260만원의 세금이 부과되었을 때였다. 우리 조합은 회비를 가지고 전 회원의 진료비만 급여하는데 충당할 수 있을 뿐, 사무비까지도 보건사회부의 지원으로 운영하고 있는 중이었다. 그래서 세금을 지불할 여유가 없어서 이 사실을 보건사회부에 호소하였다.

보건사회부직원은 국세청직원에게 그 사실을 설명하였고, 국세청 직원은 재무부에까지 가서 그 사실을 설명해서 협동조합의 성질을 분명히 하였다. 그래서 재무부 직원들은 이것을 기안하여 재무부장관의 허가를 얻어 공문을 부산 세무서에 전달함으로써 우리는 면세를 받게 되었다.

이 수속을 진행하면서 우리 5인의 직원(부산 의료보험 조합직원)은 하나님께 호소하였다. 즉 보건사회부, 국세청, 재무부 직원들의 협조는 성령의 감동으로 되었다고 믿을 수 밖에 없다.

셋째는 의료보험조합을 계속하려면 회비를 경감케 하여야 하며, 그리하려면 보수를 적게 받고 운영하는 의료기관을 확보해야 한다. 즉 청십자의료보험조합 의원을 개설하기 위하여 10만 원 이상 회비를 내는 특별회원을 모집했어야 했다. 약 80명이 호응해서 부산시 중앙지에 청십자의원을 개설하게 된 것은 하나님의 은혜라고 믿는다.

1956년 복음병원을 건축할 때, 대지는 한국교회의 연보로 장만하였으나, 건축은 미국형제들의 도움으로 되었는데, 청십자의원은 우리 동포들의 성금으로 되었음을 생각할 때에 더욱 그 은혜가 큼을 느낄 수 있었다.

1968년 4월에는 고려신학교 교실 3개를 빌려가지고 복음간호학교를 인가 받아 시작했다. 1970년 네덜란드 정부로부터 약 1억원의 원조가 와서 부산 복음병원을 개축하면서 약 1,000평의 간호학교를 세울 수 있었던 것도 감사드린다. 이 건축에는 이종헌 집사님의 도움이 컸음에 감사드린다.

이와 같이 하나님께서 일을 시키실 때에는 먼저 생각을 일으켜 주시고, 일꾼을 보내주시며, 또 물질도 보내 주셔서 협동해서 일하도록 해 주시는 것을 느낀다. 그런데 1972년에는 부산 복음병원에 불화의 사탄이 틈을 타기 시작하였다. 과장과 레지던트 사이의 불화였다.

그때 나는 나의 책임이 가난한 환자의 진료에만 있는 것이 아니고 평화를 이룩하는데 있음을 절감했다. 환자 진료보다도 평화에 대하여 더 힘써야 하겠다고 느꼈다. 원내의 평화뿐만이 아니라 이 민족의 평화 그리고 세계 평화를 위하여 살아야 하겠다는 새 사명을 깨닫게 되었다. 그래서 친우들과 염려하며 여러 가지로 화해에 힘써 보았으나, 화해되지 못하고 결국 심판을 받고서야 일은 끝나고 말았다. 불화는 회개치 않으면 심판을 받고야 만다는 것을 깨달았다.

1975년 3월이 되었다. 거제도 보건원 부속병원 외과의사가 없어 곤란하다는 소식이 정희섭 의원님으로부터 왔다. 나는 시골 환자들을 위해 그 곳에 찾아가 일하고 싶은 생각이 들었다. 그래서 복음병원장직을 사임하고 격주로 거제도에 가서 외과의사로서 일할 것을 결심했다.

그래서 부산에서는 복음간호전문학교장, 청십자의원장, 부산 농아병원장들의 일을 맡고, 각 기관 직원들과 같이 민주주의적 운영을 하고 있다. 이 모든 일에서 여러 직원들의 협조를 얻고 있는 것이 하나님의 은사라고 생각하며 하나님과 여러 직원들에게 감사하다.

나는 1965년 즈음에 일본 야나이하라 타다오 선생의 히브리서 11장 1-4절까지를 해석한 《기독교 이상주의》라는 글을 읽고 그 사상·정신대로 살려고 하고 있다. 그 말씀을 요약하면 하나님께서 예수 그리스도를 통해 사람을 하나님의 자녀로 삼아 주시고, 또 예수 그리스도를 통해서 사회를 하나님 나라로 이루어 주시겠다고 하신 성경 말씀을 그대로 믿고 이상에 서서 현실을 지도하는 정신으로 살고자 하는 것이다.

그러므로 나는 이래 봐도 하나님의 아들이요, 하늘나라 시민이라는 자각에서 현실의 모든 사물을 대하고 사건을 처리하고자 하는 정신으로 살고 있다.

나는 오래지 않아서 예수 그리스도께서 다시 오셔서 모든 죄악을 심판하시고, 하늘나라를 세워 주실 것을 확신한다.

〈부산모임〉 1977년 6월호[59:10-3]

미국을 다녀 온 소감 1
〈로스앤젤레스에서〉

미국을 자주 드나드는 사람에게는 별 소감이 없이 자기들의 일만 보고 다녀오게 될 때가 많다고 생각한다. 1962년 9월에 국제외과 학회가 뉴욕 아스토리아 호텔에서 열렸을 때, 처음으로 미국과 유럽 여러 나라를 돌아봤는데, 그 때에는 주로 큰 병원에서 하는 수술을 보러 다녀왔다.

이번에는 처음의 동기는 청십자 사회복지회의 특별회원을 모집해 보려고 했었는데, 뉴욕에 있는 나의 오촌 조카딸인 장혜원 박사의 편지를 받고, 처음의 목적을 변경하였다. 즉, 혜원 박사의 말이 조국의 여러 사회단체와 교회와 모교[학교]에서 여러 번 연보를 요청해 와서 아무리 훌륭한 자선사업이라 할지라도 싫증이 나게 되었으나, 만나보고 싶으니 오라는 것이다.

나도 같은 생각이었고, 또 김동백 님의 초청장이 나의 신앙 간증을 요청하는 것이었으므로 나에게 말을 하라고 하면, 새로운 사명감으로 느끼고 있는 평화에 관한 일에 대해 말을 하고 오겠다고 생각하였다. 그러나 다만 친구와 친척들을 만나보고 인정을 나누는 것만으로도 족하겠다고 생각하여 여권수속을 했다.

비자 얻는데 어려움

15년 전 처음 미국에 갈 때에는 선교사이자 의사인 텐테이브 씨가 친히 미 대사관에 가서 자기가 스폰서가 되겠다고 선서함으로써 비자를 얻게 되었다. 그때에는 하나님께서 텐테이브 의사를 예비해 두셨던 것으로 느꼈었고, 하나님의 허락 없이는 안 되는 것이라고 생각했었다. 이번에도 비자 받는 데 상당히 어려움이 있었다.

그것은 스폰서가 미국에 있는 김동백 님이 되기로 수속이 되어 있으나 내가 1개월에 귀국한다고 누가 보장할 수 있겠는가 하면서 미영사는 믿을 수 없다는 듯 확인할 수 있는 서류를 제출해 달라고 하였다.

이 일에 대하여 생각해 보니 나보다 먼저 미국에 간 많은 장로와 교역자들이 갔다 온다고 하고 돌아오지 않았으므로 신앙 간증이나 종교 상담의 명목으로 초청하는 일에는 신용하기 어렵다는 태도였다. 내가 현재 신임을 받지 못하는 것이 먼저 나의 선배들이 정직하지 못하여서 대신 벌을 받게 되는 것과 같은 기분을 느꼈다.

그래서 그 미영사의 불신을 달게 받고 나와 거제 보건협회장 정희섭 님의 확인서[즉, 장기려는 부산 복음간호전문학교장이요, 청십자 의원장, 부산아동병원장, 거제도 보건원병원 외과 자문의의 직책을 가지고 있기 때문에 1개월 내로 와야 된다는 것]와 그것에 대한 공증인을 세워서 확인하는 서류를 제출했다. 그래서 일곱 번 미 영사관에 가서 3일간 5시간씩 기다려서, 1977년 12월 2일에야 비자 발급을 받게 되었다. 12월 3일 비행기로 가려고 하였으나 일본 항공에서 노무자들이 데모를 해서 갈 수가 없었고, 12월 5일 노스웨스트 항공편으로 미국에 갔다.

로스앤젤레스에서

서울을 떠나기 전날, 로스앤젤레스 부근에 사는 김동백 님에게 전화했더니, 그는 12월 5일 정한 시각에 LA 국제 비행장에 나와 맞이해 주었다. 그리고 김 의사님은 덴버로 가는 어떤 한국 여성에게 비행기 타는 곳을 안내해주고 나에게로 돌아왔다. 약 20분 걸렸는데 나는 김 의사가 그 여성에게 천사의 역할을 했다고 생각했으며 후에 그 여성이 예수님을 구주로 영접하게 되기를 빌었다.

이윽고 1시간 40분을 자동차로 달려 김 의사 댁에 돌아오니, 부인 정실 님과 쟈넷트[딸], 쟈니[아들]가 기쁘게 맞이 해 주었다.

다음에 김 의사는 LA에 있는 조광제 님에게 나의 도착을 전화로 알려 주었다.

김동백 의사와 조광제 님은 부산모임의 고참자였고, 미국에 가 있으면서도 〈부산모임〉지를 받아보고 항상 기도하며 일하고 있는 주안에서의 형제이다. 이번에 나의 초청을 위해 두 분이 각각 힘쓰신 것인데, 조광제 님은 복음의 전령사 석진영 선생님의 초청장을 별도로 보내 주셨다.

조광제 님에게 전화로 연락하니 내일[12월 6일] 저녁에 석진영 선생 모임에서 크리스마스 축하예배와 파티가 있다고 전해 주었다. 그래서 12월 6일 저녁은 석진영 선생 모임에 참석하여 처음으로 구주 성탄축하예배를 드렸다. 이 세상에서 가난하고, 짓밟힌 자와 갇히고, 병들고, 귀신에게 사로 잡힌 자들을 위하여 오셔서 구원해 주신 주님의 탄생을 다시 기억하며 감사드렸다. 그 다음날 IA에 있는 장헌용 조카로부터 전화가 와서 자기 집에 와서 유하여야 한다고 하므로, 12월 10일 토요일에 김동명 목사님이 섬기시는 침례교회에서 저녁모임을 가질 것을 〈한국일보〉에 광고하기로 하는데 동의하였다.

한편 버뱅크에 계신 최원일 목사님께 알려서 장헌용 집에서 만나기로 약속하고 나는 헌용이네 집으로 갔다. 다음날인 12월 8일 목요일 아침에 최원일 목사님이 헌용이네 집으로 와서 반가이 만났으며, 서울에 있는 김영원 선생에 대해 이야기하며 즐겁게 지냈다.

점심을 같이하고 헤어질 때, 큰 돈을 주셔서 헌금할 수 있어서 감사했다. 저녁에는 조신병 장로님과 박윤선 목사님을 방문하고, 큰 만찬으로 성도교제를 나누었다. 박 목사님은 담석증으로 고생하였으나, 발작이 지나가 소강상태였으며 식욕은 좋아서 잘 드시는 것을 보고 크게 감사했다.

12월 9일 금요일은 사랑하는 김재명, 김순명 자매와 그 어머님 한도신 권사님을 만나 롱 비치를 구경하면서 랍스터 요리로 오찬을 즐겼다. 그날 두 자매가 큰 백화점에서 손가방을 하나 사주어서 감사히 받았으며, 일평생 가지고 다니면서 기억할 것을 다짐했다. 저녁에는 조광제 선생 댁에서 초대해 주셔서 부산 복음간호전문학교 졸업생들을 만나 기쁘게 감사했다.

12월 10일 아침에는 디즈니랜드에 가서 원구[헌용의 아들]와 같이 김동백 님 부부의 안내로 구경을 하였다. 총평을 한다면 구경하는 사람들로 하여금 동심으로 돌아가게 하는데는 의의가 있겠지만, 무엇을 얻고 돌아오는 것은 없을 것 같았다. 아브라함 링컨 기념관이 고장으로 인해 볼 수 없게 되어 나보다도 구경을 시켜주던 김동백 부인님이 더 아쉬워하였고, 12월 13일에 꼭 보도록 해서 보았는데 사람의 지혜의 오묘함을 느낄 수 있었다.

12월 10일 토요일 저녁에 김동명 목사님과 안이숙 부인님께서 시무하시는 침례교회에서 나의 친지 60여 명이 모인 중에 '나의 일생과 하나님의 은혜'라는 제목으로 나의 신앙을 간증했다. 결론은 나는 항상 죄를 범하고 있으나, 하나님의 사랑은 지극하셔서 예수 그리스도의 십자가의 은혜로 인도하고 계심을 믿는다고 간증했다.

그리고 나는 수년 전부터 평화에 관한 일에 관심을 가지고 사명을 느끼고 살고 있음을 말하고, 내가 현재 종사하고 있는 청십자사회복지회는 사람들로 하여금 긍휼의 마음을 일으켜 심판을 이기고, 자랑할 때에 그리스도의 긍휼을 힘입을 마음을 갖도록 함에 있다고 말했다. 이 장면은 김동백 의사와 조광제 님의 주선으로 된 것으로 부산모임의 주최였다고 생각한다.

간증을 들은 사람들은 1940년에서 45년까지 평양기독병원에서 일했던 간호원들, 산정현교회에 다니던 교우들, 부산 복음간호전문학교 졸업생, 그리고 김동명 목사님 부부였다. 이 강연회를 마친 후 김동명 목사님은 그러한 신앙 간증이면 자기 교회 교우들에게 광고해서 듣게 했으면 좋았을 뻔 했다면서 12월 12일 저녁에 초대해 주셔서 감사히 받았다. 하나님께서 언제, 어디서든지 믿음의 동지들을 예비해 두셨다가, 주 안에서 즐겨 교제하게 하여 주심을 깨닫고 감사했다.

12월 11일 주일 낮 예배 시에는 김동백 님이 나가시는 교회에 가서 요한의 사랑의 철학을 말씀했고, 저녁에는 할리우드에 있는 교회에 참석하였다.

12월 12일 월요일에는 조환용 선생에게 전화로 연락하여 우래옥에서 냉면초대를 받고, 시편 찬송가와 다니엘서 연구와 창세기 1장 해설을 선사받고 감사했다. 그리고 오후에는 김동백 의사의 안내로 헐리우드 촬영소를 보았는데, 현대 예술의 허무맹랑함을 잘 느꼈다. 저녁에는 김동명 목사님 부부의 초대로 중국요리의 풍요함으로 후대 받았으며, 성도애를 느꼈다.

12월 13일 화요일에는 오전에 샌디에이고에 가서 유명한 동물원과 수족관을 보았는데, 고래와 물개가 사람과 조화를 이루도록 잘 훈련되어 있어서 놀랐다. 다만 재간을 부린 다음에는 많은 먹이로 그 배를 채워주는 것을 보고, 식욕을 채워주는 조건하의 조화임을 알 수 있었다. 이상적 조화라고는 느껴지지 않았다. 점심은 이선 교수를 만나 이태리 음식 스파게티로 대접을 받고, 그 교수의 미세 외과의 발전을 높이 축하하고 다시 만날 것을 기약하고 작별했다.

오후에는 선한 목사회 TV방송 녹음에 참가했다. 나는 선한 목사회 회장 김동백 님으로부터 인터뷰하는 장면을 녹화해 방송하자고 하는데 동의하여 몇 가지 문답을 가졌다. 여기서도 나의 조그마한 신앙을 간증할 기회를 가졌다.

12월 13일 저녁에는 김동백 님 집에서 70마일 가량 떨어진 로

마린다대학병원 소아과 조교수로 있는 차철준 부부가 나를 자기 집에까지 영접해서 편히 쉬게 했다.

12월 14일 오전에는 로마린다대학 소아과 신생아 특히 체중이 1.0kgm에서 2.5kgm되는 아이들을 인큐베이터 내에서 기르는데, 심전도를 가지고 심기능을 검사하고, 혈액, 소변의 이상, 호흡의 이상을 항상 측정하면서 발육을 도모하고 있는 것을 보고 미국의학의 첨단을 본 것 같아서 매우 기뻤다.

사람의 육적 생명은 생화학 법칙의 지배를 받고 있음을 느끼는 동시에 여기에서 원하는 사람들은 거의 기계적으로 일하면서 사랑에 의한 영적 생명을 잊고, 소홀히 하지 않을까 해서 조금 염려하면서 떠났다.

다음에 LA에서 차철준 부부와 같이 점심을 먹고 포레스트 캐슬Forest Castle에 가서 무덤들과 저 유명한 예수님의 십자가의 수난과 부활 승천의 그림을 보았다. 아마도 세계 최대의 그림일 것이다. 그림의 설명을 들은즉, 그린 사람이 어떻게 당시의 사실을 표현할까 힘썼던 것을 알 수 있었다. 좋은 예술가는 그 진실을 표현하는 자라고 생각했다.

저녁에는 오렌지 카운티 침례교회에서 '평화에 관한 일'이라 제목하고 누가복음 19장 41절에서 46절 말씀을 해석했다. 예수님은 따르던 제자들과 무리가 안내하는 대로 나귀새끼를 타시고 예루살렘을 향하여 나아 가셨다. 감람산 서남쪽을 돌아 예루살렘 성이 내려다 보이는 곳에 이르니까 무리는 소리 높여 "찬송하리로다. 주의 이름으로 오시는 임금[왕]이여, 하늘에는 평화요. 지극히 높은 곳에서는 영광이로다."라고 하나님을 찬송했다. 예수님은 이것을 묵인하시고 기뻐 받으셨다.

그러나 바리새인들은 잠잠케 해달라고 말했다. 이때에 예수님은 "말하도록 지음을 받은 사람이 잠잠하면 이 돌[자연계]들이 소리 지를 것이라."고 하셨다. 그리고 예루살렘 성을 내려다 보시면서 "오늘날이라도 너희가 평화에 관한 일을 알았더면 좋았을 뻔하였도다. 날이 이른지라 너의 원수가 이 성을 둘러싸고 보루를 쌓고 맹렬히 함락시키고 성전을 파괴하며 대학살을 자행하리라."고 예언하시며 우셨다.

예수님의 예언은 기원후 67년 로마장군 티투스Titus F. Vespasianus(39-81)가 대군을 이끌고 와서 3년간 예루살렘 성을 포위 공격하여 70년에 드디어 이 성을 함락하였고, 성전은 돌 하나도 돌 위에 겹 놓이지 않도록 파괴되었으며, 대학살을 자행했다. 유다 역사가 요세푸스Flavius Josephus(37-100)는 이곳을 지나는 사람들이 일찍이 이곳에 사람이 살았던가 의심하리만큼 되었다고 했다.

예수님께서 발을 예루살렘 성전으로 옮기시어 외방[이방인의 뜰]에 들어가시니 비둘기 파는 사람들, 돈 바꾸는 사람들, 즉 상인들로 꽉 차 있었다. 예수님은 노하셔서 그들을 다 내쫓으셨다. 그리고 "내 집은 기도하는 집이라 하였거늘 너희들은 강도의 소굴을 만들었구나"라고 하셨다. 성전 숙청이 곧 평화에 관한 일의 기본인 것을 강조하셨다. 종교가 부패하면 정치, 경제, 교육, 문화가 부패하지 않을 수 없다. 먼저 종교 정결이 제일 급선무다. 종교가 부패하면 하나님의 진노를 면할 수 없다.

우리 개인을 하나님의 영이 거하실 성전이라 하셨다. 우리 속에 거하는 악심과 정욕을 내쫓고, 성령을 모셔 드리는 회개[혁명]가 평화에 관한 일의 근본이다. 또, 그리스도의 몸 된 교회가 현실 물질주의와 타협하여 돈이나 물질로서 교회를 해나가겠다는 잘못된 생각은 버리고 온전히 성령의 인도에 순종할 때 평화가 임한다고 믿는다.

예수님의 마음으로 구원을 얻었다고 믿고 안일하게 지내며, 사회정의에 관심 없이 지내는 신도는 당시 유대인들이 율법을 준수하여 구원을 얻었다고 자처하는 사람들과 무엇이 다를까. 과연 하나님의 심판대 앞에 설 때에 긍휼을 입을 수 있을까? 예수의 구원을 믿기만 하고 그의 발자취를 따라 가지 않는다면 나는 너를 도무지 모른다고 하지 않을까 두렵다고 논했다.

〈부산모임〉 1978년 2월호[63:11-1]

미국을 다녀 온 소감 2
〈뉴욕, 필라델피아에서〉

뉴욕에서

12월 15일 목요일, LA에 있는 국제공항에서 김동백 님, 김재명 형제, 장철용 부부의 전송을 받고 뉴욕으로 향했다. 약 40분이 지나서 그랜드 캐년을 지나간다는 방송이 나서 아래를 내려다 보니 누런 지층 함락과 같은 절벽들이 많이 있고, 어떤 곳에는 물이 있어 호수처럼 보였다. 가까이에서 보는 것이 아님으로 웅장하다는 느낌은 없고, 보통 산맥과 다른 예술품과 같이 느껴졌다. 아침 9시 LA를 떠나 5시간 정도 날아 오후 6시경 뉴욕 케네디 비행장에 내렸다. 장정용[오촌 조카]의 출영을 받고 정용이네 집에 들게 되었다.

12월 16일 금요일은 두 형수님을 찾아 뵙기로 하고, 먼저 기원 형님의 부인이시며, 혜원이와 진용이의 어머님이신 형수님을 찾아보고 그 분을 모시고 스테트 아일랜드에 계시는 기수 형님의 부인이시며, 응용이와 준승이의 어머님이신 형수님을 찾아가 반갑게 만나 뵈었다.

두 분의 형수님을 모시고 정용이네 집으로 돌아와 친척들을 불러 모으니 아이들까지 22명이 모였다. 즐겁게 만찬을 같이 하고, 하나님의 축복을 감사했다. 이렇게 많은 친척이 내 생전 처음으로 많이 모였다고 생각이 되며, 또 그것이 뉴욕에서 합석하게 된 것은 미국바람이 강하다는 것을 말해 줌인지 기이함을 느꼈다.

12월 17일 토요일에는 뉴욕주 매드에 계시면서 재향군인 의료원장의 중책을 맡고 있는 전영을 형이 뉴욕 맨하튼 모텔에까지 와서 유하시면서 만나주셨으며, 여러 가지 국내 친구들의 소식과 의학계의 형편을 물으셨다. 형님의 믿음이 굳건히 서 계시며 재림의 주님을 고대하시는 믿음이 참으로 훌륭하다고 감탄했다. 부인이신 덕실 선생과 믿음으로 하나가 되심을 잘 이해할 수 있었다. 오찬은 전 박사와 동창이신 모 형님의 안내로 중국음식을 맛있게 나누었다. 전형은 이 다음에 한국에 오셔서 자문의로서 도와주실 것을 약속하고 나에게 큰 돈을 주시고 가셨다.

12월 18일 주일 아침 11시에 뉴저지에 있는 한인교회[박재영 목사 담임]에 가서 예배 드리고, 임순만, 장혜원 박사 부부와 나의 생활에 큰 도움을 주셨던 애리 어머님과 신계식, 박옥희 부부[청십자를 위하여 100불을 주심], 박재영 목사님의 어머님과 동생들[박인자 선생, 박재욱 님], 김경애 간호원, 또 이북에서 같이 일하던 라 간호원님들을 주안에서 사랑으로 만났다.

그날은 구주의 탄생을 축하 드리는 예배로 모였는데, 나더러 미국에 온 목적과 간단한 간증을 하라고 하므로, 내가 미국에 온 목적은 평화에 관한 일과 나의 생애를 통한 하나님의 은혜를 간증하려는데 있다고 말했다. 오후에는 브룩클린 교회에서 '평화에 관한 일'이란 제목으로 예수님은 평화의 왕이시며, 오늘날의 종교지도자들도 예수님을 구주로 영접하지 않으므로 하나님의 진노를 면할 수 없음과 성전을 숙청하심이 평화에 관한 일에 근본임을 논했다. 우리 기독교의 개개인은 성령이 거하실 성전이므로 모든 탐심과 정욕을 몰아내야 한다. 또 예수님의 몸된 교회는 그의 발자취를 따라가서 그의 남은 고난을 달게 받아야 한다고 말했다.

이날 저녁은 뉴저지에 있는 김정식 박사 댁에 가서 그의 장인이시며, 나의 송도고보 동창이신 김종인 박사와 더불어 만찬을 같이 하고, 조카 장한용네 집에 와서 쉬었다. 한용이는 이틀 전에 유고슬라비아에서 뉴욕으로 와서 만났으며, 그의 아내 명남이는 간호원으로 갓난아이를 기르면서 많은 수고를 하고 있었다. 그러하면서도 조국에 있는 시아버지에게 100불, 나의 며느리에게 50불, 부산모임을 위하여 20불을 주어 이것을 각각 전하게 되었다.

12월 19일 월요일에는 오후에 물렌버그 병원 병리과장으로 일하시는 현봉학 교수를 심방했다. 그 교실은 15년 전보다 배나 커졌으며, 거기에서 서울의대 출신 박 의사를 만났는데, 동위원소를 이용하는 진단법을 잘 이용하고 있었다. 현봉학 교수로부터 최근 저술한 혈액학 책을 선물로 받아서 뉴저지 남쪽에 있는 장경완의 사택으로 갔다.

장경완 의사의 모친은 나의 사촌 형수님의 친동생으로 최근에 미국 외과병원에서 담석수술을 받고 퇴원한지 1개월 밖에 되지 않은 때였는데, 믿음이 굳고 항상 조국을 생각하며 서울에 있는 아들들과 그 손자를 위해 기도하며 사시는 것을 보고 감사했다. 그의 손자 장광구에 대하여 중신하라는 부탁을 받아 가지고 돌아왔다.

필라델피아에서

12월 20일 화요일 아침 필라델피아에 계신 장상선 목사님이 나를 데리고 집으로 갔다. 거기서 여장을 풀고, 그 바로 가까이에 있는 아인슈타인 병원에서 일하는 안정옥 의사와 전원의 영양사를 찾아 기쁘게 만났다. 언어의 장벽이 있음에도 불구하고 꾸준히 일하는 것은 이분들이 주님을 믿고 자기 책임을 완수하는 데 있다고 느꼈다.

저녁에 김영자 간호원에게 내가 장 목사님 댁에 유함을 알렸다. 장 목사님은 17년 전에 부산 산정현교회 목사님이었고, 그 모친은 서울 이태원 산정현교회 전도사님이었으며, 목사님 부인과 그의 따님들도 잘 알고 있어서 내 집에 온 양 마음이 편했다.

12월 21일 수요일에 김영자, 조성희, 장명자 간호원들과 같이 서양 선교사의 안내로 러시아인들이 운영하는 농장을 구경갔다. 그들은 현대문명을 좋아하지 않고, 옛 청교도들의 믿음을 가지고, 마차를 타고 긴 옷을 입고 다니는 검소한 생활을 하는 모습을 보았다. 문명의 혜택 아래에서 물질, 금전 만능주의로 살면서 삶의 보람을 상실한 사회보다는 건전한 생활을 찾는 것 같았다.

그리고 그곳에 있는 슈퍼마켓에 들어가 보니 훌륭한 많은 과실이 있고, 가격도 저렴했다. 다섯이 점심을 먹고 돈을 지불하니 14달러에 지나지 않았다. 이것이 나의 여행자 수표를 처음 사용한 것이다. 그곳에서 자몽 여섯 개[1달러]를 사 가지고 장 목사님 댁으로 돌아왔다.

이날 저녁은 윤두원 선생 댁에 가서 유했다. 윤 선생은 서재필 기념병원의 책임자로 우리 한국의사와 간호원, 여러 사람을 데리고 좋은 병원을 운영하고 계시고, 또 교회의 장로님으로 수고하시며 부인은 피아니스트로서 교회음악에 공헌하심을 알고 감사했다.

12월 22일 목요일에는 브루스 헌트 선교사님이 내가 유하는 윤두원 선생 댁까지 찾아 오셔서 나를 데리고 정통장로교 선교회 본부에 가서 그곳 책임자와 최근에 한국에 다녀 온 목사를 소개해 주고, 또 내가 하고 있는 일에 대하여 설명해 주셔서 서로 격려를 받았다.

그리고 브루스 헌트 댁에 가서 그 부인을 만나 인사하고, 그 도서실에 들어가 보니 내가 써 드린 믿음, 소망, 사랑信·望·愛이 적힌 액자와 "사랑은 오래 참고 사랑은 ……"의 족자가 걸려있어 나를 반기는 듯 서로 기뻐했다. 윤두원 선생 댁에서 베풀어주신 오찬에 참여하여 브루스 헌트 목사님과 오찬을 나누고, 다음 만날 것을 기약하면서 김영자님이 유하는 목사님 댁에 이르러 작별하였다. 김영자 님 댁에 들어가니 조성희 님과 그의 남편 되는 황 선생과 어린이들이 나를 기다리고 있었다. 나는 두 어린이를 위해 축복하는 기도를 드렸다.

이윽고 약속한 바 있어 나의 처 조카 사위되는 강관원 의사와 그의 온 식구가 나를 맞으러 그곳에까지 찾아왔다. 나는 그 식구와 일행이 되어 메리랜드에 있는 그의 집으로 갔다. 그의 집은 두 에이커(ac)의 대지에 70평 건물의 큰 주택과 테니스 코트를 가지고 있어 저녁 때 한 시간 테니스를 하며 즐겼고, 그날 저녁은 중국요리로 배불리 먹었다.

12월 23일 금요일 아침에 강광원 의사와 테니스를 하며 즐기고, 오전 11시 즈음에 그곳을 떠나 필라델피아 제퍼슨대학 심장학교실 정영구 교수님을 찾았다. 그 규모의 크기에도 감탄했고, 그의 업적이 많은 데는 참으로 놀랐다. 그의 인기는 대단했으며, 그가 최근에 저술한 심장병에 대한 책을 선물로 받아서, 그가 베풀어 주는 오찬에 참여하여 서양요리도 즐겼다. 감격의 작별을 하고 장상선 목사님 댁으로 돌아왔다.

저녁에는 전원의 양의 초대로 그 숙사에서 만찬을 같이하고, 필라델피아교회에서 드리는 연합성탄축하예배에 참석했다. 찬양예배는 역시 미국식으로 국내에서 하는 의식보다는 호화스러웠다. 장상선 목사님의 '하나님의 사랑'이라고 제목하고 말씀하신 설교는 사도 요한의 사랑을 설명하신 것과 흡사했다. 그날 저녁 나는 장상선 목사님의 요청에 의해 두 가지 녹음을 했다.

그 하나는 '나는 기독교 이상주의로 산다.'고 하는 것이고, 다른 하나는 '요한의 사랑의 철학'이라고 한 것이었다. 이 두 가지는 내가 필라델피아를 떠난 뒤에 필라델피아에 계신 동포들에게 선물로 방송되었을 것이다.

12월 24일 토요일, 장상선 목사님과 그의 어머님 안창신 권사님, 조성희, 장명자, 김영자 간호원님들 강광원 의사님의 전송을 받고 시카고로 향했다. 다만 필라델피아에 부산 복음간호전문학교 졸업생이 8, 9명이 있는 중 상기 세 사람과 필라델피아 교회에서 만난 두 간호원을 제외하고, 4, 5명은 만나지 못하고 떠나 유감이었다. 그들은 장사하느라고 대단히 분주하였다.

필라델피아에서 들은 것 서 너가지

 브루스 헌트 목사님은 미국의 장래를 근심하며 과거의 청교도 정신은 찾아 볼 수 없고, 대낮에 은행에서 예금하려던 부인을 총살하고, 돈을 훔쳐 가지고 도망갔다는 보도와 성 도덕이 점점 더 문란하여 간다고 염려하셨다. 그리고 한국인 신자가 많이 와서 교회를 많이 세우는데, 미국 교회와 연합하는 것이 좋을까, 또는 독립교회로 서는 것이 좋을까 물었다. 나는 독립교회로 서서 부정직한 것을 회개하고, 긍휼 있는 인정을 살려서 미국 교회에 본이 되어 주었으면 한다고 했다.

 내가 아는 간호원들의 이야기에 의하면 프리섹스가 유행하여 간호원들이 이것에 관해 이야기하는 것들은 제1보이 프렌드, 제2보이 프렌드와 같이 동거를 한다는 것을 아무 부끄러움 없이 말한다는 것이다. 이것은 샌프란시스코에서 들은 것인데, 어떤 간호원이 남편과 떠나 독신으로 있다고 하면서 피임약을 먹는다고 하기에 "그건 무슨 필요로 먹는가?"하고 물었더니 그 편에서 도리어 묻는 자기를 이상하게 보더라는 것이다.

 이것은 장 목사님에게서 들은 것인데, 하루는 신문에 한국인 갱이라는 보도가 났다고 한다. 즉, LA에서 한국인 상점에 강도가 들어 한국인들이 그 강도를 막기 위하여 단체적 행동을 취하려고 했다는 것이다. 갱의 근원은 '강도에게 보복하기 위해 조직체가 형성되는 것이다.'라고 하여 비판하는 보도로 났다는 것이다. 그러한 위험한 사회에서도 한걸음, 한걸음 걸을 때마다 기도하면서 다녔더니 하나님의 보호하심을 체험하고, 확신하게 되었다는 김영자 간호원의 말이었다.

장명자 간호원의 연락으로 달라스에 계신 이시연 선생과 전화로 통화했다. 그곳에서는 나를 기다리고 있다고 했다. 앞으로 시간 약속이 되어 있어서 그곳까지 가지 못하게 되어 죄송함을 금할 수 없었다. 이다음 기회를 기대하면서 실례했다.

〈부산모임〉 1978년 4월호[64:11-2]

미국을 다녀온 소감 3
〈시카고, 세인트루이스에서〉

시카고에서

12월 24일 12시 필라델피아를 떠나 그날 오후 2시에 시카고에 내리니 유기진 장로님과 그의 부인 고난경 선생님이 마중 나와 주셨다. 나는 비행기 안에서 점심을 먹었으나 유 장로님 부부께서는 아침과 점심을 굶고 나를 맞았던 모양이었다. 짐을 유 장로님 댁에서 풀고 유명한 식당에 가서 바이킹식 음식으로 포식했다. 이렇게 먹으면 하루에 한번 먹어도 족하리라 생각했다.

저녁에 최성욱 집사님이 유 장로님댁까지 찾아 오셔서 나를 맞아 주셨다. 그리고 자기 집에 와서 꼭 오찬을 같이 하자면서 여비에 충당하라고 100불을 주셨다. 나는 그 사랑에 감격했다. 또 그날 저녁에 콜럼버스 오하이오주에 계신 김봉오 장로님에게 전화로 문안을 드렸더니 자기 집에 꼭 왔다 가라는 것이었다. 그러나 여행 일정이 여의치 못해서 죄송하다고 대답했다.

12월 25일 주일 오전 11시 예배는 최성욱님 가족이 나가는 중앙교회에서 드렸고, 예배 후에 한국 떡[설기]으로 축하연을 베풀어 교우들이 북한에서 피난와 첫 크리스마스를 맞이해서 축하예배를 드린 후에 떡을 나누던 생각이 났다. 오후 2시에는 유 장로님이 나가시는 교회에서 축하예배를 드렸으며, 오후 5시에는 김홍옥 선생[김 장로님]댁에 가서 이인재 목사님, 박 전도사님, 복음간호전문학교 졸업생들과 같이 저녁을 나누었다. 여기에 모인 졸업생들은 제 1회 졸업생 김화선 님을 비롯해서 이은희, 박덕이, 이숙미, 김경순 등이었다.

저녁식사 후 개혁교회에서 모이는 연합축하 예배에 참석하여 이인재 목사님의 구주 성탄의 뜻에 대한 설교를 잘 듣고 하나님의 사랑과 경륜에 감사, 감격하고 유 장로님 댁으로 돌아왔다. 돌아와 보니 김봉오 장로님 부부께서 와 계셨다. 그 멀리서 비행기를 타시고 오시다니 생각만 해도 감격스러웠다. 과거 공산치하에서 압제 받고 괴롬 당하다가 탈출한 회상에서 교회를 위하여 애쓰던 이야기로 밤 가는 줄 몰랐다. 12시를 지나 침상에 들었다.

12월 26일 월요일, 시카고를 떠나 세인트루이스로 가는 날이다. 24일 저녁 약속한대로 최성옥 집사님댁에서 오찬을 준비하고 나와 나의 친구 유 장로 부부와 김봉오 장로 부부를 다 청해 주었다. 그리고 인사하시는 말이 최 집사가 나를 만날 때 주님 안에서의 사랑을 느꼈다는 것이다. 최 집사님은 1964년 즈음에 부산 산정현교회에 출석하다가 브라질로 이민 가서 자동차 수리하는 기술을 배워가지고 1970년 즈음에 시카고로 와서 자동차 수리를 하면서 잘 살고 있는 것이다.

그의 장모님은 전에는 불교도였는데 요사이는 훌륭한 기독신자가 되어 온 가족이 교회를 잘 섬기고 있었다. 그런데 최성옥집사님은 미국교회 내에서 주님 안에서의 사랑을 느끼지 못했는데 나를 만나보고 직감적으로 주안에서의 사랑을 느꼈다고 두세 번

반복하는 것이었다. 유 장로님과 김봉오 장로님 부부께서는 교회 안에서의 사랑은 이러하여야 하지 않겠는가 하고 느꼈으리라 생각했다.

오찬을 마치고 유기진 장로 부부님과 최성옥 집사님의 가족의 전송을 받으면서 김봉오 성도 부부팀은 콜럼버스로, 나는 세인트루이스로 떠났다. 떠나기 전에 김봉오 장로님은 200불 수표를 주셔서 청십자 특별회원이 되셨고, 최성옥 집사님 가정에서는 나와 부산 산정현교회의 서집사님과 이경수 집사님 가정에 선물을 주셔서 감사히 받아 가지고 왔다.

세인트루이스에서

12월 26일 월요일 오후 4시경에 세인트루이스에 내리니 강익주 교수 부자가 마중 나왔다. 강익주 교수는 이론 물리학 박사로 학계에서 존중을 받고 있으며, 이 세인트루이스 주립대학에 온지도 4, 5년이 되었다. 또 독실한 기독교인이며 교회의 장로로 중진의 역할을 하고 있었다. 이날 저녁은 나를 위하여 세인트루이스에 있는 의사들과 믿는 성도들을 초대하여 만찬회를 열었다.

이 만찬회에 참여한 분 중에 뜻밖에 내가 존경하던 김경진 장로님 부부를 만났다. 그것은 김경진 장로님께서 1주일 전에 그곳에 사는 따님 [사위는 박 의사]집에 오셔서 그날 사위 가정이 초청받을 때 같이 오시게 된 것이었다.

김경진 장로님은 평양산정현교회 집사님으로 일하실 때, 나도 그 교회 집사로서 같이 일했고, 그 교회 분쟁이 일어났을 때, 교회의 평화를 위하여 같이 기도하며 힘썼던 관계로 서로 마음을 알아주는 사이였으며, 나는 거의 그 장로님의 의견과 같이 했다. 이날 뜻밖에 미국 세인트루이스에 있는 나의 조카 사위네 집에서 만날 줄은 몰랐던 만큼, 놀라고 기뻤다. 그 밖에도 15년간이나 떨어져 있었던 마취의사 이동식 교수를 만난 일이 꿈같이 생각되었다.

12월 27일 화요일에는 김경진 장로님 사위되는 박 의사님의 안내로 나와 강익주 내외가 김경진 장로 부부와 같이 세계에서 제일 큰 아치를 케이블카와 엘리베이터를 합친 장치의 엘리베이터를 타고 올라가 온 시가와 미시시피강 유역을 시찰했다. 이 관광을 마치고 그곳에서 멀지 않은 곳에 있는 고층 빌딩의 스카이라운지에 올라가 점심을 했는데, 어떻게 기분이 좋든지 1시간에 한 바퀴를 도는 무대 위에서 두 바퀴 돌 때까지 포식하면서 관광했다.

오후에는 이 일행과 온온다가 라고 하는 굴 구경을 갔다. 영변 동룡굴보다 넓고 크며, 굴 안의 길도 정비가 되어 구경하기 편했다. 석류종은 황갈색으로 착색이 되어 있어 흰색만큼 깨끗하지 못했다. 지층의 탄산석회가 물에 녹아 내려 지층에 굴이 형성되었을 것이다. 미국의 자연 경치는 우리나라의 것보다 크고 웅장하지만, 아기자기한 맛은 우리 것만 못한 것 같았다.

이 굴의 관광을 마치고, 강익주 교수의 친동생 강익호 님이 베푼 만찬회에 참석하였다. 강익호 님은 엔지니어여서 형님의 교수생활보다 물질적으로 넉넉한 것 같이 보였다. 성찬으로 대접을 잘 받고 강익주 님 댁으로 돌아오니 11시였다. 내복 빨래를 조카딸 희용이에게 부탁하고 쉬었다.

12월 28일 수요일 샌프란시스코를 향했다. 로키 산맥을 지날 때 북편의 눈 경치는 장관이었다. 남쪽에는 콜로라도주와 황금공원이 있을 것이라 생각하고 지냈다.

샌프란시스코 공항에는 김충남 목사님과 한광철 박사의 셋째 처남 최금열 님이 나와 맞아 주었다. 최금열 님과는 2일 후 토요일에 만나기로 하고 김충남 목사님댁에 여장을 풀었다. 이날 저녁은 삼일 예배로 교인의 가정집회에 참석하여 히브리서 11장 1-4절 말씀을 읽고, 나는 기독교 이상주의로 산다고 하였다.

12월 29일 목요일에는 허스트 성Hearst Castle을 구경하려고 산호세San Jose로 떠나가는 중 비가 내려 태평양 연안을 굽이쳐 돌아가는 1번 도로를 평균 30마일 속도로 달리니, 허스트 성에 도착하기는 오후 3시 40분이었다. 들어가 구경하려고 하니 오늘의 마지막 버스가 3시 30분에 막 출발하였다는 것이다. 그림엽서를 사 들고 구경하니 허스트William R. Hearst(1863-1951)라고 하는 신문왕이 왕년에 호화스럽게 살던 별장식 건물에다가 금박으로 밑바닥을 깐 못과 예술품들의 설비가 있다고 하는 것을 알고, 그 곳에 가지 않고, 다른 길인 새로 생긴 5번 도로로 돌아오니 세 시간밖에 걸리지 않았다.

그것을 5시간 반이나 걸려 1번 도로로 태평양 연도를 달릴 때에는 마치 우리 나라 동해안을 굽이쳐 달리는 것 같았다. 캘리포니아 주에 있는 요세미티의 자연 경치를 보고 싶었으나, 겨울이라 닫혀 버리고, 5월이나 6월경에서 9월까지가 관광의 시기라는 것을 듣고 단념했다. 이번에 미국의 대자연의 경치를 보고 싶은 마음이 많았으나 허락받지 못했다. 하나님께서 지으신 자연의 미국과 한국의 사이에서의 차이는 하나는 웅장하고, 하나는 아기자기한 맛이 있는 것이다.

12월 30일 금요일 오전에는 안용준 목사님 댁을 찾아가 약 10년만에 주안에서 상봉하는 기쁨을 나누고 주시는 오찬으로 감사했다. 목사님은 여전히 우리 조국과 동포들의 구원을 위해 힘써 기도하시며 교회에서 봉사하시고 계셨다. 오후에는 부산 복음의원 초기에 약사로 수고하시던 김유감 선생님 댁을 방문했다.

1977년 2월경에 미국으로 이민 가셨는데, 약 반년간은 일이 손에 잡히지 않아서 수고했다가 수 개월 전부터 부군과 더불어 전자공장에 취직되어 일하고 있다고 들었다. 교회는 가까운 교회에 나가며 어려울 때는 하나님밖에 의지할 데가 없다고 술회했다. 온 가족이 평안한 것을 보고 감사했다. 금요일 저녁 가정 집회에 출석해서 '요한 사도의 사랑'의 철학을 강론했다.

12월 31일 토요일에는 샌프란시스코에 계신 한광설 박사 장인 어른이신 최 선생님을 찾아 뵈었는데, 건강하시고 아드님과 따님들이 그 지방에 모여 살아 만족하신 모습을 엿볼 수 있었다. 먼저 넷째 아드님으로 하여금 샌프란시스코를 구경시켜 주도록 해주셨다.

넷째 아드님은 샌드위치를 주로 하는 경식당을 경영하고 있는데, 그날은 휴일이어서 나를 인도하여 중국인 거리를 보여주고, 다음은 최근 건축한 기둥 없이 된 큰 호텔을 보여 주었고, 그 다음은 금문교Golden Gate Bridge를 관광케 했다. 금문교를 건너가니 큰 나무토막이 놓여 있는데, 직경이 종으로는 12척[큰 사람의 두

길], 횡으로는 10척 가량 되어 보였다. 그 중앙부에 틈이 있는데, 사람들은 그 틈 사이에 자기의 몸을 넣고 사진을 찍고 있었다.

요세미티 공원에는 그러한 나무가 많이 있는데, 2,000년 이상 되는 나무가 아직 살아 있다고 한다. 그리고 나무가 커서 나무봉 중앙으로 마차가 지나가고 있던 나무는 수년 전에 부러져서 누워있다고 한다. 금문교 저편에서 샌프란시스코를 바라보니 아름다워 미항이라고 할만하다고 생각되었다.

금문교를 돌아와 한국 식당에서 갈비탕을 먹고 샌프란시스코의 명물인 수족관을 구경하고, 한 박사님 둘째 처남 최충열 님의 안내로 버클리로 건너가 최금열 님이 경영하는 "하드 웨야" 상점과 또 자기가 운영하는 문방구 상점을 구경시켜주시고, 캘리포니아 주립대학 정문까지 데려다 주셔서 대학 구내까지 들어가 보았다. 거기서 나오는 학생들의 모습은 15년 전 뉴욕 콜롬비아 대학생들의 차림보다 더 심한 남루한 의복차림의 경향을 보여주었다.

이날 저녁에는 최충렬 님 댁에서 부모님을 모시고 뉴욕에서부터 오신 친형 부부와 나와 동생들의 부부를 청하고 만찬회를 열어 주셨다. 아마도 제일 좋은 "비프 스테이크"의 서양 요리였다.

배불리 먹고 감사하고 김충남 목사님 댁으로 돌아오니 밤 11시 20분이었다. 오늘은 샌프란시스코와 버클리, 오크랜드를 하루에 다 본 셈인데 세계에서 제일 긴 다리를 내왕한 것도 인상적이었다.

1월 2일은 귀국해야 하는데, 노스웨스트 항공편은 7일까지 만원이었다. 김충남 목사님 부인께서 샌프란시스코 공항까지 가서 노스웨스트 항공사의 확인을 얻어가지고, 일본 항공의 좌석을 예약해 주어서 얼마나 감사한지 며느리라고 부르고 싶다고 했더니 쾌히 허락해 주었다.

1978년 1월1일 주일 아침 예배시간에는 김충남 목사가 봉사하는 순복음 교회에 참석하여 나의 신앙간증을 하였고,[죄가 더한 곳에 은혜가 더하였음] 또 성찬예식에 참여하였다.

저녁에는 산호세에 있는 침례교회에서 연합예배를 드렸는데, 그때 나는 '평화에 관한 일'에 대하여 주님께서 유대의 종교 지도자를 보시고 우신 것과 성전을 숙청 하신 것이 평화에 관한 기본 되는 일이라고 강론하였다.

크리스천 개인도 성령이 거하실 성전이므로 탐심과 정욕을 제거할 것과 또 유대종교 지도자들이 율법을 형식적으로 지켜 의롭다 얻은 줄 자처하고, 안일하여 그리스도를 영접하지 않았던 것과 같이 오늘날 주의 이름으로 구원 얻었다고 자처하고 안일하게 지내며, 주님의 발자취를 따라가지 않는 것이 유대 종교지도자들과 무엇이 다르겠는가 하고 회개하여야 할 것을 외쳤다.

종교의 타락은 정치, 경제, 교육, 문화의 부패에 근본이 된다고 말하고, 정치, 경제, 교육, 문화를 올바로 지도하는 기독교가 되어야 한다고 주장했다.

미국을 떠나면서 미국을 본 소감을 적어 보기로 한다.

첫째, 미국은 넓고 큰 나라이다.

둘째, 청교도들이 미국으로 건너가 이룩한 문화는 일상생활에 나타나 있는데, 그 질서에서 발견된다. 도로의 발달, 사는 곳과 전화를 가진 자의 이름만 알면 그 번호를 가르쳐 주는 일, 주소[번지]를 알면 쉽게 찾아 갈 수 있는 점, 도시나 시골이나 부엌 시설과 화장실 시설들이 다 같다는 것, 음식물의 해결, 물 보다 휘발유를 더 많이 쓰는 점, 복지사회의 시설과 제도들은 세계에서 제일 문명한 것이라고 하겠다.

그러나 자유가 지나쳤다고 생각되는 것은 대통령의 권고가 있음에도 불구하고 차 하나에 한 사람이 타고 다니는 것이 대다수인 점, 섹스 프리의 샌프란시스코 청년들의 퇴폐적인 풍토들은 세계의 사람들을 지도할 수 없음을 나타내고 있는 것 같았다.

국민의 대다수가 하나님의 사랑 안에서 떠나있는 것 같아서 흑백의 문제도 자체 내 해결이 어렵지 않을까 염려되었다. 그리고 미국에 가 있는 한국 사람들도 정직하기만 하면 그 자비한 마음으로 미국사회 사람들에게 좋은 영향을 줄 수 있을 것이라고 믿게 되었고, 그 곳에서도 좋은 지도자를 요구하고 있다고 보았다.

〈부산모임〉 1978년 6월호[65:11-3]

세 번째 미국 방문

첫 번째는 1962년 9월 뉴욕에서 열렸던 국제외과학회에 참석해서 간암 절제술 사례에 대한 보고를 하기 위해 미국을 방문하였다. 그때에는 주로 미국 동부쪽에 저명한 외과병원들을 돌아보고, 거기 있는 시설과 또 거기서 행해지는 수술을 견학하는 것이 주 목적이었다.

두 번째는 1977년 11월 미국에 있는 친구들에게 한국청십자 운동을 소개하고 특별회원을 모집하려는 생각이었으나, 당시 캘리포니아, 로스앤젤레스에 있던 김동백 선생으로부터의 초청 목적이 성경말씀을 전하는 것으로 되어 있었기 때문에 로스앤젤레스 침례교회에서 친구들을 모이도록 광고하여 나의 신앙 경로를 말하였고, '평화에 관한 일'이라는 제목으로 예수님을 구주로 믿는 일과 성전이 되어야 할 우리 개인들의 철저한 회개가 평화를 얻는데 중요한 일이라고 말했다.

또 뉴욕과 산호세의 교회에 가서도 위의 말씀과 더불어 '나는 기독교 이상주의로 산다.', '하나님은 빛과 사랑과 생명이시다.'고 증거하고 왔다.

이번 세 번째는 지난 7월 5일부터 8일까지 4일간에 걸쳐서 개최된 제5차 한미합동의학술회[한국의학협회와 재미한인의학협회 합동]에 참석하여 "한국에서의 간 대량 절제술"을 발표하고,

전부터 보기 원했던 황석국립공원Yellow Stone Park과 요세미티국립공원Yosemite Park을 보기 위해서 갔던 것이다.

그러나 나는 나 개인의 일만 생각할 수가 없었다. 말씀을 전할 기회만 있으면, '생명의 본체는 하나님의 사랑'이라는 말씀과 '하나님의 사랑은 예수님에게 있어서 이루어졌다.'고 말씀 드리고 왔다.

이제부터 여행 일정과 본 것들을 간략하게 소개하려고 한다. 이번에 특별히 은혜를 입었던 것은 일행 중 순천 정신신경의 원장 한영한 장로님과 한 방에 유숙하게 되었던 일이다.

7월 2일 오후 9시 서울을 떠나 7월 2일 오후 5시 경 로스앤젤레스에 도착한 일행은 의사 87명과 수행원[한아여행사 직원] 3명이었다. 파시피카 호텔에서 하루 자고, 그 다음 날 7월 3일 오전 8시 그곳을 떠나 워싱턴 D.C.로 향하였다. 비행기 위에서 그랜드 캐년을 내려다 보고 지층 함락에 의해 생긴 거대한 계곡이라고 생각했다.

워싱턴에 도착한 것은 그곳 시간으로 오후 4시반 즈음이었다. 두 대의 관광버스에 나누어 타고 워싱턴 시가를 둘러 보았는데, 깨끗하고 아름다운 것은 파리의 도시보다 더 나은 설계를 한 것이라고 들었다. 식도원에서 저녁을 먹고, 힐튼 호텔에 들어 편히 쉬었고, 7월 4일 미국의 독립기념일이다.

전날과 같이 우리 일행은 버스 2대에 나누어 타고, 백악관과 그 부근의 청사들을 둘러보고 워싱턴이 살았던 집을 가 보았다. 그 집은 별로 크지 않고 복잡하지 않은 거실과 집무실이 있었고, 외양간과 부속 건물이 있었을 뿐 극히 단순한 건물에서 대통령직을 수행하였다. 워싱턴은 대통령직을 2회 중임하고는 사퇴하고, 죽은 후에는 그곳에 묻힘으로써 민주주의자로 칭송을 받고 있다.

스페이스 뮤지엄Space Museum에 들어가 보았는데, 달에 갔다 온 경의를 자랑하는 장치들과 사진으로 가득했다. 달에서 가져 온 돌이라고 많은 사람들 만져서 지금은 매끈매끈 한 곱돌같이 느껴졌고, 지구에서 떨어져 나간 위성임을 생각하게 되었다.

그곳에서 경의적인 과학 발달에 감탄하였는데, 그 중에서도 미국의 우주실험실과 소련의 우주실험실이 서로 도킹한 것이 더욱 나의 마음을 끌었다. 과학은 저와 같이 도킹할 수 있는데, 정치인들은 왜 도킹할 줄 모르는고! 아마도 장래에는 도킹할 것이라고 혼자 생각해 보았다.

오후에 워싱턴 기념탑 주위 광장에 축하객들이 모여들었다. 저들의 예복은 없었고, 반 나체의 청소년 남녀가 수만 명 모였다. 야외극장 같은 것이 지어져 있었고, 앞으로 축하 연회가 행해질 모양이었다.

그런데 이들은 모두가 백인이었고 흑인은 보이지 않았다. 그 다음 한 장로님에게 들었는데, 흑인은 그들과 같이 섞이지 않고, 강 건너에 수천 명 모여 있다고 했다. 이것은 감정의 관계에서 자연적으로 그렇게 되었다고 생각하는데, 지성으로 인도되는 사랑에서 일체감을 느낄 때는 오지 않을까 하고 기도 드렸다.

미국 제2대 대통령인 제퍼슨의 기념상과 링컨의 기념상을 보고, 이러한 위인들을 미국 역사에 나타나게 해주신 하나님께 감사드렸고, 알링턴Arlington 시의 국립묘지에 가 보았다. 무명, 유명의 묘가 많았는데, 그 중 케네디$^{\text{John F. Kennedy(1917-1963)}}$의 묘에는 항상 불이 꺼지지 않도록 장치가 되어 있었다. 이것은 케네디의 부인에 의한 것으로 케네디 부인의 인격과 관련해 생각하니 인간의 잔꾀 같아서 죽은 불이 타고 있는 것 같았다.

그날 저녁 기도원에서 광흥회장, 최제창 전회장 및 전화영 전회장, 최계환 군 및 안긍섭 군[가톨릭의대 출신], 강강원 부부[처조카 사위], 김광남 부부[부산 복음병원 출신]들을 만나 대단히 기뻤다.

7월 5일 뉴욕으로 가서, 뉴욕 한인의사회의 리셉션에 참여하였다. 이규택 회장, 김윤범 학술위원장 이헌재[대한의학협회] 학술이사님들을 만나 뵙고 감사했다. 쉐라턴 센터에 유숙해서, 수면제를 먹고 잤다.

7월 6일 학술 강연 제1일, 닥터 굿$^{\text{Dr. Good}}$의 면역학에 대한 강연 후, 이호왕 교수의 유행성 출혈병에 대한 강연은 그 원인인 바이러스를 발견했으니, 그의 공헌은 대단히 큰 것이었다. 그 다음 나의 한국에서의 간 대량 절제술에 대한 강연은 1959년에서 1979년까지 20년 동안 부산 복음병원에서 경험한 137예를 중심으로 하여 한국 내 큰 병원에서 실시된 52예, 합계 189예에 대한 보고였다. 나중에 영상으로 광범위 좌간 절제술 예를 보여 드렸는데, 이것은 최초의 문헌이었다.

7월 7일도 각종 학술 강연회로 지냈고, 7월 8일 오전 이헌재 교수의 확대경을 사용하여 실시된 뇌수술의 성공 예를 발표하여서 크게 감명을 주었다.

그날 저녁 뉴욕에 있는 친척들이 모여 회식을 했는데, 두 분의 사촌 형수님과 장정용 조카 부부, 그의 아들 5형제 기원 형님의 딸 장혜원 박사와 그녀의 남편 임순만 박사, 그녀의 동생 경원이, 그녀의 남동생 진용이, 기수 형님의 딸 숙경이, 그녀의 남동생 준승이, 모두 약 20명의 친척을 만나 뵈니 흐뭇했고, 하나님의 축복을 감사드렸다.

7월 9일 아침, 일찍이 양덕호 박사와 함께 뉴욕 공항을 떠나, 달라스로 갔다. 달라스 공항에서 세인트루이스에서 날아온 김동백 군과 그의 아이들을 만나 기뻤다.

그들과 같이 비행기를 갈아타고 솔트레이크Salt Lake로 갔는데, 달라스의 더위는 몹시 심함을 느꼈다. 솔트레이크에서 서西엘로우스톤 공원으로 가는 비행기를 타고 그곳에 가서 내리니 오후 4시였다.

엘로우스톤 공원은 해발 2천 2백여 미터의 고원 지대여서 비행기에서 내려다 보아도 자연 경치가 아름다워 에덴 낙원에 온 듯한 기분이었다. 자동차를 빌려 타고, 그랜드 캐년과 윗 폭포, 아랫 폭포[7백여 피트]를 보고 호수가에 있는 호텔에 들어갔다. 이때에는 작은 새 구두를 신고 여행했기 때문에, 발에 무좀이 생겨 고생을 하게 되어 슬리퍼를 신고 다니게 되었다.

7월 10일은 날이 맑았다. 호텔을 나와 낚시다리를 지나 브릿지 베이Bridge Bay에 가서 김동백 선생 아이들과 같이 배를 탔다. 호수가의 자연 경치를 마음껏 구경하고, 다음에는 이곳에서 가장 유명한 올드페이스풀 간헐천Old Faithful을 보려고 차를 몰았다. 3시 4분 정도에 내뿜는다는 이야기를 듣고, 2시 30분에 가서 지켜 보고 있으니까, 2시 55분에 연기와 온수를 내뿜기 시작해서 약

5-6분간 지속되었다.

그 높이는 20-30미터 가량 되보였다. 과거에는 정확하게 매 60분 마다 내뿜는다고 들었는데, 그것은 사람들의 신기하다는 표현이었던 것 같다. 아마도 55분 마다였는지도 모른다. 매디손에 가서 간단한 뮤지엄을 보고, 엘로우스톤 공원 북단에 위치한 맘몰·할 스프링 호텔에 가서 쉬다가 주위에 있는 석회석 온천의 자연 경치를 보고 편히 쉬었다.

7월 11일 아침 일찍 45도 지점, 즉 적도와 북극을 연결하는 자온선의 중간 지점을 가보고, 그 주위에서 흘러 나오는 유황 냄새 나는 온천물에 발을 담그고, 약 30분간 지내다가 호텔로 돌아와 아침을 먹었다. 후에 이 공원의 서면에 있는 루스벨트 산막으로 가서 루스벨트 폭포를 바라 보고, 또 산에 핀 여러 가지 예쁜 꽃들과 목장들을 보면서 비행장으로 나왔다. 차내에서 하나님의 자연 창조를 감상하면서 과실 나무만 있으면 에덴 낙원을 상상할 만하다고 생각했다.

서西엘로우스톤 공원에서 김동백 가족과 이별하고, 양덕호 박사와 같이 서 엘로우스톤 공원을 떠나, 비행기로 솔트레이크시로 내려와서, 산호세로 갔다.

산호세 비행장에는 오후 5시 반 김충남 목사님이 마중나와 반가이 맞이 해 주셨다. 짐을 찾아 김 목사님 차에 싣고 요세미티 국립공원으로 달렸다. 약 400마일 되는 데를 7시간 달려서 오후 12시가 넘어 예약했던 요세미티 일등 호텔에 도착하였다.

7월 12일 아침 일어나 주위를 살피니, 큰 바위로 된 산과 큰 나무로 덮인 계곡 사이에 호텔이 있던 것을 발견했다. 큰 바위로

된 산을 바라보니 큰 폭포가 보인다. 요세미티 국립공원에서 가장 유명한 것은 몇 천년 동안이나 살아있는 그레브 거목들이 있는 곳이다. 그곳으로 차를 몰고 가니 과연 4, 5인이 팔을 벌려야 한 아름으로 안을 수 있는 나무들이 우뚝우뚝 서 있다. 그 높이는 아마도 백 척이 넘는 것 같았다. 그곳에서 기념사진을 찍었는데, 나무 하나를 전체로 찍을 수 없어서 아래 5분의 1과 윗부분 5분의 1을 찍어야 했다.

12시에 그곳에서 점심을 먹고, 샌프란시스코로 나왔다. 샌프란시스코에서는 오후 6시 반 즈음에 도착하여 한성심 양의 환영을 받고 고려정에서 갈비탕으로 배를 불렸다. 양덕호 박사는 한양 집에 유하고, 나는 산호세로 와서 김충남 목사님 댁에서 평안히 쉬었다.

7월 13일 주일 오후 2시 산호세 교회에서 100명이 모여 예배를 드렸으며, 요한복음 1장 1-5절까지 봉독하고 '생명의 본질'이란 제목으로 사랑이 바로 사람의 생명의 본질임을 증거했다. 또 저녁 7시에는 바울의 사랑의 예찬한 것을 고전 13장 참조 소개하고 "사랑은 오래 참고 사랑은 온유하며"의 찬가를 다 같이 부르고 마쳤다. 이 사랑이 세계 평화를 이룩할 것을 믿고 살 것을 다시 강조했다.

7월 14일 오전 9시 반, 샌프란시스코를 떠나 10시 반에 도착하여 김재명 님의 환영을 받고, 12시 반 복음의 전령사를 찾아 석진영 선생에게 인사를 드리고 오찬 초대에 참석하였다.

그곳에서 김교신 선생님의 부인과 그녀의 사위와 딸을 만나 뵙고 반겼으며, 조광제 님의 안내로 침례교회까지 방문했으나,

목사님과 안이숙 선생님의 부재로 만나지 못하고, 조광제 님 댁에 가서 한 시간 쉬고, 조광제 선생 동생의 부부를 반갑게 만나 뵈었다.

이날 저녁에는 부산 복음간호학교 출신들과 옛날 기홀병원에서 같이 일하던 이정실, 한추지 선생들 장헌용 부부, 차철 부부들과 같이 저녁을 같이하고, 김재명 님 댁에서 쉬었다.

7월 15일 로스앤젤레스를 떠나 호놀룰루로 향했다. 비행기 위에서 하와이의 여러 섬을 내려다보았다. 푸른 산림이 우거져 있고, 또 어떤 것은 산호섬 같이 보였다. 호놀룰루에 오후 1시 즈음에 도착하여 와이키키 해수욕장 바로 옆에 있는 하얏트 호텔에 짐을 풀었다.

후에 알았는데 호놀룰루는 하와이 섬에 있지 않고, 파후Phahu 섬에 있었으며, 그곳에 국제공항이 있다. 관광 버스를 타고 그 섬의 동북단에 있는 해안선을 돌면서 자연 경치를 구경하였는데, 다이아몬드 헤드Diamond Head, 하나우마 베이Hanaumma Bay, 할로나 블로우 홀Halona Blowhole[바위에 구멍이 뚫려 있어서 파도가 그 바위 밑으로 들어오면 그 구멍으로 분수같이 물이 솟아 오른다], 바다 생물의 수족관을 지나 누아누 팔리Nuuanu Pali에서 강풍을 쏘이고, 오후 7시를 지나 하얏트 호텔로 돌아왔다.

7월 16일 자유시간으로 나는 양 박사, 정우영 박사, 최 박사와 함께 진주만Pearl Harbor에 가서 40년 전에 일본 잠수함에 의한 미국 함정의 피해 흔적을 보았다. 그곳에 가니 〈전쟁〉이라는 신문이 나와 있다. 그것은 당시의 신문을 재판한 것으로 당시의 광경을 연상케 했다.

아리조나 호의 침몰된 광경을 보니, 철갑 위에는 석호석들이 붙어서 돌판처럼 보였으며 기념관 안 벽에는 침몰되어 수장된 장병들의 명단이 기록되어 있었다. 그들은 미국의 수병만이 아니고 우리 나라의 수병과 같은 느낌을 느꼈으며, 희생 제물이 되었다는 점에서 감사한 생각이 들었다. 그리고 현실에서 어려운 문제라고 생각하지만, 전비는 다시 고려할 문제이며, 전쟁은 죄라고 다시 한번 느꼈다.

오후에 와이키키 해수욕장에서 2시간 동안 해수욕과 일광욕을 즐기고, 저녁에는 하와이 민속 댄스를 구경하였다. 민속 예술에 둔감한 나는 좋은 것을 느낄 수 없었다.

7월 17일, 호놀룰루를 떠나 18일 오후 4시 즈음에 동경 나리타成田 공항에 도착했다. 공항에는 우리 대사관 김중환 참사관께서 마중 나와 주셔서 감사했다. 공항에서 시내까지 자동차가 밀려 서행하므로 4-5시간이 걸렸다. 땅에서는 교통이 공중보다 어렵다는 것을 새삼 느꼈다.

7월 19일 토요일 아침 8시 이른 시간에 한죠몬半藏門병원에 가서 하이다灰田선배를 찾았으나 나오지 않아 만나지 못하고, 인사의 말씀을 부탁했다. 그리고 9시에 출발하는 신칸센新幹線기차로 오사카大阪 요도가와淀川병원을 방문하였다.

동 부원장 쓰지모토辻本선생의 안내로 나라奈良시대를 대표하는 도다이지東大寺를 구경하였다. 이것은 쇼토쿠 태자聖德太子가 건축한 것으로 우리 나라와 밀접한 관계가 있음을 알고 더욱 친근감을 느낄 수 있었다. 나라의 경치는 우리 나라 경주에 비할 만 했고, 이번에 미국에 가서 보았던 엘로우스톤공원과 요세미티 국립공원의 중간정도라고 느꼈다. 이날은 요도가와 병원에서 지정해 준 도요 호텔에서 쉬었다.

7월 20일 오사카 한일 교회에서 예배를 드리고 신간선을 타고 도쿄로 돌아왔다. 전일 약속했던 하이다 선생을 만나보고, 옛 회포를 풀었다. 노인이 되셨으나 절도 있는 생활로 나에게 모범을 보여 주심에 대하여 감사했다.

이날 저녁은 김중환 참사관 댁에서 쉬고, 7월 21일 서울로 돌아왔다. 가용이 식구가 다 평안하고 양 박사 형님댁도 다 평안함을 알고 감사드렸다.

〈부산모임〉 1980년 9월호[78:13-4]

처음으로 참석하여

한일우화회에 처음으로 참석하게 된 것은 일본 우화회의 다케유 이치로武祐一郞 서기장이 1972년 12월 30일에 부산에 와서 부산모임 회원들에게 화해의 복음, 기독교 평화주의의 근본문제, 우치무라 간조의 평화사상의 역사적 의의, 자기가 그리스도인이 되기까지, 과학과 종교들에 대해서 강연을 하여 주신데 기인한다. 다케시 선생의 강연의 통역을 내가 하게 되었는데, 그의 신앙이 나의 마음에 감동을 주었으며, 나는 왜관에서 열리는 한일 우화회 세미나에 참석하고 싶은 마음이 생겼다. 그래서 갑자기 늦게나마 참여할 수 있는 영광을 얻게 되었다.

내가 왜관 피정의 집에 다다른 시간은 3일 오전 10시 10분이어서 제1발표자 신도성 박사의 강연 중이었는데, 아시아의 국제정세를 칠판에 써 내려가는 때였다. 신 박사는 미국, 소련, 일본, 중국의 관계를 적대는 붉은 선으로, 친선은 푸른 선으로 표시하면서, 현재 상태는 붉은 선과 푸른 선이 그대로 존재하는 상태이고, 그것이 힘의 긴장으로 이루어진 것이며, 진정한 이해와 사랑으로 이루어진 것이라고 볼 수 없으므로 극히 불안정한 상태라고 지적하였다. 이러한 때에 희생적인 사랑과 평화의 종교인 기독교인이 평화로 이끌어야 할 책임을 느끼며 이 평화를 위한 강력한 조직의 필요가 있다고 강조했다.

제2발표자 이시타니石谷行선생은 신앙 생애 중 특히 나가사키長崎에서 원폭피해를 입어 구사일생으로 생명을 보전하였기에 전쟁은 절대로 있어서 안될 것이라고 확신하였다. 또 인도에 가서 국제봉사단 주최로 워크 캠프Work camp를 하는 도중 병을 얻어 고열로 의식불명에 빠졌다가 회복이 되었는데, 그 때에 인도의 아이들의 눈에서 행복의 빛을 보았으며, 그 후부터는 예수 그리스도께 자기의 전 생애를 바치기로 결심하였다.

그리고 예수님의 생애, 즉 가난한 자, 학대 받는 자, 번뇌하는 자들을 위로하고 격려하여 주신 그 예수님의 인격을 믿고 사랑하는 우리가 사람으로서의 연대의식을 가져야 할 것과 국제적 전도대와 의료 전도대의 결성, 사회복지사업 및 교육사업을 목적으로 하는 대상의 결성, 청년 및 학생세미나의 개최, 문화 및 인물교류를 위한 센터의 개설, 가족동지의 국제적 교류의 촉진, 신앙생활 공동체를 각국에 설립하여 교류하는 운동 또는 워크 캠프 등이 요망된다고 하면서 그 의의를 강조하였다.

이 강연이 끝나자 가미하라神原교수는 1973년부터 서울에 영어학교를 세워서 일본인 학생을 약 100명 한국에 유학시키고, 한국 학생을 20명 일본으로 초청하여 공부하게 할 계획이 있으므로 협조를 요망한다고 하였다.

제3발표자 박봉목 교수는 한국 교회가 과거에는 한국의 문화 교육, 의료에 많은 공헌을 해왔고, 3·1 운동에서 그 지도가 33명 중에 16명이 들어 있어 큰 영향을 주었으나, 1945년 8월 15일 이후 기독교의 지도자, 목사, 장로들이 정치, 사회, 교육에서 날뛰었으나 빛의 역할보다는 어두운 면이 더 많았다.

또 교회는 극단주의적인 색채부터 분파주의로 같은 장로교가 5파로 분열되었고, 그래서 교회가 국가 사회에 대한 발언권을 상실하고 있으며, 그것은 교회가 개인의 구원 즉, 개인의 윤리면에서는 예민하면서 사회구원 즉, 사회의 정의면에는 등한하였던 까닭이라고 비판하고 다음과 같이 제안하였다.

(1) 사회의 양심적 역할[Yes와 No를 분명히]을 할 것
(2) 위정자들의 양심을 밝히도록 할 것
(3) 그리스도 정신에 입각해서 국민의 대변자가 될 것
(4) 개인구원뿐 아니라 사회구원[완성]을 위하여 노력할 것
(5) 기독교 학자는 신학뿐만 아니라 아시아 문화 지식을 교류하며 민족적 편견을 버리고 동포주의와 신앙으로 대할 것
(6) 독립주의Independance에서 상호협조주의Inter-dependance로 나아갈 것. 즉, 각자의 팽창주의를 지양하고, 그리스도의 정신에 입각한 상호협조주의의 필요.

제4발표자 고스기 카츠지小杉赶次목사는 한일교회의 대화와 연대의 길[전쟁 책임을 둘러싸고]의 제목으로 양교회란 현실교회가 아니고, 신앙공동체로 생각하고, 이 둘 사이는 대화와 유대가 없었다고 하였다. 그것은 신앙공동체가 민족 공동체의 일원이므로, 이 두 민족 사이에는 피압박민족과 압박민족이라는 견해가 그 원인의 하나였다고 본다.

또 이것을 분석해 보면 역사감각의 차이가 두 교회의 대화에 큰 지장을 주었다고 보았다. 예를 들면 한국에서는 임진왜란이

라고 해서 한국의 문화와 농토를 괴멸하게 한 일본을 원수로 보고 있는데, 일본은 조선정벌이라고 해서 역사적으로 큰 자랑이라고 하는 것 또한 한국은 이토 히로부미伊藤博文를 한일병탄의 원흉으로 생각하는데, 일본은 이토 히로부미를 큰 유공자로 생각하는 것들의 차이, 이러한 것들이 너무도 많고 심하다.

또 1945년 8월 15일은 일본에게는 패전일인데 한국에게는 광복절이다. 그런데 현재 일본에 있는 기독교인은 전쟁책임을 느끼지 않는다. 그것은 일본신자의 자세가 잘못되어 있는 것이 아닌가.

일본신자들도 전쟁피해자이기는 하다. 일본제국주의자들에게 전쟁의 피해를 심하게 입은 자들이다. 그러나 민족적으로 전쟁가해자로서의 책임을 느끼는 자세가 요청된다. 한국의 현 정세는 반드시 평안하지 않으며, 한국기독교인의 책임이 중대하다고 보이는데 일본 기독교인으로서도 즉, 신앙공동체로서의 어떤 협조의 책임을 느끼지 않는다 하였다. 이에 대해 풀무학원의 주옥로 선생은 한국인도 과거의 과오를 반성하고 회개해야 참된 평화의 기틀이 서게 될 것을 강조했다.

다음날 종합토론회에서 재일 한국인문제가 이시다石田 씨로부터 재일교포 중 교제할 만한 인물을 소개해 달라고 한 발언에서 시작해 거의 한 시간 설명을 들었다.

요약하면 재일 한국인은 조국과 관계에서 정치적으로 양분이 되어 있다. 즉, 이북이 40%, 이남이 40%, 부동이 20%로 볼 수 있는데, 일본정부는 기민정책을 쓰고 있다. 일본사회와의 관계에서는 한국정부는 일본의 자민당 정부와 경제적 협력을 하고 있는데, 일본정부는 재일 한국인에게 경제적으로 압력을 가하고 있다. 한국인 내부에서는 다음 세대의 출생으로 인한 언어의 장벽이 대화를 어렵게 하고 있다. 기독교인들이 남북대화를 대단히 환영하고 있는 줄 안다고 고스기小形 목사가 말했다.

다음에 채규철 님은 평화는 전쟁과 사회에 대한 저항이 중요하다고 논하고 현재 단일간 경제문제는 심각한 단계에 있다고 하였다. 일본이 한국을 경제적 식민지화 하려는 정책을 여론으로 밝힐 것, 재일 한국인 문제를 연구하여 해결하고자 위원회를 조직할 것, 한국을 방문하는 일본인의 태도, 즉 금전과 성을 탐하는 것을 고칠 것, 가미하라神原 선생의 제안하신 교환 프로그램을 적극적으로 추진할 것, 한일 기술협조 기관을 확대할 것들을 제의했다.

끝으로 나는 현재 기독교인의 무능이 진실된 회개가 없는 것을 지적하고, 나부터 참된 회개를 해서 그리스도 안에서 사는 신앙생활로서 의의 병기의 역할을 할 것을 다짐하였다. 즉, 그리스도인들은 공중의 권세 잡은 사단과의 싸움과 또는 무신론이나 근대사상의 잘못된 것과의 싸움을 함으로써 사람의 마음을 감화시켜야 한다.

그러므로 하나님의 말씀을 가지고, 그리스도의 십자가의 정신으로 자기를 희생하고, 원수를 사랑하는 마음으로 싸워야 한다. 즉, 비폭력 저항주의로 사회의 양심을 밝혀야 한다.

평화를 이룩해 주시는 이는 하나님이시다. 그러므로 때가 차야 된다. 때가 차서 하나님께서 평화를 이루어 주실 때까지 우리는 그리스도의 사랑을 기억하고 서로 유화하자.

한국민의 남북의 유화를 위하여 일본신자들이 염려하여 기도하여 주고, 또 원수를 사랑하라고 하는 말씀으로 권면하여 주는 사랑에 대하여 감명한다.

실제로 이북에는 나의 골육지친, 즉 반신인 처자가 있다. 사상은 다르나 인간은 친척이오, 동포이다. 어찌하여 유화를 이룩하지 못하리오. 유화가 되지 않는 것은 사단의 역사이다. 내속에 하나님의 사랑이 없어서가 아니냐. 나는 벌써 그리스도안에서 이북동포와 아니 일본인, 세계인류와 평화를 이루고 있다.

〈부산모임〉 1973년 2월호[34:6-1]

엑스폴로 74에 다녀와서

엑스폴로 74는 1974년 8월 13일에서 18일까지 서울에서 대학생기독선교회Campus Crusade for Christ: C.C.C.주최로 열렸다. 그 동기와 목적은 우리 민족의 복음화를 위한 것이라 한다. 대학생 기독선교회는 대학생들이 그리스도를 영접해서 전도함으로써 교회를 부흥케 하려는 것으로 1971년 여름, 대전체육관에 만여 명의 중고등학생과 대학생들이 모여 세미나를 가지고 훈련을 받음으로써 조직적 훈련의 경험을 쌓았고, 1972년 여름 미국 텍사스 주 달라스에서 열린 세계전도자대회에서 다음 대회는 서울에서 열자고 결정한 데 따라 개최된 것이다.

과연 40여개 국의 기독교인들이 참여한 가운데 훈련을 받기로 등록된 약 30만 명을 중심으로 해서 저녁 집회와 주일 낮 집회에는 약 100만 내외의 신도들이 모였다. 나는 이 모임의 비판을 가하기 전에 이 모임을 주최한 CCC의 멤버 중 한 사람인 이건호 님의 설명을 들어보기로 했다.

위의 설명과 같이 엑스폴로 74는 거행되었다. 이에 대한 나의 소감을 말하고자 한다.

첫째로 예수 혁명의 표어가 이루어졌을까? 예수를 믿는 사람들이 예수님의 정신을 가지게 되었다면, 그 방법도 예수님이 하신 것과 같이 되었으리라고 믿는데, 성경 4복음서에 나타난 예수님의 전도방법을 닮은 데가 별로 없었다. 그 외형은 굉장하였으나, 예수님의 사랑으로 이 세상을 위하여 자기의 목숨을 바쳐 희생하겠다고 하는 마음을 엿볼 수 없었다.

물론 하나님이 택하신 소수자는 예수님의 뒤를 따르고자 하는 자로 남겨 두었을 것을 믿기는 하지만, 이번 훈련을 받은 30만 명의 전도를 들은 수백만 중에서 예수 혁명의 뜻을 이해하고, 주님과 동일성을 가진 자가 얼마나 있는지 의문이다.

둘째로 성령 폭발은 구호에 끝나지 않았는가 하는 점이다. 물론 이번 모인 자들 중에서 주님의 구원에 감격하여 마음으로 즐거운 노래를 부르는 소수자를 보았고, 또 젊은이들이 기쁨과 감사로 자기들의 임무에 충실하는 것이 있으나, 진정 자기의 죄를 회개하고, 과거의 불의의 병기로 사용되었던 그 몸을 의의 병기로 사용되도록 결심하는 자가 몇 명이나 되었는지 의문이다.

내 이웃이 도탄 중에 있는데, 그 괴로움을 자기의 책임으로 느끼는 자는 찾아보기 어려웠다. 복음이 전파되고, 예수님의 이름에 사람을 구원하는 능력이 있는 줄로 나도 믿고 있지만, 성령의 요구는 네가 친히 그리스도의 구원을 증거하라고 명하시는 줄 믿는데, 그것이 말에 그친 듯한 느낌이 깊다.

믿는 사람이 스스로 십자가를 지고 주님을 따르지 않는다면 말로 하는 성령의 폭발이지 참 뜻의 성령폭발이 되지 못하고 소위 유명무실이 될까 두렵다.

셋째로 훈련과 전도방법에 대한 고찰이다. 대학생 기독선교회의 출발이 브라잇트 William F. Bright 박사의 전 생애를 바친 귀한 뜻에서 시작되었고, 또 하나님의 축복으로 많은 대학생들과 또 학사들이 마음을 같이 해서 부흥을 일으킨 것인데, 그것은 어디까지나 자본주의 사회에서 인정되는 방법으로 발전해 왔다고 보아야 한다.

자본주의의 사상이 칼빈이 생각했던 것처럼 자본을 하나님의 것으로 생각하고, 노동자에 대한 착취가 없었더라면, 막스의 유물론적 공산주의가 나오지 않았을 것이며, 따라서 인권 유린, 자유 박탈을 자행하는 제도나 세력이 일어나지 않았을 것이라고 나는 생각한다.

이제라도 이 공산주의자들을 이기고, 회개케 하는 방법은 자본주의적인 형태나 생각으로는 될 수 없고, 예수님께서 친히 솔선수범하신 사랑의 희생으로 될 것을 나는 믿는다.

한국 대학생 기독선교회의 회관이 학사님들의 기도와 정성 어린 헌금으로 시작된 것이라고 하지만, 그 건물이 상징하는 바는 돈을 가지고 큰 일을 해 보겠다는 것을 나타내고 있다고 생각한다. 이번의 큰 집회도 자본주의적 기독교의 마지막을 고하는 송별식과 같이 여겨졌다. 김준곤 목사도 이 큰 집회는 마지막이라고 선언했다고 하지 않는가. 제발 자본주의적 기독교의 마지막이 되기를 바란다. 예수님의 마음과 그 방법을 가지고 예수 혁명, 성령폭발의 표어를 되살리기 바란다.

> *그가 우리를 위하여 목숨을 버리셨으니 우리가 이로써 사랑을 알고 우리도 형제들을 위하여 목숨을 버리는 것이 마땅하니라* 요일 3:16

〈부산모임〉 1974년 10월호[44:7-5]

라몬 막사이사이 상을 받으면서

상장에는 다음과 같이 써있다.

장 기 려
사회봉사를 위한 1979년도
라몬 막사이사이 상

그의 실제적 개인적 그리스도의 사랑의 인지認知와 한국부산 청십자건강협동조합의 설립에 관한 것이다.

1979년 8월 31일
마닐라
드릴논
벨렌 H. 아브록

위의 상장 수여식에서 나는 다음과 같은 반응을 보였다.

라몬 막사이사이 상을 받게 된 것은 나 자신의 영예일 뿐 아니라, 우리 모든 한국민의 영광으로 생각한다. 이 영예를 하나님과 이사회원들과 또 이것을 가능케 해준 나의 동료들과 친구들에게 돌리며 또한 감사를 드린다.

나는 1950년 12월 한국 동란 때, 피난민이 되어 북한에서 남한으로 내려 왔다. 그리고 부산에서 극빈자와 전재민들을 위하여 약 6년간 국제연합민사처UNCAC의 원조로 무료진료를 했고, 그 후 현재까지 약 180개 침상을 가진 복음병원으로 성장케 했다.

1968년 봄, 부산모임 성경공부반에 출석했던 채규철 님의 제안으로 부산시내에 의료협동조합을 조직하도록 합의를 보고, 부산시내에 있는 100여 교회에 호소문을 보냈더니, 23개의 교회에서 23명의 집사들이 모여 부산 의료 협동조합을 조직하기로 하고, 회원을 모집하여 700명 회원을 얻었다.

다음해 1969년에 김영환 님의 지도하에 부산 서전아동구호재단에서 도움을 받던 후원자들에게 의료 협동조합의 필요성을 인식하게 하고, 자발적으로 가입하게 함으로써 약 12,000명의 의료협동조합을 조직했다. 그리고 위의 두 조합이 연합하여 청십자의료협동조합을 1969년에 형성하니 회원이 14,000명이 되었다. 그 후 1974년 부산시의 협조로 시내 저소득층에 가입을 권유하여 약 5,000명의 회원을 증가하게 함으로써 현재 2만명의 회원을 가진 청십자의료보험조합으로 성장하게 되었다.

그리고 1968년에는 복음간호학교를 세웠고, 1975년에 한국청십자사회복지회를 만들어 지역사회의 구조에 힘쓰고 있다. 이 모든 일은 하나님의 축복으로 된 것이며, 또한 저와 함께 일하고 있는 직원들의 노력으로 된 것이므로 먼저 하나님께 영광을 돌리며, 또 이 영광과 기쁨을 같이 일하고 있는 직원들과 나누고 싶다.

나는 고 라몬 막사이사이 대통령의 72주년 탄생일에 여러분과 같이 참여하는 영광을 갖게 되어 감사하며, 그의 민주주의적 지도력에 깊은 감명을 받은 바가 크다. 그리고 오늘 아침에 필리핀의 영웅 라자르 의사님의 기념비를 찾게 되어 그의 독립정신과 애국심에 크게 감명을 받았다.

나는 언제나, 또한 무슨 일에 있어서든지 그 동기가 좋고 방법이 정당하면 그 결과에 대해서는 묻지 않고 실천하려고 노력하며 살아 온 것뿐이다. 그렇게 하면 그 결과는 하나님께서 그의 뜻대로 이루어 주시는 것을 경험했다.

나의 평생에 가장 중요한 것은 평화임을 경험했다. 그러므로 나는 앞으로 나의 모든 힘을 평화 운동에 기울여 드리기로 한다.

그 후에 내가 나의 모국으로 돌아와서 여러 번 친구들로부터 축하를 받을 때 생각하게 된 것을 추가하고자 한다.

첫째로 상장의 내용을 검토해 볼 때, 나의 그리스도의 사랑의 인지認知라는 점에 대하여 부끄러움을 금할 수 없다고 생각한다. 왜냐하면 그리스도께서는 인생을 살리기 위하여 모든 고초와 십자가의 형벌까지 받으셨는데, 나는 좋은 것을 먹고, 입고, 마시면서 또 좋은 집에 살면서 일한 것이 아닌가!

희생 없는 삶을 살면서 그리스도의 사랑을 실천한다고 생각했던 것의 잘못을 깨닫고, 반성하며 회개한다. 명예심 없이 일한 것이 아니라고 하는 것이 증명이 되었다고 생각할 때, 그게 부끄럽다. 하나님 나라에서 먼 삶을 살고 있다는 생각이 든다.

둘째는 참된 것은 희생적 사랑이라는 것을 다시 느꼈다. 그리스도의 사랑에서 사랑은 생명임을 배우고 전했다. 또 믿음의 선배들의 생활에서 그것을 배우고, 믿음, 소망, 사랑의 생활을 전했었다. 이제 필리핀의 라자르 의사의 희생에 참 크리스천의 모습을 다시 우러러 보고, 하나님은 어느 곳에서나 어느 민족에서든지 참으로 믿는 자를 택해서 빛[생명]을 비추도록 하시는 것을 믿고 배웠다.

참으로 예수님 사랑을 실천하는 사람들은 하나님이 명하실 때, 자기의 전부를 바치는 사람들이라고 하는 것을 새삼 음미하면서 그렇게 되기를 기도하면서 살려고 한다.

〈부산모임〉 1979년 10월호[73:12-5]

교회의 분열을 우려한다

16세기에 마틴 루터에 의하여 종교 개혁으로 가톨릭으로부터 신교가 분열된 것은 교리의 혁신에 기인한 것으로 당연하다고 인정되지만, 그 후에 일어난 분열에 대해서는 우리의 이성이 수긍하지 못하는 점이 많다.

현재 한국 기독교를 보면, 장로교, 감리교, 성결교, 즉 비교적 70년 또는 80년 이상의 역사를 가진 기독교에서 분파가 자주 일어나는 것을 본다. 이들의 분파의 원인은 교리문제에 기인하는 것이 아니고, 주로 누가 교권을 장악하는가의 감정적 문제에 기인한다고 보인다.

16세기에 가톨릭에서는 교회에 구원이 있다고 강조한 데 대해서 루터는 예수 그리스도의 십자가를 믿는 믿음에 구원이 있다고 강조함으로써 개혁을 일으킨 것이지만, 최근에 한국 교회의 분열은 누가 올바른 지도자이냐 하는 문제로 나누어 진다고 보여진다. 교회의 지도자는 예수 그리스도의 성령이신데, 성령의 지도를 받지 않고, 악령의 지도에 따르는 까닭이 아니겠는가.

신교에서 최근의 신앙 경향은 점점 구원이 교회에 있다고 주장하는 가톨릭의 신앙으로 돌아가는 것 같고, 또 교인들의 생각과 믿음은 자유하는 것이므로 생각과 믿음의 태도가 달라지면 자기들의 마음에 맞는 지도자를 에워싸고 갈라진다. 이러한 것의 가장 현저한 것이 한국 기독교가 아닌가? 특히 미국에 가 있는 한국인 교회는 수십 명 단위로 갈라져 있다고 들었다.

근래에 나는 통합측 장로교에서 차기 총회장 즉 부회장 출마의 광고를 보고 놀랐다. 이분들은 내가 평소에 존경하는 신앙의 형제들이기 때문이다. 총회장이 되면 이 교회를 어떻게 하겠다는 신념이 있어서인가? 현실 교회의 무기력이 그 지도자인 총회장에게 있다고 보이는지, 먼저 믿는 신도들 자신이 무력의 원인이 어디 있음을 반성하지 않으면 안되겠다.

나는 우리 신도들의 신앙이 현실과 타협해서 이 세상 풍속대로 사고하는데 있다고 생각한다. 그래서 부회장 출마 성명과 그 운동은 확실히 현실과 타협해서 이 세상 민주진영에서 하듯이 본인의 의사에 기인한 회장을 선거하게 된 것이라고 본다.

성경에서 보면 지도자들은 본인의 의사가 없을 때, 하나님께서 선지자를 시켜 기름을 붓게 하셔서 들어 쓰셨다. 신약시대에는 예수님께서 직접 부르셨다. 가룟 유다가 사도직을 떠났을 때에는 제비 뽑아 맛디아를 얻어 대신 시켰다[행 1:26].

바울 선생은 예수 믿는 사람들을 핍박하려고 가다가 도중에서 부르심을 받아 새로운 사명을 받게 되었다. 현실 교회가 조직체를 형성한 후부터는 민주주의 방식에서 현행 방법이 나은 것이라고 하겠지만, 어느새 하나님에 대한 겸손은 뒤로 물러가고, 자기를 앞세우는 방식으로 전향하게 된 것이 아닌가. 이것은 성령의 역사가 아니고, 악령의 역사라고 보고 우리는 반성하여야 할 것이라고 생각한다.

만일 우리가 이 잘못을 회개하지 않는다면, 우리 민족의 분열이 영원히 지속될까 두렵다. 나는 우리 민족의 평화가 하나님을 두려워하며 섬기고, 겸손해지는 일에 있다고 믿기 때문에 현실의 경향에 본 우리의 모습을 표명하는 바이다.

〈부산모임〉 1980년 9월호[78:13-4]

〈부산모임과 복음병원〉

부산모임의 주장은 "공중의 권세 잡은 자와 싸움함에 있어서 모든 탐심과 더불어 싸워야 한다"로 강조한다.

우리의 주장

부산모임의 주장은 "공중의 권세 잡은 자와 싸움함에 있어서 모든 탐심과 더불어 싸워야 한다"로 강조한다. 유물주의와 자본주의에서 인격을 파멸케 하는 원인은 탐심이 작용하는 힘이다.

기독교는 현실에서 사람을 하나님으로부터 떨어지게 하고, 또 사람과 사람 사이를 분열케 하는 원인이 이 탐심에 있다고 하는 것을 가르쳐 준다. "삼가 모든 탐심을 물리치라 사람의 생명이 그 소유의 넉넉한 데 있지 아니하니라"눅 12:15라는 말씀처럼 그러므로 우리의 싸울 대상은 사단인데, 이것이 우리 마음에 틈타고 들어올 근거지인 탐심을 뿌리째 없애야 한다.

사람의 생명은 무한히 귀하다. 돈을 탐하거나 권세, 명예를 탐하는 것이 일만 악의 뿌리가 된다. "우리가 세상에 아무 것도 가지고 온 것이 없으매 또한 아무 것도 가지고 가지 못하리니 우리가 먹을 것과 입을 것이 있은즉 족한 줄로 알 것이니라 부하려 하는 자들은 시험과 올무와 여러 가지 어리석고 해로운 욕심에 떨어지나니 곧 사람으로 파멸과 멸망에 빠지게 하는 것이라"딤전 6:7-9라는 말씀을 외면한 많은 사람이 이런 것을 탐하고 사모하다가 미혹에 빠져 스스로 패망의 길을 걸었다.

이 세상에서 감독의 직분을 가진 자는 돈을 사랑하지 않아야 한다딤전 3:3. 또한 "너는 마땅히 공의만을 따르라 그리하면 네가 살겠고 네 하나님 여호와께서 네게 주시는 땅을 차지하리라"신 16:20고 하셨다.

그러므로 땅에 있는 지체를 죽이라. 곧 음란과 부정과 사욕과 악한 정욕과 탐심이니 탐심은 우상 숭배니라골 3:5. 하나님은 우상숭배를 가장 미워하신다. 반드시 벌하신다.

네 이웃의 소유를 탐내지 말라. 이것이 도덕의 기본을 이루고 있다고 해도 과언이 아니다.

세계평화의 열쇠도 먼저 이 탐심을 깨끗이 버리는데 있다고 주장한다. 참 사랑은 탐심을 버리고 입 맞춘다.

역사의 뜻

6·25 동난: 싸우지 말라. 싸우면 안돼!

월남전쟁: 싸우면 망해. 둘 다 죽어!

닉슨, 모회담: 진실을 해봐. 먼저 남을 인정 해 줘라!

〈부산모임〉 1972년 4월호[29:5-2]

여름 모임의 뜻(1970년)

성경을 공부하며 진리를 깨달아 순종하려 하는 사람들이 여름이나 겨울에 고요한 곳으로 가서 진리를 찾으며 서로 사귀는 일이 있는데 그 뜻은 무엇일까? 나는 성경에서 그 뜻을 찾아보려고 생각하다가 문득 베드로후서 1장 4-11절 말씀을 상기하게 되었다. 즉, 우리 모임의 목적은 하나님께서 인류에게 주실 약속을 깨달아 썩어질 세상의 정욕을 피하고, 하나님의 성품에 참여하는 자가 되려는데 있다.

그런데 청소년의 여름 수련회는 그 회원들이 어떠한 자각을 가지고 모이는지, 더욱이 예수님의 이름 아래 모이면서 이 뜻을 철저히 알지 못 하고 지난다면 불신자들의 독서나 또는 피서객들의 해수욕으로 육체를 단련하는 수련회만 같지 못할 것이다.

하나님의 성품에 참여하려고 하는 자들이 힘써야 할 방향은 믿음에 덕을 세우는 것이다. 믿음의 은혜는 믿음을 가진 자만을 위한 것이 아니라 다른 사람에게 덕을 세우는 것이 더 중요하다. 믿음이 있는 사람들 중에 때때로 자기의 경험이 최선인 것처럼 고집하는 자가 있다. 믿음생활에서 다른 사람의 경험과 의견을 존경하며 이해함으로 잘 협조하는 덕을 길러야 하겠다.

이번에 퀘이커의 친우들과 같이 교제하며 그들의 이야기를 들을 기회를 가졌다. 그들은 종교는 체험의 종교여야 한다고 강조하며, 또 종교에 관한 체험은 사람마다 다 다른 것인데, 그 체험을 발표하여 비판을 받고, 또 더 깊이 생각하여 일반 사람에게도 적용이 될 수 있는 것을 찾도록 해야한다고 하였다.

인내를 하되 경건한 태도로 해야한다. 경건은 진리를 믿는 자의 당연한 태도이다. 진리의 성취를 믿는 자는 인생을 경건한 태도로 살면서 인내한다. 그리스도 안에서 이루어진 우리의 하나님 자녀의 인격과 현실에서는 곧 실현되지 않는 것이지만, 하나님 나라의 성취를 믿고 인내하며 기다리는데 경건한 태도로 나아가야 한다.

아무리 경건한 태도로 살려고 해도 때때로 낙망하기 쉽다. 이런 때에 필요한 것은 형제의 우애이다. 형제의 우애는 낙망할 때, 용기와 소망을 준다. 아무리 질서가 없고 해괴한 세상이라고 할지라도 형제의 우애를 접할 때, 이 세상은 악의 세력의 전속물이 아니라고 느껴진다.

그런데 이 세상의 어둠의 권세를 잡은 자의 세력은 너무도 강하다. 이것은 다만 우리의 사랑[형제의 우애]만 가지고는 이겨낼 수 없다. 어둠의 권세와 사망 및 사탄을 이겨내신 그리스도의 사랑, 온 인류를 죄에서 구속하신 하나님의 사랑만이 승리하고 인류와 만물을 회복시켜 주신다. 그러므로 이 그리스도의 사랑을 나타냄으로써 하나님의 성품에 참예하는 자가 되기를 바란다.

〈부산모임〉 1970년 9, 10월호[21:3-5]

여름 모임의 뜻(1975년)

요한복음 5장 1-12절

우리는 벌써 8년째 이 낙개에서 여름모임을 가지게 된다. 언제나 주제나 계획도 없이 모여 우리의 생각과 마음을 나타내서 하나님의 뜻을 찾고자 한다. 몇몇 사람의 생각이나 뜻으로 하지 않고, 우리 전체의 생각과 마음에서 하나님이 원하시는 뜻을 알고자 하는 것이다.

나는 금년 여름모임에 참여하려고 하면서, 그 뜻을 생각해 보는 가운데 요한복음 15장 1-12절 말씀을 연상하게 됐다. 예수께서 제자들에게 "나는 참포도나무요 내 아버지는 농부라 무릇 내게 붙어 있어 열매를 맺지 아니하는 가지는 아버지께서 그것을 제거해 버리시고 무릇 열매를 맺는 가지는 더 열매를 맺게 하려 하여 그것을 깨끗하게 하시느니라 너희는 내가 일러준 말로 이미 깨끗하여졌으니 내 안에 거하라 나도 너희 안에 거하리라 가지가 포도나무에 붙어 있지 아니하면 스스로 열매를 맺을 수 없음 같이 너희도 내 안에 있지 아니하면 그러하리라 나는 포도나무요 너희는 가지라 그가 내 안에, 내가 그 안에 거하면 사람이 열매를 많이 맺나니 나를 떠나서는 너희가 아무것도 할 수 없음이라 사람이 내 안에 거하지 아니하면 가지처럼 밖에 버려져 마르나니 사람들이 그것을 모아다가 불에 던져 사르느니라 너희가 내 안에 거하고 내 말이 너희 안에 거하면 무엇이든지 원하는 대로 구하라 그리하면 이루리라 너희가 열매를 많이 맺으면 내 아버지께서 영광을 받으실 것이요 너희는 내 제자가 되리라 아버지께서 나를 사랑하신 것 같이 나도 너희를 사랑하였으니 나의 사랑 안에 거하라 내가 아버지의 계명을 지켜 그의 사랑 안에 거하는 것 같이 너희도 내 계명을 지키면 내 사랑 안에 거하리라 내가 이것을 너희에게 이름은 내 기쁨이 너희 안에 있어 너희 기쁨을 충만하게 하려 함이라 내 계명은 곧 내가 너희를 사랑한 것 같이 너희도 서로 사랑하라 하는 이것이니라"라고 말씀하셨다.

　나의 소원은 항상 주 안에서 사는 것과 우리 조국의 평화통일에 있다. 아마도 이 소원은 여기에 모이신 여러분에게도 공통되신 것이 아닐까 생각한다. 그런데 기도하고 힘써도 이 소원의 성취가 막연한 것으로 느낄 뿐, 확신에 이르지 못하는 것을 유감으로 생각한다. 그것은 나 자신이 죄를 반복하기 때문이라고 생각한다. 주안에 항상 살려고 하면서도 나 홀로의 신앙생활은 종종 주님을 떠나게 되는 까닭이다. 아마도 사탄은 우리의 신앙생활에서 각개 격파를 일삼고 있는 것이 아닐까 하고 생각한다.

　우리는 각자가 어려움을 만나거나 조국이 곤란을 당할 때마다 자기의 죄를 깨닫고 회개를 하지만, 얼마나 그것이 무력한 것임을 잘 체험하였다. 한 번 잘못한 것은 고치려 해도 되지를 않는다. 원하는 선은 행해지지 않고, 원치 않는 악이 행해지는 것이다. "오호라 나는 괴로운 사람이로다"의 탄식은 우리가 홀로 있을 때 체험하는 것이다.

그러나 교회가 하나가 되어 합심 기도할 때에는 큰 힘을 발하게 되는 것이다. 6·25 때 남한의 기독교인들이 회개하고 기도할 때 전세가 변했다는 말을 듣고 있다. 예수님께서 부활 승천하신 뒤에 그의 문도들이 예루살렘을 떠나지 않고, 마가 요한의 다락방에서 120명이 합심 기도할 때, 약속하신 성령께서 오셔서 각 사람의 마음에 임하셨다. 하나님께서 그리스도를 통해 개인을 구원하신 것은 그들의 집단[교회]을 통해 전체를 구원하시려고 하심이라고 믿는다.

나는 우리 동포와 인류구원을 위해서는 단체적 회개와 합심기도가 필요하다고 생각한다. 우리는 주 안에서 공동체이다. 우리의 개성은 달라도, 우리의 직분은 각각 달라도 우리의 마음은 조국의 평화통일에 뭉쳐 있다. 이 소원을 이룩하기 위해 개별적 회개를 통한 개별적 신앙에 멈춰 있을 것이 아니라, 단체적인 회개를 통한 공동체 신앙에서 살아야 하겠다.

우리는 개인적으로도 죄인이지만, 우리가 예수 그리스도를 구주로 믿음으로 죄를 용서 받았다 할지라도 내 이웃과 동포의 죄를 나의 죄로 느끼고 통회하는 눈물과 기도가 없다면, 그리스도의 지체라고 생각할 수 없다.

구약에서는 이스라엘 백성들이 그들의 왕 히스기야로부터 서민에 이르기까지 회개하여 앗수르왕 산헤립의 손에서 구출되었다. 또 니느웨 성의 멸망도 요나의 예언을 듣고 그들의 통치자로부터 온 백성이 회개하여 멸망을 면했다.

우리도 이와 같은 단체적인 회개가 절실히 요구되는 것을 느끼고 있다. 우리의 단합된 마음과 기도는 사탄의 궤계를 쳐 부시는 큰 힘이다. 우리가 그리스도의 지체로 공동체를 이룰 때 많은 과실을 맺게된다. 이 여름모임의 뜻은 여기에 있다고 생각한다.

〈부산모임〉 1975년 8월호[49:8-4]

여름 모임을 마치고

인사

우리는 예정대로 하나님의 허락하심으로 오늘 이 자리에 모였다. 우리 모임의 목적은 하나님의 성호를 찬양하며 그의 영광을 선포하는 데 있다고 믿는다.

초대 모임에는 사도들의 가르침과 주안에서의 교제함과 떡을 떼어 먹는 일과 기도하는 일에 힘썼다. 오늘 여기 모이신 여러분은 예수를 그리스도로 믿는 이들이며, 그래서 사도들의 가르침을 벌써 받으셨으므로 주안에서의 교제가 주가 될 것으로 생각한다.

그러나 우리는 지난 모임에서 어떠한 주제를 가지고 듣고 생각해 보자고 약속하였으므로 이번에는 '성도의 신앙과 생활'이라는 주제로 홍웅표 선생이 말씀하시고, 우리는 듣고 또 소감과 질문을 자유롭게 해서 얻는 바가 많기를 바란다.

이번에는 서울에서와 일본에서 퀘이커 모임의 형제들이 많이 참석하셔서 감사를 드린다.

〈부산모임〉 1977년 11월호[62:10-6]

여름 모임 소감

1978년 여름 모임은 8월 1일 저녁에 부산 송도복음병원 공관에서 열려 8월 4일 12시에 마쳤다. 서울, 대전, 대구, 광주, 부산에서 50-70명이 모였는데, 그 중에는 일본에서 퀘이커 교도 4명이 참석하였고, 스님 복을 입은 이가 나에게 묻기를 "여기는 어떤 분들이 참여 할 수 있는가"하기에 나는 거의 반사적으로 예수를 그리스도로 영접하고자 하는 마음과 또 그 도리를 알기 원하는 사람들이라고 대답했다.

첫째날 저녁 7시 30분, 문정길 선생이 '평화를 만드는 자'라는 제목으로 강연을 했다. 그 내용이 많아서 미리 유인물로 만들어 나누어 드리고, 그 내용의 중요 부분을 읽으면서 강해했다. 독단이 아님을 문헌을 들어 설명하면서 인류의 역사는 싸움의 반복이라는 것과 그 원인에 대해 고찰하고 성경의 말씀으로 평화가 어떻게 이루어질 것인지 논의했다.

강의는 말로 이야기하는 방법이 원고를 읽는 것보다 훨씬 좋다고 하는 것을 느꼈다. 원고를 읽는 것은 문장을 눈으로 읽고 생각하는데 묘미가 있다고 한다면, 연설은 말로 이해시키고, 또는 영향을 주게 하는 것이므로 강연은 이야기식으로 하는 것이 좋겠다고 생각했다.

둘째날 아침 예배 때에는 대구에서 일하시는 노명환 선생이 예수님의 제자들과 우리를 비교하면서, 베드로와 유다보다도 못한 우리가 아닌가 반성해야겠다고 하였다.

9시에서 12시까지 오승대 선생은 오랫동안 로마서를 공부하는 중, 그 중에서도 골자가 되는 로마서 3장 21절에서 끝절까지 낭독하고, 21절 초두에 있는 '그러나, 이제는'의 뜻에 대해 상세히 말씀했다. 바울은 로마서 1장 18절에서부터 3장 20절까지 이방인의 죄, 유대인의 죄, 세계만민의 죄에 대하여 논하며, '그러나, 이제는'이라고 말하고, 새로운 기원에 들어가 있음을 지적한 것임을 나타낸 것이다.

이스라엘 민족은 죄에 대해 민감하여 죄에 대한 낱말이 17종이나 사용되어 있다고 하였고, 그 죄를 깨닫게 하는 율법의 정신은 원래 이스라엘 백성들이 애굽인의 종살이 하던 데서 가나안 땅으로 인도해 주신 여호와 하나님께서 구원의 복음으로 주신 것이라고 강조했다.

'죄'라고 하는 것은, 구원의 하나님을 떠나 자기의 의를 나타내려고 하는데 있으며, 그래서 하나님과의 질서를 바로 하는데 하나님의 의가 존재한다고 지적하였다.

한국의 기독교는 이 성경의 본 뜻을 옳게 이해하고 있는지 의심스럽다고 논하고, 성경에 있는 언약, 율법, 제사직, 예언들은 그 근원에서 하나님과의 질서를 바로 하고, 그의 의를 믿는데 있음을 강조했다.

하나님의 의는 때가 차매, 예수 그리스도가 와서 사람의 죄를 십자가에서 대속하여 주신 일에 있으며, 그 그리스도를 믿음으로 영접하여 그와 하나를 이루는 속죄에 있음을 분명히 하였다.

이것을 '믿음의 의'라고 하는데, 믿음이 없이는 하나님을 기쁘시게 할 수 없다. 이러한 뜻으로 로마 3장 21절 이하를 3일간 9시간에 걸쳐 상세히 강론해 주셨다.

오후에는 2시에서 4시까지 퀘이커 모임의 시간으로 하고, 조흥균 선생의 자기의 신앙경력을 소개하고 퀘이커 모임의 특징을 설명하셨다. 저녁 모임에서는 함석헌 선생님이 말씀해 주셨는데, 사람의 인격은 육과 정신과, 심령으로 이루어져 있으므로, 먼저 육의 상태부터 바르게 해서 진리 탐구, 진리 영접에 나아갈 것임을 말씀하셨다.

이번 모임에서는 오승태 선생의 로마서 3장 21절 이하의 강해와, 함 선생님의 말씀이 중요한 교훈이 되었다.

두 분은 다 현실과 관련하여 애국심을 불러 일으켰는데, 오 선생은 한국 기독교들의 신앙은 바울이 설명한 믿음으로 말미암아 의를 얻는다고 하는 성경의 참 뜻을 옳게 이해하지 못하고 있으므로, 현실적으로 진정한 애국을 하지 못하고 있다고 강조했다. 그리고 함 선생님은 '한국의 기독교인들이 정통신앙에 입각해서 믿는다고 하면서 왜 실천에는 예수님의 교훈을 따르고 있지 않는가?' 하고 반성을 촉구하셨다.

예수님은 가난한 사람에게 복음을 전하라고 하셨고, 병자와 과부, 고아를 돌보아 주라고 하셨으며, 옥에 갇힌 자와 눌린 자들을 위로하고 자유하게 하라고 하셨는데, 지금의 크리스천은 얼마나 주님의 말씀에 순종하고 있는지 변증법적으로 질문을 하셨다.

두 선생님의 말씀은 대립되는 것 같이 들리나, 그 근원에서 하나님의 진리의 근본 정신을 말하는 데는 하나라고 생각한다. 마치 성경에 바울의 믿음 신학과 야고보의 실천, 신학이 있는 것처럼 보는 입장에서 하나님의 뜻[진리]을 설명하고 강조한 것에 지나지 않는다. 우치무라 간조 선생이 진리는 중심이 두 개가 있는 타원형과 같다고 표현한 것을 생각하게 했다.

셋째날 8월 3일 아침에는 송현 선생도 시인의 삶을 시작할 때, 한글 타자기 문제에 깊이 들어가 시간을 많이 썼던 일과 앞으로 믿음 생활, 영적 생활을 통하여 하나님이 인류에게 보여 주시는 진리를 시로 표현할 것을 다짐한다는 말씀으로 감명을 주었다.

9시에서 12시까지 오승태 선생이 위에서 기록한 로마서 강해를 했다. 오후 2시에서 3시까지 퀘이커 모임 시간으로 침묵 기도회, 저녁 7시 30분에서 8시 30분까지 문정길 선생의 호세아서 강의, 그 다음 계속해서 함 선생님의 신앙의 싸움 경력을 듣는다. 약 2시간의 말씀이 계속되는 동안 조는 사람도 있었고, 끝나기 전에 집으로 돌아가는 사람들도 있었다.

그 후 11시 취침 시간인데도 마지막 저녁이라는 생각에서였는지, 노래 부르며 춤추는 무리가 뜰에서 거의 밤 새도록 떠들어서 병원 뜰과 같은 원장 사택 뜰에서 환자들을 생각하지 않고 가무歌舞로 지새운 것은 죄송을 금할 길이 없었다. 자유를 존중하는 나는 금할 길 없어 엎드려, 기도로서 번민했다.

넷째날 8월 4일 아침 대전에서 오신 강대천 선생이 자기 가정에서는 유교의 교훈과 예수를 믿는 생활이 아무런 지장 없이 영위되고 있음을 말해 주셨다.

8시 30분에서 11시까지 오승태 선생님의 로마서 강해를 마쳤다. 마지막 감화 중에서 회비는 여러 해 전과 같고 물건 값은 많이 올랐는데 음식은 전과 같이 좋으니 웬일인지 모르겠다고 여러분이 동감이라고 했다. 먼저 주의 나라와 그 의를 구하면 우리가 쓸 것을 넉넉히 주시리라고 하신 말씀이 이루어짐이 아닌가 생각한다. 진리의 말씀으로 배불리 먹고 사랑과 기쁨과 평화가 충만하면, 주님께서 갈릴리 바닷가에서 말씀하시고 떡 다섯 개와 물고기 두 마리로 5,000여 명을 배불리 먹이고 남은 부스러기가 열 두 광주리라는 기적이 오늘에도 이루어지리라 믿게 되었다.

각각 헤어져 집으로 돌아가고, 그 후 일본에서 왔다간 요시노 군과 낭아미네 양, 이도 양으로부터 여러 모임 식구에게 문안하는 편지가 왔다.

〈부산모임〉 1978년 9월호[66:11-4]

〈부산모임〉지 100호를 내면서

'부산모임'은 1956년 내가 부산의과대학 외과국을 맡게 되면서 의과학 교실원들에게 성경 말씀을 같이 공부할 목적으로 주일 오후 3시에서 4시까지 성경 공부를 시작한 것이다.

처음에는 다케시 전집에서 예언서 연구와 창세기를 공부하고 로마서를 공부했다. 그 다음에는 야나히하라 선생의 전집에서 사복음서를 공부하고, 이어 사도행전, 요한복음, 그리고 계시록까지 공부했다. 그런데 교실원들 중에서 예수님을 구주로 영접한 사람은 거의 없었다. 다만 우리 교실에 들어오기 전부터 예수님의 제자가 되었던 이인수 박사는 계속 잘 믿고 있으며, 현재 순천향 대학병원장의 일을 보면서 하나님께 영광을 돌리고 있다.

지금으로부터 약 10년 전부터는 우리 모임의 성격을 확실히 인식하게 되었다. 즉, 우리가 믿는 주님의 마음을 조금 알게 되었고, 또 우리의 사명을 깨닫게 되었다. 우리는 다만 성경 말씀을 공부할 뿐 아니라 같이 한 마음으로 기도할 제목을 얻게 된 것이다. 그것은 조국의 평화와 세계의 평화를 위하여 합심하여 기도하는 것과 그 말씀이 성취되도록 신앙생활을 해야겠다고 믿은 것이다.

우리 모임의 수는 흔히는 10명 내외였고, 많을 때는 25명 정도였다. 10명이 되지 못할 때에는 소돔과 고모라의 멸망을 생각하면서 근심하며 기도 드렸다. 10명 이상이 될 때에는 위로를 받으며 구원하여 주실 것을 믿고 기도하였다. 또 성경 말씀을 공부하며 하나님의 크신 능력과 위대한 사랑에 감격하여 감사 찬송을 올린 때가 많았다.

모임지에 글을 실을 때에는 성령님의 감동으로 썼어야 했는데, 이 점은 자신이 없다. 마음으로는 원이었으나 실제는 너무도 성의가 없는 태도였음을 고백하지 않을 수 없다. 참으로 무책임하였던 것을 자복하며 회개한다. 하나님과 주님과 여러 독자에게 용서를 빈다.

그래서 나는 믿음의 선배들이 해석한 강해를 번역하여 전해 드리려고 힘썼던 것이다. 이 일에서도 충실했다고 감히 말할 수 없다. 앞으로는 좀 더 충성되게 하려고 결심하니, 연약하고 불충한 나를 위해 기도해 주시기 바란다.

평화는 주님께 있고, 또 그것을 사모하는 사람을 통해 이루어 주신다. 이 점에서 일본의 쓰쓰미 미치오堤道雄님의 신앙에 동감하면서 실천하려고 노력하겠다.

그런데 우리나라에도 믿음의 선배들이 실천으로 본을 보여 주었다. 손양원 목사님은 사랑의 실천으로 원수 마귀를 이기고 승천하셨다. 그리고 주기철 목사님은 목숨을 바침으로 동포를 구하고 승천했다. 이들은 조국의 평화와 세계의 평화를 위하여 주님께 전적으로 순종하고 하늘나라로 개선했다. 예수님의 발자취를 따라간 선배들의 신앙을 본받아 우리도 평화의 사도의 책임을 다하여야 하겠다.

〈부산모임〉 1984년 10월호[100:17-5]

종간사

'부산모임'은 1956년 10월부터 부산 의과대학 외과 의국원들에게 복음을 전할 목적으로 매 주일 오후 3시에서 5시까지 동대학 외과의국에서 모이는 것으로 시작했다.

5년간 지속했으나 새로운 신자는 생기지 않았다. 그 이후 이인수, 조광제, 김동백, 김서민, 이중탁, 장기려들과 무교회 신도 몇 분이 부산시 서구 완월동[현 충무동]에 있던 안일약국 이중탁님 댁에서 계속 모였고, 매월 둘째 주일에는 함석헌 선생이 서울에서부터 내려 오셔서 성서 강의를 계속 하셨다.

1968년부터는 〈부산모임〉지를 발간해서 성경공부를 계속하면서 교우들의 교제에 목적을 두었다. 1970년 이후에는 우리 모임의 선생님은 예수님이시고, 그의 현존을 느끼면서 우리 민족의 평화와 한국교회의 개혁을 위한 기도회로 모였다. 따라서 무교회의 신도들과 퀘이커 신도들과의 교제가 지속되었다.

그 후 〈부산모임〉지는 격월로 발간되었고, 약 10년간 지속되었는데, 1987년 중간기부터는 부산에서 소수의 신도들의 집단인 종들의 복음모임과 교제를 가지게 되었고, 우리의 바라던 교회생활은 예수님이 제자들에게 분부하신 전도방식[마 10장]을 그대로 따르는 저들의 신앙생활임을 알게 되어, 기독교 개혁은 저들의 신앙생활과 예수님의 교훈으로 돌아가는 것이라는 생각이 들게 되었다. 이것이 또한 내가 바라던 기독교의 개혁의 방향이 아닌가 하는 생각이 들었다. 그래서 나는 저들이 하는 방식으로 성경 하나로 만족하고 모임지를 종간하기로 하였다.

종간에 즈음하여 빠질 수 없는 것은 함석헌 선생님의 건강이다. 함 선생님은 1987년 6월에 담도암 수술을 받으신 후, 1년간은 건강이 회복되어 월1회 부산에 오셔서 말씀을 전해 주셨으나, 1988년 6월부터 오실 수 없게 되셨고, 수일 전에 뵈올 때에는 의식이 흐려져서 '부산모임'에 전하실 말씀을 부탁드렸더니 "금년까지는 평화일까" 하시고 말끝을 흐렸다.

함 선생님은 '부산모임'에서 자기는 예수님을 구주로 믿는 사람이라고 세 번 증거하셨다. 어렸을 때부터 믿었고, 중간에 종교는 하나여야 할 것이라고 생각하고, 동양의 종교 교훈을 공부하여 연구해 보았으나 예수님과 같은 인격자를 찾을 수 없었다고 하셨으며, 자기는 예수님의 제자이심을 고백하였다.

'부산모임'이 함 선생님께서 예수님의 제자이심을 전하는 것이 그 사명의 일부였다고 생각한다. 또 하나, 남기고 싶은 것은 물심양면으로 도와주신 최길준 선생님의 후원과 성대동 박사의 진실하신 후원에 사의思意를 표하고 싶은 마음이다.

〈부산모임〉 1988년 10, 12월호[124:21-5]

모든 것을 그만두고 부산으로 돌아왔다

나는 1973년 4월 17일 모든 것을 그만두고 서울에서 부산으로 돌아왔다. 그것은 부산 복음병원 내에서 일어난 불화 때문이었다. 나는 서울에서 17일 외과외국에서의 강의, 18일 친구들과의 야유회, 19일 외과 시험문제 작성, 20일 외과학 강의, 21일 교회에서의 세례문답, 22일 성찬식과 순교기념전도회, 23일 친구 심방, 24일 오전 장영자님과 테니스, 오후 수도노회 참석 후 25일 부산으로 돌아 올 예정이었다.

그러나 17일 부산 복음병원에서 직원 간의 불화로 다툼이 일어났다는 보고를 듣고 곧 책임감 때문에 모든 일을 제쳐놓고 부산으로 돌아왔다. 강의도 그만두고, 여러분들과의 약속도 이행 못하고, 또 교회의 일까지도 포기하고 그야말로 만사를 제치고 행동하기는 이번이 처음이다. 그것은 나의 책임감에서 생겨났다. 복음병원의 원장으로서의 책임이 그렇게 중하냐고 물을 분이 있을지 모르겠다.

하지만 그 일을 하나님의 사명으로 믿고 하는 나에게는 절대적인 책임감을 느끼는 일이다. 그러나 그것보다도 병원 내의 평화를 위해 일하여야겠다 하고, 새로운 사명을 느낀 나는 가장 중대한 책임으로 생각되어서 모든 일을 제쳐놓고 내려왔다.

평화를 위한 운동은 이처럼 중대하다. 만사를 제쳐 놓고 할 일이다. 나는 우리 주님이 이 세상에 오신 것과 또 장차 다시 오시게 될 것은 그 일이 그렇게도 중대하기 때문이라고 믿는다.

인류를 구원하시는 일의 책임이 그와 같이 중대한 것을 우리 주님은 느끼고 오셨으며, 그것을 전적으로 자기 책임으로 느끼셨다고 나는 믿는다. 이제 세계평화를 위하여 다시 오실 것이다. 그것은 세계평화가 가장 중대하고, 그 책임을 가장 중하게 느끼시는 이가 우리 주님이시며, 또 능히 해결해 주실 분이시기 때문이다.

싸움은 왜 일어나는가? 먼저 사람들의 정욕과 탐심 때문에 그 징계, 또는 심판으로 일어나게 된다. 먼저 싸움은 정의에 입각한 징벌의 사상으로 시작된다. 사람들이 그 죄의 값을 자기가 치르려 하지 않고, 남에게 지우게 되는 것은 처음에는 정의감에서 궐기한다. 그런데 심판에 의한 싸움이 일단락을 짓게 되면 심판의 도구로 씌워졌던 자들의 결함이 드러난다. 그래서 또 정의의 싸움을 돋우는 자가 일어난다.

그런데 이 잘못된 죄의 책임을 누가 대신 지고 사하여 주지 않는다면, 우리 역사는 전쟁을 반복하지 않을 수 없게 된다. 그런 뜻에서 예수 그리스도의 십자가는 전쟁을 없애는 능력이다. 누구든지 예수 그리스도의 십자가로 속죄함을 받고 거듭나지 않는다면 평화의 사도가 될 수 없다.

다시 말하면 부활하신 예수 그리스도와 인격적으로 서로 통하며 그의 뜻대로 순종하는 자만이 평화를 이룩하게 된다. 그러므로 평화의 길은 첫째로 회개와 헌신, 둘째로 의의 병기로서의 삶, 셋째로 남의 의사를 존중하여 그의 인격을 인정해 주는 것이다. 다시 말하면 대접을 받고자 하는 대로 남을 먼저 대접할 것이라는 원칙으로 해결하려고 한다.

화평의 하나님은 이것을 반드시 이루도록 하여 주시리라.

〈부산모임〉 1973년 4월호[35:6-2]

부산 복음병원장직을 물러나면서

 내가 1950년 7월 1일부터 1976년 6월 25일까지 부산 복음병원장으로 있을 동안에 하나님과 사회, 여러분께 많은 은혜를 입었음을 감사드린다. 원래 나는 비겁하고도 게을러서 재직 시에 많은 과오와 무책임한 일을 저질러서 여러분께 폐를 많이 끼친 것을 용서해 주시기 바란다.
 복음병원의 사명은 중대했다. 불초한 나를 이 기관에서 25년간이나 일하게 하여 주심에 감사드린다. 회고해 보면, 부산 복음병원은 1951년 6월 21일 피난민, 전재민과 같이 어려운 환경에 있는 환자들에게 진료를 해드리기 위해 영도 제3교회의 창고에서 시작했다. 나는 그때 제3육군병원에서 일을 돕고 있었는데, 1950년 6월 20일 한상동 목사님과 전영창 선생님이 나를 찾아오셔서 복음의 원장 일을 맡아 달라고 하셔서 1950년 7월 1일부터 근무하기로 약속하고 그 날부터 이 날까지 일하게 되었다. 지금 대단히 적막하게 느껴지는 것은 금년에 두 분이 먼저 하나님 나라로 불리워 가셨기 때문이다.
 1950년 10월에 영도 영선국민학교 서쪽 공지에 천막 셋을 치고 그리로 옮겨가서 진료를 했는데, 매일 100명에서 200명의 환자를 전종휘 박사와 같이 진료했다. 1956년에 말스베리 선교사와 브루스 헌트 선교사의 주선으로 주한미군대한원조기관으로부터의 물자원조와 고려신학측 교회의 연보 그리고 미국개혁선교회의 노임 원조에 의하여 현재 있는 송도 언덕에 복음병원을 세우게 되었다.

그리고 운영은 돈이 있는 환자에게는 진료비를 받고, 없는 환자는 무료로 진료해 주는 방법으로 했다. 1962년에는 나는 건강이 좋지 못하고, 또 병원의 발전에 기여할 원장을 모시기 위하여 복음병원장 사표를 내고 서울 의대 외과 교수로서 일하면서 복음병원 일을 도왔다.

1974년 말이 되어도 새 원장을 모시려고도 않고, 나의 복구를 기다리면서 나의 건강을 위하여 성도들이 계속 기도하므로 결국 1974년 말에 복음병원으로 다시 돌아왔다. 내가 돌아온 후에 복음병원을 현대병원으로 발전시킨 것은 박영훈 의사와 정기상 검사실장의 공로가 큰 것을 이야기하고 싶다.

1965년 4월에 진종휘 박사의 권유로 서울 가톨릭의대 외과 교수를 겸임하여 한 달의 반은 서울 성모병원에서 일했다. 그러던 중 1971년에 원내에 불화가 일어나 나는 중한 책임을 느끼고 서울 가톨릭의대 교수직을 사임하고 복음병원장직만을 맡았다.

부산 복음병원은 그 사명인 정확한 진단 및 치료면에서는 10,000명 이상의 환자를 수술하였고, 우리나라에서 박영훈 의사 외 8명의 우수한 외과전문의를 배출시켰고, 교육면에서는 인턴, 레지던트 교육과 간호원을 양성하는 간호전문학교를 세웠으며, 복음을 전하는 일은 원목실을 중심으로 해서 직원들이 힘쓰고 있다.

원내에 불화가 있을 때에 나는 진료, 교육보다도 화목이 더 중요한 것임을 느끼게 되었고, 우리 민족의 화평과 세계국가의 평화가 우선적 사명이라고 느끼고 힘써야 한다고 깊이 깨달았다. 평화는 모든 사람이 잘못된 일에 대한 책임을 느껴 회개하여야 한다고 하는 것을 다시 한번 확인하게 되었다.

나의 복음병원 재직 말기에 일어난 직원간의 불화, 이사회의 불화는 나에게 큰 책임감과 더불어 새로운 사명을 깨닫게 하였으며, 그 사명을 위하여 살게 하시는 하나님에게 감사드린다. 나는 이 새로운 사명감을 가지고 복음병원장직을 물러나게 된다. 앞으로 부산 청십자의료보험조합과 청십자의원 그리고 거제도 보건원 병원의 외과 자문의로 계속 일하게 되니 전보다 더 기도로 도와 주시길 바란다.

〈부산모임〉 1976년 7월호[54:9-3]

복음간호전문대학장직을 떠나면서

　복음간호전문대학은 1968년 4월 1일 복음간호학교로 문교부의 인가를 얻어 학생 20명을 모집해 고려신학대학의 교실 세 개를 빌려서 시작했는데 당시 교직원은 교무에 강명미 선생, 서무에 조광제 선생, 그리고 교장은 내가 맡아 보았다. 교실 셋을 가지고 하나는 교무실, 하나는 교실, 하나는 기숙사로 사용하였다.

　인가를 얻는 일에는 조광제 선생이 전적으로 수고하셨는데, 조광제 선생은 부산대학교 도서실에서 근무하신 경험과 또 부산대학교 총장이었던 문홍주 박사가 당시 문교부 장관으로 일하고 있었기 때문에 순전히 서로 믿는 가운데 인가가 나온 것이다. 물론 그 때에는 간호원 교육을 장려하던 때이기도 하다.

　인가가 나온 지 몇 달 뒤 문교부직원이 감사를 나왔다. 교무는 강명미 선생이 물샐틈없이 계획하고 강사를 초빙해서 교육하기 때문에 문제될 점이 없었다. 그런데 교장으로써 했어야 할 교훈과 장학방침이 서 있지 않다는 지적을 받았다. 사실 그런 것을 생각하지 않고 지냈기 때문에 부끄러움을 느끼면서, 사람들은 써 붙인 다음에는 다 잊어 버리는 경향이 있다고 핑계로 대답했으나 설득력이 하나도 없었다. 그래서 그날 하나님께 기도하면서 교훈을 생각해 보았다. 다음과 같은 생각이 떠올랐다.

교훈
1. 예수님의 마음을 품으라.
2. 사명감을 가지고 사물을 대하라.
3. 문제는 과학적으로 해결하라.

장학방침
1. 도서실을 지나 교실로
2. 집담회를 지나 집으로

예수님의 마음을 품으라는 것을 교훈으로 한 것은 영감이라고 생각했고, 내 자신이 일생의 좌우명으로 삼고 있는 것이다. 둘째로 사명감을 가지고 사물을 대하라고 한 것은 공부할 때나 대화를 할 때, 하나님께서 명령하신다고 마음에 생각하고, 전심으로 성의를 다하라는 뜻이었다. 성실의 효과를 얻어야 한다고 생각했다.

그리고 문제는 과학적으로 해결하라고 한 것은 이 현실 세계의 물질적 병폐는 인과의 법칙으로 성립되어 있으므로, 병의 회복과 예방은 의학적 법칙으로 해결되는 것이라고 믿기 때문에 위의 세 가지를 교훈으로 삼았던 것이다. 우리 복음간호학교를 졸업한 280명의 졸업생과 120명의 재학생들은 이 교훈을 명심하고 있다고 믿고 있다.

그런데 장학방침으로 세운 슬로건은 그 동안 여러 선생이 수고하고 지도했음에도 불구하고 만족할 만큼 지키지 못하고 있다. 대학생들처럼 교수들의 교재의 강의 요강이 발표되면, 그것을 학생들은 미리 도서실에 가서 예습해 가지고 강의를 듣도록 하였고, 그날의 학과가 끝나면 집단 회의실에 모여서 그날의 강의 내용을 다시 검토하여 궁금한 점을 해결하고 집으로 가도록 하자는 나의 장학방침이었다.

그러나 실제로 이것은 실시되지 못했고, 학생들이 기숙사 생활을 하고 있었으므로, 저녁 8시 즈음에 다시 모여 복습을 하도록 했다. 이 일은 내가 약 2-3주간 해보고, 몇 년 후에 김영자 선생이 기숙사 학생들의 공부를 지도했던데 지나지 않았다.

일본의 우치무라 간조와 그의 동료 7인은 7년간 기본적 학문과 사회과학, 역사학, 종교교육에 관하여 계속 공부함으로써 일본에서 위대한 지도자들이 탄생했던 것을 잘 알고 있다. 이러한 것은 교수의 지도에 의존하는 것이 아니고, 학생들의 마음에서 용솟음쳐 나오는 진리 탐구생활에 의해서 성취되는 것이다. 위와 같은 야망을 품고 장학방침을 세웠지만, 실상은 완전히 실패로 돌아갔다.

개교 1년 즈음에 기숙사의 사감선생과 학생들 사이에 불화가 일어났다. 교장인 나는 그 해결에 궁했다. 나는 학생의 의견도 존중하고, 또 사감선생의 권위를 위해서 변호했다. 학생들은 불만족했지만, 교장의 뜨뜨미지근한 자연적 해결방침에 침묵을 지키게 되었다. 후에 사감님이 자퇴하게 되어 해결을 보게 되었는데, 이 때에 주도적 역할을 했던 두뇌가 명석한 학생이 사감님의 인격을 무시했던 것을 회개한다고 자복하며 눈물을 흘리는 것을 보았다. 이 학생은 진실로 나를 아버지 같이 존경해주었다. 나는 이때에 비로소 교육의 참 맛을 본 것 같았다.

1학기에 강명미 선생이 학교의 교가가 필요하다고 해서 내가 송도고보에 다니던 때의 교가를 생각하며, 그 곡조에다가 맞추어 교가를 지어 보았다. 그랬더니 교가의 곡조는 어느 음악가에게 부탁했다고 하면서 내가 작사했던 것에 살을 입혀서 아름다운 교가를 만들었다. 내 이름이 작사에 들어갔으나, 사실은 강명미 선생의 작사였다.

1년이 지난 후 강명미 선생은 결혼하고, 이리성결교회 강도사 부인으로 가셨다. 하나님께서는 박인자 선생과 박옥희 선생을 보내 주셔서 강명미 선생 후임으로 간호학교의 기반을 조성케 했다. 또 하나님께서 특별한 권고하심으로 네덜란드 신자들의 성금과 네덜란드정부의 원조로, 수억 원의 건물이 지어졌고, 복음병원의 병리실험실과 약국도 증축되었다. 여러 가지 사명이 있어서, 하나님의 특별한 권고였음을 믿으며, 이종 집사님의 헌신적 건축으로 약 1,100평의 문교부의 규정에 맞는 건물이 세워졌다.

그 다음에 강경자 선생이 교무과장으로 부임해 오셔서 간호학교에서 간호전문학교가 되고, 학년의 학생수도 20명에서 40명으로 늘었다. 복음간호학교가 간호 전문학교답게 자라게 된 것은 오로지 강경자 선생님의 노력에 의존한 것이 크다. 나는 복음간호전문학교 교장으로 무력했다. 책임을 못했다. 그래도 강경자 선생은 나를 잘 도와주셨다. 강명미 선생을 다시 돌아오도록 했다. 오 선생, 김경자 선생, 추주정 선생, 송연선 선생, 박춘화 선생들을 모아 교수진을 충실케 했다.

그런데 호사다마好事多魔격의 일이 일어났다. 학생들의 오해였다. 교무과장이 무력한 학장을 끼고 독주한다는 것이었다. 나는 책임을 느끼고 사표를 제출했다. 교무과장님도 나와 같이 사표를 제출했다. 이 파업에 관련되었다고 보이던 선생도 미국으로 이민을 갔다.

나는 다음해에 복음병원장직을 그만두고 명예원장이 되었다. 그래서 정관 시행세칙에 따라 나는 자동으로 간호전문학교장직을 물러나야 했다. 그러나 박영훈 원장이 교장직을 겸해야 했는데, 굳이 교장직을 사양해서 그 후 2년간을 더 계속 맡게 되었다. 1979년 초에 복음간호전문대학으로 이름이 바뀌면서 교장이 또 학장으로 변했다. 그 동안 교무과장도 강명미 선생에서 송영선 선생, 추정선 선생으로 바뀌었다. 학생과장도 추정선 선생에서 김영 선생, 윤석옥 선생으로 바뀌었다. 이러는 동안에 학장으로서 책임을 많이 느끼게 되었다. 더욱이 다른 대학교수들보다 평균 2만원 가량 교수들의 월봉이 적은 것을 이끌고 나오려 하니 어려웠다.

그러던 1979년 봄에 부산에 인제의대가 생기게 되었다. 인제의대는 나에게 외과학을 가르쳐 주셨던 선생님의 이름으로 된 의과대학이니만큼 내가 도와드려야 할 의무가 있는 기관이다. 그래서 초대학장으로 막역한 나의 친구 전종휘 박사를 추천했더니 재단에서 그대로 받아 주었다. 그래서 나는 복음간호전문대학장직을 사면할 수 밖에 없었다.

학생데모 당시, 우리 대학 학생은 한 명도 참가하지 않아서 무사했다. 나는 학장으로서 학생들과 선생들에게 나의 신념을 밝힐 필요가 있다고 생각했다.

1. 사랑의 동기 없이는 언동을 삼가야 합니다.
2. 옳은 것은 옳다고 하고 아닌 것은 아니다 하여야 합니다.
3. 잘못된 것은 나의 책임이라고 믿고 해결하도록 합시다.

이 세가지 마음이 평소에 내가 믿고 옳다고 지향하던 바이다. 이 정신으로 교육에 정진해 주실 것을 부탁 드리면서 나를 아껴주시던 여러분에서 감사드린다.

"일어나라 빛을 발하라 이는 네 빛이 이르렀고 여호와의 영광이 네 위에 임하였음이니라 보라 어둠이 땅을 덮을 것이며 캄캄함이 만민을 가리려니와 오직 여호와께서 네 위에 임하실 것이며 그의 영광이 네 위에 나타나리니 나라들은 네 빛으로, 왕들은 비치는 네 광명으로 나아오리라"사 60:1-3, "주 여호와의 영이 내게 내리셨으니 이는 여호와께서 내게 기름을 부으사 가난한 자에게 아름다운 소식을 전하게 하려 하심이라 나를 보내사 마음이 상한 자를 고치며 포로 된 자에게 자유를, 갇힌 자에게 놓임을 선포하며 여호와의 은혜의 해와 우리 하나님의 보복의 날을 선포하여 모든 슬픈 자를 위로하되 무릇 시온에서 슬퍼하는 자에게 화관을 주어 그 재를 대신하며 기쁨의 기름으로 그 슬픔을 대신하며 찬송의 옷으로 그 근심을 대신하시고 그들이 의의 나무 곧 여호와께서 심으신 그 영광을 나타낼 자라 일컬음을 받게 하려 하심이라"사 61:1-3와 같이 여호와께서는 이스라엘 백성과 온 인류를 구원하실 자를 보내셔서 구원하시고, 다시는 죄에 침륜되지 않게 하겠다고 예언하게 하셨다. 이것이 응하여 예수 그리스도께서 탄생하셨다.

인자 예수님께서는 성령이 임하셔서 위의 예언의 말씀들이 자기에게 응하신 것을 믿게 되었다. 예수님이 어느 안식일에 가버나움 회당에 들어가셔서 성경을 읽으시려고 서 계셨을 때, 성경을 드리는 사람이 이사야서를 드렸다. 예수님은 이사야 61장 1-2절을 읽고 앉으실 때에 사람들이 주목해 보는 가운데, 오늘날 이 말씀이 너희들에게 응하셨다고 하셨다. 예수님은 이 말씀에서 메시아의 사명과 친히 메시아의 소명을 느끼시고 선언하신 것이다.

예수님은 가난한 자에게 복음을 전하셨다. 가난한 사람들을 택하셔서 제자로 삼으셨다. 가난한 사람들은 예수님의 말씀을 듣고, 예수님을 그리스도로 믿고 따랐다. 마음이 완고한 유대교의 지도자들은 자기들의 교만으로 예수님을 유대교를 파괴하는 자로 잘못 인식했다. 예수님은 천국은 가난한 사람들의 것임을 명백히 하시고, 그들에게 또 그들을 통하여 복음을 전하도록 하셨다.

다음에는 마음이 상한 자들을 고쳐 주셨다. 세리 마태를 불러 제자로 삼으시고, 삭개오의 집에 들어가셔서 구원이 이 집에 임하셨다고 선언하셨다. 죄로 인하여 슬퍼하는 사람들, 또 사랑하는 이들을 잃고 슬퍼하는 마리아와 회당장 야이로, 나인성 과부의 마음을 고치시려고 나사로, 야이로의 딸, 나인성 과부의 아들을 살려주셨다. 또 눈먼 자를 보게 하시려고 나면서 소경 된 자를 보게 하셨다.

이는 예수를 믿는 자마다 자기가 하나님의 자녀가 된 것과 하나님 나라의 일원으로 하나님 나라에서 영생하는 진리를 알게 하신 것이다. 우리는 예수님을 통해 하나님과 하나님의 나라를 보게 된다. 갇힌 자를 놓아 주셨다는 말씀도 육의 현실세계에서가 아니고, 사탄에게 사로 잡히고 그 세력에 있는 사람들을 해방시켜 주셨다.

많은 사탄에게 갇혀 있던 사람들을 사탄으로부터 놓아 주셨다. 회당에서 사탄을 내쫓아 주셨으며, 벙어리 귀신을 내쫓아 말을 하게 하시고, 사탄에게 붙잡혀 경련을 일으키는 간질 환자를 성하게 해주셨다. 우리도 죄에 사로잡혀 사탄에게 갇혀 있었으나 예수 그리스도로 말미암아 해방을 받게 된 것이다.

눌린 자를 자유하게 하셨다는 말씀도 죄와 사망의 권세 밑에 억압되어 사람들을 또 율법 하에 눌려있던 사람들을 자유하게 하신 말씀이다. 그 현저한 예로 바울을 들을 수 있다. 바울은 율법을 지켜 의를 얻으려고 힘썼다. 힘을 쓰면 쓸수록 "오호라 나는 곤고한 사람이로다 이 사망의 몸에서 누가 나를 건져내랴 우리 주 예수 그리스도로 말미암아 하나님께 감사하리로다"롬 7:24-25는 말씀처럼 되었다.

그러나 예수님을 구주로 영접한 후에는 "누가 우리를 그리스도의 사랑에서 끊으리요 환난이나 곤고나 박해나 기근이나 적신이나 위험이나 칼이랴 기록된 바 우리가 종일 주를 위하여 죽임을 당하게 되며 도살 당할 양 같이 여김을 받았나이다 함과 같으니라 그러나 이 모든 일에 우리를 사랑하시는 이로 말미암아 우리가 넉넉히 이기느니라 내가 확신하노니 사망이나 생명이나 천사들이나 권세자들이나 현재 일이나 장래 일이나 능력이나 높음이나 깊음이나 다른 어떤 피조물이라도 우리를 우리 주 그리스도 예수 안에 있는 하나님의 사랑에서 끊을 수 없으리라"롬 8:35-39 고 바울은 증언했다.

이 승리의 노래가 우리의 믿음의 노래이기도 하다.

〈부산모임〉 1979년 12월호[74:12-6]

〈장기려가 사랑한 사람들〉

손동길 님이 내 마음에 못마땅하게 멋대로 살므로 "너는 나를 좀 닮아라"라고 말했다. 그랬더니 손동길 님이 대답하기를 "선생님 닮다가는 바보가 되게요."라고 했다. 이 말은 한편 불쾌하게도 느낄 수 있으나, 나에게는 참으로 최고의 칭찬이라고 받아졌다. 톨스토이가 쓴 "바보 이반"이 연상되면서 참 바보가 되면 이 세상의 '평화'에 공헌할 터인데 하면서 흐뭇하였다.

나의 존경하는 후지이 다케시 선생

후지이 다케시 선생의 자서전을 보면 선생의 아버지가 군인이셔서 자기의 이름을 다케시라고 지어 주었지만, 어렸을 때부터 죽음이라는 그림자 때문에 겁쟁이로 자라났다고 한다. 겁쟁이 다케시는 허영의 종이었다고 솔직히 고백하였다.

그의 소년시대는 자연을 사랑하는 것으로 겨우 평화를 맛보면서 지냈다. 중학교를 졸업하는 17세 때 인생에 대한 어떠한 의식이 떠올라서 제1고등학교에 입학한 후 외교관이 되려는 꿈을 가지게 되었다고 하였다.

그러나 이런 생각은 자기 마음의 겉 부분에서 뱅뱅 돌면서 물거품처럼 떴다 가라앉는 허영심이었다. 그때 비로소 자기라는 속 사람의 인생 의식은 더 깊은 곳에 있음을 막연하게나마 깨닫기 시작하였다. 즉 점점 적막함을 느끼게 된 것이다. 무한의 공허감, 큰 적막감으로 번민하였으며, 그의 혼은 말라버렸다. 그때에 찾은 것이 우정이었다. 우정에 온몸을 바쳤다. 나중에는 우정의 종이 되었다. 실로 우정 때문에 자신은 병들고 범람하는 감정의 큰 물에 빠져 버렸다고 하였다.

그 다음에 다시 깨달은 것은 공허하고 혼돈한 자기의 혼이 위로부터 하나님의 영에 의하여 덮여있는 느낌 또는 암탉이 병아리를 날개아래 품고 있듯이 안겨 있음을 느꼈다. 그때에 친구의 소개로 우치무라 간조 선생의 집회에 나가 예수 그리스도를 배우게 되었다.

당시의 소감을 다음과 같이 기록하고 있다.

> 선생님의 말씀은 제사장이나 서기관과 같지 않았고, 바로 광야에서 외치는 소리였다. 이 예언자는 세상 죄를 지고 가는 하나님의 어린양을 보라고 외쳤다. 나는 비로소 나사렛 예수를 알게 되었다.

> 즉, 그의 인격을 알았다. 그의 죽음을 알았다. 죄 없으신 인자가 무거운 짐 진 자를 쉬게 하고, 세리와 죄인들의 손님이 되시고, 업신여김을 당하고, 슬퍼하는 사람이 되어 병고를 친히 짊어지셨던 주님이 괴로움을 받아도 입을 열지 않으시고 잡혀 죽임을 당하는 곳으로 끌려가는 양처럼 잠잠하셨던 분을 알게 되었다. 참으로 그는 하나님의 아들이었다.

> 아, 나사렛 예수 당신의 인격은 얼마나 아름답고, 당신의 삶과 죽음은 얼마나 귀한지요. 하나도 아름답지 아니한 곳이란 없나이다. 당신은 나의 전부입니다. 참으로 로고스입니다. 나의 주님이십니다. 나의 하나님이십니다.

후지이는 그리스도를 찾은 후로는 그의 가정생활이 초자연의 나라, 도덕의 나라, 하나님 나라에 거룩한 사실임을 깨닫게 되었고, 예수님이 신랑으로서 어린 양이심을 알게 된 후로는 무한히 명랑한 성결의 생활을 하게 되었다.

그는 그의 아내를 그렇게 사랑하면서 만물의 기조는 진실과 정결임을 잘 느꼈다. 그런데 어느 날 하나님의 얼굴을 잃은 때가 왔다. 그것은 그의 아내가 세상을 떠난 때였다. 그의 부인이 여러 날 동안 열병으로 앓다가 문득 세상을 떠났다. 다케시는 하나님의 모든 은혜가 그의 부인에게 상징되어 있다고 믿었던 까닭에 부인을 잃자 곧 하나님을 잃었다.

그러나 다시 하나님의 얼굴을 찾게 되었다. 우리는 언제나 하나님의 뜻을 깨달을 수 없고, 다만 하나님이 하시는 일이 절대로 옳다고 믿어야 한다는 음성을 들었다. "사람은 젊었을 때에 멍에를 메는 것이 좋으니 혼자 앉아서 잠잠할 것은 주께서 그것을 그에게 메우셨음이라 그대의 입을 땅의 티끌에 댈지어다 혹시 소망이 있을지로다"애 3:27-29처럼 그는 35세 때에 인생의 전성시대의 절정에서 이와 같은 멍에를 메었다.

그는 자기가 죄인 중의 괴수임을 자각하였다. 무조건 항복이다. 그는 도덕적 밑바닥에서 하나님을 우러러 보았다. 그를 우러러보니 그의 이마에는 알파와 오메가가 씌워져 있다.

> 내가 구원받을 이유는 하나님의 의, 거룩, 하나님의 구속에만 있다. 그가 아니고는 그러한 힘과 가치가 있는 것은 아무것도 없다. 나의 의시요 나의 거룩이시오 구원이신 주님이시어 당신은 나의 알파와 오메가이십니다. 나의 구원의 이유는 오직 주님에게 있나이다.

위의 말은 후지이 선생 자서전에서 발췌한 것이다.

나는 우리나라의 믿음의 선배 이기전, 주기철, 손양원, 오정모를 통해서 믿음을 배웠고, 그 이론은 야나이하라 선생의 기독교 이상주의에서 공부하였으며, 그 밖의 성경지식에 관해서는 주로 후지이 다케시 전집에서 배웠다.

풍부한 지질 천문 박물학을 통한 창세기의 주석으로부터 레위기의 제사의 뜻, 시편의 감명 시대의 사명과 역사의 법칙을 가르치신 예언서, 복음서에 의한 바울의 기독교 철학, 바울 서신에 의한 성령의 역사와 교회의 사명, 요한 및 바울 사랑의 철학 그리고 계시록 강해에 이르기까지 후지이 선생처럼 아름답고도 풍부한 지식으로 해석해 주는 책은 드물다.

또 선생은 간명한 기독교의 조직신학, 즉 하나님, 죄, 속죄, 내세의 문제들을 취급하여 기독교의 발전과정 및 그 방향을 선명케 해준다. 그는 결혼생활에서 사랑을 깨닫고 일찍이 세상을 떠난 부인이 영생하고 있음을 믿어 내세를 확신하게 되었으며, 그래서 재혼을 부정하고 실천하여 크게 감명을 주고 있다.

성결문제에 관해서는 아무리 우치무라 선생이라 할지라도, 한 걸음도 양보할 수 없어 절교 생활을 하리만큼 성결을 강조했다. 나중에는 우치무라 선생님과 화해를 했으나 주님밖에 다른 아무에게도 굴복하지 않았던 신념은 빛난다.

그는 자서전에서 쓴 것과 같이 불완전한 인물이었으나, 45세의 나이로 별세할 때까지 전집 12권의 기록을 남긴 것은 위대한 인물임을 보여주는 것이라 하겠다.

특히 전집 제 1, 2권에 수록된 20,000여 줄에 달하는 시는 단테Alighieri Dante(1265-1321)의 《신곡》, 밀턴John Milton(1608-1674)의 《실낙원》과 함께 높이 평가되는 거대한 시로 하나님의 천지 창조부터 인간

역사의 지배, 그리스도의 구원과 어린 양의 혼인을 예찬한 것이다.

나는 전기한 믿음의 선배들과 같이 후지이 다케시 선생과 함께 주님 나라에서 영원히 섬기기를 원한다.

〈부산모임〉 1968년 11월호[9:1-9]

서울 경희의대로 가신 이인수 선생님에게

 부산모임의 유지자이셨던 선생님을 서울로 보내게 되니 섭섭함을 금할 길 없다. 돌이켜 보건대 우리 모임이 1957년부터 시작하여 성경공부를 중심으로 적은 무리가 주님의 교훈과 진리를 찾으며 교제를 계속하였다.
 십여 년 동안 사정에 의해 여러 친구가 모였다가 헤어지고 하였으나, 1961년에서 1964년까지 만 4년간은 주로 이 선생이 모임을 이끌었다. 그 동안 교회에서의 주장과 불화에 대하여 검토도 하고, 비판도 하면서 예수님의 교훈에 순종하려고 힘썼던 소수의 무리와 같이 지냈던 일들이 생각난다.
 이제는 경희의대 학생들에게 신경외과학을 가르치시려 서울로 가시게 되었다. 의학교육은 기술교육과 인간교육이 병행되어야 함은 너무도 자명하다. 교육자의 부족으로 학문의 강의와 기술의 교육이 우선시 되고, 인간에 대한 교육은 소홀히 될 가능성이 많다. 그러니 될 수만 있으면 주일에 성경말씀을 가르치며 연수하는 모임을 가지도록 힘써주시기 바란다.
 인간교육은 성경만으로 그 목적을 이룰 수 있다. 성경은 완전하여 영혼을 소생하게 하는 생명의 글이다. 성경은 확신하여 우둔한 자로 지혜롭게 하는 지식의 글이다. 성경은 정직하여 마음을 기쁘게 하는 환희의 글이다. 성경은 순결하여 눈을 밝게 하는 성화의 글이다. 성경은 정결하여 영원까지 이르는 불후의 글이다. 성경은 확실하여 다 의로운 무오의 글이다. 성경은 능히 우리로 하여금 그리스도 예수 안에 있는 믿음으로 말미암아 구원에 이르는 지혜가 있게 하는 말씀이다. 모든 성경은 하나님의 감동으로 된 것이어서, 교훈과 책망과 의로 교육하기에 유익하고, 하나님의 사람으로 온전케 하며, 모든 선한 일을 행하기에 온전하게 하는 글이다딤후 3:16.

기도로 지도해야 한다. 성령은 성경과 기도로 활동한다. 우리는 성경과 기도로 성령의 역사를 이루어 드려야 한다. 그리스도께서 하신 대로 그 본을 받아 기도로 해야 한다. 그리스도께 말씀을 받아 전해야 한다. 그 생명을 받아 전달해야 한다.

이 시대에 우리에게 맡겨주신 고민을 해결해 주어야한다. 이 시대의 고민은 물질 만능주의와 이기주의이다. 이 물결에서 청년학생들을 구해야 한다. 이것은 그리스도께서 이루어 놓은 길을 밝히 보여주는데 있는 줄 안다. 우리는 미약하나마 이 길을 걷고자 한다. 서울에 있는 채규철, 이시연, 김순자, 조인제 군 부부와 협심하고 기도하면서 학생들 중에서 신앙인을 모아 보시기 바란다.

부산모임은 여전하다. 우리는 전도를 못해서 걱정이다. 선생님께서 가신 후로는 경남여고에 계신 조광제 선생 소개로 임인빈 학생이 새로 나오게 되었으며, 다음은 복음병원 외과의 스태프로 오신 서재관 선생이 나오고 있다. 일신부인병원에서는 김영옥 님, 김영원 선생과 더불어 이신옥 님, 유 선생님이 나오셔서 잘 모이고 있다. 믿음의 활동이 너무도 미약해서 살았는지,

죽었는지 알 수 없는 상태인 것 같다. 우리를 위해서 기도해 주시길 바란다.

  우리는 떠나 있으나 사랑과 기도로 교통하게 되기를 바란다. 미국에 가 있는 김동백 님은 캘리포니아 주에서 개업할 수 있는 자격시험에 통과했고, 그곳의 시민권도 얻었다고 한다. 주님께서 사도 바울과 같이 쓰시려고 하는 뜻이 계신 줄 믿는다.

〈부산모임〉 1971년 3, 4월호[23:4-1]

여러분들이 사랑으로 주신 글을 읽고

    부족한 나를 생각해 주신 여러분의 사랑에 감사한다. 나의 대한 찬사는 감당하기 어려운 부분이 많으나, 여러분의 마음에서 떠오르는 그대로의 격려사로 믿고 감명하는 바이다. 내가 받은 말씀들 중에서 감사히 생각되는 몇 가지들을 들어 답하고자 한다.

    첫째로 함석헌 선생님의 글에 "장 박사는 제 살림도 할 줄 모르면서 병원장의 일을 어떻게 20년이나 볼 수 있었을까. 아마도 욕심이 적은 까닭일 것이다."라고 지적하였는데, 나는 이 말에 격려되어 모든 탐심을 더 버리기로 생각했다.

    둘째로 주옥도 선생님의 믿음의 격려사를 감사히 받았다. 기독교 이상주의로 살아 믿음생활을 실천하려고 힘쓰겠다. 신앙동지들의 기도와 격려는 믿음생활의 호흡과 영양소와 같이 필요하다. 복음의 증거자, 그리스도의 향기가 되기 원한다.

    셋째로 박석현 선생님이 '금상첨화의 사람'이라고 칭찬하여 주심에 대해 감당하기 어렵지만, 진실하신 형님의 말씀이오니 그렇게 되려고 힘쓰겠다. 사실은 내가 현실을 경히 여기고, 성실하지 못했기 때문에 후회하고 있으며, 그것으로 위선의 결과가 발생하는 것도 경험하게 되었다. 그러나 나를 구원하시고 진실케 하시는 그리스도를 믿고 힘쓰겠다.

넷째는 송두용 선생님의 사랑의 글이다. 송두용 선생님은 제가 믿음으로서는 도저히 따라 갈 수 없는 분이지만, 생각하는 면과 또 그의 성품이 나와 비슷하고 통하는 바가 있어서, 나는 주님의 말씀을 전하지 못하지만, 송 선생님께서 나의 생각을 대신 전해주시는 분으로 믿어져서 감사하면서 사귀고 있다. 선생님께서 진리를 사랑하시고, 믿음을 제일로 사시려고 하는 그 정성을 나도 본받고 따라 가려고 하고 있다.

다섯째는 김재형 님의 찬송의 시이다. 주님에 대한 사랑과 그 은혜의 찬송은 평소의 그의 믿음생활을 통해 잘 나타난다. 주님을 사랑하므로 거기서 불어 나오는 사랑은 참 사랑이다. 은혜의 찬송은 곧 축하의 말씀이요, 축복의 시이다. 하나님께서는 이러한 사랑을 기뻐하실 줄 믿는다. 이러한 사랑은 주님 품에서 영원히 사는 것 인 줄 안다.

여섯째는 유영철 님의 편지이다. 내 생일에 나를 가장 생각해 줄 사람을 찾아서 조용한 가운데 기다렸는데, 사정을 아시고 감격해서 잠을 이루지 못하고 기도해 주셨다는 소식에 감사드린다. 나는 무심하고 본분과 사명을 감당 못 하나, 나를 아껴주시는 사랑을 그와 같이 느끼게 하셨던 것이 아닌가 생각되면 사람들은 각각 자기의 마음에도 느껴지는 것이라 생각한다. 나를 아껴주시고 기도해 주시는 형님에게 감사드린다.

일곱 번째는 김애은 선생님의 찬사이다. 선생님은 모든 것에 감동하셔서, 내가 미처 느끼지 못하는 것까지 느끼시고, 주님을 사랑하시고, 진리에 부딪혀서 격려하여 주시는 일에 나도 많이 깨닫고 감사드린다. 내가 선생을 위로해 드려야 할 처지에 있는

데, 도리어 내가 위로를 받게 되니 한편 감사하면서도 나의 무심한 마음을 책하게 된다. 주님을 사랑하는 마음이 더욱 뜨거워져서 승리하시길 바란다.

여덟째는 김동백 님의 글이다. 그는 소아과 전문의로서 나의 성품을 어린아이와 같다고 보아준 것은 자연스러운 표현인 동시에 나를 대단히 즐겁게 한 것이다. "네가 어린 아이와 같지 못하면 천국에 들어갈 수 없다"고 주님이 지적하셨는데, 그러한 성품이면 얼마나 좋겠는가.

또 김동백 님은 나에게 주셨던 은혜를 갑절이나 요구하였는데, 벌써 그대는 그러한 은혜를 받은 줄 안다. 그 상징으로 나는 그대에게 줄 선물을 준비하고 기다리고 있다. 내년 봄 4월에 우리 간호학교 개교 기념 강연회에 강사로 오시게 되기를 바란다.

아홉 번째 선배 기용숙 선생님의 축사 중에 "장기려에게서는 영원을 느낍니다."라고 한 말씀이다. 나는 영원을 바라고 살고자 한다. 진실하신 기 선생님 자신의 마음속에 그 진실이 영원성을 느끼게 하셨던 것이라고 생각한다.

선생님 성품이 진실하시니, 나를 진실을 사모하는 사람으로 인정해주시고, 그렇게 느끼신 것이 아닐까? "이것이 참 사랑이 아닐까."생각되어 감명받았다. 참 진실과 사랑은 그리스도께서 나타내 주셨다. 진실과 영원을 사모하시는 선생께서는 나를 보지 마시고 그리스도를 보시기 바란다. 참 사랑과 생명을 받으실 것이다.

열 번째는 노평구 선생님이 보내주신 안학수 신앙문집이다. 안 선생님은 학교 선배이시며, 또 신앙선배이다. 그의 진한 사랑, 믿음은 내가 흠모하는 바이다. 그의 순결정신도 잊을 수 없다. 그의 믿음은 어둔 밤에 빛나는 별과 같이 빛나고 있다. 이러한 순수한 사랑과 신앙은 우리 동포를 구원하고야 말 것이다.

열한 번째는 유달영 선생님의 축전과 선생님이 회갑기념으로 보내주신 '외롭지 않은 외로운 나그네의 길'에서 감사와 여러 가지 흥미를 많이 느꼈다. 그 중에서도 선생님의 아드님으로부터 "국민운동본부장이 그게 무엇이야."라고 해서 선생님의 마음을 열어 주셨다고 한 글은 참으로 재미있었다.

사실 내 생일날 고요히 쉬면서 그 글을 다시 읽고 웃었다. 단순히 웃은 것만이 아니고 교훈을 받았다. 내 마음에도 그 아이와 같은 부분이 있어서 공감되기 때문에 좋아서 또 읽고 다른 사람에게까지 읽게 하였다. 그 아드님은 그의 말로 우리에게 재미있게 경고를 주고 있다.

열두 번째 손동길 님의 말이다. 이것은 이번 생일을 기하고 주신 말은 아니고, 평소에 대화할 때 한 말이지만, 나의 마음을 기쁘게 해주는 에피소드이다.

하루는 손동길 님이 내 마음에 못마땅하게 멋대로 살므로 "너는 나를 좀 닮아라"라고 말했다. 그랬더니 손동길 님이 대답하기를 "선생님 닮다가는 바보가 되게요."라고 했다. 이 말은 한편 불쾌하게도 느낄 수 있으나, 나에게는 참으로 최고의 칭찬이라고 받아졌다. 톨스토이가 쓴 "바보 이반"이 연상되면서 참 바보가 되면 이 세상의 '평화'에 공헌할 터인데 하면서 흐뭇하였다.

또 하루는 나의 사촌동생이 내가 너무도 현실에 어두우니까 평하여 말하기를 과거에 이승만 대통령이 국민의 사정을 너무도 모르고 정사를 맡아보았기 때문에 그의 이름에 빗대어 "형님은 장승만이에요."라고 한 말도 좋았다.

또 홍순명 선생님이 "창세기 문답"을 보내주셔서 독자들에게 알려주시는 바가 많을 것을 믿으며, 성령의 영적 지식을 주신 것에 감사드린다. 앞으로 계속 원고를 써 보내 주시기를 바란다.

그 밖에 편지로 격려해 주신 여러분께 감사드린다. 특별히 고봉수 할머님의 편지에서 나는 주님 품에 안기었음을 느꼈다. 아니 고봉수 할머님의 몸이 내 몸과 같이 착각되었다. 그 시는 내 마음의 표현과 같았다. 하나님께서 주신 이 몸, 이 집의 보호 받았음을 감사하면서 나도 할머님과 같이 하늘에 계신 주님을 향하여 일편단심가를 부른다.

손정군 형의 편지를 감사하게 읽었다. 님은 나에게 한국의 무교회 신자들을 소개해서 사귀게 한 중매자이기도 하다. 형의 진실하고도 학자적인 인격을 사모하는 마음 변치 않으시기를 바라며, 더욱 건투하시기를 바란다.

김영옥 님의 편지는 그 순결의 마음 같아 반갑다. 님은 예수 그리스도의 사람이니 변할 수 없을 줄 안다. 하나님 앞에서 자기의 죄를 깨닫고 회개할 때, 예수님의 보혈로 대속함을 받은 즐거움을 체험하게 되는데, 이와 같은 거듭나는 경험을 가진 자는 결코 주님을 떠날 수 없는 줄 안다. 이것이 나의 믿음이고, 또한 님께서도 체험하실 것으로 믿고 기도 드린다.

임정택 님의 축하 편지에 감사드린다. 더욱 건강하셔서 그리스도의 향기, 복음의 증거자가 되어 주시기 원한다.

김인빈 님은 경남여고 2학년으로 보고 생각하는 것이 성숙한 것을 느끼며, 진리[의]와 사랑 곧, 그리스도의 성품을 사모하고 있음을 잘 알 수 있었다. 사람이 사귀는데 그 사람의 중심이 그리스도께 순종하려 하는지를 잘 살펴야 한다. 우리 부산모임의 참석자들은 그리스도께 순종하려는 마음으로 하나가 되어야 할 줄 안다.

조순명 님의 편지를 고맙게 보았다. 부족한 사람의 글을 귀히 보아 주신 것에 감사한다. 나의 건강이 좋지 못해도 이렇게 살고 있는 것은 여러분이 주신 축복의 기원으로 살고 있는 줄 믿고, 나는 하나님을 느끼며 감사하고 있다.

끝으로 우리 주위의 현실은 불안과 공포가 늘어가고 있음을 생각해 보지 않을 수 없다. 이것은 국내의 경제적 위기와 또 이북의 무장의 준비에서 오는 불안이라고 하겠지만, 실상은 우리 안에 있는 탐심과 게으름, 그리고 잔꾀를 부리는 부정직한 사람들에서 생기는 부정 부패와 죄악 때문에 일어나는 불안과 공포이다.

이 책임은 위정자들에게만 있는 것인가? 종교인, 교육자, 실업인, 문화인, 상인, 동민 할 것 없이 온 국민이 반성해야 하겠다. 속히 통회자복하고, 하나님의 구원을 우러러 부르짖어야 하겠다.

우리는 다 자기 맡은 직분에서 진실을 이룩하기 위해 희생해야 하겠다. 의인 열 명만 있으면 멸망시키지 않겠다고 약속하신 하나님을 우러러 보고, 나 자신이 그리스도와 하나가 되어야 한다. 매스컴 시대라 수를 과시하는 때이지만, 진리를 지키는 자 열 명만 있어도 그들을 통해 이 나라의 멸망을 돌이키시겠다고 하셨다.

우리는 남에게 책임을 추궁하기 전에 나 자신이 그 책임을 져야 하겠다. 힘이나 능이 아닌 성령으로 사람의 마음을 돌리는 것이다.

〈부산모임〉 1971년 12월호[27:4-5]

ㅅㅎ 선생님에게

오늘 주신 글과 사진을 감사히 받았다. 부산모임이 너무도 지지 부진하여 유명무실로 황공 낙망에 가까운 상태에 있었는데 선생님의 글을 읽고 감사에 충만하였다.

선생은 우리 부산모임의 첫 열매이다. 주님의 구원에 합당한 열매, 복음의 합당한 열매인 줄 믿고 감사하였다. 진리는 진리를 부른다. 진리는 외친다. 진리는 모인다.

님이 진리를 사모하니 진리를 찾아 다닌다. 님에게 진리의 향기가 있으니 말해 달라고 청한다. 님의 진리의 향기에 학생들이 모여 듣기 원한다.

그리운 그리스도의 향기, 그것을 사모하는 학생들, 그 향기를 내는자는 믿는 자로 이 강산은 빛이 난다. 소망이 넘친다. 이것을 보지 못하는 자는 낙망한다. 방향 없이 살게 된다. 대다수의 방향 없이, 이상이 없이 살아가는 이 강호에 소수나마 진리를 사모하여 대화하는 모임이 있다고 들을 때 마음에서 생기가 솟아난다.

님은 주님께 택함을 받았다. 감사, 감격하여 진리 선포에 총력을 다하시오. 진리에 전 인격을 바쳐드리는 인물이 귀한 것이다. 사람이 가장 원하고 바라야 할 것 즉, 본분이다.

나도 부산 주일 모임을 계속한다. 욥의 고난의 뜻을 배웠다.

하나님이 사람의 인격을 믿어 주신 동기로 사단이 사람을 괴롭혔다. 사람의 해석은 완전하지 못했다. 하나님의 뜻을 다 몰랐다. 욥은 어디까지나 정직했다. 풀리지 않는 것을 자기 나름대로 해석하지 않고, 친구의 전통적 해석이나 하나님 뜻의 일면을 말해 준 엘리후의 설명에도 만족할 수 없었다.

하나님의 얼굴만 바라보았다. 하나님의 얼굴을 보고, 그 하나님의 신뢰에 감격하고, 자만을 회개하였다. 우리의 인격은 하나님의 것이다. 이 세상 사람 아무에게도 의뢰할 수 없는 것이다. 아멘.

나는 예수님의 인격에 놀라고, 그 인격을 심히 사모한다. 긍휼과 사랑이 풍성하셔서 은혜로우시며, 진리 진실로 인격을 대해 주시는 그 인격, 아무에게도 구애 받지 않고, 오직 하나님[진리]에게만 절대 순종하신 그 삶을 심히 사모한다.

자유와 복종, 파괴와 완성, 진보와 보수가 겸비하신 주님의 인격, 하나님의 긍휼과 자비, 정의와 공평 그리고 하나님과 일체시나 동등되지 않으시고, 육의 형상을 입고 오셔서 십자가에서 죽기까지 복종하신 순종을 실현하시고, 하나님의 뜻을 다 이루어 드리신 그 인격에 나는 전부를 바치고 싶다. 그분만을 내 인격에 모셔드려 완전히 결부되고 싶다. 이것이 ㅅㅎ님과 우리가 일체가 되는 유일의 법칙이다. 내적 생명공동체, 환난공동체, 영광공동체, 사랑의 공동체, 하늘나라의 생활이다.

1974. 6. 장기려 드림

〈부산모임〉 1974년 6월호[42:7-3]

사고와 소감

나는 최근 10여 년 동안 두 번 사고를 당했다. 한 번은 1963년 3월 부산에서 서울로 오던 기차 안에서 선반 위의 짐짝이 떨어져 나의 왼편 어깨를 쳐서 타박상을 당한 것이고, 두 번째는 1975년 9월 23일 낮 12시 15분에 서울 중앙극장 안에서 복도 계단이 있는 것을 못 보고 오른쪽 발을 헛디뎌 오른쪽 아킬레스건이 끊어진 것이다.

그 사고 발생시의 기전과 직감을 생각한다면, 첫 번 사고의 발생 기전은 기차가 안양역을 지날 무렵에 우연히도 내가 탔던 제1호차 칸과 앞의 차량 사이의 연결부가 빠지면서 제1호차 칸이 탈선되어 선반 위의 짐이 떨어져 내 어깨를 친 것이다. 그때 나는 나의 연약함과 반복하는 죄를 회개해야 한다는 죄책감에 이러한 일이 일어났다고 생각해서 제일 먼저 머리 속에 떠오르는 것은 하나님께서 징계하신다는 것이었다. 그러므로 나를 사랑하신다는 의식이 분명하게 알게 되었으니 감사하다는 생각으로 충만케 되었다.

두 번째 당한 사고의 경위를 생각한다면 내가 그날 중앙극장에서 그 극장의 주인에게 인사하려고 함이었고, 그 일이 난 것은 그 주인의 친구와 대화하는 중에 일어난 것이었다. 그 친구라고 하는 이는 수년 전 미국에 갔다가 관광으로 일시 귀국한 여 전도

사로 자기가 내가 미국에 가면 여유있게 살 수 있는 집을 마련해 줄터이니, 여생을 미국에 와서 쉬라고 말했다.

나는 그 말에 대해서 "나의 사명은 한국에 태어나 한국에서 일하다가 죽는데 있고, 미국에 가서 쉬는 것은 뜻 밖이며, 또 나의 소원은 이북에 있는 나의 가족을 만나는 것이라."고 답했다.

나는 그와 같이 대답하고는 유혹을 이겼다는 자만심을 가지고 확신하면서 발을 보지 않고 걸어 가다가 그러한 사고[아킬레스건의 절단]를 당했다. 그 때 곧 머리에 떠오른 것은 나의 친구가 언제인가 행길에서 내가 발을 잘못 딛고 넘어질 뻔하다가 넘어지지 않고 서는 것을 보고 "장 형은 운동신경이 발달해서 넘어지지 않는다"고 하던 말이 생각이 났다.

그 다음 순간에는 그 때 신문 보도에 허장강 씨가 축구를 하다가 심장마비로 별세했다는 소식을 들은 때인지라 '나도 심장마비는 일어나지 않는가' 하여 내 맥을 짚어보고, 하나님께서 살게해 주시는 것을 깨닫고 감사하였다.

나는 이번 사고를 겪은 후 여러 친우들로부터 위문의 편지와 말을 받게 되었다. 처음에 나의 친구가 자기의 책임처럼 느껴 서울에 올라오라고 하지 않았더면 이런 일이 일어나지 않았을 것이라고 하기에 나는 '새옹지마'의 교훈을 생각하면서 "화가 변하여 복이 될는지 누가 알겠는가?"하고 말했다.

사실 나는 오랫동안 아무 준비도 없이 닥치는 대로 일에 종사하면서 실수하는 일이 참으로 많았다. 또 글을 써야하겠다는 책임을 느끼면서도 책을 읽을 시간을 얻지 못해서 그 책임을 감당하지 못하고 있었다. 이번에 책을 읽을 기회를 주신 줄 믿고 감사한다.

어떤 이는 하나님께서 더욱 절실한 밀회를 요청하시고, 역경의 은총을 실험하라는 뜻이라고 생각된다며 격려해 주셨다. 즉, 마르다의 직분보다 마리아의 순종을 더 기뻐 받으시는 주의 심정으로 위로해 주신 것이다.

또 어떤 이는 나에게 "육체의 고통을 겪게 하심으로써 하나님께서 영광을 받으시고자 하신 것이 아닌가 생각한다고 하시고, 또 사람은 노소간에 언제 무슨 죄를 지을지 모르니까 그 죄를 짓지 못하게 하시기 위하여 육체의 고난을 허락 하셨을지도 모르지요."벧전 4:1라고 하셨다.

나는 이번에 사고를 당하고 의사들에게 치료를 받을 때 죄인이라는 자책감을 가졌었다. 다시는 상습적인 실패를 거듭하지 않도록 기원하면서 이것을 달게 받고 감사하면서 지낸다. 또 말씀해 주심과 같이 영안을 더 밝게 하여 주시고자 하시는 하나님의 사랑으로 받는다.

어떤 분은 고난의 뜻을 다음과 같은 성경말씀을 인용해서 제 경우에 부합되리라고 했다. 나면서 눈먼 자에 대한 주님의 말씀을 인용하면서 누구의 죄 때문이 아니라 다만 하나님의 영광을 드러내기 위함이고, 사람이 고통을 애매히 받아도 그리스도를 생각하고 받는 자는 복이 있다고 하셨다. 또한 바울이 아시아에서 당한 심한 환난은 "오직 죽는 자를 다시 살리신 하나님만 믿게 하기 위함이다."라는 말로 위로해 주었다.

하나님께서 영광을 받으시고자 하는 뜻이 계실 것이라고 생각하게 될 때, 그 기쁨과 위로는 말 다할 수 없으리만큼 크다. 또한 믿음으로 감사히 받고자 하는 마음으로 충만하게 된다.

그리스도의 고난을 생각하면 내가 받는 고통은 아무것도 아니다. 그런데 그리스도의 고난을 잊어버리고, 죄사함 받았다는 안심에서 상습적으로 실패하는 자에게는 사랑의 징계가 필요하다고 믿는다. 이 세상을 이기고, 죄와 마귀의 유혹을 이기려면 죽은 자를 살리신 하나님만 의뢰하고, 그 안에서 사는 생활이 절대로 필요하다고 믿는다.

다음은 나의 소감을 조금 말해 보려고 한다. 첫째로 나는 하나님의 징계라고 믿고 달게 감사히 받는다. 왜냐하면 나는 부단히 사단과 싸우는 생활에서는 실패하기 때문이다. 내가 주님의 구원을 믿고 지내는만큼 사단은 부단히 나를 유혹하고, 시험하고 있는 것을 느낀다.

사실 징계로 믿고 받는 것은 아버지의 사랑을 느낌으로 이루어진다. 히브리서 12장 5절 이하와 잠언 3장 11-12절의 말씀을 인용하면서 사랑하는 아들에게 권하는 말씀이 "내 아들아 주의 징계 하심을 경히 여기지 말며 그에게 꾸지람을 받을 때에 낙심하지 말라 주께서 그 사랑하는 자를 징계하시고 그의 받으시는 아들마다 채찍질 하시느니라" 하심과 같다. 또 요한계시록 3장 19절에도 "내가 사랑하는 자를 책망하여 징계하노니 그러므로 네가 열심을 내라 회개하라"고 했다. 열심을 내어 회개하는 일이 당면한 나의 과업이다.

둘째로는 이번에 당한 사고는 사단에게 한방 맞은 느낌이다. 왜냐하면, 미국에 와서 편히 쉬게 해주겠다는 유혹을 내가 과감히 물리쳤던 까닭이다. 아마도 마귀가 하나님의 허락을 얻어 나로 하여금 오른발을 헛딛게 해 가지고 놀라게 해서 배 장근의 주축을 이상으로 심하게 하고 약 60키로그램의 체중이 반대로 작용하여 아켈레스근의 절단을 일으킨 것이라고 생각한다. 그것은 내가 석고 붕대를 하고 쉬고 있는 중에도 악마는 부절히 시험하고 있는 것을 느끼는 까닭이다.

이렇게 생각하면 내가 지금 당하고 있는 것도 '욥의 고통과 비슷한 의미가 있지 않나'하는 생각도 해본다. 그렇게 생각하면 지금 내가 받는 고통이 무한한 영광으로 느껴지며, 또한 아버지에게 영광이 될 것으로 믿어지게 된다. 그리고 이 시험을 완전히 이기면 하나님께서 더 좋은 일을 하게 해 주실 것이라는 소망을 갖게 된다. 그러므로 욥기와 복음을 공부한 나로서는 그 말씀에 깊이 감사하면서 이 시험의 기간을 기도와 공부하는 기회로 삼으려 한다.

〈부산모임〉 1975년 10월호[50:8-5]

박석헌 선생님의 쾌유를 축하하면서

1982년 4월호 성서 연구지와 5월호 성서신애지에서 박석헌 선생님이 위암으로 수술을 받고 8일만에 완치 퇴원하신 것을 알고, 하나님께 감사와 찬송을 돌렸다. "네 믿음이 너를 성하게 하였느니라"고 하신 주님의 말씀이 연상되었다.

박석헌 선생님은 주 안에서 살고 있었으므로 이른 시기에 의사에게 정확한 진단을 받았고, 또 주님을 믿음으로 안병훈 원장과 이성록 선생의 시술을 믿고 받았으며, 그래서 그가 기도한대로 하나님 아버지의 영광과 가야병원의 영광이 드러나게 된 것이다.

하나님의 영광은 믿는 자를 통해서 드러나게 되어 있다. 박석헌 선생님은 수술 받기 두 주일 전까지도 광주에서 김교신 주필의 〈성서조선〉의 영인본의 완성을 위해 선생의 분량 중 빠진 것을 보충하느라고 수고하였고, 3월 17일에는 김성진 님의 새 가정을 방문하기 위해 노평구 선생과 같이 대구까지 여행하면서 친구를 위한 도리를 다 하셨다.

박석헌 선생님의 신앙은 진실과 충성을 다하는 것으로 그 빛을 비춰 주셨다. 현실에 진실하심으로 내세의 영원적 생명을 우리에게 표본으로 보여 주셨다.

수술 8일만에 완치하여 퇴원하는 것은 생물계의 현상으로 정상 과정을 경과한 것이다. 이 정상 과정이 하나님의 축복으로 이루어지는 것이지만, 박 선생은 그의 믿음으로 예수 믿는 자의 모본이 되었으며, 현실에서 부활의 생명, 영생을 살고 있음을 보여주셨다.

그러므로 하나님께 영광이 돌아갔으며, 박 선생님의 완쾌는 기적이었다고 말할 수 있다. 모름지기 우리 믿는 사람들의 병에 대한 태도는 박 선생님의 믿음을 본받아 하나님에게 영광을 돌리는데, 우리의 감정과 이성과 의지를 다 바쳐야겠다고 생각한다. 이번의 신앙 생활을 통해 무교회자의 신앙이 사단을 이겼다고 보여지는 동시에 교회생활을 비판하신 선생의 글에 찬의를 표한다.

〈부산모임〉 1982년 6월호[86: 15-3]

부록

장기려를 사랑한 사람들

내가 보기엔 돈의 욕심도, 권세의 욕심도, 명예의 욕심도, 사업의 욕심도 없다. 욕심이 있다면 한가지, 어떻게든 남에게 좋은 일을 하고자 하는 욕심일 것이다.

함석헌

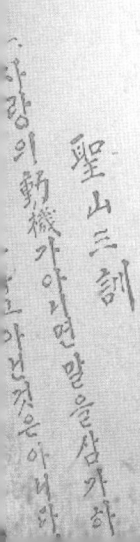

내가 아는 장기려 박사

함석헌

나는 나 자신이 잘못이 많은 사람이요, 또 세상이 일반으로 잘 잘못에 따라 사귐 관계를 가리는 경향이 많아 감히 누구를 내 친구라고 마음 놓고 부를 수 없다. 내가 아무리 친구라 하고 싶어도 그 쪽이 나를 친구로 대해 주기를 꺼리는데 내가 어떻게 감히 친구라 하며, 그랬다가 도리어 그에게 욕이 돌아갈 때는 더욱 그렇다.

그러나 장 박사만은 마음 놓고 내 좋은 친구라고 감히 부를 수 있는 지극히 적은 수의 친구 중 한 명이다. 그는 내 모든 잘못을 다 알고도 나를 대하는데 아무런 변함도 없기 때문이다.

내가 장 박사를 처음 만난 것은 그 연대는 정확히 기억 못하나 1930년대 매해 겨울마다 무교회 모임을 하던 때, 어느 모임에서였던 것 같다. 손정균 박사와 서로 아주 가까운 친구라고 하면서 같이 왔던 것을 기억한다.

사실 고향은 같은 용천인데, 서로 알기는 그 때가 처음이고, 그 이후 오늘까지 변함없이 사귀어 오고, 지금은 한 달에 한번씩 그 댁에서 하는 성경모임에 가는데 그 때 찾아가서 하루 오전 중을 지내는 것이 요새 내 생활 중에서 가장 즐겁고 영감을 얻는 시간이다.

장 박사님의 성격에 대해 내가 처음으로 놀란 것은 평양 기독병원에 오셨을 때이다. 서울에서 몇 번 만나서 가까워 졌으나 그 때 우리나라 외과에 백인제 박사가 제1인자요, 그 다음은 그 제자인 장 박사라는 것밖에 더 자세한 것을 몰랐는데, 1940년 내가 평양시 송산리의 고등농사학원을 인계받아 가지고 갈 때, 장 박사는 마침 기독병원에 원장으로 오게 됐기 때문에 자주 왕래를 하였다.

그런데 웬일인지 원장으로 온 지 얼마 안 되어 원장을 그만두고, 그저 평직원으로 있더라는 것이다. 모르는 사람이 봐도 그것은 도저히 있을 수 있는 사람대접이 아니다. 웬만한 사람 같으면 그냥 있지 않을 것이다. 당장 짐을 싸서 나가면 나갔지 그 모욕을 받고 그저 있지 못할 것이다.

그런데 장 박사는 아무 상관이 없다는 듯 태연히 있었고, 우리가 옆에서 더러 물어보아도 불평은 커녕 별로 설명조차 하려 하지 않았다. 보통 성격이 아닌 것을 그 때 알았다. 그 비슷한 관계는 해방 후 서울대학 병원에 있을 때에도 있었던 듯한데 언제나 아무런 불평이 없었다.

신앙에 관해서 내가 아는 것은 그 단순성이다. 거의 어린이를 연상하리만큼 그저 단순히 믿는다. 나 같은 것은 생각이 많아서 이런 설명, 저런 설명이 있고, 의심도 많이 하고, 변하기도 많이 했는데 장 박사는 그와는 반대이다.

70-80년전 장로교가 처음으로 들어오던 때의 신앙을 지금도 그대로 가지고 있다. 평양서는 산정현교회의 장로였고, 여기 와

서도 다시 세워진 그 교회의 장로이다. 그럼 아주 보수주의요, 어떤 이들 같이 신사참배를 하고 요새 같이 개방적인 신앙을 가지는 사람은 마귀의 자식이라 해서 사귀기도 싫어하느냐 하면 그런 것이 조금도 없다. 아주 재미있다. 보수적인 산정현교회의 장로 노릇을 하는 한편 무교회의 우치무라 간조, 야나이하라 타다오, 후지이 다케시를 아주 존경하고, 그러한 글을 많이 읽고, 주일마다 오후는 자기 집에서 무교회 성경연구 모임을 한다.

그리고 한 달에 한번은 일반 교회에서는 용납 안 되는 나를 허락하여 그 모임을 인도하게 하지 않는가? 나의 내 실생활은 쥐구멍이라도 있으면 들어가야 하는 형편이지만, 내 생각에는 어느 정도의 자신이 있으므로 무슨 비판, 시비를 받아도 내 생각을 숨기지도, 굽히지도 않는다. 다른 사람 같으면 자기 신앙이 그 바닥부터 흔들릴 만한 그런 이단의 소리를 들으면 목의 핏대를 세우며 반박을 하든지, 그렇지 않으면 당장 왕래를 끊겠는데 그는 조금도 그런 기색이 없었다. 말로 표현할 정도도 안 되어 나도 그저 가만히 있지만, 참말로 탄복하지 않을 수 없다.

그보다 더 놀라운 것은 가정 생활이다. 지금은 아드님도 다 어른이 됐고, 며느님을 맞아 손자도 나고 했으니 좀 나을지 모르지만, 이북에서 혼자 갑자기 내려오신 이후 어려움이 많았을 것이다. 더구나 부인과의 사랑이 각별히 두터운 것을 우리는 잘 안다. 그러니 슬픔은 얼마나 했으며 외로움은 얼마나 했을까? 시험도 많았고, 유혹도 많았을 것이다. 더구나 장 박사 같은 인물과 학식과 재주와 인격과 신앙과 사회적 지위를 겸한 사람이 어디 있는가? 이 점에서 나는 장 박사를 대할 때마다 부끄럽고 미안하고 송구스러워 견딜 수 없다.

내가 보기엔 돈의 욕심도, 권세의 욕심도, 명예의 욕심도, 사업의 욕심도 없다. 욕심이 있다면 한가지, 어떻게든 남에게 좋은 일을 하고자 하는 욕심일 것이다. 어느 모로 보나 사업의 재주는 없는 분이다. 집 세간 살림도 잘 모르는데 사업을 알 것 인가?

그런데 20년 전 천막에서 기도로 시작한 복음병원이 오늘의 크기에 이른 것은 참 기적이다. 물론 하나님 은혜라면 은혜지만, 사람 편에서 한다면 그 욕심 없음이 그 요인이라 할 수 밖에 없다. 그 밖에 하나를 더 꼽는다면 환자에 대한 그 정성이다. 재주가 있어서라기보다는 정성으로 하기 때문이다. 회갑이 된 오늘날에도 대수술을 새벽부터 밤늦게까지 하고서도, 중환자인 경우에는 안심이 안 되어 맘 놓고 집에 들어가질 못한다 하니 대개 짐작할 수 있지 않는가?

하나만 더 말하겠다. 의사면서 환자가 오면 전도부터 먼저 하는 것도 그렇지만, 병은 의사가 고치는 것이 아니라 제 속의 제 힘으로 낫는 것이라 역설하니 이런 의사가 어디 있는가? 그러나 무엇보다도 고마운 것은 이런 된소리, 못된 소리를 하면서도 내 마음이 평안한 것이다. 그가 나를 믿어줄 줄을 나는 믿는다.

1971년 9월 29일

〈부산모임〉 1971년 10월호[26:4-4]

장기려 님을 생각하면서

송두용

나는 '장기려 님을 생각하면서'라는 제목으로 쓰기는 하였으나 내가 생각하여도 마치 추도문의 제목 같은 느낌이 들어 어색하다. 물론 나는 그런 뜻에서 쓰지는 않았지만, 설혹 그런 곳에서 썼다고 하여도 다른 사람 같으면 실례가 될지 모르지만, 장 선생님에 대해서는 무슨 뜻으로 썼든지 아무 관계 없을 것 같은 느낌이 든다. 왜냐하면 나는 그 분을 생각할 때마다 일반 사람들이 살고 있는 것 같이 느껴지지 않으니 말이다. 또한 어느 모로 생각하여도 그 분은 도무지 세상 살림을 하는 것 같지는 않기 때문이다.

우리는 가령 누구를 생각한다면 반드시 지위니, 명예니, 학식이니, 재산이니 하는 것을 생각하게 되는데, 장 선생님은 박사니, 원장이니, 대학 교수니 하지만, 나는 도무지 그런 것을 그 분에게서 찾아 볼 수 없을 정도로 너무도 평범하기만 하니 말이다. 어느 때, 어디서, 누구에게, 무슨 일에도 그저 아무 어려움 없이 대하여 주시니 참 이상하기만 하다. 그러기에 나 같은 것도 아무 어려움 없이 장 박사니, 장 교수니 하기 보다는 차라리 장 형이라고 하고 싶고, 또 그것이 잘못으로 생각되지 않으니 과연 사실로 괜찮을 것인지?

아닌게 아니라 때로는 나 자신이 깜짝 놀라기도 한다. 내가 어찌 감히 그런 분에게 그렇게도 버릇없이 대하였을까 하는 생각에서 말이다.

가령 예를 든다면 혹시 서울 시내에 갔다가 성모병원을 찾아가는 일이 있었다. 나는 제법 조심스러운 생각에서 무의식 중에 긴장한 태도로 교수실의 문을 노크한다. 그런 때에 마침 장 형이 계시면 마치 아이들이 동무나 만난 듯이 어느 틈에 기쁨이 넘치게 된다. 그래서 시간이 가는 줄도 모르고 제멋대로 말과 행동을 하다가 깜짝 놀라 정신을 되찾아 작별하는 것이다.

그것은 마치 어둠이 불빛에 녹는 것처럼 굳어진 나의 마음이 나도 모르게 풀려지기 때문이다. 그러나 만일 장 형이 안 계신 때에는 무심코 문을 열다가도 그만 몸과 마음이 부지불식간에 굳어진다. 거기는 대학교수님의 방이기 때문이다. 그런 때에 나는 스스로의 어리석음을 밝히 깨닫고는 그만 서글픔을 느낀다. 나는 아직 속된 육의 인감임을 그리고 내가 선 곳은 분명히 현실의 세계임을 알게 된다.

나는 언젠가 장 선생님께 자식의 결혼 주례를 부탁한 일이 있었다. 장 형은 서슴지 않고 쾌히 승낙하셨다. 마치 자기의 일처럼 조금도 어색함이 없이 두 아이를 대하시니 아마 아이들도 매우 기뻐하며 마음이 가벼웠을 것이다.

그리고 언젠가는 내가 원고를 부탁한 일이 있다. 그랬더니 그 바쁘신 중에도 얼마 동안 꾸준히 그것도 언제나 기일 안에 보내주셨다. 모든 일에 꾸밈도, 가식도 없이 있는 그대로 조금도 어색하지 않게 어떻게 그렇게 자연스러우신지 과연 세상에서는 더구나 한국에서는 드문 정도가 아니라 아마 둘도 찾기가 어려울 것만 같다.

특히 나는 이번에 〈부산모임〉지 제25호에서 '나는 이렇게 믿는다'라는 장 형의 글을 읽고서 나의 장기려 님에 대한 인물 평이 거의 결정적으로 굳혀졌다고 해도 과언이 아니다. 아닌게 아니라 제목만은 "한국 기독학생 선교회"라는 훌륭하고 거창한 단체가 내걸만한 혹은 저명한 신학자 또는 세상을 주름잡을 만한 대학의 교수 같은 사람들이 쓰기에 알맞은 제목같기도 하다.

그리고 과연 초청한 편에서의 기대는 결코 적지 않았을 것이다. 그런데 선생의 말씀으로 그들이 만족하였을까? 물론 통례의 인사로나 또는 박사, 교수, 원장을 하는 분이니 내용이 훌륭하였을 것이라는 선입견으로 입버릇처럼 "좋은 말씀해 주셔서 고맙다"라는 말을 하였으리라고 생각한다. 그렇지만 그 말씀의 진가를 더구나 현대의 학생들 몇 사람이나 이해하였으며, 마음속으로 받아들인 자가 있을 것인가?

내가 이렇게 말하는 것은 누구보다 먼저 내 자신의 기대가 컸던 만큼, 읽고서는 거의 실망한 정도의 감정이 감돌았다. 그러나 아! 그러나 이미 위에서 말한 바와 같이 나는 이 말씀에서 거의 결정적으로 장 형을 내 나름으로 "장기려는 세상 사람이 아니다. 그는 분명히 하나님의 택하심을 받은 자요, 우리 주님 예수 그리스도의 종이요, 큰 그릇임에 틀림없다. 따라서 그는 아버지의 참사랑과 축복을 마음껏 누리면서 이 더럽고 거친 세상을 향기로운 꽃동산처럼 아니 주님과 함께 아버지의 품 속에 살고 있는 낙

원인양 늘 감사와 기쁨으로 마냥 만족한 가운데 거룩, 거룩, 거룩하신 하나님의 영광을 바라보며 살고 있는 자가 아닌가?"라는 딱지를 붙이고 싶은 심정이다. 나의 지금의 마음 상태는 결코 누구라도 욕하고 배척하거나 칭찬하고 숭배하려는 그런 마음은 조금도 없다. 그러나 누가 내 마음을 알아주랴?

〈부산모임〉지 편집인은 장기려 님에 대하여 '꾸준히'라는 형용사를 썼다. 그 말은 천 번, 만 번 타당하고 적절한 말이다. 나는 이 말을 뒷받침할 만한 확실한 증거를 가지고 있다. 솔직히 말해서 나는 그분과 그렇게 친밀할 만한 아무 조건도 이유도 없다. 그는 박사며 교수며 원장이 아닌가? 그리고 나는 한 낱의 이름 없는 사람. 아니, 실은 불학무식하고, 우둔무쌍한 세상의 진애 같은 인간이 아닌가? 말하자면 세상적으로는 천양지차가 있다고 해도 과언이 아닐 것이다.

그런데 그 사이가 어떻게 되었는가? 무엇으로 비유할 수 있을까? 나는 감히 이 일에 대하여 말하고 싶지 않다. 다만 그분의 '꾸준히'라는 특성이 나와의 관계를 이렇게까지 다정, 친밀하게 만든 것이라는 말을 해두고 싶다.

나는 기억력이 아주 없으므로 도무지 자신은 없으나 내가 아니, 우리가 젊었을 때에 지나가는 정도로 안면이 있었다고 할 수 있는 적은 관계는 있다면, 있다고 하겠다. 그것은 내가 서울 시내 명륜동에 살고 있을 때에 우리 집에서 김교신 선생의 성서강의가 있었는데, 아마도 그 때에 손정균 박사와 함께 경성의학전문학교 학생의 몸으로 얼마 동안 장 선생님도 참석한 일이 있지 않았었나 하는 희미한 생각이 있으나 도무지 확실하지 않아 누구에게 알아보지도 못한 채 부끄럽게도 이 무책임한 글을 쓰고 있으니 서글픈 일이다.

어쨌든 그 후로 아마 몇 십 년이 지나도록 도무지 조금도 소식을 모른 채 해방을 맞은 후에 몇 해를 지냈다. 그런데 어쩌다가 어디서 어떻게 만났는지 지금은 기억조차 못하지만, 이미 다시 사귀게 된지도 거의 20년이 가깝게 되었다. 다만 이북에서 사시다가 월남하신 지 얼마 되지 않은 때, 나의 잡지 〈성서인생〉의 독자가 되어 주셨다.

처음에는 몇 호 독자이겠지 하였는데, 1년, 2년, 3년, 5년, 10년, 이제 20년 혹은 그 이상의 아는 사람이라고 하여도 과언이 아닐만큼 누구보다도 충실한 정성 어린 애독자가 아닌가? 처음부터 지금까지 한 달도 거르지 않고 그야말로 꾸준히 '송금통지서'를 보내시는 일이다. 그뿐인가? 통지란에는 반드시 친필로 말씀 뿐만 아니라 뱃속에서 솟아 오르는 생수 같은 생명의 말씀을 꼭 적어 보내신다. 그렇게 긴 세월을 변함없이 그렇게도 정성 어린 통지서를 나는 한번도 다른 이에게서 받은 적이 없다. 물론 나는 통지서의 금액은 밝히고 싶지 않다. 그 이유도 역시 그분의 뜻을 존중하여서이다.

이렇게 하시는 분이 어찌 액수인들 적을 것이냐? 나는 매월 통지서를 받을 때마다 그때, 그때, 새삼스럽게 깜짝깜짝 놀라면서도 어쩐지 매월 장 선생님의 통지서 받는 일을 낙으로 여기면서 만일 조금이라도 늦어지면 몹시 기대되는 모순을 거듭하고 있다.

나는 장기려 님의 매월 보내시는 통지서야 말로 하늘의 소식인양, 주님의 말씀처럼 그저 고맙고 기쁘기만 하다. 얼마나 나에게 큰 힘과 위로와 소망을 가져다 주는지 참으로 헤아릴 수 없다. 아마 이렇게 오랫동안 그런 일을 거듭하는 동안에〈성서인생〉이〈성서신앙〉으로〈성서신앙〉이〈성서신애〉로 자라 온 것이라 생각한다.

"선지자는 고향에서 높임을 받지 못한다."$^{마\ 15:57}$는 말씀이 4복음서에 기록되어 있지만, 나는 처음에 장 선생님을 매우 여러모로 꺼리며 원이경지遠而敬之 하였지만, 지금은 너무도 간격이 없음을 느끼게 되어 때로는 나의 착각에 놀라기도 한다. 그 분과 내가 친교할 수 있는 것은 오직 '믿음' 하나뿐이다. 그야 내가 그 분과 같은 믿음의 사람이라는 뜻은 결코 아니다.

하지만 그 나라에는 차별이 없고 모두가 가족이요, 지체니 어찌하랴? 그런 뜻에서 우리는 "동일한 시민이요, 하나님의 권속이다."$^{엡\ 2:19}$ "……[우리는] 다 예수 그리스도 안에서 하나"$^{갈\ 3:28}$이다. 아멘, 할렐루야!!

1971년 9월 24일 밤부터 새벽까지

〈부산모임〉 1971년 10월호[26:4-4]

장기려 박사님의 회갑을 축하함

손정균

나는 내가 가장 존경하는 의학과 신앙의 선배 장 박사님의 회갑을 맞이하여 충심에서 축하의 말씀을 드린다. 장 박사님은 나보다 5년 먼저 경성의전을 졸업하시고, 우리에게 외과학을 강의하셨으며, 또한 내가 경성의전 재학시절부터 같은 교회에서 신앙의 사표로서 큰 힘을 길러 주셨다.

〈부산모임〉지 제25호에 실린 그의 글 가운데도 역역히 나타나 있듯이, 그는 어디로 가든지 그 곳에서 진실과 사랑의 실천자로 모든 사람에게 참 크리스천의 모습을 보여주고 큰 감화를 주었다. 그는 해방 후 월남하여 서울대학교 의과대학교, 가톨릭의과대학에서 많은 의학도에게 심오한 학식과 탁월한 기술로써 외과학을 가르쳤을 뿐 아니라, 슈바이쳐 박사와 같이 가난한 한국사람들이 의료의 혜택을 입게 하였다.

그는 그 자신이 참 복음을 전할 뿐 아니라 복음을 전하는 진실된 전도자들을 돕는 일에 앞장섰다. 내가 알기로는 〈성서신애〉지 주필 송두용 선생과 〈성서연구〉지 주필 노평구 선생 그밖에 풀무학원의 주옥도 선생을 돕는 일에 선도적 역할을 하셨다. 그는 현재 한국 기독교 의사회 회장으로 큰 영향력을 가지고 전국의 기독 의사들을 인도하고 계신다.

아무쪼록 오래오래 건강하셔서 우리나라와 전세계를 향하여 의사로서 복음이 증인으로서 더 많은 공헌을 하시기를 기원하는 바이다.

〈부산모임〉 1971년 10월호[26:4-4]

편지 1

김애은

장 박사님께

벌써 회갑이 되셨습니까? 저는 아직도 멀었는 줄 만 알았습니다. 그러나 회갑이시란 말을 듣고 저는 하나님 아버지께 감사드리지 않을 수 없었습니다. 그리고 처음 만나 뵈올 때부터의 일을 다시 생각하게 됩니다.

제가 9년 전 송두용 선생님의 소개로 서울대학병원에 선생님께 진료를 받으려고 입원 준비를 하고 갔을 때 첫 인사가 저를 놀라게 하였습니다. 극히 상식적인 인사인 으레 "나는 아무개 이다."라는 말을 하실 것을 예상하고, 마주보고 인사하려는 나에게 "김 선생은 아직까지 제가 잘나서 모든 환자를 치료한 줄 아시오? 무얼 이불을 싸들고 왔다 갔다 하슈." 그 때, 망치로 머리를 한대 얻어 맞은 것 같이 눈에서 불이 번쩍 났습니다.

그러나 그 순간 나의 눈에는 모든 인간상식을 초월한 하나님만을 상대로 사시는 분임을 보여 주실 때, 나는 부끄러운 것도 모르고 웬일인지 기뻤습니다. 그래서 저는 "저렇게 말씀하시니 자세하고 친절하시기는 다 틀렸군. 그러나 신앙적으로는 많은 이야기를 하여 주실 것이다."라고 생각하였습니다. 그런데 제 생각은 또 여지없이 뒤엎어 졌습니다.

그렇게 바쁘신 직무에 시달리시면서도 출근하시며 가방을 드신 채 병실에 들려주시고, 회진시간에 돌보시고, 퇴근하실 때 또 가방을 드신 채 들려주시며, 검사와 치료도 치밀하고 신속하게 해주시며, 내가 기대하였던 신앙 이야기는 들으려 하시려고도 안 하셨습니다. 내가 하고자 하고, 또 호소하고 바라는 일 일체는 부정되었습니다.

나는 여기에서 마음에 아쉬워하면서도 깊이 깊이 생각하지 않을 수 없었습니다. 사람을 보지 않고 하나님만을 상대로 하시는 분이심을 다시금 믿게 되었습니다. 퇴원 후에도 내 속의 죄의 뿌리가 너무도 깊이 박혀 있어서 내 속에 우러나는 생각들이 악인지, 선인지 하나님의 뜻에 맞는지, 안 맞는지 분별할 수 없으면서도 한편 나의 생각이 선이라고 하여 주시기를 바라는 마음에 선생님을 찾아가 나의 답답함을 이야기했습니다.

선생님은 "구체적인 자세한 것은 모르나, 일일이 내가 지금 듣고 분명히 말할 수 있는 것은 김 선생은 예수님을 사랑하지 않고 있다는 것입니다. 예수님을 사랑해야 됩니다."라고 하셨습니다. 나는 또 마음에 섭섭함을 느끼며 돌아왔습니다. 그러나 그 후 "예수님을 사랑하는 것은 어떻게 하는 것입니까?"하는 기도를 할 수 있었습니다.

그런데 이상하게 그렇게 기도하면 할수록 나 자신은 남을 미워하고 있다는 것이 보였습니다. 미워하지 말자고 하면 할수록 더욱 더 미워지고, 시기와 질투가 나고 하는 자신이 보여서 괴로웠습니다. 그뿐만 아니라 이러한 미움과 시기가 마음속에만 이글거리지 겉으로는 속이지 않고 대하는 거짓이 더 괴로웠습니다.

　나는 한 사람 한 사람 대할 때 마다 미움이 커져서 지쳐버렸습니다. 또 병이 났습니다. 나는 부산으로 장 박사님을 찾아갔습니다. 이번에도 신앙의 이야기로 나의 답답함을 풀어 주시기를 바랬습니다. 그런데 "이야기가 무슨 소용이 있소, 예수님과 이야기 해야지."하고 더 이상 말씀이 없었습니다.

　그런데 그 후 이상하게 나의 신앙의 잘못된 일이 하나 하나 내 눈앞에 드러나며, 하나님과 선생님 앞에 죄송한 생각이 나기 시작했습니다. 여기서 믿는다고 하면서 나를 섬기고 있는 저 자신을 발견케 해 주셨습니다. 일체의 나를 부정하고 주님께 '용서해 주세요.'하기만 하면 무조건 다 용서해 주시고, 이미 용서해 주신 예수님의 십자가가 보였습니다.

　내가 노력하여 누구를 미워하지 않으려고 해서 되는 것이 아니고, 나를 버리고 어린아이 같이 빈 마음으로 주님을 부를 때, 주님이 이 죄인에게 내리신 크신 사랑과 지금 이순간에도 넘치는 영혼의 사랑을 베푸심을 보여 주셔서 남을 미워할 수 없고, 사랑의 진실한 기도를 나도 모르게 하게 해 주셨습니다. 적 된 몸이 주님만을 우러러 보는 것뿐인데, 그 순간에 주님이 들어 오셔서 주님의 절대의 평화가 이 죄인의 마음 속에 이루어짐을 체험케 될 때 새삼스럽게 복음임을 깨달았습니다.

　"생명을 하나님께 내어 맡기고 온 정성을 다해 자기의 맡은 일을 충성하라"고 하신 선생님의 말씀도 마음이 약해질 때마다 곧, 하나님의 음성으로 내 귀에 들려옵니다. 그렇게 하면 나는 아픔을 잊고, 다시 소생하여 일어나 나의 할 일을 할 수 있게 됩니다.

이렇듯 몸에 병을 고쳐 주신 것뿐만 아니라 저의 영혼이 병들어 죽을 것을 하나님만을 상대하시며, 주님의 십자가 밑으로 이끌어 영원한 생명의 길을 가르쳐 주셨습니다.

  하나님께서 동족이 갈리고 상잔의 공포가 가로놓인 거짓과 죄악의 도탄에 빠진 이 한국 땅에 장 선생님을 보내시고, 회갑 되실 때까지 밝은 빛을 마음과 생활 전체를 통해 말하게 하시며, 등대로써 당신의 종을 세워 주심을 진심으로 감사합니다. 앞으로 계속 더욱 건강하시고, 오래 오래 사시면서 한 사람이라도 더 구원의 길로 인도하여 주시기 위해 성령께서 같이 하시기를 우리 주님께 기도 드립니다.

1971년 9월 23일 [필자 의사]

〈부산모임〉 1971년 10월호[26:4-4]

편지 2

고봉수

주님, 홍은중 원장님 이하 여러분들 안녕하신지요! 항상 잡지를 보내 주시어 감사합니다. 잡지를 통해서 집회가 열리고 있는 것을 알았으며, 6월호에 기재된 사실로 장 박사님 회갑임을 알았습니다. 월남하셔서 단신으로 맞이하시는 박사님의 감회야 제삼자인들 상상이나 하리오. 회갑기념 특집을 내신다 하오니 적어 보내나, 지대에 충당되신다면 감사하겠으며 여기에 한 귀절을 보이오니 마음에 드실런지요.

지금 계시옵는 자리
지금 가옵니다.
뵈옵지 아니하여 내키는 내로
더듬질 하오며
밤을 가득히 다리 놓아
지금 계시옵는 자리
지금 가옵니다.

주시옵신 이 몸 실은
주시옵신 목숨의 집이옵니다.

보이옵는 이세상 잠시 있다가
올 목숨의 집이옵니다.
멀고 먼 곳에서 잠시 들렸다
가을 중도의 길
주시옵신 이 몸 실로 초라옵는
목숨의 셋집이 옵니다.

잊게 하옵소서
상실케 하옵소서
버리게 하옵소서
가깝게 하옵소서

전 부산모임회원 70 할머니

〈부산모임〉 1971년 10월호[26:4-4]

편지 3

김영옥

　장 박사님 그간 안녕하십니까? 10월 2일 선생님 회갑 일이라는 소리를 조 선생님께 듣는 순간 축하를 드려야 하는 건지 아닌지 조차 제 마음을 결정할 수 없었습니다. 하지만 지금 60평생 믿음과 하나님 뜻대로 살아 오신 선생님께 진심으로 축하를 드립니다.
　선생님께서는 처음으로 저에게 아주 진한 희망을 안겨 주신 분입니다. 성경을 읽으려고 하는 마음을 갖게 해 주시고, 무슨 일이든지 신이 아신다는 확신을 말이 아닌 생활로써 보여 주셨습니다. "그분은 양 같은 분이십니다. 그리고 그분은 예수님께서 언제나 살아 계시고, 교회에서 배우지 못한 하나님을 제게 가르쳐 주신 훌륭한 선생이십니다." 이 말은 내 어머니에게 선생님에 대해서 소개하며 들려준 한 대목입니다.
　선생님을 안 뒤에 전 제가 우둔하다는 것을 알았고, 쥐꼬리 만한 자존심을 내세우려고 안간힘을 쓰고 있던 제 자신이 부끄러웠습니다. 하지만 동시에 제 위치에서 열심히 맡겨진 일을 할 때에 적은 일이지만, 얼마나 보람 있고, 기쁜 일인가도 알았습니다. 언젠가 들려주신 '계급과 질서'라는 말씀은 저에게 상당히 감명을 준 말씀이었습니다.
　선생님, 저는 도저히 선하게 살 수 없는 줄 알았고, 선하게 사는 것은 하나의 위선이고, 진정한 선은 모두 멸종했다고 생각했습니다.

그러나 부산모임에 들어와 모임식구들의 노력하는 목표와 믿음을 보았을 때, 전 스스로 되돌아 살펴 볼 기회를 가질 수 있었습니다. 과연 그 난을 싸워 이길 각오가 되어 있으며, 내일을 보는 맑은 눈빛을 가지고 있고, 타락하지 않는 정신의 자세를 공고히 유지하고 있는가를 …… 그리고 한번이라도 참되게 살아가보려고 노력했는가를…….

지금도 은은히 들려오는 선생님 말씀을 생각합니다. "우리의 스승은 예수님이야.", "돈으로 일을 하려면 안돼. 일은 하나님이 시키고 사람은 그의 뜻에 복종만 하면 되는 거야." 하시면서 일이 잘되면 "그건 하나님이 해주신 거야. 예수님이 함께 하시는데 안될 일이 어디 있어."

처음엔 단순한 선생님의 일 처리에 대해서 난처하고, 답답했지만, 지금은 그것들이 옳았다는 생각이 든답니다. 제가 호주로 떠나게 되었다는 것을 아셨을 때, 선생님은 제게 이런 말씀을 하셨습니다. "여자는 잘 변해, 그래서 믿을 수가 없어." 굉장히 무서운 말이었습니다. 지금도 전 변할 가능성이 있다는 것을 생각하면 정신이 아찔하답니다.

선생님, 저를 위해 기도해 주실 줄 압니다. 선생님의 기도가 있는 한, 전 변할 수 있다는 공포에서 해방될 수가 있을 것 같습니다. 그럼 언제 돌아올지 모르는 기약 없는 떠남이지만, 하루 속히 떠나야 했던 목적이 이루어지고, 선생님 곁으로 돌아 오기를 바라면서 안녕히 계십시오.

9월 25일 간호원

〈부산모임〉 1971년 10월호[26:4-4]

편지 4

임정택

장 박사님께 드립니다.

자아를 잊으시고, 하나님의 무한의 사랑을 심으려는 일념으로 사시는 박사님의 회갑을 축하합니다. 저는 1957년 3월 3일 박사님의 사랑의 손길에 폐 수술을 받고, 20년 만에 사람대열에 끼어 살게 된 자입니다.

17년간의 오래 앓은 폐. 국립병원에서는 수술 받기가 망설여졌고, 개인병원에서는 비용을 마련할 수 없는 처지에 있었는데, 박사님께서 무료로 수술을 해주시고, 40일간이나 복음병원에서 치료해 주신 은혜 잊지 못하고 지내며, 저도 건강과 사정이 허락하는 대로 남을 도와 바르게 살겠다고 다짐합니다. 워낙 오래 앓은 약한 몸이라 아직 한 몫의 사람구실은 못하나 X-RAY나 배양 검사 소견으로는 이상 없이 정상이라고 합니다.

앓는 자를 위하여 평생을 희생하시는 박사님 언제까지나 건강하시기 비옵니다.

경남 함양군 수동면 하원

〈부산모임〉 1971년 10월호[26:4-4]

편지 5

경남여고 2년 김인빈

…… 나의 주위를 스쳐간 많은 인물 중에서 가장 뜻있게 사는 분이라고 할 수가 있다. 나에게 신앙이 무엇인지 그리고 신이 어떤 분인지를 알게 하셨다. 그저 평범한 대화에서 이런 것들을 나에게 심어주고 계신다. 장 박사님뿐만이 아니라 우리 부산모임의 모든 식구가 다 그러하다.

"사람이란 불쌍하고 약한 동물이다. 그의 영혼에 신의 불이 붙을 때까지"라고 톨스토이가 말했다. 부산모임의 식구들의 얘기를 듣노라면 나는 이에 점점 수긍이 간다.

장 박사님을 대하노라면 넓고 잔잔한 바다가 연상된다. 그리고 만물을 포용하는 듯한 인격은 우리를 평온히 해준다. 그런 인격이 우리 부산모임을 이토록 이끌어 오는 게 아닌가 한다. 넓은 바다가 오랜 세월에 걸쳐 서서히 변화를 일으키듯 역시 장 박사님의 인격은 이 세계에 서서히 영향을 미치고 있는 것이 아닐까?

결국은 위대한 힘이 이 모든 걸 이룩하는 게 아니다. 평범한 인간이 평범한 생활로 오직 조그마한 악을 이김으로써 그것이 위대한 힘을 가늠하는 것이다. 역시 장 박사님께서도 지극히 평범한 선량한 백성으로, 또 지극히 평범한 생활로, 악에 눈을 돌리지 않으시며, 많은 인격은 의의 주춧돌을 이룩할 것이다.

하나님께서 한반도에 내려주신 주님의 일꾼으로써 장 박사님께서는 어제도, 오늘도, 그리고 내일도 의와 사랑의 씨를 뿌리기에 여념이 없으실 것이다.

〈부산모임〉 1971년 10월호[26:4-4]

편지 6

김재명

존경하는 선생님께

오늘이 바로 선생님 회갑이므로, 가서 뵙고 싶은 마음 태산 같지만, 모든 사정 여의치 못하여 멀리서 생각하며 기도하고 몇 자의 글 드립니다.

축하하세 주의 종 어언간에 회갑일세
하늘나라 위하여서 일평생을 희생봉사
하나님의 크신 사랑 몸소 행해 보이셨네
세세무궁 빛되시기 두손 모아 비옵니다.

장하도다 회갑맞는 주의 종의 원동력은
선과 악을 분별 찮는 안타까운 민족 위에
선명있게 약동하여 바른나라 이루도록
님 가시는 주님께로 인도하기 원합니다.

의인의 길 신앙절개 반석 위에 굳게 세워
회복천지 무궁세월 주님같이 동행동락
갑설이나 진충의상 받으시고 누리시기
일편단심 어린 심령 기도하며 원합니다.

〈부산모임〉 1971년 10월호[26:4-4]

편지 7

조순명

안녕하십니까?

보내주신 9월호 〈부산모임〉지 잘 받아 읽었습니다. 장기려 박사님이 쓰신 글은 참 좋았습니다. 글이 잘 돼서 좋았다는 말이 아닙니다. 글이야 저 글쟁이들의 것을 어찌 따라 가겠습니까? 하지만 그 놈들이 쓴 알맹이 없는 쭉정이 글 백 장보다도 장 박사님 같으신 분의 글 한 톨이 훨씬 더 값어치가 있지요.

아니, 그 썩은 글과 싱싱하게 산 글을 어찌 비교나 하겠습니까? 아무쪼록 장 박사님, 오래 오래 사셔서 몸의 병으로 앓는 가난한 백성들의 아픔과 마음의 병으로 갈 바를 모르는 우리에게 등대가 되어 주시기를 빕니다. 안녕히 계십시오.

전남 해남

〈부산모임〉 1971년 10월호[26:4-4]

에필로그

21세기 방향성 잃은 한국교회, 장기려 박사에 길을 묻다

장기려의 속살을 드려다 보다

짧게는 150여 년의 개신교 역사와 400여 년에 이르는 가톨릭교회 역사를 통해 한국기독교는 엄청난 신앙적이고 학문적인 유산을 만들어왔다. 한국기독교는 조선시대 집현전과 규장각에 버금가는 영적 자산을 갖고 있음에도 불구하고, 이를 정리하고 현재와 미래를 위한 중요한 토대로 삼는 작업은 게을리해 왔다. 해외신학에 대한 과도한 집착과 자국의 영적 자산에 대한 홀대, 성경과 유명한 목사의 설교집 외에 책을 거의 읽지 않는 풍토, 모든 것을 교회성장과 연결하는 성장주의는 우리가 가진 신앙적 보배들을 간과하게 하였다.

우리 것에 대한 빈천한 연구는 역설적으로 특정 인물들에 대한 역사와 이해의 왜곡을 낳았다. 예를 들어, 한상동 목사가 2,600여 페이지의 친필을 통해 남긴 자기 스스로에 관한 이해는 고신교단이나 특정 인물들이 논하는 한상동 목사의 모습과는 다르다. 해방 이후 반공 이데올로기로 무장한 안용준 목사에 의해 탄생한 《사랑의 원자탄》에서 그려지는 손양원 목사와 손양원 목사의 친필을 통해 그려진 모습은 다르다. 또한, 20세기 초반 큰 반향을 일으킨 이용도 목사의 원저작을 통한 모습과 토착 신학의 굴레에서 벗어나지 못한 몇몇 감리교

전문가들이 그려낸 이용도의 모습 사이엔 적지 않은 괴리가 있다.

진보와 보수를 막론하고, 이제 한국기독교가 가진 위대한 자산에 대한 객관적이고 사실적인 이해가 필요하다. 특정 인물에 대한 과도한 영웅담이나 비난 대신, 각 인물에 대한 차분하고 냉철한 분석과 재해석이 필요하다. 바람을 막아주는 외투나 오랜 세월 더해진 각질을 벗겨내도, 그들의 속살이 가진 영적 능력과 역동성은 이 시대 보다 많은 사람에게 감동적일 수 있기 때문이다.

2015년 12월로 소천 20주기를 맞이하는 장기려 박사의 경우도 마찬가지이다. 가난한 자들을 성자처럼 도와준 모습과 뛰어난 '바보' 의사……. 이미 적지 않은 사람에게 장기려 박사는 박제된 성인이 되었다. 일부 고신교단이나 보수적인 사람은 장기려 박사가 말년에 강조한 '작은 종들의 모임'이나 '무교회주의자들'의 영향 때문에 장기려 박사의 장점마저 폄하해 버린다. 이차 문헌에 익숙한 사람들은 장기려 박사에게 더 이상 무슨 대단한 신앙적인 것이 나오겠는가 하는 의구심을 던진다. 이런 맥락에서 한국고등신학연구원은 장기려 박사의 '맨살', '속살'을 한국교회와 사회와 나누고 싶었다.

〈부산모임〉

장기려 박사는 글쓰기를 좋아했고, 다양한 방법으로 자신의 생각을 기록하고 사람들과 나누었다. 외과 의사로서 남긴 수많은 의학적 메모와 글들 외에, 신앙적 단상과 수필과 기고문을 엄청나게 남겼다. 그중 기독교인 장기려 박사의 깊고 풍부한 생각을 가장 잘 담고 있는 글들이 바로 21년간이나 정기적으로 간행된 〈부산모임〉에 담겨 있다.

간행물 〈부산모임〉은 1957년(일부 기록엔 1956년) 시작된 매 주일 오후 모임에서 발표된 글들을 1968년부터 활자화한 간행물이다(2권 150쪽). 병원 직원들을 포함해 관심 있는 소수의 사람이 주일 오후에 병원건물과 개인의 집에서 모임을 갖기 시작했다. 모임에 도움을 줄 만한 사람들을 초대해 말씀을 듣기도 했고, 일본 신학자들이나 해외 학자들의 글을 번역해 나누기도 했다. 또한 성경을 풀어 강론하고, 여름에는 특별 모임을 갖기도 했다.

이 모임에서 다뤄진 내용을 정리해 1968년 2월에 〈부산모임〉을 발간하기 시작해, 1988년 12월까지 21년에 걸쳐 총 214회를 간행했다. 〈부산모임〉은 1968년 창간 첫해에 11회를 발행했고, 연평균 6회 정도 발간했다. 장기려 박사는 전체 214호 중에 5번을 제외하고 매번 잡지에 자신의 글을 실었는데, 자신의 글을 담지 못한 경우는 다음과 같다. 8호(1968년 10-11월호), 26호(1971년 10월호), 60호(1977년 8월호), 61호(1977년 10월), 123호(1988년 7-9월호). 이 중 26호(1971년)는 회갑 기념호로 간행되어 장기려 박사 본인의 글 대신 여러 사람들의 축하와 인사를 담았는데, 이번 전집에 함께 담았다.

장기려 박사는 만 67세의 나이에 〈부산모임〉을 간행하기 시작해, 만 87세인 1988년까지 21년간 자신의 생각을 남겼다. 일부 반복되는 글들이 있지만, 성경의 내용과 삶의 일상사에 이르기까지 다양한 주제에 대한 자신의 성찰과 의견을 남겼다. 대단한 열정이요, 필력이었다. 〈부산모임〉의 글들은 '이순'耳順의 나이를 훌쩍 넘고, '종심소욕불유구'從心所欲不踰矩의 나이인 80을 넘은 한 의사이자 신앙인의 인생과 신앙에 대한 깊은 통찰력을 풋풋하게 담고 있다.

편집적 고려와 몇 가지 독법

한국고등신학연구원은 2010년 장기려기념사업회를 통해 제본도 되어 있지 않던 1차 자료를 얻은 때로부터 5년 어간에 걸쳐 입력, 배열, 편집 등의 작업을 꾸준히 진행해 왔다. 그런데 막상 출간하려다 보니 우리가 독창적으로 공헌한 부분이 크지 않은 듯하다.

장기려 박사가 21년에 걸쳐 남긴 글을 일반 독자들이 가장 쉽게 읽고 편하게 이해하도록 하는 것이 우리의 연구출간작업의 가장 큰 목표였다. 독자들이 다음과 같은 몇 가지를 고려한다면 이 글을 보다 깊이 이해할 수 있을 것이다.

이 책의 연구자들이 장기려기념사업회가 넘겨준 자료 이상을 접근할 수 없는 상황에서 몇 개의 글 꼭지 일부가 잘려나간 부분은 전체 흐름에 큰 영향을 주지 않을 것으로 판단해 그대로 남겨두었다. 또한, 몇 개의 글은 얼추 비슷하게 반복되는 경우가 있지만, 당시 글이나 강연이 전달된 독자층의 차이를 고려한다면 동일한 주제가 어떻게 다시금 서술되고 적용되는지를 오히려 잘 보여준다고 판단해 이 책에 원본 그대로 담았다. 극소수의 경우, 몇 개의 글은 일본인 신학자의 글을 번역한 것인지 자신이 재서술한 것인지 명확하지 않는 부분도 있다(예: 1권 61쪽).

이런 어려움에도 불구하고 우리는 21년간 쏟아진 214개 이르는 장기려 박사 자신의 글 전체를 세 권의 책으로 나누어 주제별로 분류했다. 제1권《경건한 삶으로 되살린 성경이야기》는 장기려 박사 자신이 신구약을 정리하고 재서술한 부분을 담았다. 여기서 우리는 선택한 성경을 통시적으로 관통하면서 할아버지가 어린 손자들에게 구술해주는 모습을 쉽게 짐작할 수 있다. 제2권《삶 속에 임재한 예수 그리스도〉는 예수의 인격을 평생 흠모하고 그렇게 닮고 살아가기를 소망한 장기려 박사의 모습을 잘 보여준다. 마지막으로 제3권《역사의식을 갖고 살다간 장기려》는 현대 기독교인들에게서 소멸되어 가고 있는 역사와 관련된 다양한 글을 담고 있다.

이 책은 이런 면에서, 빼어난 의사, 가난한 자의 친구, 평화와 사랑의 호소자, 통일을 마음에 둔 기독인…… 이런 다양한 호칭에 기독교 사상가로서의 장기려 박사의 모습을 더하고 있다. 독자들이 자신이 갖고 있을 수 있는 신학적, 사상적 편견을 내려놓고 장기려 박사의 생각과 글 자체에 흠뻑 젖어보았으면 한다. 작업 과정에서 읽을 때마다 연구자들에게 진하게 전해진 구수한 글과 신앙의 맛을 독자들도 같이 느끼기를 바란다.

장기려 소천 20주기 행사를 맞이하면서

한국고등신학연구원KIATS이 한국기독교의 집현전과 대동여지도를 만들어 우리의 신앙 자산을 국내는 물론 영어권과 중국어권과 나누려는 작업은 지난 12년 동안 100권 이상 되는 책과 각종 문화적 콘텐츠로 진행되어 왔다. 장기려 박사의 삶과 사상을 알리는 작업은 부산 운화교회(이현국 담임목사)의 후원으로 2013년 10월에 679페이지 달하는 장기려 박사 자신의 글을 한국어와 영어로 출간하는 작업에서 시작되었다.

2015년 12월 장기려 박사 소천 20주기를 맞이해 만화, 소설,〈부산모임〉전집, 그리고 기념 컵과 엽서 등 다양한 문화적 결과물을 만들게 되었다. 만화와 소설은 청소년과 대학청년들을 위해 기획되었다. 그리고 부산크리스마스트리 축제에 자리한 '장기려주간'을 위해 다양한 기념품을 만들었다. 2013년 출간된 〈예수의 인격을 흠모한 장기려〉에 이어, 심도 깊은 독자들을 위해 〈부산모임〉 전집이 3권으로 출판되었다.

2014년 세월호 사건에서 2015년 겨울의 매서운 추위까지 이어진 교과서의 국정화 문제, 경제-정치적인 어려움 가운데 따뜻함을 잃어버린 한국교회와 사회에 장기려 박사가 던진 가슴 따뜻한 사랑과 평화의 메시지를 함께 나누고 싶다. 어찌 보면 참 많은, 절대다수의 사람들이 '여리고로 내려가다 강도를 만난 사람'이 아닌가 하는 생각, 어쩌면 장기려 박사 시절의 이야기만은 아닌 듯했기 때문이다. 기독교와 교회의 본질에 대한 장기려 박사의 수많은 질문이 갈 길을 잃고 방황하는 한국교회에 위로와 도전이 되기를 소망한다.

이 작업은 울산교회(정근두 담임목사)와 거제 고현교회(박정곤 담임목사)의 뜻깊은 후원이 없었으면 이루어지지 못했을 것이다. 정작 주변에서 머뭇거리는 많은 사람 때문에 어렵게 연구를 해 온 연구진들에게도 깊은 감사를 드린다. 그래도 귀한 후원과 기도로 함께해 주신 수많은 성도들과 많은 교회들에 가슴 깊은 사랑과 감사를 전한다.

2015년 11월 30일
김재현
한국고등신학연구원 원장

장기려 연보

1911	평안북도 용천 출생
1928	개성 송도고등보통학교 졸업
1932	경성의학전문학교 졸업, 김봉숙과 결혼
1940-1945	평양연합기독병원 외과 과장
1942	〈성서조선〉사건에 연루, 평양경찰서 구류(12일)
1943	한국 최초 간암의 설상절제수술 성공
1945	평양도립병원 원장 취임
1947	김일성대학 외과대학 강좌장 청빙
1950	6·25 전쟁 발발로 피난, 부산 제3육군병원 근무
1951- 1976	부산 복음병원 초대원장
1953-1972	서울대, 부산대, 가톨릭대 의과대학 외과 교수
1957	성서연구를 위한 부산모임 시작
1959	한국 최초로 간암에 대한 대량 간 절제술 성공
1961	대한의학회 학술상(대통령상) 수상

1968-1979	부산 복음간호전문대학 학장
1968-1989	청십자 의료보험조합 설립, 대표이사
1970	부산 장미회 회장
1974	한국 간연구회 창립, 초대 회장
1975-1983	청십자병원 설립, 대표이사
1976-1993	부산 아동병원장 겸 이사장
1976	국민훈장 동백장
1979	막사이사이상 (사회봉사 부문) 수상
1979-1994	부산 백병원 명예원장
1983	제3차 적십자사연맹 총회 및 대표자회(스위스 제네바)의 참석, 북한의 아내와 자녀들의 생존 확인
1990	북녘의 아내에게 보내는 '망향편지' 〈동아일보〉 기고
1991	정부의 방북 제안 거절
1995. 12. 25	소천

〈부산모임〉 전체 목차

번호	통권	호수	년 월 호	제목	KIATS 전집페이지
1	1호	01권 01호	68년 02월호	열 명의 믿는 사람	2:150-151
2	2호	01권 02호	68년 03월호	평화에 관한 일(1)	2:403-404
3	3호	01권 03호	68년 04월호	마틴 루터 킹 박사의 죽음	2:386-387
4	4호	01권 04호	68년 05월호	우리민족의 역사적 사명	3:13-15
5	4호	01권 04호	68년 05월호	청십자의료보험 조합을 창립하면서	2:344-345
6	5호	01권 05호	68년 06월호	여호와께서 통치하신다	1:70-72
7	6호	01권 06호	68년 07월호	위선과 천박한 신앙에 대한 하나님의 심판	1:61-69
8	7호	01권 07호	68년 08월호	로버트 케네디의 죽음	2:391-393
9	7호	01권 07호	68년 08월호	바울의 사랑의 찬미	2:444-448
10	9호	01권 09호	68년 11월호	나의 존경하는 후지이 다께시 선생	3:374-378
11	10호	01권 10호	68년 12월호	사랑이란 무엇인가	2:457-465
12	11호	02권 01호	69년 1,2월호	기독교 이상주의	2:219-225
13	11호	02권 01호	69년 1,2월호	바울의 사랑의 찬미	2:449-456
14	12호	02권 02호	69년 3,4,5월호	기도의 사람 예수	2:86-90
15	13호	02권 03호	69년 6,7월호	건전한 종교	2:212-216
16	14호	02권 04호	69년 8,9월호	생명의 본체	1:272-277
17	15호	02권 05호	69년 10,11월호	생명을 얻음	1:278-285
18	16호	02권 06호	69년 12월호	예수님의 십자가의 고난의 뜻	2:78-83
19	17호	03권 01호	70년 01월호	예수를 영접하는 사람	3:65-71
20	18호	03권 02호	70년 2,3월호	구원·평화·믿음	2:397-402
21	19호	03권 03호	70년 4,5월호	착하고 충성된 종 마틴 루터 킹	2:388-390
22	20호	03권 04호	70년 7,8월호	성별의 사상과 차별하지 않는 기독교	2:226-231
23	21호	03권 05호	70년 9,10월호	산상수훈 1(팔복)	1:155-160
24	21호	03권 05호	70년 9,10월호	여름모임의 뜻	3:351-352
25	22호	03권 06호	70년 11,12월호	성 예언자 이사야	1:85-95
26	23호	04권 01호	71년 3,4월호	예수님의 고난과 부활	3:100-115
27	23호	04권 01호	71년 3,4월호	이인수 선생님에게	3:388-390
28	24호	04권 02호	71년 5,6월호	너희는 먼저 그의 나라와 그의 의를 구하라(2)	1:246-249
29	24호	04권 02호	71년 5,6월호	마음의 문을 두드리시는 주님	1:457-461
30	25호	04권 03호	71년 8월호	나는 이렇게 믿는다	3:244-260
31	27호	04권 05호	71년 12월호	인생아 여호와를 찬양하라	1:11-15
32	27호	04권 05호	71년 12월호	여러분들이 사랑으로 주신 글을 읽고	3:391-397
33	28호	05권 01호	72년 2월호	역사창조의 정신	3:33-44
34	28호	05권 01호	72년 2월호	때가 찼다	2:133-135
35	29호	05권 02호	72년 4월호	예수님의 부활과 나의 믿음	2:102-107
36	29호	05권 02호	72년 4월호	성서의 결혼관	2:294-297
37	29호	05권 02호	72년 4월호	우리의 주장	3:3349-350

번호	통권	호수	년 월 호	제목	KIATS 전집페이지
38	30호	05권 03호	72년 6월호	화목하게 하는자	2:394-396
39	30호	05권 03호	72년 6월호	순교자 주기철 목사님	3:45-52
40	31호	05권 04호	72년 8월호	역사를 담당하는 사람	3:16-27
41	32호	05권 05호	72년 10월호	예수님의 결별기도	1:343-350
42	32호	05권 05호	72년 10월호	인생은 모순인가 조화인가	2:545-547
43	33호	05권 06호	72년 12월호	회개	2:548
44	33호	05권 06호	72년 12월호	현실주의와 이상주의	2:232-243
45	33호	05권 06호	72년 12월호	크리스마스를 맞이하면서	3:179-183
46	34호	06권 01호	73년 2월호	기도하자(1)	2:91-101
47	34호	06권 01호	73년 2월호	처음으로 참석하여	3:332-337
48	34호	06권 01호	73년 2월호	한국 기독의사회 제8회 총회를 보고	2:346-349
49	35호	06권 02호	73년 4월호	주님의 부활을 보지 못하고 믿는자의 복	1:355-359
50	35호	06권 02호	73년 4월호	기도하자(2)	2:91-101
51	35호	06권 02호	73년 4월호	정상	2:522-524
52	35호	06권 02호	73년 4월호	모든 것을 그만두고 부산으로 돌아왔다	3:367-369
53	36호	06권 03호	73년 6월호	복음에 합당한 생활	2:152-154
54	37호	06권 04호	73년 8월호	그리스도의 재림을 기다린다	2:146-149
55	37호	06권 04호	73년 8월호	새 시대를 향한 참다운 봉사	2:360-370
56	38호	06권 05호	73년 10월호	바울의 자연관을 연상하면서	1:394-397
57	38호	06권 05호	73년 10월호	진리와 자유	1:286-288
58	38호	06권 05호	73년 10월호	불치병과 의사	2:324-327
59	39호	06권 06호	73년 12월호	73년을 보내고 74년을 맞이하면서	3:77-79
60	39호	06권 06호	73년 12월호	성탄절을 맞이하여	3:189-191
61	39호	06권 06호	73년 12월호	감사절의 느낌	3:161-164
62	40호	07권 01호	74년 2월호	인격의 주체성	2:68-73
63	40호	07권 01호	74년 2월호	영혼과 몸의 보전	2:107-109
64	41호	07권 02호	74년 4월호	부활 신앙과 사명	2:114-118
65	41호	07권 02호	74년 4월호	3·1절	3:89-93
66	42호	07권 03호	74년 6월호	욥기의 교훈	1:49-60
67	42호	07권 03호	74년 6월호	가정의 달	3:134-137
68	42호	07권 03호	74년 6월호	ㅅㅎ선생님에게	3:398-399
69	43호	07권 04호	74년 8월호	8·15의 소감	3:149-152
70	43호	07권 04호	74년 8월호	유물론자에게 전하고 싶은 요한의 사랑의 철학	2:466-477
71	44호	07권 05호	74년 10월호	산상수훈 2(율법과 복음)	1:161-177
72	44호	07권 05호	74년 10월호	엑스폴로 74를 다녀와서	3:338-340
73	45호	07권 06호	74년 12월호	1974년 성탄절을 맞이면서	3:192-199

〈부산모임〉 전체 목차

번호	통권	호수	년 월 호	제목	KIATS 전집페이지
74	45호	07권 06호	74년 12월호	복음으로서 본 산상의 수훈(2)	1:178-188
75	46호	08권 01호	75년 2월호	복음으로서 본 산상의 수훈(3)	1:189-203
76	47호	08권 02호	75년 4월호	진실과 종교의식	2:217-218
77	47호	08권 02호	75년 4월호	종교적 위선에 대한 권고	1:204-217
78	48호	08권 03호	75년 6월호	때와 시기(하나님의 경륜과 섭리)	2:142-145
79	48호	08권 03호	75년 6월호	신앙생활의 요점	1:218-231
80	49호	08권 04호	75년 8월호	여름모임의 뜻(1975년)	3:353-356
81	49호	08권 04호	75년 8월호	에스겔서의 교훈	1:96-102
82	49호	08권 04호	75년 8월호	하나님이 요구하시는 선	1:103-106
83	50호	08권 05호	75년 10월호	사고와 소감	3:400-404
84	50호	08권 05호	75년 10월호	나훔의 예언	1:107-111
85	50호	08권 05호	75년 10월호	하나님이냐 맘몬이냐	1:236-238
86	51호	08권 06호	75년 12월호	75년 성탄절을 맞이면서	3:200-201
87	51호	08권 06호	75년 12월호	생명과 사랑	2:478-493
88	51호	08권 06호	75년 12월호	학개와 그 예언	1:126-132
89	51호	08권 06호	75년 12월호	하박국의 예언	1:112-119
90	51호	08권 06호	75년 12월호	스바냐의 예언	1:120-125
91	52호	09권 01호	76년 2월호	예수님의 생애	1:251-256
92	52호	09권 01호	76년 2월호	스가랴의 예언	1:133-145
93	52호	09권 01호	76년 2월호	말라기와 그 예언	1:146-151
94	53호	09권 02호	76년 4월호	예수님 죽음의 뜻	2:84-85
95	53호	09권 02호	76년 4월호	부활절 소감	3:124-125
96	54호	09권 03호	76년 7월호	8·15와 나	3:156-160
97	54호	09권 03호	76년 7월호	6·25와 나	3:142-146
98	54호	09권 03호	76년 7월호	부산복음병원장직을 물러나면서	3:370-372
99	55호	09권 04호	76년 9월호	선지자 엘리야	1:74-83
100	56호	09권 05호	76년 12월호	감사절에 드리는 감사	3:165-166
101	57호	10권 01호	77년 2월호	1977년 새해의 느낌	3:80-82
102	58호	10권 02호	77년 4월호	부활절 소감과 기원	3:121-123
103	58호	10권 02호	77년 4월호	문둥이와 예수님	2:380-384
104	59호	10권 03호	77년 6월호	기독 청년의 윤리	2:268-276
105	59호	10권 03호	77년 6월호	나의 생애와 확신	3:287-295
106	62호	10권 06호	77년 11월호	여름 모임을 마치고	3:357
107	62호	10권 06호	77년 11월호	하나님을 찬양하는 일	1:289-291
108	63호	11권 01호	78년 2월호	평화의 복음	2:430-439
109	63호	11권 01호	78년 2월호	미국을 다녀온 소감(1)	3:296-304
110	64호	11권 02호	78년 4월호	예수님의 고난과 부활	2:119-128
111	64호	11권 02호	78년 4월호	미국을 다녀온 소감(2)	3:305-312
112	65호	11권 03호	78년 6월호	축절	3:72-76

번호	통권	호수	년 월 호	제목	KIATS 전집페이지
113	65호	11권 03호	78년 6월호	미국을 다녀온 소감(3)	3:313-321
114	66호	11권 04호	78년 9월호	1978년 여름모임 소감	3:358-362
115	67호	11권 05호	78년 11월호	그리스도인의 생활윤리	1:398-407
116	68호	11권 06호	78년 12월호	성령의 능력	1:361-374
117	69호	12권 01호	79년 2월호	희망과 확신	1:375-385
118	70호	12권 02호	79년 4월호	부활절에 즈음하여	3:116-120
119	70호	12권 02호	79년 4월호	승리의 개가	1:386-393
120	71호	12권 03호	79년 6월호	크리스천의 가정 교육	2:302-309
121	72호	12권 04호	79년 8월호	평화에 관한 일(3)	2:415-429
122	73호	12권 05호	79년 10월호	인생과 신앙	2:538-544
123	73호	12권 05호	79년 10월호	징조와 표적	2:136-139
124	73호	12권 05호	79년 10월호	성도의 생활 원리	1:408-416
125	73호	12권 05호	79년 10월호	라몬 막사이사이 상을 받으면서	3:341-344
126	74호	12권 06호	79년 12월호	복음 간호전문대학장직을 떠나면서	3:373-381
127	74호	12권 06호	79년 12월호	예수님의 사명	2:22-25
128	75호	13권 01호	80년 2월호	1980년을 맞이하면서	3:83-85
129	75호	13권 01호	80년 2월호	기독의사로서 본 죽음	2:311-323
130	75호	13권 01호	80년 2월호	병원 전도	2:328-336
131	76호	13권 02호	80년 4월호	성공적 생활을 위하여	2:525-537
132	76호	13권 02호	80년 4월호	부활절과 새 창조	3:128-129
133	76호	13권 02호	80년 4월호	3·1절	3:94-96
134	77호	13권 03호	80년 6월호	육적 생명과 영적 생명	1:258-271
135	78호	13권 04호	80년 9월호	교회의 분열을 우려한다	3:345-347
136	78호	13권 04호	80년 9월호	세 번째 미국 방문	3:322-331
137	78호	13권 04호	80년 9월호	주를 향한 등불을 켜라	2:252-261
138	79호	13권 05호	80년 12월호	인생과 신앙	2:538-544
139	79호	13권 05호	80년 12월호	추수감사절의 소감	3:167-173
140	79호	13권 05호	80년 12월호	성탄절 소감	3:177-178
141	80호	14권 01호	81년 2,4월호	1981년 새해의 소감	3:86-88
142	80호	14권 01호	81년 2,4월호	평화와 주님	2:440-442
143	80호	14권 01호	81년 2,4월호	부활신앙	3:97-99
144	81호	14권 02호	81년 6월호	이 사람을 보라	1:351-354
145	81호	14권 02호	81년 6월호	죽을뻔 했다가 살아난 사람	2:155-157
146	82호	14권 03호	81년 8월호	인간 윤리	2:508-512
147	83호	14권 04호	81년 10,12월호	1981년 8월 15일의 소감	3:153-155
148	83호	14권 04호	81년 10,12월호	예수 그리스도의 성탄절에 즈음하여	3:202-207
149	83호	14권 04호	81년 10,12월호	송년사	3:212-214
150	84호	15권 01호	82년 2월호	성령론	2:159-168

〈부산모임〉 전체 목차

번호	통권	호수	년 월 호	제목	KIATS 전집페이지
151	84호	15권 01호	82년 2월호	성령님과 나	2:169-172
152	85호	15권 02호	82년 4월호	부활절	3:130-133
153	85호	15권 02호	82년 4월호	삶과 종교	2:203-211
154	86호	15권 03호	82년 6월호	만남	2:61-67
155	86호	15권 03호	82년 6월호	내 이웃은 누구인가	2:377-379
156	86호	15권 03호	82년 6월호	박석헌 선생님의 쾌유를 축하하면서	3:405-406
157	87호	15권 04호	82년 8월호	예수님의 결별유훈(1)	1:292-297
158	88호	15권 05호	82년 10월호	예수님의 결별유훈(2)	1:298-305
159	89호	15권 06호	82년 12월호	송구영신	3:215-216
160	89호	15권 06호	82년 12월호	예수님의 결별유훈(3)	1:306-309
161	90호	16권 01호	83년 2월호	예수님의 결별유훈(4)	1:310-316
162	91호	16권 02호	83년 4월호	예수님의 결별유훈(5)	1:317-326
163	92호	16권 03호	83년 6월호	예수님의 결별유훈(6)	1:327-333
164	93호	16권 04호	83년 8월호	예수님의 결별유훈(7)	1:334-342
165	94호	16권 05호	83년 10월호	요한계시록 연구	1:422-456
166	95호	16권 06호	83년 12월호	너희 원수를 사랑하며 너희를 핍박하는 자를 위하여 기도하라	1:232-245
167	96호	17권 01호	84년 2월호	자기 인격의 완성의 길	2:74-76
168	96호	17권 01호	84년 2월호	예수님의 인격	2:47-60
169	97호	17권 02호	84년 4월호	부활절과 예수님의 인격	2:108-110
170	97호	17권 02호	84년 4월호	한국선교 100주년을 기념의료 선교의 회고와 전망	2:350-352
171	98호	17권 03호	84년 6월호	선교 100주년을 맞이하여/ 의료선교의 전망	2:353-359
172	99호	17권 04호	84년 8월호	이 세대를 구원하시는 주 예수 그리스도	2:9-21
173	100호	17권 05호	84년 10월호	〈부산모임〉지 100호를 내면서	3:363-364
174	101호	17권 06호	84년 12월호	주님 안에서의 사귐	1:418-420
175	102호	18권 01호	85년 2월호	평화에 관한일(2)	2:405-414
176	102호	18권 01호	85년 2월호	신앙고백과 신앙생활	3:10-12
177	103호	18권 02호	85년 4월호	너희는 먼저 그의 나라와 그의 의를 구하라 그리하면 이 모든 것을 더하시리라	1:239-245
178	104호	18권 03호	85년 6월호	8·15에서 6·25까지의 평양 산정현교회	3:53-60
179	105호	18권 04호	85년 8월호	역사의 원점	3:28-32
180	105호	18권 04호	85년 8월호	교사의 모범이신 예수	2:250-257
181	105호	18권 04호	85년 8월호	지도자론	2:245-249
182	106호	18권 05호	85년 10월호	단군전 건립을 반대한다	3:61-63
183	106호	18권 05호	85년 10월호	사회 봉사의 참 뜻	2:371-376

번호	통권	호수	년 월 호	제목	KIATS 전집페이지
184	107호	18권 06호	85년 12월호	기독의사의 교육연구의 윤리면에서	2:337-343
185	108호	19권 01호	86년 2월호	역사의 주님 예수 그리스도	2:35-45
186	108호	19권 01호	86년 2월호	청년들의 신앙생활	2:277-281
187	109호	19권 02호	86년 4월호	예수님의 부활체에 대하여	2:129-131
188	109호	19권 02호	86년 4월호	그리스도인의 순결	2:298-301
189	110호	19권 03호	86년 6월호	성령에 관한 고찰	2:173-181
190	111호	19권 04호	86년 8월호	성령의 구원사역에 있어서 성도들의 역할	2:182-194
191	112호	19권 05호	86년 10월호	악령을 이기기 위한 새 계명	2:565-566
192	112호	19권 05호	86년 10월호	극기를 연습하자	2:549-551
193	113호	19권 06호	86년 12월호	우리들	2:495-497
194	113호	19권 06호	86년 12월호	1986년 크리스마스를 맞이하면서	3:184-188
195	113호	19권 06호	86년 12월호	공동체적 삶	2:498-500
196	114호	20권 01호	87년 1월호	송구 영신의 성구	3:211
197	114호	20권 01호	87년 2월호	여호와를 찬양하라(1)	1:16-17
198	114호	20권 01호	87년 2월호	여호와를 찬양하라(2)	1:18-28
199	115호	20권 02호	87년 4월호	부활절 소감	3:126-127
200	115호	20권 03호	87년 5월호	대학생 그리스도인으로서의 생활	2:282-292
201	115호	20권 03호	87년 6월호	여호와를 찬양하라(3)	1:29-36
202	116호	20권 03호	87년 6월호	1987년 어린이날 소감	3:138-141
203	116호	20권 03호	87년 6월호	여호와를 찬양하라(4)	1:37-47
204	117호	20권 04호	87년 8월호	우리는 주 안에서의 평화공동체	2:501-507
205	118호	20권 05호	87년 10월호	사람의 생명	2:513-521
206	119호	20권 06호	87년 12월호	예수 그리스도는 나(우리)의 구주	2:26-34
207	120호	21권 01호	88년 2월호	87년도 크리스마스의 나의 소감	3:208-210
208	121호	21권 02호	88년 4월호	세월을 아끼라 때가 악하니라	2:140-141
209	121호	21권 02호	88년 4월호	성서적 면에서 본 인권	2:552-564
210	122호	21권 03호	88년 6월호	6월(보훈의 달)에 생각한다	3:147-148
211	122호	21권 03호	88년 6월호	하나님은 사랑이다	3:261-286
212	124호	21권 05호	88년 10,12월호	종간사	3:365-366
213	124호	21권 05호	88년 10,12월호	1988년 감사절에 즈음하여	3:174-176
214	124호	21권 05호	88년 10,12월호	예수님의 생애와 나의 회고	3:218-243

〈부산모임〉 전체 목차

번호	통권	호수	년 월 호	제목	KIATS 전집페이지
1	26호	4권 4호	71년 10월호	내가 아는 장기려 박사(함석헌)	3:408-411
2	26호	4권 4호	71년 10월호	장기려님을 생각하면서(송두용)	3:412-417
3	26호	4권 4호	71년 10월호	장기려 박사님의 회갑을 축하함 (손정균)	3:418-419
4	26호	4권 4호	71년 10월호	편지1(김애은)	3:420-423
5	26호	4권 4호	71년 10월호	편지2(고봉수)	3:424-425
6	26호	4권 4호	71년 10월호	편지3(김영옥)	3:426-427
7	26호	4권 4호	71년 10월호	편지4(임정택)	3:428
8	26호	4권 4호	71년 10월호	편지5(김인빈)	3:429-430
9	26호	4권 4호	71년 10월호	편지6(김재명)	3:431
10	26호	4권 4호	71년 10월호	편지7(조순명)	3:432